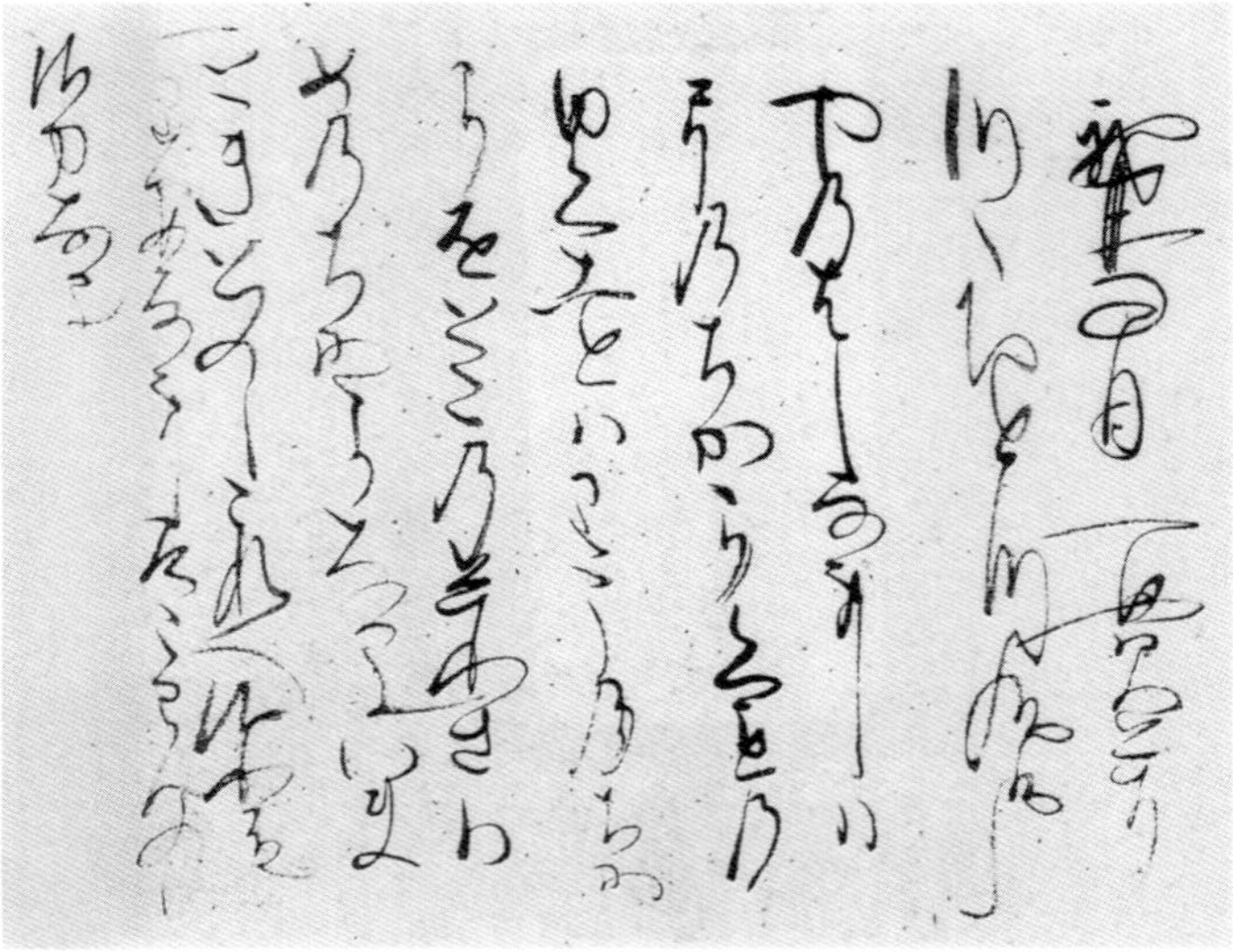

富木尼御前御書の書き出し〈真蹟〉
（本文七八ページ参照）

岩 波 文 庫

33-305-1

日 蓮 文 集

兜木正亨校注

岩 波 書 店

凡　例

一、本書は、日蓮聖人遺文から消息文四十五篇、主要書三篇とその関連書二篇の全文を集録した。

一、本書の底本は、真筆影印本の刊行されているものは、これにより、それ以外のものは昭和定本日蓮聖人遺文によった。真筆に誤脱字と見られるところは、通説にしたがって取捨したが、その注記を省いたところが多い。開目抄は、日乾が真筆と対校した本満寺本によった。

一、略字・異体字はこれを正字に、また「もんて」は「もつて」に、「候へとん」は「候へとも」に改めた。「廿」、「卅」は「二十」、「三十」に改めた。

一、書目の下の括孤内の数字番号は、昭和定本遺文の目次番号を示す。つぎに真筆の存するものはそれを記した。写本とあるものは真筆の知られていないものである。真筆焼失とあるものは明治八年に身延で焼失した書である。

一、原文漢文体の遺文は、全文を書きくだしにした。漢文の返点・送仮名の読み方は、昭和定本遺文と異本を参校して、校注者が書きくだした。

一、原文中に「経云」、「多と」、「堕べし」、「申」などの如く、助詞・助動詞を省略したところがある。本書には「経《きうに》云《いはく》」、「多《おほし》と」、「堕《おつ》べし」、「申《まうす》」のように、所々これをルビに付記した。

一、漢文体の引用文は、たびたび引用する短かい経文の句は漢文体のままにしたが、その他の引文は片仮名で書きくだして、その原文が漢文体であることを示した。
一、引用の経文中、現行本に対校して、字句の用字を校注者が訂したところがある。
一、仮名文の書中にある、「不来」、「置之」、「毎人」などの句は、「来ラズ」、「之ヲ置ク」、「人毎ニ」の如くに片仮名で書きくだした。
一、句読点・清濁点および漢文体の点は、真筆本にはない。字音・字訓は稀につけられている場合がある。括孤内に入れた読み仮名は真筆本にあることを示す。そのほかは校注者がつけた。
一、底本に改行するところは一字落しとし、字落しをしないで改行したところは校注者の私案によるところである。
一、各篇はじめの要旨と、主要書の文中に入れた括孤内の見出しは、校注者が付加えた。
一、消息文に年号のないものは、昭和定本遺文の系年説により、その書の脚注の末尾に〔　〕に入れて、これを示した。
一、書目の選出と本文対校の資料について、山中喜八氏に種々懇切な御意見と教示をたまわり、清濁・読み音・字訓について、山田忠雄氏・新間進一氏に御協力をねがったところがある。執行海秀氏・日蓮教学研究所の先学諸氏からは直接間接の恩恵を蒙り、また木村勝行君の手つだいを受けた。これらの方々に心からの感謝をささげたい。

目次

凡例……三

消息文

船守弥三郎許御書（弘長元年六月二十七日）……一一
安国論御勘由来（文永五年四月五日）……一四
四条金吾殿御消息（文永八年九月二十一日）……一九
土籠御書（文永八年十月九日）……二二
佐渡御勘気抄（文永八年十月）……二三
寺泊御書（文永八年十月二十二日）……二四
佐渡御書（文永九年三月二十日）……三〇
弁殿尼御前御書（文永十年九月十九日）……三九
富木殿御返事（文永十二年二月七日）……四一
可延定業御書（文永十二年二月七日）……四三

新尼御前御返事(文永十二年二月十六日)……四六
曾谷入道殿御返事(文永十二年三月)……五三
さじき女房御返事(建治元年五月二十五日)……五四
妙一尼御前御消息(建治元年五月)……五六
国府尼御前御書(建治元年六月十六日)……六〇
高橋入道殿御返事(建治元年七月十二日)……六三
妙心尼御前御返事(建治元年八月二十五日)……七一
清澄寺大衆中(建治二年正月十一日)……七三
富木尼御前御書(建治二年三月二十七日)……七八
忘持経事(建治二年三月)……八一
妙密上人御消息(建治二年閏三月五日)……八四
南条殿御返事(建治二年閏三月二十四日)……九三
兵衛志殿御返事(建治三年六月十八日)……一〇〇
崇峻天皇御書(建治三年九月十一日)……一〇一
兵衛志殿御返事(建治三年十一月二十日)……一〇八
松野殿御返事(建治四年二月十三日)……一一四

四条金吾殿御返事（弘安五年正月七日）……一六六
春初御消息（弘安五年正月二十日）……一六七
波木井殿御報（弘安五年九月十九日）……一六九

主要書（三大部）

立正安国論（文応元年七月）……一七三
安国論奥書（文永六年十二月八日）……二〇二
開目抄（文永九年二月）……二〇三
如来滅後五五百歳始観心本尊抄（文永十年四月二十五日）……二九一
観心本尊抄副状（文永十年四月二十六日）……三三六
補注……三三七
略年譜……三三五
解説……三四一

消息文

船守《ふなもり》彌三郎許御《もとご》書《しょ》（三六　写本）

弘長元年、鎌倉を追放された日蓮は、五月十二日に海路、伊東に配流された。伊東の川奈というところに着いて、苦しんでいるところを救け、身のまわりの世話をし、食事を供養したのがこの地の船守、弥三郎夫妻であった。この書は、その翌六月の末に伊東から送った消息である。この地で地頭の病気回復を祈って、地頭から海中出現の釈迦像をおくられた。そののち、日蓮は佐渡でも身延でも、この像を持仏の本尊とした。

わざと使《つかひ》を以て、ちまき・さけ・ほしひ[一]・さんせう・かみ・しなじな給《たび》候畢《をわんぬ》。

又、つかひ申され候は、御かくさせ給へと申上候へと、日蓮、心得申べく候。

日蓮、[二]去《いぬる》五月十二日流罪《るざい》の時、その津につきて候しに、いまだ名をもきゝをよびまいらせず候ところに、船よりあがり、くるしみ候きところに、ねんごろにあたらせ給候し事は、いかなる宿習《しくじふ》なるらん。過去に法華經の行者にてわたらせ給へ

一　乾飯・山椒。

二　日蓮はこの年の五月十二日に鎌倉から海路、伊豆川奈に流罪された。

るが、今、末法に、ふなもりの彌三郎と生れかわりて、日蓮をあわれみ給か。たとひ、男はさもあるべきに、[一]女房の身として、食をあたへ、洗足《せんぞく》てうづ、其外さも事ねんごろなる事、日蓮はしらず、不思議とも申ばかりなし。ことに、三十日あまりありて、内心に法華經を信じ、日蓮を供養し給《たまふ》事、いかなる事のよしなるや。かゝる地頭・萬民、日蓮をにくみ、ねたむ事、鎌倉よりもすぎたり。みるものは目をひき、きく人はあたむ。[二]ことに、五月のころなれば、米もとぼしかるらんに、日蓮を内内《ないない》にて、はぐくみ給しことは、日蓮が父母の伊豆の伊東かわなと云《いふ》ところに生れかわり給か。

[三]法華經の第四云《しにいはく》、「及ビ清信《しようしん》ノ士《し》・女《によ》ヲシテ、法師ヲ供養セシム」云云。法華經を行せん者をば、諸天善神等、或はをとことなり、或は女となり、形をかへ、さまざまに供養してたすくべしと云經文《いふきやうもん》也。彌三郎殿夫婦の士女と生れて、日蓮法師を供養する事、疑なし。さきにまいらせし文に、つぶさにかきて候し間、今はくはしからず。ことに、[四]當地頭の病悩について、祈せい申《まうす》べきよし仰《おほせ》候し間、[五]案にあつかひて候。然れども、一分、信仰の心を日蓮に出《いだ》し給へば、法華經へ[六]そせうとこそ、をもひ候へ。此時は、[七]十羅刹女もいかでか、力をあわせ給はざるべきと思《おもひ》候て、法華經・釋迦・多寶・十方の諸佛、並に天照・八幡・大小の神祇等

一　弥三郎の女房から、食事、洗足、手水と、そのほかのねんごろな心くばりをうけたことは、日蓮には考えもおよばないことであった。

二　仇む。かたきのようにおもう。

三　法師品第十。

四　伊東八郎左衛門の病気回復の祈請。

五　案件として。

六　訴訟。

七　法華経の行者を守ることを仏に誓った十人の羅刹女。陀羅尼品に名をつらねている。

八　魚の中から。

九　五百億塵点劫。

一〇　法華経譬喩品の、三界の衆生は「唯だ我れ一人のみ、能く救護をなす」という経文。

に申《まうし》て候。定《さだめ》て、評議ありてぞ、しるしをばあらはし給はん。よも日蓮をば捨させ給はじ。いたきとかゆきとの如く、あてがわせ給はんとをもひ候しに、ついに病悩なをり、海中いろくづ[八]の中より出現の佛體を日蓮にたまわる事、この病悩のゆへなり。さだめて十羅刹女のせめなり。この功徳も、夫婦二人の功徳となるべし。我等《われら》衆生、無始よりこのかた生死海《しやうじかい》の中にありしが、法華經の行者となりて、無《む》始色心《しのしきしん》本是理性《はもとこれりしやう》、妙境・妙智《ちは》金剛不滅の佛身とならん事、あに、かの佛にかわるべきや。過去久遠《くをん》、五百塵點《じんでん》[九]のそのかみ、「唯我一人」[一〇]の敎主釋尊とは我等衆生の事なり。法華經の一念三千[一一]の法門、「常ニ此《こゝ》ニ住シテ法ヲ說ク」[一二]のふるまいなり。かゝるたうとき法華經と釋尊にてをはせども、凡夫はしる事なし。壽量品《じゆりやうほんに》云《いはく》、「顚倒ノ衆生ヲシテ、近シト雖モ而モ見エザラシム」とはこれなり。迷・悟の不同は沙羅[一三]の四見の如し。一念三千の佛と申は、法界[一四]の成佛と云事にて候ぞ。雪山《せつせん》[一五]童子のまへにきたりし鬼神は、帝釋《たいしやく》の變作なり。尸毗《しび》[一六]王の所へにげ入《いり》し鳩は、毗《び》首羯摩《しゆかつま》天ぞかし。斑足《はんそく》[一七]王の城へ入し普明《ふみやう》王は、敎主釋尊にてまします。肉眼《げん》はしらず、佛眼は此をみる。虛空と大海とには、魚鳥の飛行するあとあり。此等は經文にみえたり。木像卽金色《こんじき》なり、金色卽木像なり。あぬるだ[一八]が金《こがね》は、うさぎとなり、死人となる。釋摩男《しやくまなん》[一九]がたなごゝろには、いさごも金《こがね》となる。

一一　↓補一〇。

一二　法華経寿量品の偈。仏の常住説法。

一三　沙羅林を(1)自然の土地、(2)金銀七宝で飾った所、(3)仏修行の聖なる所、(4)真実の所、と四とおりに見る。

一四　意識所縁の全境界。

一五　半偈のために身をなげたという。仏の本生譚。

一六　鳩を救うために身を施したという。仏の本生譚。

一七　仙術にかけられて人肉を食とした斑足王を教化した普明王。仏の本生譚。

一八　仏の十大弟子の一人で天眼第一の阿那律。

一九　五比丘の一人。過去の心力によるところという。

此等は思議すべからず。凡夫即佛なり、佛即凡夫なり。一念三千・我實成佛これなり。しからば、夫婦二人は、教主大覺世尊の生れかわり給て日蓮をたすけ給か。伊東とかわなのみちのほどは、ちかく候へども心はとをし。後のために、ふみをまいらせ候ぞ。人にかたらずして、心得させ給へ。すこしも、人しるならば御ためあしかりぬべし。むねのうちにをきて、かたり給事なかれ。あなかしこ、あなかしこ。南無妙法蓮華經。

弘長元年六月二十七日　　日　蓮　花押

船守彌三郎殿許遣レ之

安國論御《ご》勘《かん》由《ゆ》來《らい》　（四九　原文は漢文体　真筆完存）

文永五年閏正月に蒙古の使者からの国書が、太宰府から鎌倉幕府に届けられた。日蓮が先きに立正安国論を書いて、他国の侵逼《しんぴつ》を予言してから、七年半を経過した時の事件である。予言は的中した。直面の国難を黙視することはできない。この時にあたって安国論勘文の由来を改めて進言したのが本書である。宛名の法鑒房は、幕府の実力者だった平左衛門尉頼綱の父、前の左衛門尉盛時の入道名で、父子ともに執権の家司の職にあった。

正嘉元年太歳丁巳八月二十三日戌亥《いぬい》の時、前代に超えたる大地振。同二年八月一日大風。同三年己未大飢饉。正元元年己未大疫病。同二年庚申四季に亙って大疫已《や》まず。萬民既に大半に超えて、死を招き了んぬ。而《しか》る間、國主之《これ》に驚き、[一]内外典《ないげでん》に仰せ付けて、種種の御祈禱あり。爾《しか》りと雖も一分の驗《しるし》も無く、還って飢疫等、増長す。日蓮、世間の體《てい》を見て、粗《ほぼ》、一切經を勘ふるに、御祈請驗無く、還って凶惡を増長するの由、道理・文證之を得了んぬ。終に止む無く、勘文《かんもん》一通を造作し、其の名を立正安國論と號す。文應元年庚申七月十六日辰時[二]屋戸野《やとや》入道に付し、[三]古最明寺入道殿に奏進し了んぬ。此れ偏に、國土の恩を報ぜんが爲也。其の勘文の意は、日本國天神七代・地神五代・百王百代、人王第三十代欽明天皇の御宇に、始めて百濟國より佛法此の國に渡り、桓武天皇の御宇に至る。其の中間五十餘代、二百六十餘年也。其の間、[四]一切經並に六宗、之有りと雖も、天台・眞言の二宗、未だ之有らず。桓武の御宇

一　内典は仏教、外典は仏教以外の典籍をいうが、ここでは、寺社にいいつけたこと。
二　北条時頼の近臣、宿谷光則をとおして。
三　古は故に同じ、世に最明寺入道といわれた執権北条時頼に奏上した。
四　仏典の経・律・論の一切をふくんだ、一切経(大蔵経)があり、三論・法相・華厳・律・成実・倶舎の六宗。

に、[一]山階《やましな》寺の行表《ぎやうひやう》僧正の御弟子に、最澄という小僧有り後に伝教大師と号す。已前に渡る所の六宗並に禪宗、之を極むと雖も、未だ我が意に叶はず。聖武天皇の御宇に、大唐の[二]鑒眞《がんじん》和尚渡す所の天台の章疏、四十餘年を經て已後、始めて最澄之を披見し、粗《ほぼ》、佛法の玄旨を覺り了んぬ。最澄、天長地久の爲に延暦四年叡山を建立す。桓武皇帝之を崇め、[三]天子本命の道場と號す。六宗の御歸依を捨て、一向、天台圓宗に歸伏したまふ。同延暦十三年に、長岡の京を遷して平安城を建つ。同延暦二十一年正月十九日高雄寺に於て、南都七大寺の六宗の碩學《せきがく》、勤操《ごんさう》・長耀等の十四人を召し合はせ勝負を決斷す。六宗の明匠、一問答にも及ばず、口を閉ずること鼻の如し。[四]華嚴宗の五教・法相宗の三時・三論宗の二藏三時の所立《しよりふ》を破し了んぬ。但《ただ》、自宗を破らるるのみに非ず、皆謗法の者爲ることを知る。同二十九日、皇帝、勅宣を下して之を詰《なじ》る。十四人、[五]謝表を作つて皇帝に捧げ奉る。其の後、代々の皇帝、叡山の御歸依、孝子の父母に仕ふるに超え、[六]黎民《れいみん》の王威を恐るるに勝れり。或る御時は[七]宣明《せんみやう》を捧げ、或る御時は非を以て理に處す等云云。殊に清和天皇は叡山の[八]惠亮和尚の法威に依りて位に即き、帝皇の外祖父九條の右丞相、誓狀を叡山に捧ぐ。源の右將軍は清和の末葉也。鎌倉の御成敗《ごせいばい》、是非を論ぜず、叡山に違背せば天命恐れある者歟《か》。

一 山階寺は興福寺の旧称。行表(七二二—七九七)は大和の人、近江の国師となった。

二 鑒真(六八七—七六三)は、天台宗の重要な教義書である三大部、そのほか天台の注釈書を将来した。

三 延暦寺を天皇の本命星を祈願して、国家を鎮護する道場とした。

四 華厳・法相・三論にいう一切経の内容を判別した教判を打ち破った。

五 あやまり状。

六 庶民。

七 叡山のためにした申し開き状。

八 天台座主慧亮(八〇二—八六〇)の法威で即位し、天皇の外祖父の藤原良房は叡山に誓状をささげた。源

然るに、後鳥羽院の御宇、建仁年中に法然[九]・大日とて二人の増上慢《ぞうじやうまん》の者あり。悪鬼、其の身に入りて國中の上下を狂惑し、代を擧げて念佛者と成り、人毎に禪宗に趣く。存外《ぞんぐわい》に、山門[一〇]の御歸依淺薄なり、國中の法華・眞言の學者、棄《すて》置かれ了んぬ。故に、叡山守護の天照太神・正八幡・山王七社・國中守護の諸大善神、法味を飡はざれば威光を失ひ、國土を捨てて去り了んぬ。悪鬼、便りを得て災難を至し、結句、他國より此の國を破るべき先相、勘ふる所也。又其の後、文永元年甲子七月五日、彗星東方に出で、餘光、大體一國に及ぶ等、此れ又、世始まりてより已來、無き所の凶瑞也。

内・外典の學者、其の凶瑞の根源を知らず。予、いよいよ悲歎を増長す。しかるに勘文を捧げて已後、九ケ年を經て今年[一一]後《のち》の正月、大蒙古國の國書を見る。日蓮が[一二]勘文に相叶うこと宛も符契《ふけい》の如し。佛、記して云く、「我ガ滅度ノ後一百餘年ヲ經テ、阿育大王出世シ、我ガ舎利ヲ弘メント」。周の第四昭王の御宇、大史蘇由の記に云く、「一千年ノ外、聲教、此ノ土ニ被ラシメント」。聖徳太子の記に云く、「我ガ滅度ノ後、二百餘年ヲ經テ山城ノ國ニ平安城ヲ立ツ可シト」。天台大師の記に云く、「我ガ滅後二百餘年已後、東國ニ生レテ我ガ正法ヲ弘メン」等云云。皆、果して記文の如し。日蓮、正嘉の大地震・同じく大風・同じく飢饉・正元々年の

頼朝は清和天皇の末葉である。鎌倉幕府が謗法を成敗しないのは、叡山に背くことであり、天命にしたがわぬものである。

九　源空(一一三三―一二一二)は日本浄土宗の祖。大日(?―一一九四)は日本達磨宗と自称して禅を弘めた。

一〇　比叡山への。

一一　文永五年の正月は、大と閏小と二度あった。後の正月とは小の正月で、この月十八日に蒙古から黒的が国信使として来たことが大宰府から幕府に申達された。

一二　立正安国論にかんがえて書いた文のとおりであることは、そっくりわりふを合せるようである。

大疫などを見て、記して云く、「他國ヨリ此國ヲ破ルベキ先相也ト」。自讃に似たりと雖も、若し此の國土を毀壞せば、復た佛法の破滅疑ひ無き者也。而るに、當世の高僧等、謗法の者と同意の者也。復た自宗の玄底を知らざる者也。定めて、勅宣[一]・御教書《みきやうしよ》を給ひて、此の凶惡を祈請する歟。佛神、彌《いよいよ》瞋恚を作し、國土を破壞せん事疑ひ無き者也。

日蓮、復た之を對治する方、之を知れり。叡山を除いて、日本國には但だ一人也。譬へば、日月の二無きが如く、聖人、肩を並べざるが故也。若し此の事《こと》妄言ならば、日蓮が持《たも》つ所の法華經守護の十羅刹の治罰、之を蒙らん。但だ偏に、國の爲、法の爲、人の爲にして、身の爲に之を申さず。復、禪門に對面を遂ぐる故に之を告ぐ。之を用ひざれば、定めて後悔有る可し。恐々謹言。

文永五年太歲戊辰四月五日

日蓮 花押

法鑒御房

一 勅命の宣旨と家司が将軍の上意を奉じて出す書。

四條金吾殿御消息　（八七　写本）

竜の口の難は、日蓮の生涯にふかい意義をあたえた。竜の口で一命をとりとめて佐渡へ配流される身となり、相模依智の本間の邸にあずけられた。四条金吾頼基に送った本書に「竜口に日蓮が命をとどめをく」と言い、佐渡についてからは「魂魄ここにとどまりて」と感懐を述べている。竜の口を発端とする佐渡在島中には、大事な法門を書きのこしている。本書には、頼基が竜の口で馬の首にとりついて殉死しようとしたことを記し、法華経のために命をささげる功徳を説いて、強盛の信力を称讃されている。

度々の御音信、申つくしがたく候。

さてもさても、去《こいぬる》十二日の難のとき、貴邊、たつのくちまでつれさせ給《たまひ》、しかのみならず腹を切らんと仰られし事こそ、不思議とも申ばかりなけれ。日蓮、過去に妻子・所領・眷属等の故に身命《しんみやう》を捨し所いくそばくかありけむ。或は山にすて、

一　九月十二日（本書より九日まえ）の竜の口の難。

海にすて、或は河、或はいそ等、路のほとりか。然ども、法華經のゆへ、題目[一]の難にあらざれば、捨し身も、蒙る難なども成佛のためならず。成佛のためならざれば、捨し海河も佛土にもあらざるか。今度、法華經の行者として、流罪《るざい》・死罪に及ぶ。流罪は伊東、死罪はたつのくち。相州たつのくちこそ、日蓮が命を捨たる處なれ、佛土におとるべしや。その故は、すでに法華經の故なるがゆへなり。經云《きやうにいはく》、「[二]十方佛土ノ中ニハ、唯《ただ》一乘ノ法ノミアリト」。此意なるべき歟。此經文に、「一乘ノ法」と說き給は法華經の事也。十方佛土の中には、法華經より外《ほか》は全《まつたく》なきなり。若然者《もししからば》、日蓮が難にあう所ごとに、佛土なるべき歟。娑婆世界の中には日本國、日本國の中には相模《さがみの》國、相模國の中には片瀨、片瀨の中には龍口《たつのくち》に、日蓮が命をとどめをく事は、法華經の御故なれば[三]寂光土《じやつこうど》ともいうべき歟。神《じん》力品云《りきほんにいはく》、「[四]若シハ林ノ中ニ於テモ、若シハ園ノ中ニ於テモ、若シハ山谷曠野《せんごくくわうや》ニテモ、是ノ中ニ、乃至、般涅槃《はつねはん》シタマフ」とは、是《これ》歟。かゝる日蓮にともなひて、法華經の行者として、腹を切らんとの給事、かの[五]弘演が腹をさいて、主の懿公《いこう》がきもを入《いれ》たるよりも、百千萬倍すぐれたる事也。日蓮、[六]靈山《りやうぜん》にまいりて、まづ四條金吾こそ、法華經の御故に日蓮とをなじく腹切んと申候なり、と申上候べきぞ。

一 法華経の題目を弘めるためにあう難。

二 法華経方便品。

三 常寂光土。仏の国土。法華の結経に「仏ノ住処ヲ常寂光ト名ク」と。

四 法華経如来神力品。

五 春秋列国中の衛の王、懿公が殺されたとき、家臣の弘演は自ら腹を割いて、王の肝を入れたという故事。

六 霊山浄土。法華経寿量品にとく、久遠本仏の浄土。

又、かまくらどのの仰せとて、内内《ないない》佐渡の國へつかわすべき由、承り候。三光天子の中に、月天子は光物《ひかりもの》とあらはれ龍口の頸《くび》をたすけ、明星《みやうじやう》天子は四五日已前に下《くだつ》て、日蓮に見参《げざん》し給ふ。いま日天子ばかりのこり給ふ。定《さだめ》て守護あるべきかと、たのもしたのもし。法師品云《ほっしほんにいはく》、「變化ノ人ヲ遣シテ之ガ爲ニ衞護ト作サント」。疑あるべからず。安樂行品云《あんらくぎやうほんにいはく》、「刀杖ヲ加エズ」。普門品云《ふもんぼんにいはく》、「刀尋《つるぎつ》イデ段段ニ壊レナント」。此等の經文、よも虚事《そらごと》にては候はじ。强盛《ごうじやう》の信力こそありがたく候へ。恐々謹言。

文永八年九月二十一日　　日蓮　花押

四條金吾殿

土《つち》籠《ろう》御書（九〇　写本）

竜口の難に、常随給士の弟子日朗（一二四五―一三二〇）は捕えられて、佐介ガ谷の土籠にいれられた。師の日蓮は、配流の地佐渡へ旅立ちと決った前夜、身にしみる初冬の寒さに、籠内にあって心を痛めているであろう弟子の身を案じ、法華経色読の功徳をたたえて激励のことばをおくり、再会の時を約された温情の書である。

日蓮は明日、佐渡の國へまかるなり。今夜のさむきに付《つけ》ても、ろうのうちのありさま、思ひやられていたはしくこそ候へ。あはれ殿は、法華經一部[一]色心《しきしん》二法共にあそばしたる御身なれば、父母六親・一切衆生をも、たすけ給べき御身也。法華經を餘人のよみ候は、口ばかり、ことばばかりはよめども、心はよまず。心はよめども、身によまず。色心二法共にあそばされたるこそ、貴く候へ。[二]「天ノ諸ノ童子　以テ給使ヲ爲サン　刀杖モ加ヘズ　毒モ害スルコト能ハズ」と説れて候へば、別事はあるべからず。籠をばし、出させ給候はば、とく〳〵きたり給へ。見たてまつり、見えたてまつらん。恐々謹言。

文永八年辛未十月九日　　日　蓮　花押

筑[三]後殿

一　あなたは法華経を心に思い、身をもって実行されたお方であるから。色は色法、肉体のこと。

二　法華経安楽行品。

三　日朗。筑後房という。

佐渡御勘氣抄　（九一　写本）

佐渡の配所へ出発するにあたって、日蓮が法華経の行者としての、すみきった心境を述べた本書は十月とあるだけで日付はないが、本文の「十月十日佐渡国へまかり候也」を、土籠御書の「明日佐渡へまかるなり」と同意に解釈して、依智で書かれたものと考えられ、一般にそのように解釈されている。また、宛名はないが、末尾に道善房と領家の尼御前へ伝えてほしいという文意のあることから、清澄寺の旧友でその後も交遊のあった義顕・義浄あたりに送ったものであろう。

九月十二日に御勘氣を蒙《かうむり》て、今年十月十日佐渡國《の》へまかり候也。本より學文し候し事は、佛教をきはめて佛になり、恩ある人をもたすけんと思ふ。佛になる道は、必ず身命をすつるほどの事ありてこそ、佛にはなり候らめとをしはからる。既に經文のごとく、四「惡口《あつく》罵詈《めり》、刀杖瓦礫《ぐわりやく》、數數見擯出《さくさくけんひんずゐ》」と說れて、かゝるめに値候こそ、法華經をよむにて候らめと、いよいよ信心もおこり、後生もたのもし

四　法華経勧持品に「悪口罵詈」「数々見擯出」。同法師品に「刀杖瓦石」。

く候。死して候はば、必ず各各をもたすけたてまつるべし。天竺に、一師子尊者と申せし人は檀彌羅王《だんみら》に頸をはねられ、二提婆菩薩は外道につきころさる。漢土に、三竺道生と申せし人は蘇山と申所へながさる。四法道三藏は面にかなやきをやかれて江南と申所へながされき。是皆、五法華經のとく、佛法のゆへなり。日蓮は、日本國・東夷・東條・安房國《の》、海邊の六旃陀羅《せんだら》が子也。いたずらにくちん身を、法華經の御故に捨まいらせん事、あに石に金《こがね》をかふるにあらずや。各各なげかせ給べからず。七道善の御房にも、かう申きかせまいらせ給べし。八領家《りやうけ》の尼御前へも、御ふみと存《ぞんじ》候へども、先かゝる身のふみなれば、なつかしやと、おぼさざるらんと申《まうし》ぬると、便宜あらば各各御物語《ものがたり》申させ給候へ。

十月　日

日蓮　花押

寺泊御書 （九二　原文は漢文体　真筆完存）

依智を出発して佐渡配流への道中、苦難をかさねて、十二日目に越後の寺泊につ

一　師子尊者は付法蔵因縁伝に、初祖加葉から第二十三祖の付法相承の人とする。罽賓国の檀弥羅の破仏に会って殺された。
二　提婆菩薩は外道小乗四宗論、外道小乗涅槃論を作って外道を破した。
三　道生は長安の都にいたころ、闡提成仏義を唱えて、都を追われ、蘇州の虎丘に去った。
四　宋の法道は皇帝を諌めて怒にふれ江南に流された。
五　法華経の徳とは、経に説くとおり、正法を弘めるものの受難が実証されたこと。
六　下賤の階級。
七　日蓮が清澄寺で出家得度したときの師僧。
八　日蓮が「重恩

いた。風が強くて船はいつ出るともわからない。道中の苦難は覚悟の上のことで歎くべきではなく、それは言わぬとある。この書の主文は、悪世末法に法華経を弘めるには、三類の敵人があって必ず難を受ける。このことがあってこそ法華経行者であると、法華経を引いて証明し、仏に悪世の弘経を誓った菩薩衆の代理としてこれをいうとのべられている。富木常忍からの付人を佐渡にとめおくことを断り、寺泊についた翌日、これを書いて付人に持たせて常忍に送った。

の人」といっている清澄の領家の老女。

〔文永八年〕

今月十月也十日、相州愛京郡《あいかう》依智[9]の郷を起《た》つて、武蔵の國久目河[10]の宿に付き、十二日を經て、越後の國寺泊の津に付きぬ。此より大海を亙りて佐渡國に至らんと欲す。順風定らず其の期[11]を知らず。道の間の事、心も及ぶこと莫《な》く、又筆にも及ばず。但、暗《あん》に推し度《はか》る可し。又、本より存知の上なり。始めて歎く可きに非ざれば之を止《とど》む。

法華經の第四[12]に云く、「而モ此ノ經ハ如來ノ現在スラ猶怨嫉《をんしつ》多シ、況ヤ滅度ノ後ヲヤ」。第五[13]の巻に云く、「一切世間、怨《あた》多クシテ信ジ難シト」。涅槃經三十八に云く、「爾ノ時一切ノ外道ノ衆、咸ク是ノ言ヲ作サク、大王、〇[14]今ハ唯《ただ》一大惡人有リ、瞿曇《くどん》沙門ナリ。〇一切世間ノ惡人、利養ノ爲ノ故ニ其所ニ

九　今は厚木市。
一〇　東村山町。
一一　いつ渡れるかはわからない。
一二　法師品。
一三　安楽行品。
一四　〇は底本にある中略の印。以下同じ。

往キ集リテ、而モ眷屬ト爲《な》リテ、善ヲ修スルコト能ハズ。呪術力ノ故ニ迦葉及ビ舎利弗・目犍連等ヲ調伏スト」云云。

此の涅槃經の文は、一切の外道が、我が本師たる二天三仙[一]の所說の經典を、佛陀に毀《こぼ》たれて出す所の惡言也。法華經の文は、佛に怨を爲すとの經文には非ず。天[二]台の意に云く、「一切ノ聲聞・緣覺、並ニ近成《ごんじやう》ヲ樂《ねが》フ菩薩」等云云。聞かんと欲せず、信ぜんと欲せず。其の機に當らざるは、言を出して謗《そし》ること莫《な》きも、皆《みな》怨嫉の者と定め了んぬ。在[三]世を以て滅後を推すに、一切の諸宗の學者等は皆外道の如し。彼等が云ふ一大惡人とは、日蓮に當れり。一切の惡人之に集まるとは、日蓮が弟子等是也。彼の外道は先[四]佛の說敎流傳の後、之を謬りて後佛を怨と爲せり。今、諸宗の學者等も亦復是の如し。所詮、佛敎に依りて邪見を起す。目[五]を轉ずる者は、大山轉ずと欲《おも》ふ。今、八宗十宗等、多[六]門の故に諍論を至す。涅槃經第十八に、「贖命《しよくみやう》重寶[七]」と申す法門あり。天台大師の料[八]簡に云く、「命トハ法華經也。重寶トハ涅槃經ニ說ク所ノ前[九]三敎也ト」。但し、涅槃經に說く所の圓敎は如何。此の法華經に說く所の佛性常住を、重ねて之を說いて歸本せしめ、涅槃經の圓[一〇]常を以て法華經に攝す。涅槃經の得分は、但だ前三敎に限る。天台の玄義三に云く、「涅槃ハ、贖命ノ重寶ナリ。重[一一]ネテ、掌ヲ抵《うつ》耳ト」文。籤の三に云く、「今家引ク

一 シヴァ神とヴィシヌ神のインド教の二天神と、六師外道の中の数論・勝論・尼乾子の三祖。

二 法華文句の注にいう、一切の二乗と今成りの仏をたのむボサツたちである。

三 仏在世のことから仏の滅後のことを推しはかると。

四 過去仏の教えをあやまり伝えて釈迦仏を敵とする。

五 酔って目のまわっている人には、山がまわっていると思う。

六 数多く分れているから。

七 宝をあたえて命の代償とする。

八 思案。

九 蔵・通・別・円の四教の中、前三教。

意ハ、大經一二ノ部ヲ指シテ以テ重寶ト爲ス」等云云。天台大師の四念處と申す文に、法華經の「雖示種種道」一三の文を引いて、先四味を叉、重寶と定め了んぬ。若し爾《しか》らば、法華經の先後の諸經は、法華經の爲の重寶也。世間の學者の想ひに云く、「此ハ天台一宗ノ義也。諸宗ニハ之ヲ用ヒズ」等云云。日蓮、之を案じて云く、八宗十宗等、皆佛滅後より之を起し、論師・人師之を立つ。滅後の宗を以て、現在の經を計る可からず。天台の所判は、一切經に叶ふに依りて、一宗に屬して之を棄つ可からず。諸宗の學者等、自師の誤りを執する故に、或は事《こと》一四を機に寄せ、或は前師に讓り、或は賢王を語らひ、結句、最後には、惡心強盛《がうじやう》にして闘諍を起し、失《とが》無き者を之を損《そこな》うて樂と爲す。諸宗の中に眞言宗殊に一五僻案《びやくあん》を至す。善無畏・金剛智等の想ひに云く、「一念三千ハ天台ノ極理・一代ノ肝心也。顯密二道ノ詮爲ル可キ心地《しんぢ》ノ三千ハ、且ク之ヲ置ク。此ノ外ニ、一六印《いん》ト眞言トハ佛教ノ最要ナリ」等云云。其の後、眞言師等、事を此義に寄せ、印と眞言無き經々をば之を下《くだ》す。外道の法の如し。或義に云く、「大日經ハ釋迦如來ノ外ノ説ナリト」。或義に云く、「教主釋尊ノ第一ノ説ナリト」。或義に、「釋尊ト現ジテ顯經ヲ説キ、大日ト現ジテ密經ヲ説クト」。道理を得ずして無盡の僻見、之を起す。譬へば、乳の色を辨へざる者、種々の邪推を作せども、本色に當らざるが如し。又、象の譬一七

一〇　仏性の円満常住。
一一　法華経の説を重ねてのべただけ。
一二　涅槃経。
一三　方便品に「方便力を以ての故に、種種の道を示すと雖も、それ実には仏乗の為なり」との文をひいて法華経以前の経を重宝と定めている。「先四味」とは、法華経以前の諸経をいう。
一四　人の機根のせいにし。
一五　かたよった考え方。
一六　手で表現する印相と口で論す真言秘密の呪言。
一七　盲人たちが象の一部分をなでて、それを象と思ったという譬え。

への如し。今、汝等知る可し。大日經等は、法華經已前ならば華嚴經等の如く、已後ならば涅槃經等の如し。又、天竺の法華經には印と眞言有れども、譯者之を略し、羅什は妙法經と名け、印と眞言を加へしを善無畏は大日經と名くる歟。譬へば、[一]正法華・添品《てんぼん》法華・法華三昧・薩云分陀利《さつうんふんだり》等の如し。佛の滅後、天竺に於て此の詮を得たるは龍樹菩薩、漢土に於て始て之を得たるは天台智者大師也。眞言宗の善無畏等、華嚴宗の澄觀《ちやうくわん》等、三論宗の嘉祥《かじやう》等、法相宗の慈恩等、名は自宗に依れども其の心は天台宗に落ちたり。其の門弟等、此の事を知らず。如何ぞ、謗法の失《とが》を免ん乎。

或人日蓮を難じて云く、「[二]機ヲ知ラズシテ、麁《あら》キ義ヲ立テ、難ニ値フト」。

或人云く、「[三]勸持品ノ如キハ、深位ノ菩薩ノ義也。安樂行品ニ違スト」。

或人云く、「我レモ此ノ義ヲ存スレドモ言ハズト」云云。

或人云く、「唯ダ教門計《ばかり》也。理、具サニ我レ之ヲ存スト」。

[四]卞和《べんくわ》は足を切らる。[五]清丸は穢丸と云ふ名を給ひて、死罪に及ばんと欲す。時の人、之を咲《わら》ふ。然りと雖も、其の人未だ善名《よきな》を流さず。汝等が邪難も亦爾る可し。勸持品に云く、「有諸無智人　惡口罵詈等」云云。日蓮は此の經文に當れり。汝等、何ぞ、此の經文に入らざる。「[六]及加刀杖者」等云云。日蓮は此の經文を讀めり。汝

一　法華経の異訳四本。
二　教えをうける機根を知らないで。
三　弘経の難事をとく勧持品は高位のボサツのことで、易行をとく安楽行品に反する。
四　宝玉を王に献じたが、偽りの証言をしたので足を切られた。楚の人。
五　和気の清麿。
六　この偈文と次の三文は、みな勧持品の偈。

汝等、何ぞ此の經文を讀まざる。「常在大衆中　欲毀我等過」等云云。「向國王大臣　婆羅門居士」等云云。「惡口而顰蹙　數數見擯出ト」。數々とは度々也。日蓮、擯出は衆度《あまたたび》、流罪は二度[七]也。法華經は三世說法の儀式也。過去の不輕品は今の勸持品、今の勸持品は過去の不輕品也。今の勸持品は未來の不輕品爲る可し。其の時は、日蓮は卽ち不輕菩薩爲る可し。

[八]一部八卷二十八品、天竺の御經は一須臾《しゆゆ》に布くと承はる。定めて數品有る可し。今、漢土・日本の二十八品は略の中の要也。正宗[九]は之を置く。流通に至りて、寶塔品の三箇の勅宣は、靈山・虛空の大衆に被らしむ。勸持品の二萬・八萬・八十萬億等の大菩薩の御誓言[一〇]は、日蓮が淺智には及ばざれども、但し「恐怖惡世中」の經文は末法の始を指す也。此の「恐怖惡世中」の次下の安樂行品等に云く、「於末世」等云云。同本異譯の正法華經に云く、「然後末世」。又云く、「然後來末世」。添品法華經に云く、「恐怖惡世中」等云云。時、當世に當つて、三類[一一]の敵人は之れ有るに、但、八十萬億那由他の諸菩薩[一二]は一人も見はれたまはず。乾《ひ》たる潮の滿ちず、月の虧《か》けて滿ちざるが如し。水清まば月を浮べ、木を植うれば鳥を棲ましむ。日蓮は、八十萬億那由他の諸の菩薩の代官[一三]と爲《し》て之を申す。彼の諸の菩薩の加被《かび》を請《う》くる者也。

七　伊豆と佐渡。
八　羅什訳法華經。
九　法華経前半の正宗分は別にして流通分の中で、仏が滅後にこの経を弘めることを告げられた三箇の宣旨。
↓二五六〜七頁。
一〇　悪世にこの土で法華経を弘めることを仏に誓ったボサツ衆。
一一　(1)この経を弘める人を罵り暴行する俗衆の増上慢。(2)正法を破る道門の増上慢。(3)心に悪をいだいて聖人のふりをする僭上の増上慢。
一二　勧持品にいう仏滅後悪世にこの経を弘めることを誓ったボサツ衆。
一三　代理として。

此[1]の入道は、佐渡の國へ御共為《な》す可きの由、之を申せども、然る可き用途と云ひ、かた〳〵煩ひ有るの故に之を還す。御志始めて之を申すに及ばず。人々に是の如く申させ給へ。但し、囹僧《れいそう》[2]等のみ心に懸り候。便宜の時、早々之を聴かす可し。穴賢〳〵。

十月二十二日酉時　　日蓮　花押

土[3]木殿

一　富木氏から遣した付け人であろう。
二　鎌倉で土牢に入れられている日朗たちのこと。
三　土木は富木の宛字。
〔文永八年〕

佐渡御書（一〇〇　写本）

日蓮が佐渡の配地に着いてから四ヵ月がすぎた。のこされた弟子、信徒の間には不安と動揺があった。師はあまりに強情である。これを改めて、妥協的態度であってほしいという声が一部におこっていたようである。これに対して、正法を弘めるものが難にあうのは経に説くとおりで、悲しくもおそろしくもなく、承知のうえのことである。それに日蓮もまた過去に謗法の重罪がある。今生に大善を行ずることによって、それをつぐなうのであるという滅罪の所信をのべ、さらに、身は孤島の配所にあっても、法華経を色読することによって日蓮は日本国の棟梁・眼目であることをさとし、受難にひるむ小心の門徒をいましめている。

四此文は富木殿のかた、五三郎左衛門殿、大藏《おほくら》たうのつじ十郎入道殿等、さじきの尼御前、一一に見させ給べき人人の御中へ也。京・鎌倉に軍《いくさ》に死《しせ》る人人を書付てたび候へ。外典鈔・文句二・玄四本末・勘文・宣旨等、これへの人人もちてわたらせ給へ。

世間に人の恐るゝ者は、火炎《ほのほ》の中と刀劍《つるぎ》の影と、此身の死するとなるべし。牛馬、猶身を惜む、況や、人身をや。癩人、猶命を惜む。何況《いかにいはうや》、壯人をや。佛説《といて》云《いはく》、「六七寶ヲ以テ三千大千世界ニ布キ滿ツルトモ、手ノ小指ヲ以テ、佛經ニ供養センニハ如カズト」取意。七雪山童子の身をなげし、八樂法梵志《げうぼうぼんじ》が身の皮をはぎし、身命に過たる惜き者のなければ、是を布施として佛法を習へば必《かならず》佛となる。身命を捨る人、他の寶を佛法に惜《をしむ》べしや。又、財寶を佛法におしまん物、まさる身命を捨べきや。世間の法にも重恩をば、命を捨《すて》て報ずるなるべし。又、主君の爲に命を捨る人はすくなきやうなれども其數多し。男子ははぢに命をすて、女人は

四　末尾の文と共に、本文を書き了ってからつけたした追記。(四行)
五　四条金吾。大蔵塔の辻十郎は鎌倉の人か。伝未詳。
六　法華経薬王品に説く、どんな宝よりも身をもって供養することが勝れているという取意の文。
七　釈迦仏の本生譚。半偈をきくためにラセツに身を投げあたえた。
八　同上本生譚。仏の説いた偈を書くために皮をはいで紙とし、骨を筆とした説話。

男の爲に命をすつ。魚は命を惜む故に池にすむに、池の淺き事を歎《なげき》て池の底に穴をほりてすむ。しかれども、ゑにばかされて鈎《つりばり》をのむ。鳥は木にすむ、木のひき[一]ゝ事をおぢて木の上枝にすむ。しかれども、ゑにばかされて網にかゝる。人も又是ノ如シ。世間の淺《あさき》事には身命を失へども、大事の佛法なんどには捨る事難し。故に佛になる人もなかるべし。佛法は[二]攝受《せふじゅ》・折伏《しゃくぶく》、時によるべし。譬ば、世間の文武二道の如し。されば昔の大聖は時によりて法を行ず。雪山童子・[三]薩埵《さった》王子は、身を布施とせば法を教へん、菩薩の行となるべしと責しかば身をすつ。肉をほしからざる時、身を捨ツ可キ乎《や》。紙なからん世には、身の皮を紙とし、筆なからん時は、骨を筆とすべし。破戒・無戒を毀《そし》り、持戒・正法《しゃうぼう》を用ん世には、諸戒を堅く持べし。儒教・道教を以て釋教を制止せん日には、道安法師・慧遠法師・法道三藏等の如く、王と論じて命を輕《かろん》ずべし。釋教の中に、小乘・大乘・權經・實經、雜亂《ざうらん》して明珠と瓦礫と牛驢の二乳を辨へざる時は、天台大師・傳教大師等の如く、[四]大小・權實・顯密を強盛《がうじゃう》に分別すべし。畜生の心は、弱きをおどし強《つよき》をおそる。當世の學者等は畜生の如し。智者の弱《よわき》をあなづり、王法の邪をおそる。諛臣と申は是也。強敵を伏《ぶくし》て始て力士をしる。惡王の正法を破るに、邪法の僧等が[五]方人《かたうど》をなして智者を失はん時は、[六]師子王の如くなる心をもてる者、必《かならず》佛になるべし。

一　低いことをおそれて。

二　相手の説を受け容れる仕方と自説を主張して相手を説き伏せる仕方は、時によって取捨すべきである。

三　釈迦仏の本生譚。七匹の子をもつ飢えた虎に身を与えた説話。

四　大乗と小乗、権経と実経、顕教と密教とを強くはっきりと区別せよ。

五　味方をして。

六　どんなものにもおそれない心をもつもの。

例せば日蓮が如し。これおごれるにはあらず。正法を惜む心の強盛なるべし。おごる者は、必ず強敵に値ておそるゝ心出來《しゅつらい》する也。例せば、修羅[七]のおごり、帝釋にせめられて、無熱池の蓮《はちす》の中に小身と成て隱《かくれ》しが如し。正法は一字一句なれども、時機に叶ぬれば必《かならず》得道なるべし。千經・萬論を習學すれども、時機に相違すれば叶フ可カラズ。

寶治の合戰、すでに二十六年、今年[八]二月十一日、十七日又合戰あり。外道・惡人は如來の正法を破《やぶり》がたし。佛弟子等、必佛法を破《やぶる》べし。師子身中の蟲[九]の師子を食《はむ》等云云。大果報の人をば、他の敵やぶりがたし。親しみより破べし。藥師經云、「自界叛逆難」是也。仁王經云、「聖人去ル時、七難[一〇]必ズ起ラント」云云。金光明經云、「三十三天、各々瞋恨ヲ生ズルハ、其ノ國王、惡ヲ縱ニシテ、治セザルニ由ル」等云云。日蓮は聖人にあらざれども、法華經を說の如く受持すれば聖人の如し。又世間の作法、兼て知《しる》によて、注し置こと是違フ可カラズ。現世に云《いひ》をく言の違はざらんをもて、後生の疑をなすべからず。日蓮は、此關東の御一門の棟梁也、日月也、龜鏡[一一]也。眼目《げんもく》也。日蓮捨去時《すてさるとき》、七難必《かならず》起べしと、去年九月十二日、御勘氣ヲ蒙リシ時、大音聲を放《はなち》てよばはりし事これなるべし。纔《わづか》に六十日、乃至、百五十日に此事起る歟《か》。是は華報[一二]なるべし。實果の成ぜん時、いかがなげ

七　阿修羅が帝釈と戦い、負れて竜身のうける三熱を離れた池の蓮に隠れるという説話。
八　北条時宗が時輔らをほろぼした。
九　内から生じるわざわいの譬え。
一〇　立正安国論→一七七頁。
一一　手本である。
一二　花開いた段階。

かはしからんずらん。世間の愚者の思《おもひ》に云、「日蓮智者ならば、何ぞ王難に値哉《あふや》」なんど申。日蓮兼《かねて》の存知也。父母を打《うつ》子あり、[一]阿闍世王なり。[二]佛・阿羅漢を殺し血を出す者あり、提婆達多是也。[三]六臣これをほめ、瞿伽利《くぎやり》等これを悦ぶ。日蓮、當世には[四]此《この》御一門の父母也。佛・阿羅漢の如し。然《しかる》を流罪して主従共に悦ぬる、あはれに無慚なる者也。謗法の法師等が自《みづから》禍の既に顕るゝを歎きしが、かくなるを一旦は悦なるべし。後には、彼等が歎き日蓮が一門に劣るべからず。例せば、[五]泰衡がせうとを討《うち》、九郎判官を討て悦しが如し。既に、一門を亡す大鬼の此國に入《いる》なるべし。法華經云、「惡鬼《あつき》入其身《そのみにいる》」是也。

日蓮も又、かくせめらるゝも先業なきにあらず。不輕品《ふきやうぼん》云《にいはく》、「其罪《そのつみを》畢已《へをはりて》」等云。不輕菩薩の、無量の謗法の者に罵詈打擲《ちやうちやく》せられしも先業の所感なるべし。何に況や、日蓮今生には貧窮下賤の者と生れ、[六]旃陀羅《せんだら》が家より出《いで》たり。心こそすこし法華經を信《しんじ》たる様なれども、身は人身に似て畜身也。魚鳥を混丸して赤白《しやくびやく》二渧《たい》とせり。其中に識神をやどす。濁水に月のうつれるが如し。糞嚢に金《こがね》をつゝめるなるべし。心は法華經を信ずる故に、[七]梵天・帝釋をも猶、恐しと思はず。身は畜生の身也。[八]色・心不相應の故に、愚者のあなづる道理也。心も又身に對すればこそ、月・金《こがね》にもたとふれ。又、過去の謗法を案ずるに誰かしる。[九]勝意比丘が

一　中インド、マカダ国王ビンバシャラの子。父王を殺し、母を幽閉した。
二　仏身より血を出し、アラカンを殺すことは五逆罪の二つの項目。これを犯したデーバダッタは釈迦の従兄弟で、釈迦に敵対する行動をした。
三　アジャセ王の六人の悪臣はこれをほめ、ダイバの弟子クギャリはこれをよろこんだ。
四　北条一門の。
五　同腹の兄弟。
六　下層階級の家。忠衡をいう。
七　梵天と帝釈天は仏の左右に常侍する天王。
八　肉体と心がかけはなれているから。
九　喜根菩薩を罵

魂にもや、大天が神《たましひ》にもや。[一〇]不輕輕毀《きやうき》の流類《ナル》歟、失心の餘殘《ナル》歟、五千上慢の眷屬《なる》歟、大通第三の餘流にもやあるらん。宿業はかりがたし。鐵《くろかね》は炎打《きたひ》てば劍《つるぎ》となる。賢聖は罵詈して試みるなるべし。我、今度の御勘氣は、世間の失《とが》一分もなし。偏《ひとへ》に先業の重罪を今生に消して、後生の[一一]三惡を脫れんずるなるべし。

般泥洹經云、「當・來ノ世、假リニ袈裟ヲ被テ、我ガ法ノ中ニ於テ出家學道シ、懶惰懈怠ニシテ、此等ノ[一二]方等契經を誹謗スルモノ有ラン。當ニ知ルベシ、此等ハ皆是レ今日ノ諸ノ異道ノ輩ナリ」等云云。此《この》經文を見ん者、自身をはづべし。今我等が出家して袈裟をかけ懶惰懈怠なるは、是《これ》佛在世の[一三]六師外道が弟子也と、佛、記《きし》給へり。法然が一類、[一四]大日が一類、念佛宗、禪宗と號して、法華經に[一五]「捨閉閣《しやへいかく》拋《ほふ》」の四字を副へて、制止を加て[一六]權《ごん》經の彌陀稱名計《ばかり》を取立、「教外《きやうげ》別傳」と號して、法華經を月をさす指、只、文字をかぞふるなんど笑ふ者は、六師が末流の佛教の中に出來せるなるべし。うれへなるかなや。涅槃經に、佛《ほとけ》光明を放て地の下[一七]一百三十六地獄を照し給に、罪人一人もなかるべし。法華經の壽量品にして皆成佛せる故也。但し[一八]一闡提人《いっせんだいにん》と申て謗法の者計《ばかり》、地獄守《もり》に留られたりき。彼等がう[一九]みひろげて、今世の日本國の一切衆生となれる也。日蓮も過去の種子《しゅじ》、已に謗法の者なれば、今生に念佛者にて數年が間、法華經の行者を見ては「[二〇]未ダ一人ノ得

って地獄におちた勝意、大逆を犯した大天のようなものであったろうか。

一〇　法華経に説く、不軽菩薩をかろしめたものか、本心を失ったものか、仏の説法の席を去った五千人の一類か、大通仏のとき仏になれなかった第三類の流れをくむものか。

一一　三悪道をまぬかれることができるであろう。

一二　大乗経典をそしるものがあろう。

一三　仏在世の六人の外道の徒であると仏が判定された。

一四　鎌倉初期に日本達磨宗を唱えた。

一五　法然の撰択集の句→安国論一八八頁。

一六　念仏の主張と禅の立てまえは、

者モ有ラズ、千中ニ一《ひとり》モ無シ」等と笑し也。今、謗法の醉さめて見れば、酒に醉る者、父母を打て悅しが、醉さめて後、歎《なげき》しが如し。歎けども甲斐なし、此罪消がたし。何況、過去の謗法の心中にそみけんをや。經文を見候へば、烏の黑きも、鷺の白きも、先業のつよくそみけるなるべし。外道は知らずして自然と云。今の人は謗法を顯して扶けんとすれば、我身に謗法なき由をあながちに陳答して、法華經の門を閉よと、法然が書けるをとかく[一]あらがひなんどす。念佛者はさてをきぬ。天台眞言等の人人、彼が方人をあながちにする也。

[二]今年正月十六日・十七日に、佐渡國の念佛者等數百人、印性房と申は念佛者の棟梁也。日蓮が許《もと》に來て云、「法然上人は法華經を抛《なげうつ》てよとかゝせ給には非ず。一切衆生に念佛を申させ給て候。此大功德に御往生疑なしと書付て候を、[三]山僧等の流されたる、並に寺法師等、善哉善哉とほめ候を、いかがこれを破給《はしたまふ》」と申き。鎌倉の念佛者よりも、はるかにはかなく候ぞ。無慚とも申計なし。いよいよ日蓮が先生・今生・先日の謗法おそろし。かゝりける者の弟子と成けん、かゝる國に生《うまれ》けん。いかになるべしとも覺えず。

般泥洹經云、「善男子、過去ニ無量ノ諸罪、種種ノ惡業ヲ作ル。是ノ諸ノ罪報ハ、或ハ輕易セラレ、或ハ形狀《ぎやうじやう》醜陋《しうる》、衣服足ラズ、飲食《おんじき》麁《そ》疎《そ》、財ヲ求ムルニ利アラズ、

仏法の中の外道の説である。
一七 八大地獄とそれぞれにある十六地獄を合せた数。
一八 イッチャンテイカの音写。成仏の縁を欠いた人。
一九 生みひろげて。
二〇 唐の浄土宗道綽の安楽集の句。

一 諍い。言いあらそい。
二 これを塚原問答という。
三 叡山の僧の流された人や三井寺の法師たち。

貧賤ノ家、及ビ邪見ノ家ニ生レ、或ハ王難ニ遭フ」等云云。又云、「及ビ餘ノ種種ノ人間ノ苦報アラン。現世ニ輕ク受ルハ、斯レ護法ノ功徳力ニ由ルガ故ナリ」等云云。此經文は、日蓮が身なくは殆《ほとほ》ど佛の妄語となりぬべし。一「或被輕易」、二「或形狀醜陋」、三「衣服不足」、四「飲食麁疎」、五「求財不利」、六「生貧賤家」、七「及邪見家」、八「或遭王難」等云云。此八句は、只、日蓮一人が身に感ぜり。高山に登る者は必下《くだ》り、我《われ》人を輕《かろし》めば、還て我身《わがみ》人に輕易せられん。形狀端嚴をそしれば、醜陋の報を得。人の衣服飲食をうばへば、必《かならず》餓鬼となる。持戒尊貴を笑へば、貧賤の家に生ず。正法の家をそしれば、邪見の家に生ず。善戒を笑へば、國土の民となり王難に値ふ。是は常の因果の定れる法也。日蓮は、此《この》因果にあらず、法華經の行者を過去に輕易せし故に。法華經は月と月とを並べ、星と星とをつらね、華山[四]に華山をかさね、玉と玉とをつらねたるが如なる御經を、或は上げ、或は下《くだし》て嘲哢せし故に、此八種の大難に値る也。此八種は盡未來際[五]が間、一づつこそ現ずべかりしを、日蓮つよく法華經の敵を責るによて、一時に聚起せる也。譬ば、民の郷郡なんどにあるには、いかなる利錢を地頭等におほせたれども、いたくせめず、年年にのべゆく。其所を出《いづる》時に競起《きそひおこる》[六]が如し。「斯レ[七]護法ノ功徳力ニ由ルガ故ナリ」等は是也。法華經には「有[八]諸無智人　惡口罵詈等　加刀杖

四　シナの有名な高山。
五　未来永遠に。
六　滞納分を一時にとり立てられるようなもの。
七　般泥洹経の文。
八　勧持品の偈文。

瓦石、乃至、向國王大臣　婆羅門居士、乃至、數數見擯出」等云云。獄卒、罪人を責ずは地獄を出る者かたかりなん。當世の王臣なくは、日蓮が過去の謗法の重罪消し難し。日蓮は過去の不輕の如く、當世の人人は彼《かの》輕毀の四衆の如し。人は替れども因は是一也。父母を殺せる人異なれども、同じ無間地獄[一]におつ。いかなれば不輕の因を行じて、日蓮一人、釋迦佛とならざるべき。又彼《かの》諸人は、跋陀婆羅[二]等と云はれざらんや。但、千劫[三]、阿鼻地獄にて責られん事こそ不便にはおぼゆれ。是をいかんとすべき。彼《かの》輕毀の衆は、始は謗ぜしかども後には信伏隨從せりき。罪、多分は滅して少分有しが、父母千人殺たる程の大苦をうく。當世の諸人は翻す心なし。譬諭品[四]の如く無數劫をや經んずらん。三五の塵點[五]をやおくらんずらん。

これはさてをきぬ。日蓮を信ずるやうなりし者どもが、日蓮がかくなれば、疑ををこして法華經をすつるのみならず、かへりて日蓮を教訓して、我賢しと思はん僻人《ひがびと》等が、念佛者よりも久く阿鼻地獄にあらん事、不便《ふびん》とも申計なし。修羅が「佛は十八界　我は十九界」と云ひ、外道が云、「佛は一究竟道、我は九十五究竟道」と云が如く、日蓮御房は、師匠にてはおはせども餘にこはし。我等はやはらかに法華經を弘べしと云んは、螢火が日月をわらひ、蟻塚が華山を下《くだ》し、井江が河海をあなづり烏鵲が鸞鳳をわらふなるべし、わらふなるべし。南無妙法蓮華經。

一　苦を受けることと間断のない大地獄。阿鼻地獄ともいう。
二　居士でボサツの行を修した人。賢護と訳す。
三　一劫の千倍の長い間。
四　舎利弗の成仏は未来無数劫を経てのちのことをいう。
五　三千塵点と五百塵点の長い間。

文永九年太歳壬申三月二十日　　　　日　蓮　花押

日蓮弟子檀那等御中

佐渡國は紙候はぬ上、面面に申せば煩あり、一人ももるれば恨ありぬべし。此文を、心ざしあらん人人は寄合て御覽じ、料簡候て心なぐさませ給へ。世間にまさる歎だにも出來すれば、劣る歎は物ならず。當時の軍《いくさ》に死する人人、實不實は置く、幾《いくばく》か悲しかるらん。いさはの入道・さかべの入道いかになりぬらん。かはのべの山城・得行寺殿等の事、いかにと書付て給べし。外典書・貞觀政要、すべて外典の物語、八宗の相傳等、此等がなくしては消息もかゝれ候はぬに、かまへて、かまへて給候べし。

六　以下の人々の伝、未詳。
七　日蓮の自筆写本が静岡県北山本門寺に現存。

辨殿尼御前御書　(三九　真筆完存)

六老僧中の長老、日昭(一二二一―一三二三)は、はじめ天台の寺で出家し、比叡山に学んだが、のち松葉ヶ谷に日蓮を訪れて弟子となった。成弁は天台宗時代の名で、そののちも弁殿、弁公ともよばれた。日昭の母は、文盲であったが不退の信心をつづけ、佐渡へ召使を遣すなどの心を配っている。宛名に「申給」とある理由もうかがえる。また、たびたび、佐渡への便に託して経論を求めていたことも知られ、このほか本土の門徒への便りにも論書の入手や時事の報せを依頼されている。

[一]しげゝればとゞむ。辨殿に申。[二]大師講をこなうべし。[三]大師とてまいらせて候。三郎左衛門尉殿に候。文のなかに涅槃經後分《こうぶん》二巻・文句五本末・授決集抄の上巻等、[四]御隨身あるべし。

[五]貞當《さだたう》は十二年にやぶれぬ。將門《まさかど》は八年にかたぶきぬ。[六]第六天の魔王、十軍のいくさをこして、法華經の行者と生死海の海中にして、[七]同居穢土《どうごゑど》をとられじ、うばはんとあらそう。日蓮、其身にあひあたりて、大兵をこして二十餘年なり。日蓮、一度もしりぞく心なし。しかりといえども、弟子等・檀那等の中に臆病のもの、大體、或はをち、或は退轉の心あり。尼ごぜんの一文不通の小心に、いまゝでしりぞかせ給《たまは》ぬ事、申ばかりなし。其上、自身のつかうべきところに、下人《げにん》を一人つけられて候事、定《さだめて》、釋迦・多寶・十方分身の諸佛も御知見あるか。

一　追記の文。「殿に候まで」、はじめの余白に四行二段に、以下、「随身あるべし」まで本文の行間へ三行に書く。
二　天台大師の報恩講。
三　天台大師像をとりよせて、中務三郎左衛門のところにとりよせてある。
四　おもちねがいたい。「つきしたがう」から転じて持参すること。
五　貞任のあて字。
六　欲界・第六天の他化自在天王。十軍は、煩悩を第一軍から第十軍に分けた表言。
七　凡聖同居の穢れた世界。娑婆世界をいう。

恐々謹言。

九月十九日　　　　　日蓮　花押

辨殿尼御前に申給へ

〔文永十年〕

富木殿御返事　（一六二　真筆完存）

下総中山の富木常忍（一二一六―九九）は、建長五年ころ鎌倉で入信と伝え、日蓮の入滅後、出家して日常という。有力な外護者で、日蓮自筆の消息・文書をあつめて「聖教」と名づけ、厳重に護持する制を定め、文永十一年自邸を寺とした。のちの中山法華経寺の起原である。本書には、常忍が送った老母の心づくしの帷に対して、袈裟の功徳のたとえをあげて感謝をのべている。

八帷《かたびら》一領給候了《たびさうらひをはんぬ》。

夫《それ》、佛弟子の中《なかに》、比丘一人はんべり。飢饉の世に、佛の九御時《おとき》事かけて候ければ、

八　本文の前に「売袈裟奉上仏者事」。「富木殿御返事　日蓮」の二行の自書がある。

九　御斎の宛字。

比丘袈裟をうて[一]其あたいを佛奉《ほとけにたてまつる》。佛、其由來を問給ければ、しか〴〵とありのまゝに申けり。佛云、袈裟はこれ三世の諸佛解脱の法衣なり。このあたひをば、我《われ》ほうじがたしと辭退しまし〳〵かば、此《この》比丘申《まうす》、さて、この袈裟あたひをばいかんせんと申ければ、佛云、「汝、悲母有不《ありやいなや》」。答云《こたへていはく》、「有」。佛云、「此袈裟をば、汝母に供養すべし」。此比丘、佛云《ほとけにまうさく》、「佛は此三界の中の第一の特尊《どくそん》なり。一切衆生の眼目にてをはす。設《たとひ》、十方世界を覆《おほふ》衣なりとも、大地にしく袈裟なりとも、能報《よくはうじ》給べし。我《わが》母は無智なる事、牛のごとし。羊よりもはかなし。いかでか袈裟の[二]信施をほうぜん」と云云。佛[三]返吉《へんきつして》云、「汝が身をば誰か生《うみし》ぞや。汝が母これを生《うむ》。此袈裟の恩報《はうじ》ぬべし」等云云。此《これ》は又、齢《よはひ》九旬にいたれる悲母の、愛子にこれをまいらせさせ給。而我《しかもわれ》と老眼をしぼり、身命を盡せり。我《われ》、子の身として此帷の恩かたしとをぼしてつかわせるか。日蓮、又ほうじがたし。しかれども又返《かへす》べきにあらず。此帷をきて日天の御前《みまへに》して、此子細を申上ば、定《さだめ》て釋[四]・梵・諸天しろしめすべし。帷一なれども、十方の諸天此をしり給べし。露を大海によせ、土《つちを》大地に加《くはふる》がごとし。生々に失せじ、世々にくちざらむかし。恐々謹言。

二月七日

〔文永十二年〕

一 売って。
二 清浄な心のこもった施し。
三 返詰の宛字。
四 帝釈・梵天。

可延定業御書　（一六三　真筆完存）

日　蓮　花押

富木常忍の女房におくった消息で、「法華経に依りて定業を延ぶべきこと」という意味の書名は後人がつけた題名である。富木尼の病気をなぐさめ、なによりも大事な宝である生命を法華経によって延ばした例をあげて、法華行者である四条金吾の投薬を服用することをすすめ、日蓮も身延にあって治病を祈ろうと書きそえている。

夫《それ》、病に二あり。一者《には》輕病、二者重病。重病すら善醫に値《あふ》て急に對治すれば命《いのち》猶存す。何況《いかにいはうや》、輕病をや。業《ごふ》に二あり。一《には》定業《ちやうごふ》、二《には》不定業。定業すら能々《よくよく》懺悔すれば必《かならず》消滅す。何況、不定業をや。法華經第七云《にいはく》、「此經ハ、則チ爲《こ》レ閻浮提《えんぶだい》ノ人ノ病ノ良藥ナリ」等云云。此經文は[五]法華經《の》文也。一代の聖教は皆《みな》如來の金言、無量劫より已來《このかた》、不妄語の言也。就中、此法華經は、佛の「[六]正直ニ方便

五　薬王品。
六　法華経方便品。

ヲ捨ツ」と申て、眞實が中の眞實なり。多寶、證明《しやうみやう》を加《くはへ》、諸佛、舌相《ぜつさう》を添《そへ》給。いかでかむなしかるべき。其上《その》、最第一の祕事はんべり。此經文は一後《のちの》五百歳、二千五百餘年の時、女人の病あらんととかれて候文なり。二阿闍世王は御年五十《の》、二月十五日、大惡瘡身に出來《しゆつらい》せり。大醫耆婆《ぎば》が力も及《およば》ず、三月七日、必死《かならずしし》て三無間《むけん》大城に墮《おつ》べかりき。五十餘年が間《あひだの》大樂一時に滅して、一生の大苦、三七日にあつまれり。定業限《かぎり》ありしかども、佛、法華經をかさねて演說して、涅槃經となづけて大王にあたえ給しかば、身の病忽に平愈《へいゆし》、心の重罪も一時に露と消《きえ》にき。佛滅後一千五百餘年、四陳臣と申《まうす》人ありき。命《いのち》五知命にありと申《まうし》て、五十年に定《さだまり》て候しが、天台大師に値て、十五年の命を宣《のべ》て六十五までをはしき。其上、不輕《ふきやう》菩薩《は》六「更ニ壽命ヲ增ス」ととかれて、法華經を行じて定業をのべ給き。彼等《かれらは》皆男子也。女人にはあらざれども、法華經を行じて壽《いのち》をのぶ。又、陳臣は後《のちの》五百歳にもあたらず。七冬の稻米・夏《なつの》菊花のごとし。當時の女人の、法華經を行じて定業を轉《てんずる》ことは、秋の稻米・冬《ふゆの》菊花、誰かをどろくべき。されば日蓮、八悲母をいのりて候しかば、現身に病をいやすのみならず、四箇年の壽命をのべたり。今女人の御身として病を身にうけさせ給。心みに法華經の信心を立《たて》て御らむあるべし。しかも善醫あり。九中務三郎左衛門尉殿は法華經の行者なり。命と申物《まうすもの》は、一身第一の珍寶也。一日

一 末法をいう。仏滅の後を五百年ずつ五期に分けた年代観の、第五の五百年。
二 アジャセ王は父を殺した逆罪の人。
三 無間地獄。逆罪をおかした人のおちる地獄で、八熱地獄の第八。
四 陳鍼の宛字。隋の天台大師の兄。
五 五十歳の異称。
六 法華経常不軽菩薩品。
七 時節にかなっていない譬。
八 文永元年八月、故郷に母を見舞って、治病を祈った。
九 四条金吾。医療にくわしく、調薬もした。

なりともこれをのぶるならば、千萬兩の金にもすぎたり。法華經の一代の聖教に超過していみじきと申は、壽量品のゆへぞかし。閻浮第一の太子なれども、短命なれば草よりもかろし。日輪のごとくなる智者なれども、一〇夭死《えうしに》あれば生犬《いけるいぬ》に劣《おとる》。早く心ざしの財《たから》をかさねて、いそぎ〳〵御對治あるべし。此《これ》よりも申べけれども、人は申《まうす》によて吉事《よきこと》もあり、又我《わが》志のうすきかとをもう者もあり。人の心しりがたき上、先々に少々かゝる事候。此人は人の申せば、すこし心へずげに思《おもふ》人なり。なかなか申《まうす》は、あしかりぬべし。但《ただ》なかうどもなく、ひらなさけに、又心《またごころ》もなくうちたのませ給。

去年《こぞ》の十月これに來《きたり》て候しが、御所勞の事をよく〳〵なげき申せしなり。當事大事のなければをどろかせ給ぬにや、明年正月二月のころをひは必《かならず》をこるべしと申せしかば、これにもなげき入て候。富木殿も此尼ごぜんをこそ杖柱《つえはしら》とも恃《たのみ》たるに、なんど申て候しなり。隨分にわび候しぞ。きわめてまけじたましの人にて、我《わが》かたの事をば大事と申《まうす》人なり。かへす〳〵身の財《たから》をだにをしませ給わば、此病治《このやまひちし》がたかるべし。一日の命は三千界の財《たから》にもすぎて候なり。先《まづ》御志をみみへさせ給べし。法華經の一一第七卷《のまきに》、三千大千世界の財を供養するよりも、手《ての》一指を燒《やい》て佛・法華經に供養せよと、とかれて候はこれなり。命は一二三千にもすぎて候。而齡《しかもよわひ》もい

一〇　わかじに。
一一　薬王菩薩品。
一二　三千世界。

まだたけさせ給はず、而《しかも》法華經にあわせ給ぬ。一日もいきてをはせば功徳つもるべし。あらをしの命や〳〵。御姓名 並《ならびに》 御年を、我《われ》とかゝせ給てわざとつかわせ。大日・月天に申あぐべし。[一]いよどのもあながちに、なげき候へば、日・月天に自我偈をあて候はんずるなり。恐々謹言。

日　蓮　花押

尼ごぜん御返事

一　伊予房日頂（一二五二―一三二八）。富木尼（常忍の女房）先夫の子。

〔文永十二年二月七日〕

新尼御前御返事　（一二七四　真筆焼失、断片存）

新尼は、大尼に対してつかわれたことばで、安房国東条付近の領家の後家尼をいう。その家の母も早くに夫を亡くした女性で大尼とよばれている。この大尼は日蓮が恩恵をうけた人であるが、竜口の法難のことがあってから退転した。本書には、両尼から送られた海苔の礼をのべ、身延の人里はなれた情景をつげ、海苔を見て故郷に思いをはせ、老いてなお亡き父母を追慕するこまやかな情愛がしのばれる。つぎに、大尼へ御本尊をと請われたことの苦衷と、その大事な意義と功徳を教え、大尼にはこれを与えず、別に状を認めて大尼をさとし、そして信心にゆるぎのない新尼に御本尊を与えて、法華経にそむくまじいことを訓誡されている。

[二]あまのり一ふくろ送給了。又大尼御前よりあまのり畏こまり入て候。

此所をば身延の嶽と申。駿河の國は南にあたりたり。彼國の[三]浮島がはらの海ぎはより、此甲斐國《このかひのくに》波木井の郷身延の嶺へは百餘里に及ぶ。餘の道、千里よりもわづらはし。富士河と申《まうす》日本第一のはやき河、北より南へ流《ながれ》たり。此河は東西は高山なり。谷深く、左右は大石にして高き屛風を立《たて》並べたるがごとくなり。河水は筒《つつ》の中に強兵が矢を射出したるがごとし。此の河の左右の岸をつたい、或は河を渡り、或時は河はやく石多ければ、舟破《やぶれ》て微塵となる。かかる所をすぎゆきて、身延の嶺と申《まうす》大山あり。東は天子の嶺、南は鷹取《たかとり》の嶺、西は七面の嶺、北は身延の嶺なり。高き屛風を四《よつ》、ついたてたるがごとし。峰に上《のぼり》てみれば草木森森たり。谷に下《くたり》てたづぬれば大石連連たり。大狼《おほかみ》の音《こゑ》、山に充滿し、猨猴《ましら》のなき、谷にひびき、鹿のつまをこうる音《こゑ》あはれしく、蟬のひびきかまびすし。春の花は夏にさき、秋の菓は冬なる。たまたま見るものは、[四]やまかつがたき木をひろうすがた、時時とぶらう人は昔なれし[五]同法也。彼の[六]商山の四皓《しかう》が世を脱《のがれ》し心ち、竹林の七賢が跡を

二　甘苔。一名むらさきのり。

三　静岡県駿東郡あしたか山すその原野から、身延の山までの実数は約十里。

四　きこり。

五　同朋のあて字。

六　漢の高祖の代、専横の帝に仕えず、商山に隠棲した四人の老人。竹林の七賢は、西晉の代、竹林に清遊して俗事を離れて楽しんだ七人の賢人。

隠せし山《やまも》かくやありけむ。峰に上てわかめや、[一]をいたると見候へば、さにてはなくしてわらびのみ並立《ならびたち》たり。谷に下てあまのりや、をいたると尋れば、あやまりてやみるらん、せりのみしげりふしたり。古郷《ふるさと》の事、はるかに思《おもひ》わすれて候つるに、今此のあまのりを見候て、よしなき心をもひいでて、うくつらし。[二]かたうみ・いちかは・こみなとの礒《いそ》のほとりにて、昔見しあまのりなり。色形あぢわひもかはらず。など我《わが》父母かはらせ給けんと、[三]かたちがへなるうらめしさ、なみだをさへがたし。

此はさてとどめ候ぬ。但、[四]大尼御前の御本尊の御事、おほせつかはされておもひわづらひて候。其故は、此の御本尊は天竺より漢土へ渡《わたり》候しあまたの三藏、漢土より月氏へ入り候し人人の中にも、しるしをかせ給わず。西域等の書ども開《ひらき》見候へば、五天竺の諸國《しよこくの》寺々の本尊、皆しるし盡《つくし》て渡す。又漢土より日本に渡る聖人、日域より漢土へ入《いる》賢者等のしるされて候寺寺の御本尊、皆かんがへ盡し、日本國最初の寺、元興寺・四天王寺等の無量の寺寺の日記、日本紀と申ふみより始て多の日記にのこりなく註して候へば、其寺寺の御本尊又かくれなし。其中に此本尊はあへてましまさず。人 疑《うたがひて》 云、「經論になきか。なければこそ、そこばくの賢者等は畫像にかき 奉《たてまつり》、木像にもつくりたてまつらざるらめ」と云云。而《しかれ》ども

一 生いたる。

二 片海・市河は日蓮の郷里小湊辺の地名。

三 方違え。今のこととは見当ちがいの。

四 大尼へ御本尊を書き与えるようとの依頼。この御本尊とは、文字マンダラをいう。

五 仏弟子の中で神通第一の目連は、釈迦仏が須弥山の頂上にあるという切利天にゆくことを知っていたという説話。

六 自然の道理。

經文は眼前なり。御不審の人人は經文の有無をこそ尋《たづね》べけれ。前代につくりかかぬを難ぜんとをもうは僻案なり。例せば、釋迦佛は悲母孝養のために忉利天に隱させ給たりしをば、一閻浮提の一切の諸人しる事なし。但、[五]目連《もくれん》尊者一人此をしれり。此又、佛の御力也と云云。佛法は眼前なれども機なければ顯れず。時いたらざればひろまらざる事、[六]法爾《ほふに》の道理也。例せば、大海の潮の、時に隨て增減し、上天の月の、上下にみちかくるがごとし。

今、此の御本尊は、教主釋尊、五百塵點劫より心中にをさめさせ給《たまひて》、世に出現せさせ給ても四十餘年、其後、又法華經の中にも迹門[七]、はせすぎて寶塔品より事をこりて、壽量品に說き顯し、[八]神力品・屬累に事《こと》極て候しが、金色世界の文殊師利、兜史《とし》多《た》天宮の彌勒菩薩、補陀《ふだ》落山《らくせん》の觀世音、日月淨明德佛の御弟子の藥王菩薩等の諸大士、我も我もと望み給しかども叶はず。是等は智慧いみじく、才學ある人人とはひびけども、[九]いまだ日あさし、學も始《はじめ》たり、末代の大難忍びがたかるべし。我《われ》五百塵點劫より大地の底にかくしをきたる眞の弟子あり。此にゆづるべしとて、[一〇]上行菩薩等を涌出品に召出させ給て、法華經の本門の肝心たる妙法蓮華經の五字をゆづらせ給て、あなかしこあなかしこ、我《わが》滅度の後、[一一]正法一千年、像法一千年に弘通すべからず。末法の始に謗法の法師[一二]一閻浮提に充滿して、諸天いかりをな

七　法華経の前半。二十八品中の前の十四品。
八　神力品と属累品でこの経を弘通することを依嘱されたことで了っているのだが。
九　法華経の神力品に出る地湧のボサツに比べると仏弟子としてはまだ日があさく、学も始めの段楷である。
一〇　本仏が当初に教化した弟子。法華経涌出品に出現する。
一一　仏教の三時説。仏の滅後千年を正法、その後の千年を像法、二千年を過ぎた後を末法とする。時が仏滅から距るにつれて悪世になり、末法の人は法華経の正法によって救われる。
一二　人の住む世界。

し、彗星は一天にわたらせ、大地は大波のごとくをどらむ。大旱魃・大火・大水・大風・大疫病・大飢饉・大兵亂等の無量の大災難並《ならび》をこり、一閻浮提の人人、各各甲冑をきて弓杖を手ににぎらむ時、諸佛・諸菩薩・諸大善神等の御力の及《およば》せ給ざらん時、諸人皆死して無間地獄に墮《おちん》こと、雨のごとくしげからん時、此[一]五字の大曼荼羅を身に帶し心に存せば、諸王は國を扶け、萬民は難をのがれん。乃至、後生の大火炎を脫《のがる》べしと佛、記しをかせ給ぬ。而に日蓮、上行菩薩にはあらねども、ほぼ兼てこれをしれるは、彼の菩薩の御計《はからひ》かと存《ぞんじ》て此二十餘年が間、此を申。此法門弘通せんには「[二]如來ノ現在スラ猶、怨嫉多シ、況ヤ滅度ノ後ヲヤ」「[三]一切世間、怨《あた》多クシテ信ジ難シ」と申て、[四]第一のかたきは、國王・並《ならびに》郡鄉等、地頭領家萬民等也。此又、第二第三の僧侶がうつたへについて、行者を或《あるひは》惡口し、或《は》罵詈し、或《は》刀杖等云云。而を安房國《の》東條鄉《のごうは》、邊國なれども日本國の中心のごとし。其故は、[五]天照太神跡を垂れ給へり。昔は伊勢國に跡を垂させ給てこそありしかども、國王は[六]八幡・加茂等を御歸依深《ふかく》ありて、天照太神の御歸依淺かりしかば、太神瞋《いかり》おぼせし時、源右將軍と申せし人、御起請文をもつて[七]あをかの小大夫に仰つけて頂戴し、伊勢の外宮にしのびをさめしかば、太神の御心に叶はせ給けるかの故に、日本を手ににぎる將軍となり給ぬ。此人、東條郡を天照太神の御栖《すみか》と定め

一 妙法蓮華経の御本尊。
二 法華経法師品。
三 同上安楽行品。
四 第一第二第三とは、法華経勧持品に説く俗衆・道門・僭聖の三種の増上慢の人をいう。
五 天照大神をお祀りしている。
六 石清水八幡と賀茂の明神。
七 吾妻鏡第三に「外宮の御分は安房国東条御厨、会賀(あおか)次郎大夫倫に付せられ訖ぬ」と。

させ給。されば、此太神は伊勢の國にはをはしまさず、安房國《の》東條の郡にすませ給か。例《れいせ》ば、八幡大菩薩は昔は西府にをはせしかども、中比《なかごろ》は山城《の》國男山に移り給、今は相州鎌倉鶴が岡に栖《すみ》給。これもかくのごとし。日蓮、一閻浮提の内、日本國安房《の》國東條郡に始て此の正法を弘通し始たり。隨て、地頭敵《かたき》となる。彼者すでに半分ほろびて、今半分あり。[八]領家はいつわりをろかにて、或時は信じ、或時はやぶる。不定なりしが、日蓮御勘氣を蒙《かうむり》し時、すでに法華經をすて給き。日蓮、先より[九]げざんのついでごとに、難信難解と申せしはこれなり。日蓮が重恩の人なれば、扶《たすけ》たてまつらんために、此の御本尊をわたし奉ならば、[一〇]十羅刹定《さだめ》て偏頗《へんぱ》の法師とをぼしめされなん。又、經文のごとく不信の人にわたしまいらせずは、日蓮、偏頗はなけれども尼御前我《わが》身のとがをばしらせ給はずして、うらみさせ給はんずらん。此由をば委細に[一一]助阿闍梨《すけのあじゃり》の文《ふみ》にかきて候ぞ。召《めし》て尼御前の見參に入させ給べく候。[一二]御事《おこと》にをいては御一味なるやうなれども、御信心は色あらわれて候。さどの國と申、此國と申、度度の御志ありて、たゆむけしきはみへさせ給はねば、御本尊はわたしまいらせて候なり。それも終にはいかんかとをそれ思事、薄氷をふみ、太刀に向がごとし。くはしくは、又又申べく候。それのみならず、かまくらにも御勘氣の時、千が九百九十九人は墮《おち》候人人も、いまは、世間やわらぎ候か

八　大尼をさす。
九　見参。
一〇　法華経陀羅尼品に説く、行者を守護する十羅刹女。
一一　伝未詳。
一二　新尼への呼称。

のゆへに、くゆる人人も候と申に候へども、此はそれには似るべくもなく、いかにもふびんには思まいらせ候へども、骨に肉をばかへぬ事にて候へば、法華經に相違せさせ給候はん事を叶まじき由、いつまでも申候べく候。恐恐謹言。

一 換えない。

二月十六日　　日　蓮　花押

〔文永十二年〕

新尼御前御返事

曾谷入道殿御返事　（一七一　写本）

下総曾谷に領地をもって居住していたところから、曾谷殿とよばれた信者で、名を教信という。入道して法蓮、日礼と改めた。この書には、方便品の長行を書き与えて、平常の読経には、これに合せて自我偈を読むことをすすめ、法華経は凡夫の肉眼にはただの文字と見えるが、一字一仏、生身の仏であると教えられている。

[二]方便品の長行《ちやうぎやう》、書進《かきしんじ》候。先に進じ候し自我偈[三]に相副《あひそへ》て讀みたまふべし。此經の文字は皆　悉《ことごとく》　生身《しやうしん》[四]妙覺《めうがく》の御佛也。然ども我等は肉眼なれば文字と見る也。例せば、餓鬼は恆河を火と見る。人は水と見る。天人は甘露と見る。水は一なれど果報に隨て別別也。此經の文字は盲眼の者は之ヲ見ズ、肉眼の者は文字と見る。二乘は虛空と見る。菩薩は無量の法門と見る。佛は一一の文字、金色《こんじき》の釋尊と御覽有べき也。卽持佛身とは是也。されども、僻見の行者は、加樣《かやう》に目出度《めでたく》渡らせ給を破シ奉ル也。唯相構《あひかまへ》、相　構《あひかまへて》、異念無ク、一心に[五]靈山淨土を期《ご》せらるべし。心の師とはなるとも心を師とせざれとは、[六]六波羅蜜經の文ぞかし。委細は見參ノ時ヲ期シ候。恐々謹言。

文永十二年三月　日

日　蓮　花押

曾谷入道殿

二　法華経方便品。長行は偈頌の対語で、散文体のところ。
三　法華経如来寿量品の偈。
四　墨でかいた経の一字一字が、覚行円満の生きたみ仏である。
五　法華経寿量品に説く仏国土。
六　大乗理趣六波羅蜜経。

さじき女房御返事　（一七九　真筆断片存）

真筆には末文の宛名を欠いているが、さじき女房とは、日昭の兄、印東次郎左衛門尉祐信の妻であると伝えられている。さじきというのは、祐信の邸趾である鎌倉常栄寺の山地の旧称で、頼朝が由比ヶ浜を展望するために作った桟敷があったところから、地名となったという。左衛門女房にあたえられたこの消息は、仮名文字が目立って多いのも女房への配慮がしのばれる。法華経を信じる主人をもつ女房となったことをたたえ、おくられた帷は法華経への功徳勝れた供養であると称賛されている。

女人は水のごとし、うつは物にしたがう。女人は矢のごとし、弓につがはさる。女人はふねのごとし、かぢのまかするによるべし。しかるに女人は、をとこぬす人なれば、女人ぬす人となる。をとこ王なれば、女人きさきとなる。をとこ善人なれば、女人佛になる。今生のみならず、後生《ごしやう》もをとこによるなり。しかるに、

[一]兵衛のさゑもんどのは法華經の行者なり。たとひ、いかなる事ありとも、をとこのめなれば、法華經の女人とこそ、佛はしろしめされて候らんに、又、我《われ》とこゝろをこして、法華經の御ために御かたびら、をくりたびて候。法華經の行者に二人あり。聖人は皮[二]をはいで文字をうつす。凡夫はただひとつきて候かたびらなどを、法華經の行者に供養すれば、皮をはぐうちに、佛をさめさせ給なり。此人のかたびらは、法華經の六萬九千三百八十四の文字の佛にまいらせさせ給ぬれば、六萬九千三百八十四のかたびら也。又、六萬九千三百八十四の佛、一々、六萬九千三百八十四の文字なれば、此かたびらも又かくのごとし。たとへば、はるの野の千里ばかりに、くさのみちて候はんに、すこしきの豆ばかりの火を、くさひとつにはなちたれば、一時に無量無邊の火となる。このかたびらも、又かくのごとし。一のかたびらなれども、法華經の一切の文字佛《もじのほとけに》たてまつるべし。この功德は父母・祖父母、乃至、無邊の衆生にもをよぼしてん。まして、我《わが》いとをしとをもふをとこごは、申に及ばずとおぼしめすべし。恐々謹言。

五月二十五日　　日蓮　花押

〔建治元年〕

一　日昭の兄、印東次郎左衛門尉祐信。兵衛の武士か。祐信の父が兵衛の武官だったという説がある。

二　楽法梵士が、身の皮をはいで経文を写したという故事がある。

妙一尼御前御消息（一八〇　真筆完存）

妙一尼については古来、いくつかの説がある。現存真筆の中に「さじき妙一尼御前」と宛名した消息があることから、「さじき女房」と関連するものとして、さじき女房またはその母尼とする説はあるが、同人か別人かはなお未詳である。

夫を亡くし、病子、女子と老母をのこされた妙一尼をなぐさめ、故精霊は法華経に命をささげた人であるから、その功徳をえておられるであろう、またかならず守護されるであろうと激励されている。妙一尼は相当な身分と教養の人らしく、「妙一尼御返事」は漢文体であり、即身成仏の義を答えた「妙一女御返事」は漢文体を交えている。また佐渡の島へも身延の山にも下人一人をつけた人であった。

夫[一]、天に月なく日なくは、草木いかでか生ずべき。人に父母あり、一人もかけば子息等そだちがたし。其上、過去の聖霊は、或は病子あり、或は女子あり。とどめをく母もかいぐしからず。たれにいゐあづけてか、冥途にをもむき給けん。

一　本文の前の余白に「妙一尼御前」の宛名書あり。

大覺世尊、御涅槃の時なげいてのたまわく、我《われ》涅槃すべし。但《ただ》心にかゝる事は阿[二]闍世王耳《のみ》。[三]迦葉童子菩薩、佛に申《まうさく》、佛は平等の慈悲なり。一切衆生のためにいのちを惜《をしみ》給べし。いかに、かきわけて阿闍世王一人とをほせあるやらん、と問《とひ》まいらせしかば、其御返事に云《いはく》、「譬へバ、一人ニシテ七子有リ、是ノ七子ノ中ニ一子病ニ遇《あ》ヘリ、父母ノ心平等ナラザルニハ非ズ。然レドモ病子ニ於テハ、心則チ偏《ひとへ》ニ多キガ如シ」等云云。[四]天台、摩訶止觀に此經文釋云《このきやうもんをしやくしていはく》、「譬ヘバ七子アリ、父母平等ナラザルニハ非ズ、然レドモ病者ニ於テハ心則チ偏ニ重《おも》キガ如シ」等云云とこそ佛は答させ給しか。文の心は、人にはあまたの子あれども、父母の心は病する子にありとなり。佛の御ためには一切衆生は皆《みな》子なり。其の中、罪ふかくして世間の父母をころし、佛經のかたきとなる者は病子のごとし。しかるに阿闍世王は摩竭提《まかだ》國の主なり。我《わが》[五]大檀那たりし[六]頻婆舍羅《びんばしやら》王をころし、我がてきとなりしかば、天もすてゝ日月に變《へん》いで、地も頂かじとふるひ、萬民みな佛法にそむき、他國より摩竭國をせむ。此等は偏《ひとへ》に惡人、提婆達多を師とせるゆへなり。結句は今日より惡瘡身に出《い》で、三月の七日、無間地獄に墮べし。これがかなしければ、我《われ》涅槃せんこと心にかゝるというなり。我《われ》阿闍世王をすくひなば、一切の罪人、阿闍世王のごとしとなげかせ給き。

二　悪師にそそのかされ無実の父を殺した悪逆の王子。
三　迦葉菩薩。涅槃経で仏の説法をきいた童子。
四　天台大師智顗（五三八—五九七）の説いた「摩訶止観」。
五　大信者。
六　阿闍世王の父。釈尊在世のときのマカダ国王。

しかるに、聖靈は或は病子あり、或は女子あり。われすてゝ冥途にゆきなば、かれたる朽木《くちき》のやうなる、としより尼が一人とゞまりて、此子どもをいかに心くるしかるらんと、なげかれぬらんとをぼゆ。かの心のかたがたには又日蓮が事、心にかゝらせ給けん。佛語むなしからざれば、法華經ひろまらせ給べし。それについては、此御房はいかなる事もありて、[一]いみじくならせ給べしとおぼしつらんに、いうかいなくながし失《うしなひ》しかば、いかにや〳〵[二]法華經《の》十羅刹は、とこそをもはれけんに、いまゝでだにもながらえ給たりしかば、日蓮がゆりて候し時、いかに悦ばせ給はん。又いゐし事むなしからずして[三]大蒙古國もよせて、國土もあやしげになりて候へば、いかに悦《よろこび》給はん。これは凡夫の心なり。法華經を信ずる人は冬のごとし。冬は必《かならず》春となる。いまだ昔よりきかず、みず、冬の秋とかへれる事を。いまだきかず、法華經信ずる人の凡夫となる事を。經文には、[四]「若シ法ヲ聞クコト有ラン者ハ、一《ひとり》トシテ成佛セズトイフコト無ケン」と、とかれて候。

故《こ》聖靈は、法華經に命をすてゝをはしき。わづかの身命をさゝえしところを、法華經のゆへにめされしは、命をすつるにあらずや。彼の雪山《せっせん》童子の半偈のために身をすて、[五]薬王菩薩の臂をやき給は、彼《かれは》聖人なり、火に水を入《いるる》がごとし。此《これは》凡夫なり、紙を火に入《いるる》がごとし。此をもつて案《あんずる》に、聖靈は此《この》功德あり。大月輪の中か、

一 えらくなってほしいとお思いだったろうに。
二 法華経の行者を守るという十羅刹女は、仏前の誓いを果さないのであろうか。
三 建治元年の前の年、文永十一年十月に蒙古は対馬・壱岐に来襲し、筑前に上陸した。
四 法華経方便品。
五 法華経薬王品に説く。薬王菩薩が臂を燃して供養した故事。

大日輪の中か、天鏡をもつて妻子の身を浮《うかべ》て、十二時に御らんあるらん。設《たとひ》、妻子は凡夫なれば此をみず、きかず。譬へば、耳しゐたる者の雷の聲をきかず、目つぶれたる者の日輪を見ざるがごとし。御疑《うたがひ》あるべからず。定《さだめ》て御まほりとならせ給らん。其上さこそ御わたりあるらめ。力あらばとひまいらせんとをもうところに、衣を一《ひとつ》給でう、存外の次第なり。

法華經はいみじき御經にてをはすれば、もし今生にいきある身ともなり候なば、尼ごぜんの生《いき》てもをわしませ。もしは草のかげにても御らんあれ。をさなききんだち等をば、かへりみたてまつるべし。さどの國と申《まうし》、[六]これと申《まうし》、下人《げにん》一人つけられて候は、いつの世にかわすれ候べき。此恩は、かへりてつかへたてまつり候べし。南無妙法蓮華經〳〵。恐々謹言。

五月　日　　　　日　蓮　花押

〔建治元年〕

妙一尼御前

六　身延。

國府《こう》尼《あま》御前御書　（一八二　真筆完存）

国府は今の佐渡郡真野の旧称である。阿仏房の住んでいたのも同じ地域であるところから、古く千日尼と混同されているが、両者は親交の間がらの別人であろう。国府尼は、その夫入道と共に在島中の日蓮に夜中、ひそかに食を送り、その教えにふかく帰依した人であったことは推測されるが、しかし、夫妻の伝は詳でない。この書は、夫の入道が身延に訪れたおりに託された書であろう。ねんごろに追懐の情をしのび、後生に霊山浄土での再会を契約されている。

阿[一]佛御房の尼ごぜんより、ぜに三百文。同心なれば、此文を二人して人によませてきこしめせ。

單衣《ひとへきぬ》一領、佐渡《さど》國より甲斐《かひ》國波木井郷のうちの深山まで送給候了。

法華經第四法師品《ほっしほんにいはく》云、「人有ツテ佛道ヲ求メテ、一劫ノ中ニ於テ、合掌シテ我前《わが》ニ在テ、無數ノ偈ヲ以テ讚《ほ》メン。是ノ讚佛ニ由ルガ故ニ、無量ノ功徳ヲ得ン。持

一　初の二行は追記した端書。

經者ヲ歎美センハ、其福復タ彼ニ過ギン」等云云。文の心は、釋尊ほどの佛を三[二]業相應して[三]一中劫が間、ねんごろに供養し奉《たてまつる》よりも、末代惡世の世に、法華經の行者を供養せん功德はすぐれたりととかれて候。まことしからぬ事にては候へども、佛の金言にて候へば疑《うたがふ》べきにあらず。其上、妙樂大師と申人《まうすひと》、此の經文を重《かさね》てやわらげて云《いはく》、「若シ毀謗セン者ハ、頭《かうべ》七分《ぶん》ニ破レ、若シ供養セン者ハ、福十號ニ過ギン」等云云。釋《しやく》の心は、末代の法華經の行者を供養するは、[四]十號具足しましまます如來を供養したてまつるにも其《その》功德すぎたり。又濁世《ぢよくせ》に法華經の行者のあらんを、[五]留《る》難《なん》をなさん人々は頭七分にわるべしと云云。

夫、日蓮は日本第一のゑせ者なり。其故は、天神七代はさてをきぬ、地神五代又はかりがたし。人王始《はじまり》て神武より當今まで九十代、欽明より七百餘年が間、世間につけ佛法によせても、日蓮ほどあまねく人に[六]あたまれたる者候はず。守屋が寺塔をやきし、清盛入道が東大寺・興福寺を失《うしなひ》し、彼等が一類は、彼がにくまず。將門・[七]貞《さだ》たうが朝敵となりし、傳教大師の七寺にあたまれし、彼等もいまだ日本一州の比丘・比丘尼・[八]優《う》婆《ば》塞《そく》・優婆夷《い》の四衆にはにくまれず。日蓮は父母・兄弟・師匠・同法[九]、上一人・下萬民一人ももれず、父母のかたきのごとく、謀反・强盜にもすぐれて、人ごとにあた[一〇]をなすなり。されば、或時は數

二　身・口・意の三業。
三　劫はカルパの音写。極めて長い時限をいう。中劫(小劫におなじ)はアナンタ・カルパの訳。アナンタは極限のないこと。
四　仏が具えもつ十の徳号。
五　善いことを留め、難儀をもちかける。
六　にくまれたもの。
七　貞任。
八　在家の男・女。
九　同朋。
一〇　害をなす。

百人にのられ[一]、或時は數千人にとりこめられて刀杖の大難にあう。所をわれ國を出《いだ》さる。結句は、國王より御勘氣二度、一度は伊《い》豆《づの》國、今度は佐渡の島なり。されば身命をつぐべきかんて[二]もなし。形體《ぎやうてい》を隱《かく》すべき藤の衣ももたず。北海の島にはなたれしかば、彼國の道俗は相州の男女よりもあたをなしき。野中にすてられて、雪にはだへをまじえ、くさをつみて命をさゝえたりき。彼の蘇《そ》夫胡《ぶが》[三]國に十九年、雪を食《くらひ》て世をわたりし、李呂[四]が北海に六箇年、がんくつにせめられし、我は身にてしられぬ。これはひとえに我が身には失《とが》なし。日本國をたすけんとをもひしゆへなり。しかるに尼ごぜん並に入道殿は、彼の國に有《ある》時は人めをそれて夜中に食をくり、或時は國のせめをもはゞからず、身にもかわらんとせし人々なり。されば、つらかりし國なれども、そりたるかみをうしろへひかれ、すゝむあしもかへりしぞかし。いかなる過去のえんにてやありけんと、をぼつかなかりしに、又いつしかこれまでさしも大事なるわが夫を、御つかいにてつかわされて候。ゆめかまぼろしか、尼ごぜんの御すがたをばみまいらせ候はねども、心をばこれにとこそをぼへ候へ。日蓮こいしくをはせば、常に出《いづ》る日、ゆうべにいづる月ををがませ給《たまへ》。いつとなく日月にかげをうかぶる身なり。又後生には靈山淨土にまいり、あひまいらせん。南無妙法蓮華經〳〵。

一 罵られ。

二 糧。

三 前漢の蘇武が匈奴に使して、拘留され、苦節十九年にして帰国した。夫は武の音通。

四 李陵のこと。呂は陵の音通。漢代の武人。軍をひきいて匈奴を征とうとしたが、戦に破れて降り、胡国に生涯を送ったという。

〔建治元年〕

六月十六日　　　日　蓮　花押

さどの國のこうの尼御前

高橋入道殿御返事（一八七　真筆一五紙と断片存）

高橋入道の夫人は、日蓮の弟子日興の叔母といわれているが、駿河の国加島の住人というだけで、その他の伝は詳でない。本書には、仏教は正・像・末の三時期に応わしい教法と伝道の師が定められており、末法には本化地涌の仏弟子が導師となって法華経の題目をひろめることが約束されている。しかも、それは容易ならぬ忍難の大事であるが、いま末法にその時にあたって日蓮が法華経の行者として、その重責を果す決意のほどをのべ、去年、鎌倉を去って身延入山の道中、立寄りたい心を押えてよらなかった理由をつげ、末文に、入道の病気をきいて驚き、法華経の薬によってたすかるであろうと信心をはげまされている。

進上高橋入道殿御返事

日蓮

我等が慈父大覺世尊は、一人壽百歳の時、中天竺に出現しましまして、一切衆生のために、一代聖教をとき給。佛在世の一切衆生は、過去の宿習《しゆくじふ》有て佛に縁あつかりしかば、すでに得道成《なり》ぬ。我《わが》滅後の衆生をばいかんかせんとなげき給しかば、二八萬聖教を文字となして一代聖教の中に、小乘經をば迦葉尊者にゆづり、大乘經並に法華經・涅槃等をば、文殊師利菩薩にゆづり給。但《ただし》、八萬聖教の肝心・法華經の眼目たる妙法蓮華經の五字をば、迦葉・阿難にもゆづり給はず。又、文殊・普賢・觀音・彌勒・地藏・龍樹等の大菩薩にもさづけ給はず。此等の大菩薩等ののぞみ申せしかども、佛ゆるし給はず。三大地の底より上行菩薩と申せし老人を召《めし》いだして、多寶佛・十方の諸佛の御前にして、釋迦如來、四七寶の塔中にして、妙法蓮華經の五字を上行菩薩にゆづり給。其故は、我が滅後の一切衆生は皆我子也。いづれも平等に不便《ふびん》にをもうなり。しかれども醫師の習《ならひ》、病に隨て藥をさづくる事なれば、我《わが》滅度五百年が間は、迦葉・阿難等に小乘經の藥をもて一切衆生にあたへよ。次の五百年が間は、文殊師利菩薩・彌勒菩薩・龍樹菩薩・天親菩薩等、華嚴經・大日經・般若經等の藥を一切衆生にさづけよ。我滅後一千年すぎて像法《ざうぼう》の時には、藥王菩薩・觀世音菩薩等、法華經の題目を除《のぞい》て、餘の法門の藥を一切

一 釈迦仏の出世は、住劫第九の減劫で人寿百歳の時期とする。

二 八万四千の法蔵とよばれる仏一代の教説。

三 法華経涌出品の説で、上行は本仏が本初に教化した弟子の上首のボサツ。

四 多宝仏の塔の中で。

衆生にさづけよ。末法に入《いり》なば、迦葉・阿難等、文殊・彌勒菩薩等、藥王・觀音等のゆづられしところの小乘經・大乘經並に法華經は、文字はありとも衆生の病の藥とはなるべからず。所謂、病は重し藥はあさし。其時、上行菩薩出現して、妙法蓮華經の五字を一閻浮提の一切衆生にさづくべし。其時、一切衆生此の菩薩をかたきとせん。所謂、さるのいぬをみるがごとく、鬼神の人をあたむ[五]がごとく、過去の不輕菩薩[六]の一切衆生にのり、あたまれしのみならず、杖木瓦礫にせめられし、覺徳比丘[七]が殺害に及《およばれし》がごとくなるべし。其時は、迦葉・阿難等[八]も或は靈山にかくれ、恆河に沒《ぼつし》、彌勒・文殊等も或は兜率《とそつ》の内院に入《いり》、或は香山に入《いら》せ給《たまひ》、觀世音菩薩は西方にかへり、普賢菩薩は東方にかへらせ給。諸經は、行ずる人はありとも、守護《しゅごの》人なければ利生あるべからず。諸佛の名號は、唱《となふる》ものありとも、天神これをかごすべからず。但、小牛の母をはなれ、金鳥[九]のたかにあへるがごとくなるべし。其時、十方世界の大鬼神、一閻浮提に充滿して四衆[一〇]の身に入、或は父母をがいし、或は兄弟等を失はん。殊に、國中の智者げなる、持戒げなる僧尼の心に此鬼神入て、國主並に臣下をたぼらかさん。此時、上行菩薩の御かびをかぼりて[一一]、法華經の題目、南無妙法蓮華經の五字計《ばかり》を一切衆生にさづけば、彼の四衆等並に大僧[一二]等、此の人をあたむ事、父母のかたき、宿世のかたき、朝敵・怨敵の

五　怨む。
六　像法の代に増上慢の比丘が大ぜいいる中で、常不軽は一切衆生に向って礼拝して作仏することをたたえた。心の不浄な衆生は、これを虚言として罵り、杖木瓦石を加えたという常不軽品の説。
七　立正安国論↓一九四頁。
八　迦葉は鶏足山に、阿難はガンジス河に入定し、弥勒は兜率の内院に、文殊は清涼山に入ったという故事。
九　金鳥はきじをいう。
一〇　ビク・ビクニ、ウバソク・ウバイ。出家・在家の男女の総称。
一一　蒙って。
一二　高僧たち。

ごとくあたむべし。其時、大なる天變あるべし。所謂、日月蝕し、大なる彗星天にわたり、大地、震動して水上の輪[一]のごとくなるべし。其の後は、自界叛逆難《ほんぎやくなん》と申て國主・兄弟並に國中の大人を打ころし、後には他國侵逼難《しんぴつなん》と申て、隣國よりせめられて、或はいけどりとなり、或は自殺をし國中の上下萬民皆大苦に値[二]べし。此ひとえに、上行菩薩のかびをかをほりて法華經の題目をひろむる者を、或はのり、或はうちはり、或《あるひは》流罪し、或は命をたちなんどするゆへに、佛前にちかいをなせし梵天・帝釋・日月・四天[三]等の、法華經の座にて誓狀を立てゝ、法華經の行者をあたまん人をば、父母のかたきよりもなをつよくいましむべしと、ちかうゆへなりとみへて候に、今日蓮、日本國に生《うまれ》て、一切經、並に法華經の明鏡をもて、日本國の一切衆生の面に引向たるに、寸分もたがわぬ上、佛の記給《しるしたまひ》[四]し天變あり、地天あり。定《さだめ》て、此國亡國となるべしとかねてしりしかば、これを國主に申ならば國土安穩なるべくも、たづねあきらむべし。亡國となるべきならば、よも用《もちひ》じ。用ぬ程ならば、日蓮は流罪・死罪となるべしとしりて候しかども、佛いましめて云《いはく》、此事を知ながら、身命ををしみて一切衆生にかたらずは、我が敵たるのみならず、一切衆生の怨敵なり。必《かならず》阿鼻大城に墮べしと記《しるし》給えり。此而《ここに》日蓮、[五]進退わづらひて、此事を申ならば、我身いかにもなるべし。我身はさ

一 水車。

二 真筆は「値し」。「べ」を補う。

三 仏法を守護する四天王。

四 仏が予言した天地の災厄。

五 言おうか、言うまいかと思いなやんで。

てをきぬ。父母・兄弟並に千萬人の中にも一人も隨《したがふ》ものは、國主萬民にあたまるべし。彼等あたまるゝならば、佛法はいまだわきまえず、人のせめはたへがたし、佛法を行ずるは安穩なるべしとこそをもうに、此の法を持《たもつ》によて大難出來するは、六しんぬ、此法を邪法なりと、誹謗して惡道に墮べし。此も不便なり。又、此を申《まうさ》ずは、佛誓に違する上、一切衆生の怨敵なり。大阿鼻地獄疑《うたがひ》なし。いかんかせんとをもいしかども、をもひ切て申出《いだし》ぬ。申始し上は、又七ひきさすべきにもあらざれば、いよいよつより申せしかば、佛の記文のごとく、國主もあたみ、萬民もせめき。あたをなせしかば、天もいかりて日月に大變あり。八大せいせいも出現しぬ。大地もふりかへしぬべくなりぬ。九どしうちもはじまり、他國よりもせめたり。佛の記文すこしもたがわず。日蓮が、法華經の行者なる事も疑わず。但《ただし》、一〇去年かまくらより此《この》ところへにげ入候し時、道にて候へば、各々にも申べく候しかども申事もなし。又、先度の御返事も申候はぬ事は、一一べちの子細も候はず。なに事にか各々をば、へだてまいらせ候べき。あたをなす念佛者・禪宗・眞言師等をも、並に國主等もたすけんがためにこそ申せ。かれ等のあたをなすは、いよ〳〵不便にこそ候へ。まして、一日も我かたとて一二心よせなる人々は、いかんかをろかなるべき。世間のをそろしさに、妻子ある人々のとをざかるをばことに悅《よろこぶ》身なり。日

六　倒置法。この法は邪法であると知った。
七　中途で止めるべきでもないから、いよいよ心を強くして言ったので。
八　大彗星。文永元年七月四日の大彗星と正嘉元年八月二十三日の大地震のこと、呵責謗法滅罪抄に記す。
九　同志討。文永九年二月十一日、北条時輔の異図をしって家臣を遣って討たしめた事件をいうか。
一〇　文永十一年五月、鎌倉から身延に入山の時、加島は道中であったから。
一一　別の。
一二　好意をよせてくれる人々は、どうして疎略にできようか。

蓮に付《つい》て、たすけやりたるかたわなき上、わづかの所領をも召ならば、子細もしらぬ妻子・所従等が、いかになげかんずらんと心ぐるし。而も、去年[一]の二月に御勘氣をゆりて、三月の十三日に佐渡の國を立《たち》、同月の二十六日にかまくらに入《いり》、同四月の八日平《へいの》[二]さえもの允《じょう》にあひたりし時、やうやうの事どもといし中に、「蒙古國はいつよすべき」と申せしかば、「今年よすべし。それにとて、日蓮[三]はなして日本國にたすくべき者一人もなし。たすからんとをもひ、したうならば、日本國の念佛者と禪と律僧等の頸を切《きっ》て[四]ゆいのはまにかくべし。それも今はすぎぬ。但、皆人のをもいて候は、日蓮をば念佛と禪と律をそしるとをもいて候。これは物《もの》かずにてかずならず。眞言宗と申《まうす》宗が、うるわしき日本國の大なる呪咀の惡法なり。[五]弘法大師と慈覺大師、此事にまどいて此國を亡さんとするなり。設《たとひ》、二年三年にやぶるべき國なりとも、眞言師にいのらする程ならば、一年半年に此國にせめらるべし」と申きかせ候き。たすけんがために申を、此《これ》程あたまるゝ事なれば、ゆ[六]りて候し時、さどの國より、いかなる山中海邊にもまぎれ入《いる》べかりしかども、此事をいま一度、平左衞門に申きかせて、日本國にせめのこされん衆生を、たすけんがためにのぼりて候き。又、申きかせ候し後は、かまくらに有べきならねば、足にまかせていでしほどに、便宜《びんぎ》[七]にて候しかば、設、各々はいとわせ給とも、今

一 文永十一年二月に佐渡流罪が赦免された。

二 平左衛門尉頼綱。允は尉の音通。字。文永八年九月松葉ガ谷に日蓮を捕えた侍所の所司。

三 日蓮を除いて。

四 鎌倉海岸の由比の浜。処刑場。

五 日本真言宗の祖空海(七七四—八三五)と比叡山延暦寺第三代座主の円仁(七九四—八六四)。

六 流罪を許されたとき。

七 道すがらのついでだったから。

一度はみたてまつらんと、千度をもひしかども、心に心をたゝかいてすぎ候き。

そのゆへは、するがの國は[八]守殿《かうどの》の御領、ことに[九]ふじなんどは、後家尼ごぜんの内の人々多し。[一〇]故最明寺殿・極樂寺殿の御かたきといきどをらせ給なれば、きゝつけられば、各々の御なげきなるべしとをもひし心計《ばかり》なり。いまにいたるまでも不便にをもひまいらせ候へば、御返事までも申《まうさ》ず候き。この御房たちのゆきずりにも、あなかしこ〳〵、[一一]ふじ・かしまのへんへ立よるべからずと申せども、いかが候らんと、をぼつかなし。

ただし、眞言の事ぞ御不審にわたらせ給候らん。いかにと法門は申とも、御心へあらん事かたし。但、眼前の事をもて知《しろ》しめせ。隱岐法皇は、人王八十二代、神武よりは二千餘年、天照太神入《いり》かわらせ給て人王とならせ給。いかなる者かてきすべき上、欽明より隱岐の法皇にいたるまで、漢土・百濟・新羅・高麗よりわたり來る大法・祕法《ひはうを》、叡山・東寺・園城・七寺、並に日本國にあがめをかれて候。此は皆、國を守護し、國主をまほらんため也。隱岐の法皇、世をかまくらにとられたる事を口をしとをぼして、叡山・東寺等の高僧等をかたらひて、[一二]義時が命をめしとれと行ぜし也。此事、一年二年ならず、數年調伏せしに、[一三]權大夫殿は、ゆめ〳〵しろしめさざりしかば、一法も行《ぎやうじ》給はず、又、行《ぎやうず》とも叶べしともをぼへ

八　相模の守殿、時宗。駿河の国は文治から元弘ころまで北条氏の守護分国とされ、北条氏は自家の根拠地として領国化されていた。
九　富士の辺は、北条時頼の母尼の身内の人々が多い。
一〇　故北条時頼・後家尼の父重時。
一一　富士・賀島。
一二　第二代の執権北条義時。
一三　義時をいう。建保五年に右京権大夫に任ぜられた。

ずありしに、天子、いくさにまけさせ給て、隠岐《おきの》國へつかはされさせ給。日本國の王となる人は、天照太神の御魂の入かわらせ給《たまう》王也。先生の十善戒の力といひ、いかでか國中の萬民の中にはかたぶくべき。設《たとひ》、とがありとも、つみあるをやを失《とが》なき子のあたむにてこそ候ぬらめ。設、親に重罪ありとも、子の身として失に行はんに、天うけ給べしや。しかるに、隠岐の法皇のはぢにあはせ給しは、いかなる大禍ぞ。此ひとへに、法華經の怨敵たる日本國の眞言師をかたらはせ給しゆへなり。一切の眞言師は、灌頂《くわんちやう》と申て釋迦佛等を八葉の蓮華にかきて、此を足にふみて祕事とするなり。かゝる不思議の者ども、諸山・諸寺の別當とあをぎてもてなすゆへに、たみの手にわたりて現身にはぢにあひぬ。此大惡法、又、かまくらに下《くだり》て御一門をすかし、日本國をほろぼさんとする也。此事、最大事なりしかば、弟子等にもかたらず、只、いつはりをろかにて、念佛と禪等計《ばかり》をそしりてきかせし也。今は又、用《もちひ》られぬ事なれば、身命もおしまず弟子どもに申也。かう申せば、いよ〳〵御不審あるべし。日蓮、いかにいみじく尊とも、慈覺・弘法にすぐるべきか。この疑、すべてはるべからず。いかにとかすべき。但し、皆人はにくみ候に、すこしも御信用のありし上、此までも御たづねの候は、只今生計《ばかり》の御事にはよも候はじ。定て、過去のゆへ歟。

一 天子は先の世に十善戒を持った功徳に報いられたとする思想。

二 鎌倉幕府の北条一門をだまし。

御所[三]労の大事にならせ給て候なる事、あさましく候。但し、つるぎはかたきのため、藥は病のため。阿闍世王は、父をころし佛の敵となれり。惡瘡、身に出て後、佛に歸伏し法華經を持《たもち》しかば、惡瘡も平愈し、壽をも四十年のべたりき。而も法華經は、「[四]閻浮提人　病之良藥」とこそとかれて候へ。閻浮の内の人、病の身なり。法華經の藥あり。三事すでに相應しぬ。一身いかでかたすからざるべき。但、御疑の御わたり候はんをば力及ばず。南無妙法蓮華經〳〵。

七月十二日　　　　日蓮　花押

御返事

〔建治元年〕

三　ご病気が大そう悪いとのこと、意外のことに驚いて。

四　法華経薬王品。

妙心尼御前御返事　（一九二　写本）

妙心尼の伝は確かでない。古来、富士西山大内氏の妻とも、高橋入道の妻との説はあるが詳でない。茄子などの野菜を送りとどけているから、身延まではさほどの遠隔の所でなかったことは考えられる。病身の夫を入道とよばれており、尼には娘がいた。この書に幼い人というのは、その娘かそれとも孫であろうか。その幼い人のために、日蓮はマンダラをお守りとして授けられ、如意宝珠にたとえてその功徳を説いている。

[一]すずの御志、送給《おくりたび》候了。

をさなき人の御ために御まぼり[二]さづけまいらせ候。この御まぼりは、法華經のうちのかんじん、一切經のげんもく[三]にて候。たとへば、天には日月、地には大王、人には心、たからの中には如意寶珠のたま、いえには、はしらのやうなる事にて候。

このまんだらを身にたもちぬれば、王を武士のまぼるがごとく、子ををやのあいするがごとく、いを[四]の水をたのむがごとく、草木のあめをねがうがごとく、とりの木をたのむがごとく、一切の佛・神等のあつまりまぼり、晝夜にかげのごとくまぼらせ給《たまふ》法にて候。よく〱御信用あるべし。あなかしこ、あなかしこ。恐々謹言。

八月二十五日　　　日蓮 花押

〔建治元年〕

一　数々の。
二　守り。マンダラをいう。
三　眼目。
四　魚。

妙心尼御前御返事

清澄寺大衆中　（二〇五　真筆焼失）

清澄寺は、そのころ天台密教を伝えた日蓮初発心の寺である。この寺の大衆に送った本書は、真言宗が仏法をやぶる教えであると強調し、仏法を学ぶものはその邪正を見きわめるべきを説き、地頭の東条景信が清澄寺の大衆を念仏にとりいれようと謀ったとき、日蓮は領家の尼に加勢して訴訟をおこし、清澄寺と二間寺を東条方から引離したことを述べ、虚空蔵菩薩の霊験をあげ、法華経を捨てるようなことがあれば、無間地獄におちるであろうと誡めている。

新春の慶賀、自他幸甚幸甚。

去年來ラズ如何ン。定メテ子細有ラン歟。

抑《そもそも》、参詣ヲ企テ候ば《さうらは》、伊勢公御房《いせこうの》に、十住心論[五]・祕藏寶鑰《ひぞうほうやく》・二教論等の眞言の疏《しょ》を借用候へ。是ノ如キハ眞言師蜂起ノ故ニ之ヲ申ス。又、止觀[六]第一・第二御隨[七]

五　十住心論十巻、秘蔵宝鑰三巻、二教論二巻は空海が真言密教の勝れていることを説いた著作。

六　天台大師智顗が法華経の観心を説いた「摩訶止観」十巻。

七　随身は随従の意味から転じて、持参すること。

身候へ。[一]東春・輔《ふ》正記《しやうき》なんどや候らん。圓智房の御弟子に觀智房の持《もち》て候なる宗[二]要集かしたび候へ。それのみならず、ふみの候由も人々申候し也。早々に返すべきのよし申させ給へ。今年は、殊に佛法の邪正たださるべき年歟。

[三]淨顯御房・義城房等には申給べし。日蓮が度々、殺害《せつがい》せられんとし、並に二度[四]まで流罪せられ、頸《くび》を刎《はね》られんとせし事は、別に世間の失《とが》に候はず。[五]生身《しやうしん》の虚空藏菩薩より大智慧を給りし事ありき。日本第一の智者となし給へと申せし事を不便とや思食《おぼしめし》けん。明星《みやうじやう》の如《ごとく》なる大寶珠を給て、右の袖にうけとり候し故に、一切經を見候しかば八宗並に一切經の勝劣、粗是《ほぼ》を知りぬ。其上、眞言宗は法華經を失《うしなふ》宗也。是は大事なり。先《まづ》序分に、禪宗と念佛宗の僻見《びやくけん》を責て見んと思ふ。其故は、月氏《がつし》・漢土の佛法の邪正《じやしやう》は且《しばらく》之ヲ置ク。

日本國の法華經の正義を失《うしなひ》て、一人もなく人の惡道に墮《おつ》る事は、眞言宗が影の身に隨《したがふ》がごとく、山々寺々ごとに法華宗に眞言宗をあひそひて[六]、如法の法華經に十[七]八道をそへ、[八]懺法《せんぼう》に阿彌陀經を加へ、天台宗の學者の灌頂をして眞言宗を正《しやう》とし、法華經を傍《ぼう》とせし程に、眞言經と申は[九]爾《に》前《ぜん》・權《ごん》經の內の華嚴・般若にも劣るを、慈覺・弘法これに迷惑して、或は法華經に同じ、或は勝《すぐれ》たりなんど申《まうし》て、佛を開《かい》眼《げん》するにも、[一〇]佛眼・大日の印《いん》・眞言をもつて開眼供養するゆへに、日本國の木畫《もくゑ》

一　東春は唐代の智度が法華文句を注釈した法華義續六巻。輔正記は唐代の道暹が法華文句記を注釈した十巻の書。

二　宗義の要綱を集めた書。ここでは天台宗義の書。

三　浄顕、義城は清澄寺の僧。報恩抄に「二人は日蓮が幼少の師匠」とのべている人。

四　伊豆と佐渡へ。

五　日蓮が幼時、清澄寺で祈願したとき夢に見たという生身の虚空蔵。

六　相添えて。

七　十八種の印相を用いて本尊を供養する真言の修法。

八　法華懺法に浄土教の阿弥陀経を加え。

九　爾前は法華経を説く以前のこと。

の諸像、皆無魂・無眼の者となりぬ。結句は、天魔入替《いりかはり》て、檀那をほろぼす佛像となりぬ。王法の盡んとするこれなり。此《この》惡眞言かまくらに來《きたり》て、又、日本國をほろぼさんとす。其上、禪宗・淨土宗なんどと申は、又いうばかりなき僻見の者なり。此を申さば必《かならず》日蓮が命と成《なる》べしと存知せしかども、虚空藏菩薩の御恩をほうぜんがために、建長五年四月二十八日、安房國《あはの》、東條鄕《とうじやうのがう》、淸澄寺《きよすみでらの》道善之房、持佛堂の南面にして淨圓房と申者《まうすもの》、並に少々《の》大衆にこれを申しはじめて、其後二十餘年が間、退轉なく申。或は所を追出され、或は流罪等。昔は聞く、一一不輕菩薩の杖木《じやうもく》等。今は見る、日蓮が刀劍に當る事を。日本國の有智無智《うち》・上下萬人の云《いはく》、「日蓮法師は、古《いにしへ》の論師・人師・大師・先德にすぐるべからず」と。日蓮、この不審をはらさんがために、正嘉・文永の大地震・大長星を見て一二勘《かんがへて》云《いはく》、「我朝に二《ふたつ》の大難あるべし。所謂、自界叛逆難・他國侵逼難也。自界は鎌倉に、權の大夫殿御子孫どし一三うち出來すべし。他國侵逼難は、四方よりあるべし。其中に、西よりつよくせむべし。是偏《ひとへ》に、佛法が一國擧《こぞり》て邪《よこしま》なるゆへに、梵天・帝釋の、他國に仰《おほせ》つけてせめらるるなるべし。日蓮をだに用《もちひ》ぬ程ならば、將門・純友・貞任・利仁・田村のやうなる將軍、百千萬人ありとも叶ふべからず。これまことならずは、眞言と念佛等の僻見をば信ずべし」と申ひろめ候き。就中、淸澄山の大

権経は実経の反義語。

一〇　仏眼印と大日の真言。密教では仏眼印に肉眼、天眼、慧眼、法眼、仏眼の五眼を具足するといい、また阿字を大日の真言とする。

一一　常不軽菩薩は一切の人にあなたは仏になるといって礼拝をしたが、心の不浄な人はこれは虚妄だとして杖木を加えたという故事。

一二　立正安国論に説く。

一三　同志打。

衆は日蓮を父母にも、三寶にもをもひをとさせ給はば、今生には貧窮《びんぐの》乞者とならせ給ひ、後生には無間地獄に墮《おち》させ給べし。

故いかんとなれば、東條左衛門景信[一]が惡人として清澄のかいしゝ等をかりとり、房々の法師等を念佛者の所從にしなんとせしに、日蓮、敵《かたき》をなして領家の[二]かたうどとなり、清澄・二間《ふたま》[三]の二箇の寺、東條が方《かた》につくならば、日蓮、法華經をすてんとせいじやう[四]の起請《きしやう》をかいて、日蓮が御本尊の手にゆいつけていのりて、一年が内に、兩寺は東條が手をはなれ候しなり。此事は、虚空藏菩薩もいかでかすてさせ給べき。大衆も、日蓮を心へずにをもはれん人々は、天にすてられたてまつらざるべしや。

かう申せば愚癡の者は、我をのろうと申べし。後生に、無間地獄に墮んが不便なれば申なり。領家の尼ごぜんは女人なり、愚癡なれば人々のいひをとせば、さこそとまし〳〵候らめ。されども、恩をしらぬ人となりて、後生に惡道に墮させ給はん事こそ不便に候へども、又一には、日蓮が父母等に恩をかほらせたる人なれば、いかにしても、後生《ごしやう》をたすけたてまつらんとこそいのり候へ。

法華經と申《まうす》御經は別の事も候はず。我《われ》[五]は過去五百塵點劫より先《さき》の佛なり。又、舍利弗等は未來に佛になるべしと。これを信ぜざらん者は、無間地獄に墮べし。我

一　景信は安房国長狭郡東条の地頭。念仏を信じ、清澄寺の法師たちを念仏者にさせようとして清澄寺と二間寺を領家から奪いとって自分の配下にいれようとした。また寺の飼鹿を狩りとったような無道の悪事をおかした人。

二　領家は所領の家柄。東条景信が領家に圧力を加えて清澄・二間の二ヵ寺を自分の配下にいれようとした時、日蓮は領家の尼方について訴訟をおこし、景信の横暴を斥けて勝訴となった。しかし領家の尼は、日蓮の受難に心うごいて法華経の信心から離れた。

三　二間寺は寺伝

のみかう中にはあらず、多寶佛も證明《しやうみやう》し、十方の諸佛も舌をいだしてかう候。[六]地涌千界・文殊・觀音・梵天・帝釋・日・月・四天・十羅刹・法華經の行者を守護し給はんと説れたり。されば、佛になる道は別のやうなし。過去の事、未來の事を申あてて候がまことの法華經にては候なり。

日蓮は、いまだつくしを見ず、えぞしらず。一切經をもて勘へて候へばすでに値《あひ》ぬ。もししからば、各々不知恩の人なれば、無間地獄に墮《おち》給べしと申候はたがひ候べき歟。

今はよし、後《のち》をごらんぜよ。日本國は、當時の[七]ゆき・對馬のようになり候はんずるなり。其時、安房國《あはのくに》に[八]むこが寄せて責《せめ》候はん時、日蓮房の申せし事の合たりと申は、偏執の法師等が口すくめて無間地獄に墮ん事、不便なり不便なり。

正月十一日　　日蓮　花押

〔建治二年〕

安房國清澄寺大衆中

このふみは、[九]さど殿と[一〇]すけあざり御房と、虚空藏の御前にして、大衆ごとによみきかせ給へ。

未詳。今はなし。
四　誓状。
五　五百億塵点劫の略称。
六　法華経従地涌出品に説く、地涌千世界の菩薩衆。
七　壱岐。
八　蒙古。
九　佐土房日向。
一〇　伝未詳。清澄寺にいた僧か。新尼御前御返事に「助阿闍梨の文にかきて候ぞ」とあるのと同一人か。

富木尼御前御書 （三二　真筆完存）

ようやく春が訪れた身延の庵室に、下総から富木常忍がたずねた。去年、九十をすぎて亡くなった母の遺骨を身延に持参して、供養を請うためであった。亡き母のこと、妻が看病によくあたってくれたことなどの近況が語られたであろう。この書は富木氏に託して、その妻の病気を案じ、法華経の信心をすすめ、現世の栄誉よりも仏を信じて仏道を成就することが互いのよろこびであると結び、文中に蒙古の来入についての所感が記されている。

[一]鵞《が》目《もく》一貫、並《ならびに》つゝひとつ給候了。

やのはしる事は弓のちから、[二]くものゆくことはりうのちから、をとこのしわざは女のちからなり。いま、ときどのゝこれへ御わたりある事、尼ごぜんの御力なり。

けぶりをみれば火をみる、あめをみればりうをみる。をとこを見れば女をみる。

一　ぜに。鳥目・青鳧ともいう。
二　竜が雲を起こし雨をふらすという古来の説。

今ときどのにげざん[三]つかまつれば、尼ごぜんをみたてまつるとをぼう。ときどのゝ御物がたり候は、「このはわのなげき[四]のなかに、りんずうのよくをはせしと、尼がよくあたり、かんびやうせし事のうれしさ。いつのよにわするべしともをぼへず」と、よろこばれ候なり。

[五]なによりもをぼつかなき事は御所勞なり。かまへてさんと三年、はじめのごとくに、[六]きうぢせさせ給へ。病なき人も無常まぬかれがたし。但《ただし》、としのはてにはあらず。法華經の行者なり、非業の死にはあるべからず。よも業病にては候はじ。設《たとひ》、業病なりとも、法華經の御力たのもし。阿闍世王は法華經を持《たもち》て四十年の命をのべ、[七]陳臣は十五年の命をのべたり。尼ごぜん又、法華經の行者なり。御信心月のまさるがごとく、しをのみつがごとし。いかでか病も失《うせ》、壽ものびざるべきと強盛《がうじやう》にをぼしめし、身を持し心に物をなげかざれ。なげき出來《いでくる》時は、[八]ゆき・つしまの事、だざひふの事、かまくらの人々の天の樂《(らく)》のごとにありしが、當時つくしへむかへば、とゞまる女《め》こ、ゆくをとこ、はなるゝときは、かわをはぐがごとく、かをとかをとをとりあわせ、目と目とをあわせてなげきしが、次第にはなれて、[九]ゆいのはま・いなぶら・こしごへ・さかわ・はこねざか、一日二日すぐるほどに、あゆみ〲とをざかるあゆみも、かわも山もへだて、雲もへだつれば、う

三　見參。
四　母の悲しみのなかに、臨終のよかったことと。
五　なによりも気がかりなのはご病気のことである。
六　灸治。
七　陳鍼。天台大師智顗の兄。
八　壱岐・対馬や、太宰府の人たちが元寇の時のこと。
九　由比の浜・稲村・腰越・酒匂・箱根坂。

ちそうものはなみだ[一]なり、ともなうものはなげきなり、いかにかなしかるらん。かくなげかんほどに、もうこのつわものせめきたらば、山か海もいけどりか、ふねの内か、[二]かうらいかにて、うきめにあはん。これひとへに失《とが》もなくて日本國の一切衆生の父母たる法華經の行者日蓮を、ゆへもなく、或はのり、或は打、或は[三]こうぢをわたし、ものにくるいしが、十羅刹のせめをかぼりてなれる事なり。又々、これより百千萬億倍たへがたき事どもいで來るべし。かゝる不思議を目の前に御らんあるぞかし。我等は、佛に疑なしとをぼせば、なにのなげきかあるべき。きさきになりてもなにかせん、天に生ても[四]ようしなし。[五]龍女があとをつぎ、摩訶《まか》波《は》舎波《じゃは》提《だい》比丘尼のれちにつらなるべし。あらうれし〳〵。南無妙法蓮華經〳〵と唱させ給。恐々謹言。

三月二十七日

日蓮 花押

尼ごぜんへ

一 真筆本に「なみとなり、とももの」とあり。このところは版本による。

二 高麗。

三 小路。

四 容止。容赦してとめおくこと。

五 竜女が即身成仏したように、又マカハジヤハダイ比丘尼と同じように成仏するであろう。

〔建治二年〕

忘持經事（三二　原文は漢文体　真筆完存）

母の遺骨をいだいて身延を訪れた富木常忍は、追善の仏事をすませて庵室に持経を忘れてかえっていった。日蓮は、その経を早速に修行者に持たせて届けさせた。そのときの書状が本書である。所持の経を置きわすれたことを「日本第一のよく忘るる人か」と常忍をつよくせめながらも、その母への情をば日蓮もともに追慕し、難路をはるかに庵室の釈迦仏の御宝前に、母の骨を安置し供養した功徳は、母の得道ばかりでなく、愚かな子の身にまつわる業障をも消滅させるであろうと懇切に教えられた名篇である。

忘れ給ふ所の御持經[六]、追つて修行者に持たせ之を遣はす。魯の哀公云く、「人好ク忘ルル者有リ。移宅《わたまし》ニ乃チ其ノ妻ヲ忘レタリト」云云。孔子云く、「又好ク忘ルルコト、此ヨリ甚シキ者有リ。桀紂ノ君ハ乃チ其身ヲ忘レタリト」等云云。夫《そ》れ、槃特《はんどく》[七]尊者は名を忘る。此れ閻浮第一の好く忘るる者也。今、常忍上人は持經

六　所持の経。

七　周利槃特。物おぼえの悪いので有名な仏弟子。

を忘る。日本第一の好く忘るるの仁《ひと》歟。[八]大通結縁《だいつうけちえん》の輩は衣珠《えじゅ》を忘れ、三千塵劫を經て貧路を踟蹰《ちちゅう》し、[一]久遠下種《くおんげしゅ》の人は良藥を忘れ、五百塵點を送りて三途《さんづ》の嶮地に顚倒せり。

今、眞言宗・念佛宗・禪宗・律宗等の學者等は、佛陀の本意を忘失す。未來、無數劫を經歷《きやうりやく》して阿鼻[二]の火坑に沈淪せん。此れより、第一の好く忘るゝ者あり。所謂、今の世の天台宗の學者等と持經者[三]等との日蓮を誹謗し、念佛者等を扶助するもの是也。親に背きて敵に付き、刀を持つて自らを破る。此れ等は且《しば》らく之を置く。夫れ[四]常啼《じやうたい》菩薩は東に向つて般若を求め、善財童子は南に向つて華嚴を得、雪山の小兒は半偈に身を投げ、樂法梵志は一偈に皮を剝ぐ。此れ等は皆、上聖《じやうしやう》・大《だい》人《にん》也。其の迹《あと》を撿《かんが》ふるに[五]地《ち》・住《じゆう》に居《こ》し、其の本《もと》を尋ぬれば[六]等《とう》・妙《めう》なるのみ。身は八熱に入りて火坑三昧を得《え》、心は八寒に入りて清涼《しやうりやう》三昧を證し、身心共に苦無し。譬へば、矢を放ちて虛空を射、石を握りて水に投ずるが如し。

今、常忍、貴邊は末代の愚者にして、[七]見・思《じ》未斷の凡夫也。身は俗に非ず、道《どう》に非ざる[八]禿居士《とくこじ》。心は善に非ず、惡に非ざる[九]羝羊耳《ていようのみ》。然りと雖も、一人の悲母は堂に有り。朝《あした》に出でて主君に詣で、夕《いうべ》に入りて私宅に返る。營む所は悲母の爲、存する所は孝心耳。而るに、去月下旬の比《ころ》、生死の理《ことわり》を示さん爲に、黄泉の道に

八　大通智勝仏が三千塵点劫の往古、法華経を説いたときに結縁した人は、自分の衣にぬいこめられた珠を知らないでさまよい。

一　久遠にこの経をきいて心に仏種をおろした人は法華経の良薬をわすれ。

二　無間地獄。

三　法華経を受持し読誦するひと。

四　般若経守護の常啼ボサツ、華厳経を求めた善財童子、半偈を聞くために身を投げた雪山童子、身の皮をはいで一偈を書きとどめた楽法梵士の説話。

五　十地と十住。ボサツが覚りの初めの段楷。

六　等覚と妙覚。同じく覚りの究竟

趣く。此に貴邊と歎いて云く、齢ひ既に九旬に及び、子を留めて親の去ること次第たりと雖も、倩《つら〱》事の心を案ずるに、去りて後來《きた》るべからず。何れの月日をか期《ご》せん。二母、國に無し。今より後、誰をか拜すべき。離別忍び難きの間、舍利を頸《くび》に懸け、足に任せて大道に出で、一〇下州より甲州に至る。其の中間、往復千里に及ぶ。國々、皆飢饉して山野に盜賊充滿し、宿々粮米《らうまい》乏少なり。我が身、羸《るい》弱《じやく》にして所從亡きがごとく、牛馬一一合期《がふご》せず。峨々たる大山は重々として、漫々たる大河は多々なり。高山に登れば頭《かうべ》を天に插《さしはさ》み、幽谷に下れば足は雲を踏む。鳥に非れば渡り難く、鹿に非れば越え難し、眼は眩《くら》み、足は冷ゆ。一二羅什三藏の葱《さう》嶺《れい》・役《えん》の優婆塞の大峰《おほみね》も只今なりと云云。然る後、深き洞に尋ね入りて一庵室を見る。法華讀誦の音は青天に響き、一乘談義の言は山中に聞ゆ。案内を觸れて室に入り、敎主釋尊の御寶前に母の骨を安置し、五體を地に投げ、合掌し、兩眼を開いて尊容を拜す。歡喜身《み》に餘り、心の苦しみは忽ち息《や》む。我が頭は父母の頭、我が足は父母の足、我が十指は父母の十指、我が口は父母の口なり。譬へば、種子と菓子《このみ》と、身と影との如し。敎主釋尊の成道は、一三淨飯《じやうぼん》・摩耶の得道なり。吉占《きつせん》師子・靑提女《しやうだいによ》・目犍尊者は同時の成佛也。是の如く觀ずる時、無始の業障は忽ち消え、心性の妙蓮は忽ちに開き給ふ歟。然る後に、隨分に佛事を爲《な》し、事故無く

の段楷。修行は初めから順次に積みあげてゆくが、本地は完成された境地から出ていることをいう。

七　見惑と思惑。邪見の惑いと邪思の惑。

八　形は僧で、心は僧でない人。

九　牡羊。愚か者。

一〇　下総。

一一　間に合わない。

一二　クマラ什が長安へ来る途中のパミール高原の難路、役の行者小角が修行した大峰山の嶮路もこうであろうと。

一三　父母の得道である。

還り給ふ云云。恐々謹言。

富木入道殿

妙密上人御消息　（三四　写本）

上人とよばれている妙密は、在家教徒のようであるが、伝は未詳である。妙密に宛てた状はこの一通だけであるが、身延への便宜の都度、銭五貫文を送ったことが書かれている。本書には戒の中に殺生戒、六度の中に布施が基であること、さらに仏法の伝来を述べ、教えは時にしたがい、人に応じて選定すべきこと、日蓮は一宗一派の流れを汲むものではないが、末法に出現して法華経の題目をひろめる上行菩薩の先きぶれをすることになった次第を記し、法華経の行者には迫害はあるが、かならず守護あることを説き、この経は功徳を讃嘆する経であると教えている。

[一]青鳧《せいふ》五貫文、給候畢。

夫《それ》、五戒[二]の始《はじめ》は不殺生戒《ふせつしやうかい》、[三]六波羅蜜の始は檀波羅蜜《だんばらみつ》也。[四]十善戒・[五]二百五十戒・[六]十

〔建治二年三月〕

一　青蚨の音通字。銭の異称。

二　在家者の戒。1不殺生、2不偸盗、3不邪淫、4不妄語、5不飲酒。

三　波羅蜜は到彼岸と訳す。菩薩の行とする。1布施、2持戒、3忍辱、4精進、5禅定、6智恵の行。「檀」はダーナの音写語で、与えること。

四　大乗の在家者の戒。1不殺生、2不偸盗、3不邪淫、4不妄語、5不両舌、6不悪口、7不綺語、8不貪慾、9不瞋恚、10不邪見。

五　小乗比丘の戒。

六　大乗で定める重大な禁戒。1不殺、2不盗、3不淫、4不妄語、5不酤酒、6不説過

重禁戒等の一切の諸戒の始は、皆《みな》不殺生戒也。上《かみ》、大聖より、下《しも》、蚊虻《もんまう》に至るまで、命を財《たから》とせざるはなし。これを奪へば、又第一の重罪也。如來世に出で給ては、生《しやう》をあわれむを本《もと》とす。生をあわれむしるしには命を奪はず、施食《せじき》を修するが第一の戒にて候也。人に食を施すに三の功徳あり。一には命をつぎ、二には色《しき》[七]をまし、三には力を授く。命をつぐは、人中・天上に生れては長命《ちやうみやうの》果報を得《え》、佛に成《なり》ては法身《ほつしん》[八]如來と顯れ、其身《その》、虚空と等し。力を授《さづく》る故に、人中・天上に生れては、威徳の人と成《なつ》て眷屬多し。佛に成《なり》ては、報身《ほうしん》[九]如來と顯れて蓮華の台《うてな》に居し、八月十五夜の月、晴天に出《いで》たるが如し。色《しき》をます故に、人中・天上に生れては、三十二相を具足して端正なる事、華の如く、佛に成《なり》ては、應身[一〇]如來と顯れて釋迦佛の如くなるべし。

夫、須彌山《しゆみせん》[一一]の始を尋れば一塵《ちん》也。大海の初は一露也。一を重ぬれば二となり、二を重ぬれば三、乃至、十百千萬億阿僧祇[一二]の母は、唯《ただ》一なるべし。されば、日本國には佛法の始りし事は、天神七代・地神五代の後、人王百代、其初《はじめ》の王をば神武天皇と申す。神武より第三十代に當《あたり》て欽明天皇の御宇に、百濟國より經並に教主釋尊の御影《みえい》、僧尼等を渡す。用明天皇の太子の、上宮と申せし人、佛法を讀み初め、法華經を漢土よりとりよせさせ給て、疏《しよ》を作《つくり》て弘めさせ給き。

罪、7不自讃毀他、8不慳惜、9不瞋心、10不謗三宝の戒。

七　肉体をいう。

八　仏身を法身・報身・応身の三身如来に分けて説く中、法身は法性身。

九　報身は果報身。

一〇　応身は応現身。

一一　古代インド宇宙説にいう一世界の中心にある高山。

一二　数えきれないほどのたくさんの数量。

それより後、人王三十七代孝徳天皇の御宇に、観勒[一]僧正と申す人、新羅國より三論宗・成實宗を渡す。同《おなじ》御代に道昭[二]と申す僧、漢土より法相宗・倶舎宗を渡す。同御代に審祥[三]大徳・華嚴宗を渡す。第四十四代元正天皇の御宇に、天竺の上人、大日經を渡す。第四十五代聖武天皇の御宇に、鑑眞[四]和尚と申せし人、漢土より日本國に律宗を渡せし次でに、天台宗の玄義[五]・文句・圓頓止観・浄名疏等を渡す。然れども、眞言宗と法華宗との二宗をばいまだ弘《ひろめ》給はず。人王第五十代桓武天皇の御代に、最澄と申す小僧あり。後には傳教大師と號す。此人、入唐已前《いぜん》に、眞言宗と天台宗の二宗の章疏《しやうじよ》を十五年が間、但一人見置給き。後に、延暦二十三年七月に漢土に渡り、かへる年の六月に本朝に著《つか》せ給て、天台・眞言の二宗を七大寺の碩學《せきがく》、數十人に授《さづけ》させ給《たまひ》き。其後、今ニ四百年也。

總じて、日本國に佛法渡て今ニ、七百餘年也。或は彌陀の名號、或は大日の名號、或は釋迦の名號等をば、一切衆生に勸《すす》め給へる人人はおはすれども、いまだ法華經の題目、南無妙法蓮華經と唱へよと勸《すすめ》たる人なし。日本國に限らず、月氏[六]等にも佛滅後一千年の間、迦葉・阿難・馬鳴《めみやう》・龍樹・無著・天親等の大論師、佛法を五天竺[七]に弘通せしかども、漢土に佛法渡て數百年の間、摩騰迦《まとうが》[八]・竺法蘭・羅什[九]三藏・南岳[一〇]・天台・妙樂等、或は疏を作り、或は經を釋せしかども、いまだ、法華

一　百済の人。推古十年(六〇二)来朝。
二　大和河内の人(六二九—七〇〇)入唐して玄奘について法相を学ぶ。わが国に始めて法相宗を伝えた。
三　新羅の人。唐に行き法蔵について華厳を学ぶ。天平年間来朝。
四　唐代揚州の人(六八九—七五四)。
五　天台大師智顗の著、法華三大部と維摩経の注釈。
六　インドの西北方地域。
七　全インド地域。
八　摩騰・法蘭は後漢の時代にシナに仏典を伝え初めて漢訳した。
九　羅什は四〇六年法華経を漢訳。
一〇　南岳恵思は天台智顗の師。妙楽

經の題目をば彌陀の名號の如く勸められず。唯《ただ》、自身一人計《ばかり》唱へ、或は經を講ずる時、講師計《ばかり》唱る事あり。

然るに、八宗九宗等其義まちまちなれども、多分は彌陀の名號、次には觀音の名號、次には釋迦佛の名號、次には大日・藥師等の名號をば、唱へ給へる高祖・先德等はおはすれども、何《いか》なる故有てか、一代諸教の肝心、法華經の題目をば唱へざりけん。其故を能能《よくよく》、尋習《たづねならひ》給ふべし。譬《たとへ》ば、大醫の、一切の病の根源、藥の淺深は辨へたれども、故なく大事の藥をつかふ事なく、病に隨ふが如し。されば、佛滅後、正像二千年の間は、煩惱の病、輕かりければ、一代第一の良藥、妙法蓮華經の五字をば勸めざりけるか。今《いまは》末法に入《いり》ぬ。人每《ひとごと》に重病有り。阿彌陀・大日・釋迦等の輕藥《きやうやく》にては治し難し。又、月はいみじけれども、秋にあらざれば光を惜む。花は目出《めでた》けれども春にあらざればさかず。一切、時による事なり。されば、正像二千年の間は、題目の流布の時に當らざる歟。又、佛教を弘《ひろむ》るは佛の御使也。隨《したがつ》て、佛の弟子《でし》讓りを得る事、各別也。正法千年に出《いで》し論師、像法千年に出《いで》る人師等は、多くは小乘・權《ごん》大乘・法華經の或は[一一]迹門《しやくもん》・或は枝葉を讓られし人人也。いまだ、[一二]本門の肝心たる題目を讓られし上行菩薩、世に出現し給はず。此《この》人、末法に出現して、妙法蓮華經の五字を[一三]一閻浮中《えんぶのうち》、國ごと人ごとに弘むべし。

湛然は智顗の三大部に注釈を作った。

一一　法華経の前半。

一二　法華経の後半、本門の肝心である題目を委嘱された久遠本仏の上首の弟子である上行ボサツ。

一三　人間世界の中。

例せば、當時日本國に、彌陀の名號の流布しつるが如くなるべき歟。然るに、日蓮は何《いづれ》の宗の元祖にもあらず、又末葉にもあらず。持戒・破戒にも闕《かけ》て無戒の僧、有智《うち》無智にもはづれたる、牛羊の如くなる者也。何《いか》にしてか申し初《そ》めけん。上行菩薩の出現して、弘めさせ給べき妙法蓮華經の五字を、先立《さきだち》てねごとの様に、心にもあらず、南無妙法蓮華經と申し初て候し程に唱る也。所詮、よき事にや候らん。又惡《あしき》事にや侍るらん。我もしらず、人もわきまへがたきか。但し、法華經を開《ひらき》て拜し奉るに、此經をば等覺[一]の菩薩、文殊・彌勒・觀音・普賢までも、輙《たやす》く一句一偈をも持《たも》つ人なし。「唯、佛ト佛トノミ」と説給へり。されば、華嚴經は最初の頓説[二]、圓滿の經なれども、法慧等の四菩薩に説《とか》せ給ふ。般若經は、又華嚴經程こそなけれども、當分は最上の經ぞかし。然れども、須菩提これを説く。但《ただ》法華經計《ばかり》こそ、[三]三身《さんじん》圓滿の釋迦の[四]金口《こんく》の妙説にては候なれ。されば、普賢・文殊なりとも、輙く一句一偈をも説給べからず。何に況や、末代の凡夫、我等衆生は一字二字なりとも、自身には持ちがたし。

諸宗の元祖等、法華經を讀奉れば、各各其《その》弟子等は、我《わが》師は法華經の心を得給へりと思へり。然れども、詮を論ずれば、[五]慈恩大師は深密經・唯識論を師として法華經をよみ、[六]嘉祥《かじやう》大師は般若經・中論を師として法華經をよむ。[七]杜順《とじゆん》・法藏等は

一 覚者に等しい上位の菩薩。
二 頓教の説法。
三 法・報・応身。
四 仏の口。釈迦仏ご自身の説法。
五 唐代玄奘の弟子で法相宗の人。
六 隋末三論宗の人。
七 杜順(五五七―六四〇)はシナ華厳宗第一祖。法蔵(六四三―七一二)はシナ華厳宗第三祖。

華嚴經・十住毘婆沙論を師として法華經をよみ、善無畏[八]・金剛智・不空等は大日經を師として法華經をよむ。此等の人人は、各《おのおの》法華經をよめりと思へども、未だ一句一偈もよめる人にはあらず。詮を論ずれば、傳教大師ことはりて云く、「法華經ヲ讃《ほ》ムト雖モ、還《かへ》ツテ法華ノ心ヲ死《ころ》スト」云云。例せば、外道《げだう》は佛經をよめども外道と同じ。蝙蝠が晝を夜と見るが如し。又、赤き面《おもて》の者は、白き鏡も赤しと思ひ、太刀に顔をうつせるもの、圓《まど》かなる面をほそながしと思ふに似たり。今、日蓮は然らず。[九]「已《い》・今《こん》・當《たう》」の經文を深くまぼり、一經の肝心たる題目を、我も唱へ人にも勸む。痲の中の蓬《よもぎ》、墨うてる木の、自體は正直ならざれども、自然に直《す》ぐなるが如し。

經のまゝに唱れば、まがれる心なし。當ニ知ルベシ、佛の御心の、我等が身に入《いら》せ給はずは唱へがたき歟。又、それ他人の弘《ひろめ》させ給ふ佛法は、皆師より習ひ傳へ給へり。例せば、鎌倉の御家人《ごけにん》等の御知行、所領の地頭、或は一町・二町なれども、皆、故大將家の御恩也。何況、百町・千町・一國・二國を知行する人人をや。賢人と申すは、よき師より傳へたる人、聖人と申すは、師無《なく》して我と覺れる人也。佛滅後、月氏・漢土・日本國に、二人の聖人あり。所謂、天台・傳教の二人也。此二人をば聖人とも云べし、又、賢人とも云べし。天台大師は、南岳[一〇]に傳《つたへ》たり。

八　善無畏(六三七―七三五)は中インドの人。七一六年に長安に来て大日経その他の密教経典を訳す。中国密教の初祖。金剛智(六七一―七四一)は南インドの人。七二〇年に長安に来て密教経典を訳す。真言宗付法第五祖。不空(七〇五―七七四)は北インドの人。金剛智に随って長安に来り、師を助けて訳経にも従事。真言宗付法第六祖。

九　法華経をいう。法師品第十に、已に説き今説き当に説くべき中、この経は諸仏の秘要の蔵であるという経文。

一〇　南岳慧思について伝受した。

是は賢人也。道場にして、自解佛乘し給ぬ。又、聖人也。傳教大師は、道邃《だうすい》[一]・行満に止観[二]と圓頓の大戒を傳へたり。これは賢人也。入唐已前に、日本國にして眞言・止觀の二宗を、師なくしてさとり極め、天台宗の智慧を以て、六宗・七宗に勝れたりと心得給しは是《これ》聖人也。然レバ、外典云《げでんにいはく》、「生レナガラニシテ之ヲ知ル者ハ上也上トハ聖人ノ名也。學ンデ之ヲ知ル者ハ次也次ハ賢人ノ名也。」内典云《ないでんにいはく》、「我ガ行《ぎやう》ハ師ノ保《たすけ》無シ」等云云。

夫、教主釋尊は娑婆世界第一の聖人也。天台・傳教の二人は、聖賢に通ずべし。馬鳴・龍樹・無著・天親等、老子・孔子等は、或は小乘、或は權大乘、或は外典の聖賢也。法華經の聖賢には非ず。今、日蓮は聖にも賢にも非ず。持戒にも無戒にも、有智にも無智にも當らず。然れども、法華經の題目の流布すべき、後《のち》五百歳二千二百二十餘年の時に生れて、近《ちかく》は日本國、遠《とほく》は月氏・漢土の諸宗の人人、唱へ始めざる先に、南無妙法蓮華經と高聲によばはりて二十餘年をふる間、或は罵られ、打たれ、或は疵をかうぼり、或は流罪に二度、死罪に一度定られぬ。其外の大難、數をしらず。譬《たとへ》ば、大湯に大豆を漬《ひた》し、小水に大魚の有が如し。

經云《きやうにいはく》、「[三]而モ此經ハ、如來ノ現在ニスラ猶、怨嫉多シ、況ヤ滅度の後ヲヤ」。又云、「[四]一切世間、怨《あた》多クシテ信ジ難シ」。又云、「[五]諸ノ無智ノ人有リテ惡口罵詈

一 道邃と行満は中国天台宗の列祖。最澄は入唐してこの両師から天台宗義を学んだ。
二 「止観」は天台の宗義をいう。「円頓の大戒」は法華一乗の教説を中心に梵網経の説をとりいれた大乗戒。
三 法華経法師品。
四 勧持品。
五 同上。

ス」。或云《あるいはいはく》、[六]「刀杖瓦石《ぐわしやく》ヲ加ヘン」。或《あるひは》、「數數《しばしば》、擯出《ひんずゐ》セラレン。」等云云。此等の經文は、日蓮、日本國に生ぜずんば、但《ただ》、佛の御言のみ有て、其義空しかるべし。譬ば、花さき菓《この》みならず、雷《いかづち》なりて雨ふらざらんが如し。佛の金言空くして、正直の御經に大妄語を雑《まぢ》へたるなるべし。

此等を以て思ふに、恐《おそらく》は、天台・傳教の聖人にも及ぶべし。又、老子・孔子をも下しぬべし。日本國の中に但《ただ》一人、南無妙法蓮華經と唱たり。これは須彌山の始の一塵、大海の始の一露也。二人・三人・十人・百人、一國・二國・六十六箇國、已に島二《ふたつ》にも及びぬらん。今は謗《ほう》ぜし人人も唱へ給らん。又、上一人より下萬民に至るまで、法華經の神力品の如く、一同に南無妙法蓮華經と唱へ給ふ事もやあらんずらん。木はしづかならんと思へども風やまず。春を留んと思へども夏となる。

日本國の人人は、法華經は尊とけれども、日蓮房が惡《にく》ければ、南無妙法蓮華經とは唱《となへ》まじとことはり給ふとも、今一度も二度も大蒙古國より押寄て、壹岐・對馬の様に、男をば打死《うちころ》し、女をば押取《おしとり》、京・鎌倉に打入て、國主並に大臣・百官等を搦《から》め取《とり》、牛馬の前《さき》にけたて、つよく責ん時は、争《いかで》か南無妙法蓮華經と唱へざるべき。[七]法華經の第五巻《ごのまき》をもて、日蓮が面を數箇度打たりしは、日蓮は何《いかに》とも思は

六　同上。

七　文永八年九月十二日、松葉ガ谷召捕のとき、少輔房は法華経五の巻で日蓮を打った。勧持品は五の巻。

ず、うれしくぞ侍りし。不輕品の如く身を責め、勸持品の如く身に當て貴し貴し。但し、法華經の行者を惡人に打《うた》せじと、佛前にして起請をかきたりし梵王・帝釋・日・月・四天等、いかに口惜《くちをし》かるらん。現身にも天罰をあたらざる事は、小事ならざれば、始中終をくゝりて其身を亡《ほろぼ》すのみならず、議せらるるか。あへて、日蓮が失《とが》にあらず。謗法の法師等をたすけんが爲に、彼等が大禍を自身に招きよせさせ給歟。此等を以て思ふに、便宜《びんぎ》ごとの青鳧五連の御志は、日本國に法華經の題目を弘めさせ給ふ人に當れり。

國中の諸人、一人二人、乃至、千萬億の人、題目を唱るならば、存外に功德、身にあつまらせ給べし。其功德は、大海の露をあつめ、須彌山の微塵をつむが如し。殊に十羅刹女は、法華經の題目を守護せんと誓《ちかは》せ給。此を推するに、妙密上人並に女房をば、母の一子を思ふが如く、犛牛《めうご》の尾を愛するが如く、晝夜にまぼらせ給らん。たのもし、たのもし。事多しといへども、委く申にいとまあらず。女房にも委く申し給へ。此は諂《へつら》へる言にはあらず。金《こがね》はやけば、彌《いよいよ》色まさり、劒《つるぎ》はとげば、彌利《と》くなる。法華經の功德は、ほむれば彌功德まさる。一二十八品は正《まさし》き事はわずかなり。讚《ほむ》る言《こと》こそ多く候へと思食《おぼしめ》すべし。

閏三月五日

一 経の内容を分けてはじめに序分、つぎに正宗、第三にその功徳を讃めた流通分とする。法華では迹門の序分は序品の一品、正宗は方便品から八品、つぎの五品を流通分とし、本門では涌出品の前半が序分、寿量品の一品と涌出品の後半、分別功徳品の前半の一品二半が正宗、あとの十一品半が流通分。

〔建治二年〕

楅[二]谷妙密上人女房御返事

日　蓮　花押

南條殿御返事　（三五　真筆二一紙存）

南条氏は北条一門の縁故者とつたえ、南条兵衛七郎は、鎌倉で日蓮に法縁を結んだという。兵衛七郎は、文永二年に次郎と五郎の二人の幼子をのこして病死、その妻子は北条一門の地盤であった富士の上野に住み、ふかく日蓮に帰依して四季の野菜や食料をたびたび身延に送って供養した。日蓮が身延から南条母子に書きおくった現存の消息は四十四通をかぞえ、綿密な交渉を伝えている。本書には、供養の品々をあげてその功徳をとき、大橋太郎の故事をくわしく書いて孝養の志と法華経を信用する功徳が述べられている。仮名文字の多いのは、相手を考えてのことであろう。

かたびら一、しをいちだ、あぶら五[三]そう給候了。

二　伝本に「くわがやつ」とよむ。

三　五升。

ころもは、かんをふせぎ又ねつをふせぐ。みをかくし、みをかざる。法華經の第七やくわうぼんに云《いはく》、「裸者ノ衣ヲ得タルガ如シ」等云云。心は、はだかなるもの丶ころもをえたるがごとし。[一]もんの心《こころは》、うれしき事をとかれて候。[二]ふほうざうの人のなかに、商那和衆《しやうなわす》と申《まうす》人あり。衣をきてむまれさせ給。これは先生《せんしやう》に、佛法にころもをくやうせし人なり。されば、法華經云《にいはく》、「[三]柔和忍辱《にんにく》ノ衣」等云云。

[四]こんろん山には石なし。みのぶのたけにはしをなし。石なきところには、たまよりもいしすぐれたり。しをなきところには、しをこめにもすぐれて候。國王のたからは左右《さう》の大臣なり。左右の大臣をば鹽梅《えんばい》《しをみそ》と申。みそ、しをなければ、よわたりがたし。左右の臣なければ國をさまらず。

あぶらと申は、涅槃經に云、「風のなかにあぶらなし。あぶらのなかにかぜなし。風をぢする第一のくすりなり。」

かた〲のものをくり給て候。御心ざしのあらはれて候事、申ばかりなし。せんずるところは、[五]こなんでうどの丶、法華經の御しんようのふか丶りし事のあらわる丶か。王の心ざしをば臣のべ、をやの心ざしをば、子の申《まうし》のぶるとはこれなり。あわれ、[六]ことの丶うれしとをぼすらん。

[七]つくしに、を丶はしの太郎と申しける大名ありけり。大将どの丶御かんきをか[八]

一 文の心。
二 付法蔵は、仏の滅後に教法を相伝したこと。商那和修はその第三祖。
三 法師品第十。
四 崑崙山。
五 時光の父、南条兵衛七郎。文永二年三月病死。
六 故殿の。
七 大橋太郎左衛門通貞とその子貞経の物語。文治二年父は子が母の胎内にあるときとらえられ、十二年の間、松葉ガ谷の獄中にあり、子の貞経は十二歳のとき、肥後国を出て鎌倉にゆき、八幡宮に詣でて法華経を読んで祈願して、父を救ったという。
八 蒙って。

ぼりて、かまくらゆいのはま、つちのろうにこめられて十二年。めしはじめられしとき、つくしをうちいでしに、ごぜんにむかひて申せしは、ゆみやとるみとなりて、きみの御かんきをかぼらんことはなげきならず。又、ごぜんにをさなくよりなれしが、いま、はなれん事いうばかりなし。これはさてをきぬ。なんしにても、によしにても、一人なき事なげきなり。たゞし、くわいにんのよしかたらせ給。をうなごにてやあらんずらん、をのこゞにてや候はんずらん。ゆくへをみざらん事くちをし。又、かれが人となりて、ちゝというものもなからんなげき、いかゞせんとをもへども、力及ばずとていでにき。かくて月ひすぐれば、ことゆへなく生《うまれ》にき。をのこゞにてありけり。七歳のとし、やまでらにのぼせてありければ、ともだちなりけるちごども、をやなしとわらひけり。いへにかへりて、はゝにちゝをたづねけり。はゝのぶるかたなくして、なくより外《ほか》のことなし。此《この》ちご申。天なくしては雨ふらず、地なくしてはくさをいず。たとい母ありともちゝなくは、ひとゝなるべからず。いかに父のありどころをば、かくし給ぞとせめしかば、母せめられて云《いはく》、わちご、をさなければ申《まうさ》ぬなり。ありやうはかうなり。此のちごなく〳〵申やう、さて、ちゝのかたみはなきかと申せしかば、これありとて、をゝはしのせんぞの日記、ならびに、はらの内なる子にゆづれる自筆の狀なり。いよ〳〵をやこひしくて、なくより外の事なし。さて、いかがせんといゐしかば、これより郎從あまたともせしかども、御かんきをかぼりければみなちりうせぬ。そのゝちはいきてや、又、しにてや、をとづるゝ人なしとかたりければ、ふしころびなきて、いさむるをも、もちゐざりけり。はゝいわく、をのれをやまでらにのぼする事は、をやのけうやうのためなり。佛に花をもまいらせよ、經をも一巻よみて孝養とすべしと申せしかば、いそぎ寺にのぼりて、いえゝかへる心なし。晝夜に法華經をよみしかば、よみわたりけるのみならず、そらにをぼへてありけり。さて、十二のとし、出家をせずしてかみをつゝみ、とかくして、つくしをにげいでゝ、かまくらと申ところへたづねいりぬ。八幡の御前にまいりて、ふしをがみ申けるは、「八幡大菩薩は日本第十六の王、本地《ほんぢ》は靈山淨土、法華經をとかせ給し教主釋尊なり。衆生のねがいをみて給《たまはん》がために、神とあらわれさせ給。今、わがねがいみてさせ給《たまへ》。をやは生《いき》て候か、しにて候か」と申て、いぬの時より法華經をはじめて、とらの時までによみければ、なにとなくをさなきこへ、ほうでんにひゞきわたり、こゝろすごかりければ、まいりてありける人々も、かへらん事をわすれにき。皆人、いちのやうにあつまりてみければ、をさなき人にて、法師ともをぼえず、をうなにてもなかりけり。をりしも、きやうのにゐど

一 孝養。

の御さんけいありけり。人めをしのばせ給て、まいり給たりけれども、御經のたうとき事、つねにもすぐれたりければ、はつるまで御聽聞ありけり。さて、かへらせ給てをはしけるが、あまりなごりのをしさに、人をつけてをきて、大將殿へかゝる事ありと申《まうさ》せ給ければ、めして持佛堂にして御經よませまいらせ給けり。さて、次日《つぎのひ》、又御聽聞ありければ、西のみかど、人さわぎけり。いかなる事ぞときゝしかば、今日は、めしうどのくびきらるゝとのゝしりけり。あわれ、わがをやはいまゝで有《ある》べしとはをもわねども、さすが、人のくびをきらるゝと申せば、我《わが》身のなげきとをもひて、なみだぐみたりけり。大將殿、あやしとごらんじて、わちごはいかなるものぞ、ありのまゝに申せとありしかば、上《かみ》くだんの事一々に申けり。

[二]をさぶらひにありける大名・小名、みすの內、みなそでをしぼりけり。大將殿、かぢわらをめしてをほせありけるは、大はしの太郎というめしうど、まいらせよとありしかば、只今くびきらんとて、ゆいのはまへつかわし候ぬ。いまはきりてや候らんと申せしかば、このちご、御まへなりけれども、ふしころびなきにけり。をゝせのありけるは、かぢわら、われとはしりて、いまだ切《きら》ずは、ぐしてまいれとありしかば、いそぎ〳〵ゆいのはまへはせゆく。いまだいたらぬによばわりけ

二　御侍。

れば、すでに頸切《くびきらん》とて、刀をぬきたりけるときなりけり。さて、かぢわら、をゝはしの太郎をなわつけながらぐしまいりて、をゝにはにひきすへたりければ、大將殿、このちごにとらせよとありしかば、ちごはしりをりてなわをときけり。大はしの太郎は、わが子ともしらず、いかなる事ゆへにたすかるともしらざりけり。

さて、大將殿、又めして、このちごにやう〳〵[一]の御ふせたびて、をゝはしの太郎をたぶのみならず、本領をも安堵ありけり。大將殿、をほせありけるは、法華經の御事は、昔よりさる事とわきゝつたへたれども、丸《まろ》は、身にあたりて二《ふたつ》のゆへあり。一《ひとつ》には、故親父の御くびを、大上《だじやう》入道に切《きられ》てあさましとも、いうばかりなかり[二]しに、いかなる神佛にか申べきとをもいしに、[三]走湯山《はしりゆさん》の妙法尼より法華經をよみつたへ、千部と申せし時、[四]たかをのもんがく房、をやのくびをもて來《きたり》てみせたりし上、かたきを打《うつ》のみならず、日本國の武士の大將給《たいしやうをたまひ》てあり。これひとへに、法華經の御利生《ごりしやう》なり。二《ふたつ》には、このちごが、をやをたすけぬる事不思議なり。大橋の太郎というやつは、頼朝、[五]きくわいなりとをもう。たとい、勅宣なりともかへし申てくびをきりてん。あまりのにくさにこそ、十二年まで土のろうには入《いれ》てありつるに、かゝる不思議あり。されば、法華經申事《ほけきやうとまうす》は、ありがたき事なり。

一 様々の御布施給いて。
二 真筆に「り」なし。版本によって補う。
三 走湯は湯の涌き出るさま。伊豆山権現をいう。妙法尼は法華持経者。頼朝は同社に千部法華の願を発した(東鑑他)。
四 高尾の文覚が配流の地伊豆で源頼朝に会い、平氏の打倒を勧め、一一八五年に平氏討伐の院宣を受けて頼朝に授けた。
五 奇怪なり。真筆に「きくわなり」。

頼朝は武士の大将にて、多《おほく》のつみつもりてあれども、法華經を信《しんじ》まいらせて候へば、さりともとこそをもへと、なみだぐみ給けり。

今の御心ざし、み候へば、故なんでうどのは、たゞ子なれば、いとをしとわをぼしめしけるらめども、かく法華經をもて我がけうやうをすべしとは、よもをぼしたらじ。たとひ、つみありて、いかなるところにをはすとも、この御けうやうの心ざしをば、えんまほうわう・ぼんでん・たひしやくまでもしろしめしぬらん。釋迦佛・法華經も、いかでかすてさせ給べき。かのちごの、ちゝのなわをときしと、この御心ざし、かれにたがわず。これは、なみだをもちてかきて候なり。

又むくり[六]のをこれるよし、これにはいまだうけ給《たまは》らず。これを申せば、日蓮房は、むくり國のわたるといへばよろこぶと申。これ、ゆわれなき事なり。かゝる事、あるべしと申せしかば、あたかたき[七]と人ごとにせめしが、經文かぎりあれば來《きたる》なり。いかにいうともかなうまじき事なり。失《とが》もなくして、國をたすけんと申せし者を、用《もちひ》こそあらざらめ。又、法華經の第五卷《のまき》をもて、日蓮がおもてをうちしなり。梵天・帝釋、是を御覽ありき。鎌倉の八幡大菩薩も見させ給き。いかにも今は叶まじき世にて候へば、かゝる山中にも入《いり》ぬるなり。各々も不便《ふびん》とは思へども、助けがたくやあらんずらん。よるひる法華經に申候なり。御信用の上にも、

六 「むくり」は蒙古。この書を送った前の月の三月十日に、幕府は鎮西将士に命じて筑前筥崎から今津の海岸まで石築地を造らせて外敵の襲来に備えた。蒙古来襲に対する民心の不安が駿州の地にも及んでいたことが知られる。

七 仇敵。

力もをしまず申《まうさ》せ給《たまへ》。あえて、これよりの心ざしのゆわき[一]にはあらず。各々の御信用の、あつくうすきにて候べし。たいしは[二]、日本國のよき人々は一定《いちじょう》いけどりにぞなり候はんずらん。あらあさましや／＼。恐々謹言。

後三月二十四日　　日　蓮　花押

南條殿御返事

一　弱き。
二　大旨は。

〔建治二年閏三月〕

兵衞志殿御返事　（二四八　原文は漢文体　真筆完存）

原文は漢文体で、ぜにの礼と唱題一ぺんのことというだけの本文二十字で、遺文中もっとも簡潔な書である。この一返の唱題は千万言に勝る迫力がある。身延の草庵にこれを届けた使者は、帰りをいそいでいたにちがいない。それを待たせて、即座に書かれた状であろう。

兵衛志は池上宗長の官名である。

青鳧《せいふ》[三]五貫文、送り給ひ了んぬ。唱へ奉る南無妙法蓮華經一返の事。恐々謹言。

六月十八日　　　　　　　　　　日　蓮　花押

〔建治三年〕

兵衛志殿御返事

三　青蚨、ぜに。

崇峻天皇御書　（二六二　真筆焼失）

四条頼基に宛てた本書を崇峻天皇御書というのは、末段に書かれた天皇についての一節に因んで題号としたものである。頼基は、この年の五月に竜象房と三位房との法論に連座したことの讒言が主君光時の怒りにふれて勘気を蒙った。日蓮は、このとき陳状を代作し、別に平常の心得を頼基にさとした。その後、主君の病気が長引き、手段をつくしたが効果はなかった。医療をよくした頼基は勘気中の身であったが、治療を命ぜられた。本書は、この知らせをうけた日蓮からの書である。主君の治療にあたることを指示し、それについて細かい注意がなされている。最後に、崇峻天皇についての秘事を記述して教誡し、人を恨まず、自らの振舞を正すことが肝要であると訓えている。

[一]白小袖一領・錢一ゆひ。又、富木殿の御文《ふみ》の、み[二]、なによりも、かき・なし、なまひじき・ひるひじき、やうやうの物うけ取、しなじな御使にたび候ぬ。さてはなによりも、上《かみ》[三]の御いたはりなげき入て候。たとひ、上は御信用なき様に候へども、との[四]其内にをはして、其御恩のかげにて法華經をやしなひまいらせ給候へば、偏《ひとへ》に上の御祈とぞなり候らん。大木の下の小木、大河の邊《ほとり》の草は、正《まさし》く其雨にあたらず、其水をえずといへども、露をつたへ、いきをえて、さかうる事に候。此もかくのごとし。阿闍世王は佛の御かたきなれども、其内にありし耆婆《ぎば》大臣、佛に志ありて常に供養ありしかば、其功、大王に歸すとこそ見へて候へ。佛法の中に[五]内薫外護《ないくんげご》と申、大なる大事ありて宗論にて候。法華經には、「[六]我レ深ク汝等ヲ敬フ」。涅槃經には、「一切ノ衆生ニハ悉ク佛性アリ」。馬鳴《めめう》菩薩の起信論には、「眞如ノ法ハ常ニ薫習スルヲ以テノ故ニ、妄心ハ卽チ滅シテ法身ヲ顯現スト」。彌勒菩薩の瑜伽《ゆが》論にも見《みえ》たり。かくれた事の、あらはれたる德となり候なり。さればこそ、御内の人人には天魔ついて、前より此事を知て殿の此法門を供養するをさゝえんがために、今度の大妄語をば造り出したりしを、御信心深ければ十羅刹た

一 白の小袖の着物一枚。
二 果実か。「ひるひじき」は干したひじき
三 主君の病気。
四 本書の宛名人四条頼基。
五 内薫は外薫の対語。仏性は衆生の心内に本来あるもので、それが妄心におおわれてあるとする説。
六 常不軽菩薩が人々に対して礼拝していったことば。

すけ奉んがために、此病はをこれるか。上は我《わが》かたきとはをぼさねども、一たんかれらが申事を用給ぬるによりて、御しよらう[七]の大事になりてながしらせ[八]給か。彼等が柱とたのむ龍象[九]すでにたうれぬ。和讒《わざん》[一〇]せし人も又、其病にをかされぬ。良[一一]観は又一重の大科の者なれば、大事に値て大事をひきをこして、いかにもなり候はんずらん。よもただは候はじ。

此につけても、殿の御身もあぶなく思まいらせ候ぞ。一定《いちぢやう》、かたきにねらはれさせ給なん。すぐろくの石は、二並《ふたつならび》ぬればかけられず。車の輪は二あれば道にかたぶかず。敵も二人ある者をば、いぶせがり候ぞ。いかにとがありとも、弟ども且《しばらく》も身をはなち給な。殿は一定、腹あしき相かをに顯たり。いかに大事と思へども、腹あしき者をば、天は守らせ給はぬと知《しら》せ給へ。殿の人にあやまたれてをはさば、設《たとひ》、佛にはなり給とも、彼等が悅《よろこび》と云《いひ》、此よりの歎《なげき》と申《まうし》、口惜かるべし。彼等がいかにもせんとはげみつるに、古よりも上《かみ》[一二]に引付られまいらせてをはすれば、外のすがたはしづまりたる様にあれども、内の胸はもふる計《ばかり》にや有《あら》ん。常には彼等に見へぬ様にて、古よりも家のこを敬ひ、きうだち[一三]まいらせ給てをはさんには、上の召ありとも且《しばら》くつゝしむべし。入道殿いかにもならせ給はば、彼《かの》人々はまどひ者になるべきをばかへりみず。物をぼへぬ心に、とののいよ〳〵來《きたる》を見

七　所労。病気。
八　長引かせ。
九　竜象房は京都から鎌倉桑ガ谷に止住して良観の帰依をうけた念仏僧。建治三年六月の頼基陳状に、竜象房と日蓮の弟子三位房との法論のことをあげ、竜象は説き伏せられたことが書かれている。
一〇　あしざまに言いふらして人を陥れた人も。
一一　鎌倉極楽寺の祖忍性(一二一七―一三〇三)。
一二　主君に信用されていれば。
一三　公達。家臣のこと。

ては、一定ほのをを胸にたき、いきをさかさまにつくらん。若《もし》きうだち・[一]きり者の女房たちいかに上《かみ》の御そらうはと問申されば、いかなる人にても候へ、膝をかがめ手を合、「某《それがし》が力の及ブ可キ御所勞には候はず候を、いかに辭退申せどもただと仰候へば、御内の者にて候間かくて候」とて、[二]びむをもかゝず、ひたたれこはからず、さはやかなる小袖・色ある物なんどもきずして、且《しばら》く[三]ねうじて御覽あれ。

返返《かへすがへす》、御心への上なれども、末代のありさまを佛の說《とか》せ給て候には、濁世には聖人も居《ご》しがたし。大火の中の石の如し。且くはこらふるやうなれども、終にはやけくだけて灰となる。賢人も五常は口に說て、身には振舞がたしと見へて候ぞ。[四]かうの座をば去れと申ぞかし。そこばくの人の、殿を造落さんとしつるに、をとされずして、はやかちぬる身が、穩便《をんびん》ならずして造落されなば、[五]世界に申すこぎこひでの船こぼれ、又食《じき》の後に湯の無《なき》が如し。上《かみ》よりへやを給て居してをはせば、其處にては何事無《なく》とも、日ぐれ曉なんど、入返《いりかへり》なんどに、定てねらうらん。又我家の妻戸の脇、持佛堂、家の內の板敷の下か天井なんどをば、あながちに心えて振舞給へ。今度はさきよりも彼等はたばかり賢かるらん。いかに申とも、鎌倉の[六]えがら夜廻《よまはり》の殿原にはすぎじ。いかに心にあはぬ事有ともかたらひ給へ。義經は

一 主君のお気に入りで權勢のある人。
二 髮も整えず、ふだん着のままで。
三 念じて。觀念して。
四 高い位の座を去れということであろう。
五 寛永十九年版に、「世界」を「世間」とする。多年の辛苦が一時に失われる譬え。
六 荏柄天神の夜廻り。

いかにも平家をばせめおとしがたかりしかども、成良をかたらひて平家をほろぼし、[七]大將殿はおさだを親のかたきとをぼせしかども、平家を落さざりしには頸を切給はず。況や、此四人[八]は遠《とほく》は法華經のゆへ、近《ちかく》は日蓮がゆへに、命を懸たるやしきを上《かみ》へ召れたり。日蓮と法華經とを信ずる人人をば、前々彼《かの》人人いかなる事ありとも、[九]かへりみ給べし。其上、殿の家へ此人人常にかようならば、かたきは、よる行《ゆき》あはじとをぢるべし。[一〇]させる親のかたきならねば、顯れてとはよも思はじ。かくれん者は是程の兵士《つはもの》はなきなり。常にむつばせ給へ。殿は腹惡き人にて、よも用ひさせ給はじ。若《もし》さるならば、日蓮が祈の力、及がたし。龍象と殿の兄とは、殿の御ためにはあしかりつる人ぞかし。天の御計《はからひ》に殿の御心の如くなるぞかし。いかに天の御心に背《そむ》かんとはをぼするぞ。設《たとひ》、千萬の財をみちたりとも、上にすてられまいらせ給ては、何の詮かあるべき。已に上にはをやの様に思はれまいらせ、水の器に隨《したがふ》が如く、こうしの母を思ひ、老者の杖をたのむが如く、主のとのを思食《おぼしめ》されたるは、法華經の御たすけにあらずや。あらうらやましやとこそ、御内の人人は思はるゝらめ。とく〳〵此四人かたらひて日蓮に聞かせ給へ。さるならば、強盛《がうじやう》に天に申べし。又殿の故御父御母の御事も、左衞門尉があまりに歎き候ぞと、天にも申入て候也。定て、釋迦佛の御前に子細候らん。

七　頼朝は長田忠致を親の仇と知っていたが。
八　頼基の兄弟四人。
九　思いをおかけなさい。
一〇　とりあげていうほどの親の仇というのではないから、公然と切りかかろうなどとは思わないであろう。

返返《かへすがへす》、今に忘れぬ事は[一]頸切《くびきら》れんとせし時、殿はともして馬の口に付《つき》て、なきかなしみ給しをば、いかなる世にか忘《わすれ》なん。設《たとひ》、殿の罪ふかくして地獄に入給はば、日蓮をいかに佛になれと、釋迦佛こしらへさせ給にも、用ひまいられ候べからず。同《おなじく》地獄なるべし。日蓮と殿と、共に地獄に入《いる》ならば、釋迦佛・法華經も地獄にこそをはしまさずらめ。暗に月の入がごとく、湯に水を入がごとく、氷《こほり》に火をたくがごとく、日輪にやみをなぐるが如くこそ候はんずれ。若《もし》すこしも、此事をたがへさせ給ならば、日蓮うらみさせ給な。此世間の疫病は、とのゝ[二]まうがごとく[三]年歸りなば上へあがりぬとをぼえ候ぞ。十羅刹の御計《はからひ》か、今且《しばらく》、世にをはして物を御覽あれかし。又世間のすぎえぬやうばし、歎《なげい》て人に聞かせ給な。若《もし》さるならば、賢人にははづれたる事なり。若さるならば、妻子があとにとゞまりて、はぢを云とは思はねども、男のわかれのおしさに、他人に向て我夫のはぢをみなかたるなり。此偏に、かれが失《とが》にはあらず。我ふるまひのあしかりつる故也。人身は受がたし、爪上の土。人身は持がたし、草の上の露。百二十まで持て名を[四]くたして死せんよりは、生きて一日なりとも名をあげん事こそ大切なれ。中務三郎左衞門尉は主の御ためにも、佛法の御ためにも、世間の心ねもよかりけりよかりけりと、鎌倉の人々の口にうたはれ給へ。穴賢穴賢。藏の財《たから》よりも、身の財すぐ

一　日蓮が竜の口で首切られようとしたとき。
二　申す。
三　年が明ければ。
四　名をくちさせて。

れたり。身の財より、心の財第一なり。此御文《ふみ》を御覧あらんよりは、心の財をつませ給べし。

第一祕藏の物語あり。書てまいらせん。日本始《はじまり》て、國王二人[五]、人に殺され給。其一人は、崇峻天皇也。此王は欽明天皇の御太子、聖德太子の伯父也。人王第三十三代の皇《みかど》にてをはせしが、聖德太子を召て勅宣下《くだし》、「汝は聖者の者と聞く。朕を相してまいらせよ」と云云。太子三度まで辭退申させ給しかども、頻《しきり》の勅宣なれば止がたくして、敬て相しまいらせ給。「君は人に移され給べき相まします」と。王の御氣色かはらせ給て、「なにと云《いふ》證據を以て此事を信ずべき」。太子申させ給はく、「御眼に赤き筋《すぢ》とをりて候。人にあたまるゝ相也」。皇帝、勅宣を重て下し、「いかにしてか此雜[六]を脱ん」。太子云、「免脱《のがれ》かたし。但《ただし》、五常と申つはものあり。此を身に離し給ずは害を脱給はん。此つはものをば、内典には忍波羅蜜と申て、[七]六波羅蜜の其一也」と云云。且《しばらく》は此を持給てをはせしが、やゝもすれば腹あしき王にて是を破《やぶら》せ給き。有時《あるとき》、人、猪の子をまいらせたりしかば、かうがいをぬきて猪の子の眼をづぶづぶとさゝせ給て、「いつかにくしと思やつをかくせん」と仰ありしかば、太子、其座にをはせしが、「あらあさましや、あさましや、君は一定、人にあたまれ給なん。此御言は身を害する劍なり」とて、太子多の財を取寄せて、

五　「安康天皇は継子に殺され、崇峻天皇は逆臣に亡さる」(保元物語下)。

六　寛永十九年版に「雑」を「難」とする。

七　布施・持戒・精進・忍辱・禅定・智恵の六度。

御前に此言を聞し者に御ひきで物ありしかども、或人、蘇我大臣馬子と申せし人に語りしかば、馬子我事なりとて、東漢直駒《あづまのあやのあたひこま》・直磐井《あたひいはゐ》と申者《ものの》子をかたらひて王を害しまいらせつ。されば、王位の身なれども、思事をばたやすく申《まうさ》ぬぞ。孔子と申せし賢人は、九思一言とて、こゝのたびおもひて一度申。周公旦と申せし人は、沐する時は三度握り、食時《しよくするとき》は三度はき給き。たしかにきこしめせ。我ばし恨みさせ給な。佛法と申は是にて候ぞ。一代の肝心は法華經、法華經の修行の肝心は不輕品[一]にて候なり。不輕菩薩の、人を敬しはいかなる事ぞ。教主釋尊の出世の本懐は、人の振舞にて候けるぞ。穴賢穴賢。賢きを人と云、はかなきを畜といふ。

建治三年丁丑九月十一日　　　　日蓮 花押

四條左衛門尉殿御返事

兵衛志殿御返事 (二六　真筆完存)

一 法華経常不軽菩薩品。

池上宗仲は、信仰上のことが理由で家督をゆずることができないと、父から再度の勘当をうけた。弟の宗長は、これを案じて日蓮に書を送って如何にすべきかを問うた。これに答えたのがこの消息である。妙荘厳王と二人の子の例をあげ、法華経の信心を破らずに仏道を成就することが、父への孝養である。今生を誤って千万年の悔をのこしてはならぬ。兄を力づけ、兄弟一体となって法華経の信心にはげみ、父を教化することを諭した消息である。この翌年には父も執心を改めて法華経に入信した。

二かた〴〵のもの、三ふ二人をもつて、をくりたびて候。その心ざし、辨殿の御ふみに申げに候。さては、なによりも御ために第一の大事を申候なり。正法《しやうぼふ》・像法《ざうぼふ》の時は世もいまだをとろへず、聖人賢人もつゞき生《うまれ》候き。天も人をまぼり給き。末法になり候へば、人のとんよくやうやくすぎ候て、主と臣と、親と子と、兄と弟と諍論《じやうろん》ひまなし。まして他人は申に及《およば》ず。これによりて天もその國をすつれば、四三災七難、乃至一二三四五六七の日いでゝ、草木かれうせ、小・大河もつき、大地は五すみのごとくをこり、大海はあぶらのごとくになり、けつくは無間地獄より炎いでゝ、上梵天《かみぼんてん》まで火炎充滿すべし。これていの事いでんとて、やうやく世間

二　方々のもの。あれこれと。
三　夫二人。
四　立正安国論↓一七八頁注三・六、一七九頁注九。
五　炭。

はをとろ[一]へ候なり。皆人のをもひて候は、父には子したがひ、臣は君にかなひ、弟子は師にゐ[二]すべからずと云云。かしこき人も、いやしき者もしれる事なり。しかれども貪欲《とんよく》・瞋恚《しんに》・愚癡《ぐち》と申さけにゑひて、主に敵し、親をかろしめ、師をあなづる、つねにみへて候。但、師と主と親とに随てあしき事諫《いさめ》ば孝養となる事は、さきの御ふみにかきつけて候しかば、つねに御らむあるべし。たゞしこのたび、[三]ゑもんの志《さくわん》どの、かさねて親のかんだうあり。との丶御前にこれにて申せしがごとく、一定かんだうあるべし。ひやうへの志《さくわん》殿、をぼつかなし。ごぜんかまへて御心へあるべしと申て候しなり。今度は、とのは一定をち給ぬとをぼうるなり。をち給はんを、いかにと申事はゆめ〳〵候はず。但、地獄にて日蓮うらみ給事なかれ、しり候まじきなり。千年のかるかやも一時に、はひとなる。百年の功も一言にやぶれ候は法のことわりなり。さゑもんの大夫殿は、今度、法華經のかたきになりさだまり給とみへて候。ゑもんのたいうの志殿は、今度、法華經の行者になり候はんずらん。とのは現前の計《はからひ》なれば、親につき給はんずらむ。ものぐるわしき人々は、これをほめ候べし。宗盛が親父入道の惡事に随てしのわらにて頸を切《きられ》し、重盛が随《したがは》ずして先に死せし、いづれか親の孝人なる。法華經のかたきになる親に随て、一乘の行者なる兄をすてば、親の孝養となりなんや。せんずるとこ

一 真筆に「をとへ」。「ろ」を補う。
二 違す。
三 右衛門太夫志宗仲。兵衛志宗長の兄。父は左衛門太夫康光。

ろ、ひとすぢにをもひ切て、兄と同《おなじ》く[四]佛道をなり給へ。親父は[五]妙莊嚴王のごとし、兄弟は淨藏・淨眼なるべし。昔と今はかわるとも、法華經のことわりたがうべからず。當時も[六]武藏入道、そこばくの所領・所從等をすてゝ遁世あり。ましてわどのばらが、わづかの事をへつらひて、心うすくて惡道に墮て日蓮うらみさせ給な。かへすがへす、今度とのは墮べしとをぼうるなり。此程心ざしありつるが、ひきかへて惡道に墮《おち》給はん事がふびんなれば申なり。百に一、千に一も日蓮が義につかんとをぼさば、親に向ていゐ切給《きりたまへ》。親なればいかにも順《したがひ》まいらせ候べきが、法華經の御かたきになり給へば、つきまいらせては不孝の身となりぬべく候へば、すてまいらせて兄につき候なり。兄にすてられ候わば、兄と一同とをぼすべしと申切給へ。すこしもをそるゝ心なかれ。過去、遠々劫《をんをんごう》より法華經を信ぜしかども、佛にならぬ事これなり。しをのひるとみつと、月の出《いづる》といると、夏と秋と、冬と春とのさかひには必《かならず》相違する事あり。凡夫の佛になる、又かくのごとし。必、[七]三障四魔と申障《さはり》いできたれば、賢者はよろこび、愚者は退《しりぞく》これなり。此事はわざとも申《まうし》、又びんぎにとをもひつるに、御使にありがたし。墮《おち》給ならば、よもこの御使はあらじとをもひ候へば、もしやと申なり。佛になり候事は、此の須彌山にはりをたてゝ、彼の須彌山よりいとをはなちて、そのいとのすぐにわたりて、は

四　仏道を成就せよ。

五　法華経妙荘厳王品に、父王の妙荘厳は浄蔵・浄眼の二子を善知識として法華経を受持した説話をとく。

六　北条義政。文永十年七月武蔵守となり、建治三年四月入道。

七　人を悩害する三の障りと四の魔。煩悩障・業障・報障、煩悩魔・陰魔・死魔・自在天魔。

りのあなに入《いる》よりもかたし。いわうや、さかさまに大風のふきむかへたらんは、いよ〱かたき事ぞかし。經云、「[一]億億萬劫ヨリ不可議ニ至ツテ、時ニ乃シ是ノ法華經ヲ聞クコトヲ得。億億萬劫ヨリ不可議ニ至ツテ、諸佛世尊、時ニ是經ヲ説キタマフ。是故ニ行者、佛ノ滅後ニ於テ、是ノ如キ經ヲ聞イテ疑惑ヲ生スルコト勿レ」等云云。此經文は、法華經二十八品の中にことにめづらし。序品より法師品にいたるまでは、[二]等覺《とうがく》已下、人天・四衆・八部そのかずありしかども、佛は但《ただ》、釋迦如來一佛なり。[三]重《おもく》てかろきへんもあり。寶塔品より囑累品にいたるまでの十二品は、殊に[四]重《おもき》が中の重きなり。其故は、釋迦佛の御前に多寶の寶塔涌現せり。月の前に日の出たるがごとし。又十方の諸佛は、樹下に御はします。十方世界の草木の上《うへに》、火をともせるがごとし。此御前にて、せんせられたる文なり。涅槃經云、「昔、無數無量劫從《よ》リ來、常ニ苦惱ヲ受ク。一一ノ衆生、一劫ノ中ニ積ム所ノ身ノ骨ハ、王舍城ノ[五]毗富羅山ノ如ク、飲ム所ノ乳汁ハ、四海ノ水ノ如シ。身ノ出ス所ノ血ハ四海ノ水ヨリ多ク、父母・兄弟・妻子・眷屬ノ命終ニ哭泣シテ出ス所ノ目涙《なみだ》ハ四大ノ海ヨリ多ク、地ノ草木ヲ盡シテ四寸ノ籌《かずとり》ト爲シ、以テ父母ヲ數フルモ亦盡スコト能ハズト。」云云。此經文は、佛最後に[六]雙林の本《もと》に臥《ぐわし》てかたり給し御言也。もつとも心をとゞむべし。無量劫より已來、生《うむ》ところの父母は、

一　常不軽品の偈文。
二　仏に等しい覚りを得た最上位の菩薩。
三　序品から法師品までは迹門の正宗分を含む部分であるから、本門の本仏に比べれば劣るところがある。
四　この部分は法華経本門の正宗分であるから、もっとも重要である。
五　王舎城五山の一。西域記によれば山中に卒塔婆があるという。
六　仏が涅槃した所。跋提河辺の沙羅林で涅槃経を説いた。
七　朋友。
八　持律者や念仏

十方世界の大地の草木を四寸に切て、あてかぞうともたるべからずと申經文なり。此等の父母にはあひしかども、法華經にはいまだあわず。されば、父母はまうけやすし、法華經はあひがたし。今度、あひやすき父母のことばをそむきて、あひがたき法華經のとも[七]にはなれずは、我身、佛になるのみならず、そむきしをやをもみちびきなん。例せば、悉達太子は淨飯王の嫡子なり。國をもゆづり位にもつけんとをぼして、すでに御位につけまいらせたりしを、御心をやぶりて、夜中城をにげ出させ給しかば、不孝の者なりとうらみさせ給しかども、佛にならせ給ては、まづ淨飯王・摩耶夫人をこそみちびかせ給しか。をやというをやの、世をすてゝ佛になれと申をやは一人もなきなり。これは、とによせかくによせて、わどのばらを持齋[八]・念佛者等がつくりをとさんために、をやをすゝめをとすなり。兩[九]火房は百萬反の念佛をすゝめて、人々の内をせきて、法華經のたねをたたんとはかるときくなり。極樂寺殿[一〇]は、いみじかりし人ぞかし。念佛者等にたぼらかされて、日蓮をあたませ給しかば、我身といゐ、其一門皆ほろびさせ給。たゞいまは、[一一]へちごの守殿一人計《ばかり》なり。兩火房を御信用ある人は、いみじきと御らむあるか。[一二]なごへの一門の善覺寺[一三]・長樂寺・大佛殿立させ給て、其一門のならせ給事をみよ。[一四]又守殿《かうどの》は日本國の主にてをはするが、一閻浮提のごとくなる、かたきをへ[一五]させ給

者が故為におとしいれようとして。
九　良観をいう。
一〇　北条重時をいう。晩年要職を辞して極楽寺の別所にいた。
一一　えちごの守殿。北条重時の五男、業時をいう。業時は建治三年五月に越後守となる。
一二　北条重時の兄朝時が名越に居住したところから名越一門の祖という。
一三　善覚寺は当時の鎌倉に見当らず。名越に新善光寺が建てられている。覚と光のちがいかとする説がある。長楽寺は鎌倉七大寺の一。名越一門の建立。浄土宗。
一四　相模守殿の略称。時の執権、北条時宗をいう。
一五　えさせ給。

へり。わどの兄をすてゝ、あにがあとをゆづられたりとも、千萬年のさかへかたかるべし。しらず、又わづかの程にや。いかんかこのよならんずらん。よく〳〵をもひ切て、一向に後世をたのまるべし。かう申とも、いたづらのふみなるべしとをもへば、かくもものうけれども、のちのをもひでにしるし申なり。恐々謹言。

〔建治三年〕十一月二十日　日　蓮　花押

兵衛志殿御返事

松野殿御返事　（三七四　真筆二紙存）

松野氏は六老僧の中の日持の生家で、ここに松野殿とは、日持の兄、六郎左衛門尉をいう。

身延の山の春はおそい。陰暦二月中旬、雪におおわれた道をわけて松野氏から草庵におくりものがとどいた。しかし世相は暗く、数年来の飢饉と昨年からの疫病に、親子・兄弟・夫婦が死別するという現実である。このことは二十五年前、立正安国論にその対策を具申したが、為政者はこれをとりあげないで、謗法の国となった。しかし法華経を身読するものは、来世に成仏することは疑いはないと法華経行者の信心を述べている。

種々物《しゆじゆのもの》、送給候畢。

山中のすまゐ思遣《やら》せ給て、雪の中ふみ分て御訪《おんとぶらひ》候事、御志定《ざだめ》て法華經・十羅刹も知食《しろしめし》候覽。

さては、涅槃經云、「人命ノ停《とどま》ラザルコトハ山水ニモ過ギタリ、今日ハ存スト雖モ、明日ハ保《たも》チ難シ」文。摩耶經云《まやきやうにいはく》、「譬ヘバ[一]旃陀羅《せんだら》ノ羊ヲ駈《か》ケテ屠家《とけ》ニ至ルガ如ク、人命モ亦、是ノ如ク歩々死地ニ近ヅク」文。法華經云、「三界ハ安キコト無シ、猶、火宅ノ如シ、衆苦充滿シテ甚ダ怖畏スベシ」等云云。

此等の經文は、我等が慈父大覺世尊、末代の凡夫をいさめ給《たまひ》、いとけなき子どもをさし驚かし給へる經文也。然リト雖モ、須臾《しゆゆ》も驚く心なく、刹那も道心を發《おこ》さず、野邊に捨られなば、一夜の中に、はだかになるべき身をかざらんがために、いとまを入れ、衣を重《かさね》んとはげむ。命終《をはり》なば、三日の内に、水と成て流れ、塵と

一　屠殺者が羊を引いて屠殺場に向うように。

成て地にまじはり、煙と成て天にのぼり、あともみへずなるべき身を養はんとて、多《おほく》の財をたくはふ。此ことはりは事ふり候ぬ。但《ただし》、當世の體《てい》こそ哀れに候へ。日本國數年の間、打續き[一]けかちゆき〻て衣食たへ、[二]畜るひをば食つくし、結句、人をくらう者出來《しゆつらい》して、或は死人、或は小兒、或は病人等の肉を裂取《さきとり》て、魚鹿等に加へて賣しかば、人是を買くへり。此國、存《おもひ》の外《ほか》に大惡鬼となれり。

又、去年の春より今年の二月中旬まで、疫病國に充滿す。十家に五家、百家に五十家、皆やみ死《しにし》、或は身はやまねども、心は大苦に値へり。やむ者よりも怖《おそろ》し。たまたま生殘《いきのこり》たれども、或は影の如くそゐし子もなく、眼《まなこ》の如く面《かほ》をならべし夫妻もなく、天地の如く憑《たのみ》し父母もおはせず、生《いき》ても何にかせん。心あらん人々、爭《いかで》か世を厭はざらん。[三]「三界ハ安キコト無シ」とは、佛說給《ときたまひ》て候へども、法に過て見え候。然るに、予は凡夫にて候へども、か〻るべき事を佛兼《かね》て說《とき》をかせ給て候を、國主に申きかせ進《まいら》せ候ぬ。其《それ》につけて御用《もちひ》は無して、彌《いよいよ》、怨《あた》をなせしかば力及ばず。此國、既に謗法と成ぬ。法華經の敵に成り候へば、三世十方の佛神の敵と成れり。御心にも推《すゐ》せさせ給候へ。

日蓮、何なる大科《たいくわ》有とも法華經の行者なるべし。南無阿彌陀佛と申さば、何なる大科有とも念佛者にて無《なし》とは申がたし。南無妙法蓮華經と我《わが》口にも唱へ候故に、

一 飢渇が流行して。
二 畜類。
三 立正安国論の論旨をいう。

罵られ、打はられ、流され、命に及びしかども、勸め申せば法華經の行者ならずや。法華經には、行者を怨む者は阿鼻地獄の人と定む。[四]四卷《しのまき》には、佛を一中劫罵るよりも、末代の法華經の行者を惡《にく》む罪、深しと説れたり。[五]七卷《しちのまき》には、行者を輕《かろし》めし人々、千劫、阿鼻地獄に入ると説給へり。[六]五卷《ごのまき》には、我《わが》末世末法に入《いり》て、法華經の行者有べし。其時、其國に持戒・破戒等の無量無邊の僧等集《あつまり》て、國主に讒言《ざんげん》して流し失ふべしと説れたり。然るに、か丶る經文かたがた符合し候了。未來に佛に成《なり》候はん事、疑なく覺え候。委細は見參《げざん》の時申べし。

建治四年戊寅二月十三日　　日蓮 花押

松野殿御返事

妙法尼御前御返事 （三〇一　真筆六紙存）

妙法尼については古来、諸説はあるが未詳。本書は、尼が夫の臨終のさまを報じた消息の返書である。臨終のさまと死相によって、後生の善悪がわかると経論を引

四　法師品に、一劫の中において仏を罵る罪よりも法華経を読誦する人を悪口する罪は重いと説く。
五　常不軽品の説。
六　勧持品の説。

いて説き、日蓮が仏法を学んだのは、人生の無常を感じて、それを解決するためであったと述べている。法華経が仏法の中の肝要であること、故精霊は、臨終に題目を唱えた功徳によって、悪業は変じて仏の種となり、成仏するであろう。またその妻である尼の成仏も疑いないと説いている。

一御消息云《にいはく》、

「めうほうれんぐゑきやうをよるひるとなへまいらせ、すでにちかくなりて二《ふた》聲《こゑ》かうしやうにとなへ、乃至、いきて候し時よりも、なをいろもしろく、かたちもそむせず」と云云。

二法華經云、「如是相、乃至、本末究竟等」云云。大論云、「臨終ノ時、色《いろ》ノ黑キ者ハ地獄ニ墮ツ」等云云。守護經云、「地獄に墮《おつる》に十五の相、餓鬼に八種の相、畜生に五種の相」等云云。天台大師の摩訶止觀云、「身ノ黑キ色ハ、地獄ノ陰ニ譬フ」等云云。

夫《それ》以《おもんみれ》ば、日蓮、幼少の時より佛法を學し候しが、念願すらく、人の壽命は無常也。出《いづ》る氣《いき》は入《い》る氣を待《まつ》事なし。風の前の露、尙譬にあらず。かしこきも、はかなきも、老たるも、若きも定め無き習也。されば、先《まづ》臨終の事を習《ならふ》て後に、他事

一 妙法尼から、夫の臨終のことをしらせた消息。

二 方便品。

を習べしと思て、一代聖教の論師・人師の書釋、あら〳〵かんがへあつめて、此を明鏡として、一切の諸人の死する時と、並に臨終の後とに引向《ひきむかへ》てみ候へば、すこしもくもりなし。

此人は地獄に墮ぬ、乃至、人天とはみへて候を、世間の人々、或は師匠・父母等の臨終の相をかくして、西方淨土往生とのみ申候。悲哉《かなしいかな》、師匠は惡道に墮て、多苦しのびがたければ、弟子はとゞまりゐて、師の臨終を[三]さんたんし、地獄の苦を增長せしむる。譬へば、つみふかき者を、口をふさいできうもんし、はれ物の口をあけずして、やまするがごとし。

しかるに、今の御消息に云、「いきて候し時よりも、なをいろしろく、かたちもそむせず」と云云。天台云、「白白ハ天ニ譬フ」。大論云、「赤白《しやくびやく》端正ナル者ハ天上ヲ得」云云。天台大師御臨終記云《きにいはく》、「色白シ」。玄奘三藏御臨終を記云《きしていはく》、「色白シ」。一代聖教の定る名目云《めうもくにいはく》、「[四]黒業《こくごう》は六道にとゞまり、白業《びやくごう》は四聖となる」。此等の[五]文證《もんしやう》と現證をもつてかんがへて候に、此人は天に生ぜるか。はた又、法華經の名號を臨終に二反《へん》となうと云云。法華經の第七の卷云《まきにいはく》、[六]「我ガ滅度ノ後ニ於テ、此經ヲ受持スベシ、是ノ人、佛道ニ於テ、決定シテ疑ヒ有ルコト無ケント」云云。

一代の聖教、いづれも〳〵をろかなる事は候はず。皆我等が親父、大聖教主釋尊

三　ほめそやし。

四　黒業は悪業、白業は善業のこと。六道は地獄界から天上界まで、四聖は声聞界から仏界までをいう。

五　経文の証拠と現実の証明。

六　如来神力品。

の金言也。皆眞實也。皆實語也。其中にをいて又、小乘・大乘・顯教・密教・權大乘・實大乘あいわかれて候。佛說と申は、二天・三仙[一]・外道・道士の經々にたいし候へば、此等は妄語、佛說は實語にて候。此《この》實語の中に妄語あり、實語あり、綺語《きご》も惡口《あつく》もあり。其中に、法華經は實語の中の實語なり。眞實の中の眞實なり。眞言宗と華嚴宗と三論と法相と倶舍・成實と律宗と念佛宗と禪宗等は、實語の中の妄語より立出《たていだ》せる宗々なり。法華宗は、此等の宗々にはにるべくもなき實語なり。法華經の實語なるのみならず、一代妄語の經々すら法華經の大海に入ぬれば、法華經の御力にせめられて實語となり候。いわうや、法華經の題目をや。白粉の力は、漆《うるし》を變じて雪のごとく白くなす。須彌山《しゆみせん》に近づく衆色は、皆金色《こんじき》なり。法華經の名號を持《たもつ》人は、一生、乃至、過去遠々劫《おんおんごう》の黑業《こくごう》の漆《（うるし）》變じて白業の大善となる。いわうや、無始の善根、皆變じて金色となり候なり。しかれば、故《こ》聖靈《しやうりやう》、最後臨終に南無妙法蓮華經ととなへさせ給しかば、一生、乃至、無始の惡業變じて佛の種となり給。煩惱卽菩提、生死卽涅槃、卽身成佛と申《まうす》法門なり。かゝる人の緣《（えん）》の夫妻にならせ給へば、又、女人成佛も疑なかるべし。若此事《もしこのこと》、虛事《そらごと》ならば、釋迦・多寶・十方分身の諸佛は妄語の人、大妄語の人、惡人也。一切衆生をたぼらかして、地獄におとす人なるべし。提婆達多[二]は寂光淨土の主《ぬし》となり、教主釋尊

一　二天はマケイシュラ天とビシュヌ天のインドの神。三仙は数論の祖のカルラ仙、勝論の祖のウルソギヤ、苦行外道のロクシヤバをいう。

二　悪逆の人。阿闍世王をそそのかせ、仏を亡してマカダ国の教権をとろうと企てたが、阿闍世王は改心して果さず、生きながら地獄におちたという。仏の従兄弟。

は阿鼻大城のほのをにむせび給べし。日月は地に落ち、大地はくつがへり、河は逆に流れ、須彌山はくだけをつべし。日蓮が妄語にはあらず、十方三世の諸佛の妄語也。いかでか、其義候べきとこそをぼへ候へ。委《くはしく》は見参の時申べく候。

七月十四日　　　　〔弘安元年〕

日蓮　花押

妙法尼御前申させ給へ

千日尼御前御返事　(三〇三　真筆完存)

佐渡の塚原三昧堂へ、夜、夫の阿仏房にひつを背負わせて日蓮の命をつないだ千日尼は、この年、九十歳の阿仏房をはげまして、佐渡から海をこえて身延を訪問させた。日蓮が身延に入って五年目、阿仏房には三度目の登山である。千日尼はこのとき夫に状を託して、女人成仏を頼みとしていること、また今年は亡父の年回に当ることを報じた。本書にはそれに答えて、一代聖教の中での他経と法華経のこと、法華経に説く、衆生の成仏と女人成仏のことを説き、亡父追善のために法華経と開結をおくり、さては佐渡での忘れがたい思い出をしのび、念仏者、さわの入道夫妻の身の上にも心をいため、同情をよせている。

弘安元年太歳戊寅七月六日、佐渡國《さどの》より千日尼と申人、同《おなじく》日本國甲州波木井郷身延山と申深山《みやまへ》、同《おなじく》夫阿佛房を使として送給御文《ふみに》云、「女人の罪障はいかゞと存候へども、御法門に、法華經は女人の成佛をさきとするぞと候しを、萬事はたのみまいらせ候て」等云云。夫《それ》、法華經と申候御經は、誰れ佛の説給て候ぞとをもひ候へば、此の日本國より西、漢土より又西、流沙・葱嶺と申よりは又はるか西、月氏と中國に、淨飯王《じやうぼん》と申ける大王の太子、十九の年、位をすべらせ給て檀《だん》どく山《せん》と申山に入《いり》御出家、三十にして佛とならせ給《たまひ》、身は金色と變じ神《たましゐ》は三世をかゞみさせ給。すぎにし事、來べき事、かゞみにかけさせ給てをはせし佛の五十餘年が間、一代一切《の》經々を説《とき》をかせ給。此一切の經々、佛の滅後一千年が間、月氏國《ぐわつし》にやうやくひろまり候しかども、いまだ漢土・日本國等へは來り候はず。佛滅度後一千十五年と申せしに、漢土へ佛法渡《わたり》はじめて候しかども、又いまだ法華經はわたり給はず。佛法漢土にわたりて二百餘年に及《およん》で、月氏と漢土との中間に龜茲《きじ》國と申國あり。彼國の內に、鳩摩羅《くまら》えん三藏と申せし人の御子、鳩摩羅什と申せ

一　流沙はインドの北方、パミールの沙漠。葱嶺はパミール高原の諸山。

二　悉達太子。

三　中国への仏法初伝を後漢の永平十年とし、仏入滅を前九四八年とする説。

し人、彼國より月氏に入《いり》、須利耶蘇磨《しゆりやそま》三藏と申せし人に、此法華經をさづかり給き。其授給《そのさづけ》し時の御語云《ことばにいはく》、「此法華經は東北の國に緣ふかし」と云云。此御語を持《もち》て月氏より東方漢土へはわたし給候しなり。漢土には佛法わたりて二百餘年、四後秦王の御宇に渡て候き。日本國には人王第三十代欽明天皇の御宇、治十三年壬申十月十三日辛酉日、此より西、百濟國と申す國より聖明皇、日本國に佛法をわたす。此は漢土に佛法わたて四百年、佛滅後一千四百餘年也。其中にも法華經はましましかども、人王第三十二代用明天皇の太子、聖德太子と申せし人、五漢土へ使をつかわして、法華經をとりよせまいらせて日本國に弘通し給き。其來《それよりこのかた》、七百餘年なり。

佛滅度後は、すでに二千二百三十餘年になり候上、月氏・漢土・日本、山山・河々・海々遠くへだたり、人々・心々・國々・各々別《わか》たりて語《ことば》かわり、しなことなれば、いかでか佛法の御心をば、我等凡夫は辨《わきまへ》候べき。たゞ經々の文字を引合《あはせ》てこそ知べきに、一切經は六やう〳〵に候へども、法華經と申御經は八巻まします。七流通《るつう》に普賢經、序分無量義經各一巻、已上。此御經を開見《ひらきみ》まいらせ候へば、八明《あきらか》なる鏡をもつて我が面を見るがごとし。日出《いで》て草木の色を辨《わきまふ》るにたり。序分の無量義經を見まいらせ候へば、「四十餘年、未ダ眞實ヲ顯ハサズ」と申《まうす》經文あり。法

四　後秦の弘始三年(四〇一)、鳩摩羅什は長安に渡来。
五　太子伝にいう小野妹子を随え遣して前世所持の法華経を取りよせたという説。
六　さまざま。
七　開経の無量義経、法華経、結経の観普賢経の三経十巻を、序分・正宗・流通の三分にした配当。
八　底本に序品とあるを訂。「四十余年　未顕真実」の句は、無量義経説法品第二の文。

華經の第一の巻、方便品の始に「世尊ハ法久シクシテ後、要ラズ當ニ眞實ヲ説キタマフベシ」と申經文あり。第四の巻寶塔品には「妙法華經ハ皆是レ眞實ナリ」と申明文あり。第七の巻には「[一]舌相、梵天ニ至ル」と申經文赫々たり。其外は此經より外の、さき、のちならべる經々をば星に譬へ、江河に譬へ、小王に譬へ、小山に譬へたり。法華經をば月に譬へ、日に譬へ、大海・大山・大王等に譬へ給へり。此語、私の言には有《あら》ず。皆如來の金言也。十方の諸佛の御評定の御言也。一切の菩薩・[二]二乘・梵天・帝釋、今の天に懸《かかり》て明鏡のごとくまします。日月も見給き、聞給き。其日月の御語も、此經にのせられて候。月氏・漢土・日本國のふるき神たちも、皆其座につらなりし神々なり。天照太神・八幡大菩薩・熊野・すゞか等の日本國の神々もあらそい給べからず。此經文は一切經に勝《すぐれ》たり。地走る者の王たり、師子王のごとし。空飛《とぶ》者の王たり、鷲のごとし。[三]南無阿彌陀佛經等はきじのごとし、兎のごとし。鷲につかまれては涙をながし、師子にせめられては腹わたをたつ。念佛者・律僧・禪僧・眞言師等、又かくのごとし。法華經の行者に値ぬれば、いろを失《うしなひ》、魂をけすなり。

かゝるいみじき法華經と申御經は、いかなる法門ぞと申せば、[四]一巻方便品よりうちはじめて、菩薩・二乘・凡夫、皆佛になり給やうをとかれて候へども、いまだ

一　如来神力品。仏語が真実であることの証明。

二　声聞乗と縁覚乗。

三　南無阿弥陀仏を説く経。

四　法華経巻第一の方便品からはじめて。

其しるしなし。設《たとへ》ば、始たる客人が、相貌《すがた》うるわしくして、心もいさぎよく、口もきいて候へば、いう事疑なけれども、さきも見ぬ人なれば、いまだあらわれたる事なければ、語のみにては信《しんじ》がたきぞかし。其時、語にまかせて大なる事度々あひ候へば、さては後の事もたのもしなんど申ぞかし。一切信《しんじ》て信ぜられざりしを、[五]第五巻に「即身成佛」と申《まうす》、一經第一の肝心あり。譬へば、くろき物を白くなす事、漆《(うるしを)》雪となし、不淨を清淨になす事、濁水に[六]如意珠を入《いれ》たるがごとし。[七]龍女と申せし小蛇を、現身に佛になしてましましき。此時こそ、一切の男子の佛になる事をば疑《うたがふ》者は候はざりしか。されば、此經は女人成佛を手本としてとかれたりと申。されば、日本國に法華經の正義を弘通し始ましませし、[八]叡山根本傳敎大師の此事釋給《このことをしやくしたまふ》には、「能化・所化、倶ニ歴劫無シ、妙法ノ經力ニテ即身成佛ス」等。漢土の天台智者大師、法華經の正義をよみはじめ給しには、「[九]他經ハ但ダ男ニ記シテ、女ニ記セズ、乃至、今經ハ皆記ス」等云云。此は一代聖敎の中には法華經第一。法華經の中には女人成佛第一なりと、ことわらせ給にや。されば、日本一切の女人は、法華經より外の一切經には、女人成佛せずと嫌《きらふ》とも、法華經にだにも女人成佛ゆるされなば、なにかくるしかるべき。

しかるに日蓮は、うけがたくして人身をうけ、値《あひ》がたくして佛法に値奉る。一切

五　法華経巻五、提婆達多品の所説。
六　如意宝珠。意のままに願いの叶えられる宝珠。
七　提婆達多品に説く、八歳竜女の成仏。
八　伝教大師最澄の著、法華秀句巻下の文。
九　法華経授記品を釈した中の文。法華文句巻七上。

の佛法の中に、法華經に値まいらせて候。其恩德ををもへば、父母の恩・國主の恩・一切衆生の恩なり。父母の恩の中に、慈父をば天に譬へ、悲母をば大地に譬へたり。いづれもわけがたし。其中、悲母の大恩、ことにほうじがたし。此を報ぜんとをもうに、外典の三墳[一]・五典・孝經等によて報ぜんとをもへば、現在をやしないて後生をたすけがたし。身をやしない魂をたすけず。内典《ないてん》の佛法に入て、五[二]千・七千餘卷、小乘大乘は女人成佛かたければ悲母の恩報《ほうじ》がたし。小乘は女人成佛、一向に許《ゆるさ》れず。大乘經は、或は成佛、或は往生を許《ゆるし》たるやうなれども佛の假《け》言《こん》にて實事なし。但《ただ》、法華經計《ばかり》こそ女人成佛、悲母の恩を報ずる實の報恩經にては候へと見候しかば、悲母の恩を報ぜんために、此經の題目を一切の女人に唱《となへ》させんと願す。其に日本國の一切女人は、漢土の善導[三]、日本の惠心・永觀・法然等にすかされて[四]、詮とすべきに、南無妙法蓮華經をば、一國の一切の女人一人も唱ることなし。但、南無阿彌陀佛と一日に一返十返百千萬億反、乃至、三萬十萬反、一生が間、晝夜十二時《とき》に又他事なし。道心堅固なる女人も、又惡人なる女人も彌陀念佛を本《もと》とせり。わづかに法華經をことゝするやうなる女人も、月まつまでのてすさび、をもわしき男のひまに、心ならず心ざしなき男にあうがごとし。されば、日本國の一切女人、法華經の御心に叶《かなふ》は一人もなし。我《わが》悲母、詮とすべき法

一 三墳・五典は三皇と五帝の書と伝えるが現存せず。孝経は孔子が門人の曾参に孝道を説いた書と伝える。

二 一切経の総称。

三 シナ浄土教第三祖、光明大師(六一三―六八一)。恵心は天台宗恵心流の祖、浄土真宗相承第六祖、源信(九四二―一〇一七)。永観(一〇三三―一一一一)は三論宗の僧で、浄土教を唱導した。

四 だまされて、究極であるべき南無妙法蓮華経を。

華經をば唱ずして彌陀に心をかけば、法華經は本ならねばたすけ給べからず。彌陀念佛は女人たすくる法にあらず。必《かならず》地獄に墮《おち》給べし。いかんかせんとなげきし程に、我悲母をたすけんために、彌陀念佛は無間地獄の業なり。五逆[五]にはあらざれども、五逆にすぎたり。父母を殺《ころす》人は、其の肉身をばやぶれども、父母を後生に無間地獄には入《いれ》ず。今日本國の女人は、必ず法華經にて佛になるべきを、たぼらかして一向に南無阿彌陀佛になしぬ。惡ならざれば、すかされぬ。佛になる種ならざれば、佛にはならず。彌陀念佛の小善をもつて法華經の大善を失《うしなふ》。小善の念佛は、大惡の五逆罪にすぎたり。譬へば、承平の將門は關東八箇國をうたへ[六]、天喜の貞任は奥州《を》うちとどめし。民を王へ通せざりしかば、朝敵となりてついにほろぼされぬ。此等は五逆にすぎたる謀反《むほん》なり。今日本國の佛法も、又かくのごとし。色かわれる謀反なり。法華經は大王。大日經・觀無量壽經・眞言宗・淨土宗・禪宗・律僧等は、彼々の小經によて法華經の大怨敵となりぬ。而《しかる》を日本一切の女人等、我心のをろかなるをば知《しら》ずして、我をたすくる日蓮をかたきとをもひ、大怨敵たる念佛者・禪・律・眞言師等を善知識とあやまてり。たすけんとする日蓮、かへりて大怨敵とをもわるゝゆえに、女人こぞりて國主に讒言して伊豆國へながせし上、又佐渡國へながされぬ。こゝに日蓮願云《がんしていはく》、「日蓮は全《(またく)》悞《あやまり》なし。

五　五逆罪。殺父・殺母・殺阿羅漢・出仏身血・破和合僧。

六　打ち平げ。

設《たとひ》、僻事なりとも、日本國の一切の女人を扶《たすけん》と願せる志はすてがたかるべし。何《いかに》況《いはうや》、法華經のまゝに申。而を一切女人等、信ぜずはさてこそ有べきに、かへりて日蓮をうたする、日蓮が僻事か。釋迦・多寶・十方諸佛・菩薩・二乘・梵釋・四天等いかに計《はからひ》給ぞ。日蓮、僻事ならば其義を示し給へ。ことには日月天《てんは》、眼前の境界なり。又佛前にしてきかせ給る上、法華經の行者をあたまんものをば、[一]「頭七分ニ破レン」等と誓せ給て候へば、いかんか候べきと、日蓮、强盛にせめまいらせ候ゆへに、天、此國を罰《ばつす》。ゆへに、此疫病出現せり。他國より此國を、天をほせつけて責らるべきに、兩方の人あまた死べきに、天の御計としてまづ民を滅して人の手足を切がごとくして、大事の合戰なくして、此國の王臣等をせめかたぶけて、法華經の御敵を滅して正法を弘通せんとなり。

而に日蓮佐渡國へながされたりしかば、彼國の守護等は國主の御計に隨て日蓮をあたむ。萬民は其の命に隨う。念佛者・禪・律・眞言師等は、鎌倉よりもいかにもして此へわたらぬやう計《はかれ》と申つかわし、極樂寺の良觀等は、[二]武藏前司殿の私《わたくしの》御教書を申て、弟子に持せて日蓮をあたみなんとせしかば、いかにも命たすかるべきやうはなかりしに、天の御計はさてをきぬ、地頭々々等、念佛者々々々等、日蓮が庵室に晝夜に立そいて、かよう人をあるを、まどわさんとせめしに、

一 法華経を説くひとを悩乱すれば頭、七分に破れるわざわいを得ようと、説法者の守護を誓った羅刹女のことば。陀羅尼品の文。

二 北条宣時。文永四年から十年まで武蔵守をつとめた。

阿佛房にひつをしをわせ、夜中に度々御わたりありし事、いつの世にかわすらむ。只悲母の佐渡國に生かわりて有《ある》か。

漢土に沛公[三]と申せし人、王相《わうのさう》有とて、秦始皇の勅宣下《ちよくせんをくたして》云、「沛公打《うち》てまいらせん者には、不次の賞を行べし」。沛公は、里《さとの》中には隠れがたくして、山に入て七日、二七日なんど有しなり。其時、命すでにをわりぬべかりしに、沛公の妻女呂公[四]と申せし人こそ、山中を尋て、時々《をりをり》、命をたすけしが、彼は妻なればなさけすてがたし。此[五]は後世をぼせずは、なにしにか、かくはをはすべき。又其故に、或は所ををい、或はくわれう[六]をひき、或は宅をとられなんどせしに、ついにとをらせ給ぬ。法華經には、過去[七]に十萬億の佛を供養せる人こそ、今生には退せぬとわみへて候へ。されば、十萬億供養の女人なり。其上、人は見る眼前には心ざし有とも、さしはなれぬれば、心はわすれずともさてこそ候に、去《いぬる》文永十一年より、今年弘安元年まではすでに五箇年が間、此山中に候に、佐渡の國より三度まで夫をつかわす。いくらほどの御心ざしぞ。大地よりもあつく、大海よりもふかき御心ざしぞかし。釋迦如來は、「我《われ》、薩埵王子[八]たりし時、うへたる虎に身をかいし功德、尸毗王とありし時、鳩のために身をかへし功德をば、我《わが》末の代かくのごとく法華經を信ぜん人にゆづらむ」とこそ、多寶・十方の佛の御前にては申《まうさ》せ給しか。

三　漢の高祖、劉邦。

四　呂后。

五　千日尼をいう。

六　過料。

七　法師品で仏が薬王に説くところ。

八　仏の前生譚。捨身飼虎の物語と鷹に追われた鳩のために身を与えた物語。

其上、御消息云、「尼が父の十三年は來《きたる》八月十一日」。又云、「ぜに一貫もん」等云云。あまりの御心ざしの切に候へば、ありえて御はしますに隨て、法華經十巻[一]をくりまいらせ候。日蓮がこいしくをはせん時は、學乘房[二]によませて御ちやうもんあるべし。此御經をしるしとして、後世には御たづねあるべし。

抑《そもそも》、[三]去々・去・今年のありさまは、いかにかならせ給ぬらむと、をぼつかなさに法華經にねんごろに申候つれども、いまだいぶかしく[四]候つるに、七月二十七日申《さるの》時《とき》に阿佛房を見つけて、「尼ごぜんはいかに、こう入道殿はいかに」とまづといて候つれば、「いまだやまず、こう入道殿は同道にて候つるが、わせはすでにちかづきぬ、こわなし[五]、いかんかせんとてかへられ候つる」とかたり候し時こそ、盲目の者《ものの》眼のあきたる、死給《ししたまへ》る父母の閻魔宮より御をとづれの夢の内に有《ある》を、ゆめにて悅がごとし。あわれ〳〵、ふしぎなる事かな。此もかまくらも、此方の者[六]は此病にて死る人はすくなく候。同船《おなじ》にて候へば、いづれもたすかるべしともをぼへず候つるに、ふねやぶれてたすけぶねに値るか。又龍神のたすけにて、事なく岸へつけるかとこそ不思議がり候へ。さわの入道[七]の事、なげくよし尼ごぜんへ申つたへさせ給。ただし、入道の事は申切り候しかばをもひ合せ給らむ。いかに念佛堂ありとも、阿彌陀佛は法華經のかたきをばたすけ給べからず。かへりて阿彌陀

一 法華経と開結二経。
二 佐渡で日蓮の弟子になった僧。
三 打つづく疫病など。
四 心配していたが。
五 代ってはたらいてくれる子はいない。
六 日蓮に味方するもの。
七 佐渡の一の谷(さわ)に居た念仏者が死んだことをなげいていると、入道の尼ごぜんに伝えてください。

佛の御かたきなり。後生惡道に墮《おち》て、くいられ候らむ事あさまし。たゞし、入道の堂のらう八にて、いのちをたび／＼たすけられたりし事こそ、いかにすべしともをぼへ候はね。學乘房をもつて、はかにつね／＼法華經をよませ給《たまへ》とかたらせ給。それも叶《かなふ》べしとはをぼえず。さても、尼のいかにたよりなかるらむと、なげくと九申つたへさせ給候へ。又々申べし。

七月二十八日　　　日　蓮　花押

佐渡國府阿佛房尼御前

〔弘安元年〕

八　廊。

九　日蓮が同情してなげく。

上野殿御返事（三〇六　写本）

上野殿とは、南条氏の住んでいた地名による呼び名である。この年は正月から雨が多く、ことに七月からは大雨がつづいて、谷はあふれて道をふせぎ、河の流れ激しく舟は渡らず、五穀とぼしく塩は全くない。そこに南条氏から塩が送られた。この志は大地よりもあつく、虚空よりも広しとこまやかな謝意を述べている。

鹽一駄・はじかみ送給候。

金《こがね》多《おほく》して日本國の沙《いさご》のごとくならば、誰かたからとして、はこのそこにおさむべき。餅多して一閻浮提の大地のごとくならば、誰か米の恩をおもくせん。今年は正月より日々に雨ふり、ことに七月より大雨ひまなし。このところは山中なる上、南は波木井河、北は早河、東は富士河、西は深山なれば、長雨大雨、時々日々につづく間、山さけて谷をうづみ、石ながれて道をふせぐ。河たけく一して舟わたらず。富人なくして五穀ともし。商人なくして人あつまる事なし。七月なんどは、しほ一升をぜに百、しほ五合を麥一斗にかへ候しが、今は、ぜんたいしほなし。何を以てかかうべき。みそもたえぬ。小兒のち二をしのぶがごとし。かゝるところに、このしほを一駄給て候。御志、大地よりもあつく、虚空よりもひろし。予が言は、力及ぶべからず。ただ法華經と釋迦佛とにゆづりまいらせ候。事多《ことおほし》と申せども紙上にはつくしがたし。恐々謹言。

弘安元年九月十九日　　日蓮 花押

上野殿御返事

一 流れが激しくて。

二 乳。

兵衛志殿御返事　（三八　真筆六紙存）

兵衛志は池上康光の子、池上宗長をいう。兄の宗仲と、開宗数年後のころから、鎌倉で日蓮に帰依していた篤信の人。この年の身延の寒気は殊更きびしく、大雪ふって道も絶え、酒も油も金石のように氷結した。その上、庵室は修理中で、風は吹きぬけ、火の気もない。そこへ銭と厚綿の小袖が送られてきた。この綿小袖は早速に身に着けて酷寒をしのぐことの感謝をのべ、前年から下痢がつづいて健康が勝れないこと、また草庵に人の出入が多くわずらわしく思うこと、年が明けたらここを逃げ出して、小僧たちと読経三昧に入りたいことなどが述懐されている。

銭六貫文の内一貫ハ次郎ヨリノ分白厚綿小袖一領。四季にわたりて財《たから》を三寶に供養し給。いづれもいづれも功徳にならざるはなし。但《ただし》、時に随《したがっ》て勝劣・浅深わかれて候。うへたる人には、衣をあたへたるよりも食《じき》をあたへて候は、いますこし功徳まさる。こゞへたる人には食をあたへて候よりも、衣は又まさる。春夏に小袖をあたへて候よりも、秋冬にあたへぬれば、又功德一倍なり。これをもつて一切はしりぬべし。たゞし、此事にをいては四季を論ぜず、日月をたゞさず、ぜに・こめ・かたびら・きぬこそで、日々月々にひまなし。例せば、[一]びんばしらわうの、教主釋尊に日々〱に五百輌の車をくり、[二]阿育大王の、十億の沙金を雞頭《けいづ》摩《ま》寺にせゝしがごとし。大小ことなれども、志はかれにもすぐれたり。其上、今年は子細候。ふゆと申《まうす》ふゆ、いづれのふゆかさむからざる。なつと申なつ、又いづれのなつかあつからざる。ただし今年は全國はいかんが候らめ、このは[三]きゐは法にすぎてかんじ候。ふるきをきなどもにとひ候へば、八十・九十・一百になる者の物語候は、すべていにしへこれほどさむき事候はず。此の[四]あんじちより四方の山の外、十丁・二十丁は、人かよう事候はねばしり候はず。きんぺん一丁・二丁のほどは、ゆき一丈・二丈・五尺等なり。このうるう十月三十日、ゆきすこしふりて候しが、やがてきへ候ぬ。この月の十一日たつの時より、十四日まで大雪下《ふり》て候しに、兩三日へだてゝすこし雨ふりて、ゆきかたくなる事、金剛のごとし。いまにきゆることなし。ひるもよるもさむくつめたく候事、法にすぎて候。さけはこをりて石のごとし。あぶらは金ににたり。なべ・かまに小水あれば、こをりてわれ、かんいよ〱かさなり候へば、きものうすく、食ともしくして、さしいづるものもな

一 頻婆娑羅王は仏に帰依したマカダ国王。このことが提婆の仏に対するねたみを深くしたという。

二 阿育王はマカダ国孔雀王朝第三世の王。雞頭摩寺は王が建てた寺。「せゝし」は布施したの意。

三 波木井。はきりともいう。今の身延をふくむ当時の郷名。

四 庵室。本書の後文に「あじち」。本書の後文にあるようにこの年(弘安元年)冬草庵の修復がなされている。初の庵室は身延入山の文永十一年六月十七日に造られた柱十二本の造営で、これは四年後に柱おち壁おち破れたばかりで

し。坊は[五]はんさくにて、かぜゆきたまらず、しきものはなし。木はさしいづるものもなければ、火もたかず。ふるきあかつきなんどして候こそで、一《ひとつ》なんどきたるものは、其身のいろ、紅蓮・大紅蓮のごとし。こへは、[六]はゝ・大ばゞ地獄にことならず。手足かんじてきれさけ、人死《しぬ》ことかぎりなし。俗のひげをみれば、やうらくをかけたり。僧のはなをみれば、すゞをつらぬきかけて候。かゝるふしぎ候はず候に、去年《こぞ》の十二月の三十日より、[七]はらのけの候しが、春夏やむことなし。あきすぎて、十月のころ大事になりて候しが、すこしく、平愈つかまつりて候へども、やゝもすればをこり候に、兄弟二人のふたつの小袖、わた四十両をきて候が、なつのかたびらのやうにかろく候ぞ。まして、わたうすく、たゞぬのものばかりのもの、をもひやらせ給へ。此二《ふたつ》のこそでなくは、今年はこゞへしに候なん。其上、兄弟と申《まうし》、[八]右近尉の事と申、食もあいついて候。人は、なき時は四十人、ある時は六十人、いかにせき候へども、これにある人々のあにとて出來《しゅつらい》し、舎弟とてさしいで、しきゐ候ぬれば、かゝはやさに、いかにとも申《まうし》へず。心にはしづかに、あじちむすびて、小法師と我身計《ばかり》、御經よみまいらせんとこそ存《ぞんじ》て候に、かゝるわづらわしき事候はず。又としあけ候わば、いづくへもにげんと存候ぞ。かゝるわづらわしき事候はず。又々申べく候。なにによりも[九]ゑもんの大夫志《さくはん》と、

なく、訪問する人も常時四十人、多いときは六十人となって改造を余儀なくされていた。

五　半作。未完成。

六　八寒地獄におちたものが寒さにおののく叫び声。涅槃経に阿波波、阿婆婆をあげる。

七　下痢。

八　池上の縁故の人か。宗仲の舅、忠治とする説あるも、未詳。

九　兵衛志宗長の兄、大夫志宗仲。

とのとの御事、ち〻一の御中と申、上《かみ》のをぼへと申、面にあらずは申つくしがたし。

恐々謹言。

十一月二十九日　　　　日　蓮　花押

兵衞志殿御返事

一 父の池上康光は極楽寺良観に帰依し、信仰は親子対立してもめごとがあったが、前年日蓮の訓誡によって、兄弟して父を法華経の信仰に入らしめた。

〔弘安元年〕

窪尼御前御返事（三三　真筆断片存）

窪尼は法名を持妙といい、未亡人であった。その伝は異説があって未詳。駿河国富士郡久保に住したので、窪尼とよばれる。今も同所に持妙尼のものと伝える墓がある。本書には窪尼から送られた供養の志を謝し、尼の一人の女子の孝養をほめ、法華経の功徳と仏のまもりがあろうと励ましている。

御供養の物、數のま〻に慥《たしか》に給候。

當時は、五月の比《ころ》おひにて民のいとまなし。其上、宮二の造營にて候也。か〻る暇

二 駿河国駿東郡大宮浅間神社の造営をいうか。

なき時、山中の有様思ひやらせ給て送りたびて候事、御志殊にふかし。阿育大王[三]と申せし王は、この天の日のめぐらせ給《たまふ》、一閻浮提を大體しろしめされ候し王也。此王は昔、徳勝[四]とて五《いつつ》になる童《わらべ》にて候しが、釋迦佛にすなのもちゐをまいらせたりしゆへに、かゝる大王と生《うまれ》させ給。此童は、さしも心ざしなし。たわぶれなるやうにてこそ候しかども、佛のめでたくをはすれば、わづかの事ものとなりて、かゝるめでたき事候。まして、法華經は佛にまさらせ給事、星と月と、ともしびと日のごとし。又、御心ざしもすぐれて候。

されば、故入道殿も佛にならせ給べし。又、一人をはするひめ御前も、いのちもながく、さひわひもありて、さる人のむすめなりときこえさせ給べし。當時もおさなけれども、母をかけて[五]すごす女人なれば、父の後世をもたすくべし。から國にせいし[六]と申せし女人は、わかなを山につみて、をひたるはわをやしなひき。天あはれみて、越王と申《まうす》大王の、かり[七]せさせ給しが、みつけてきさきとなりにき。これも又、かくのごとし。をやをやしなふ女人なれば、天もまぼらせ給らん。佛もあはれみ候らん。一切の善根の中に、孝養父母は第一にて候なれば、まして法華經にてをはす。金《こがね》のうつわものに、きよき水を入たるがごとく、すこしももるべからず候。めでたし、めでたし。恐々謹言。

三　武力によってもっとも版図を拡大した王で、はじめ肉親を殺し、戦を好んだが、改心して仏教に帰依して後は、法を愛し博愛の善政をしき、伝道につくした。
四　王の前生物語。
五　負うての意か。
六　西施。周代の越の美女。
七　狩り。

五月四日　　　　　　日　蓮　花押　〔弘安二年〕

くぼの尼御前御返事

上野殿御返事　（三二八　写本）

銭一貫、塩、芋一俵などが南条時光から送りとどけられた。日蓮はこれを法華経にまいらせるとのべ、法華経は心なき草木、成仏せずときらわれた二乗、さては無仏性の一闡提までも成仏せしめる経であるから、この経を信じる人の成仏はいうまでもないところであると結ばれている。

鵞目《がもく》一貫・しほ一たわら・一蹲鴟《そんし》一俵・はじかみ少々、使者をもて送給了。あつきには水を財《たから》とす。さむきには火を財とす。けかちには米を財とす。いくさには兵杖を財とす。海には船を財とす。山には馬をたからとす。武蔵・下總には石を財とす。此の山中にはいえのいも・海のしほを財とし候ぞ。竹子《たけのこ》・木子《きのこ》等《など》

一　芋の異名。いもかしらともいう。

候へども、しほなければそのあぢわひ、つちのごとし。又、金《こがね》と申もの國王も財とし、民も財とす。たとへば米のごとし、一切衆生のいのちなり。ぜに又、かくのごとし。漢土に銅山と申《まうす》山あり。彼の山よりいでて候ぜになれば、一文もみな三千里の海をわたりて來《きた》るものなり。萬人皆たまとおもへり。此《これ》を法華經にまいらせ給。[二]釋《しゃく》まなんと申せし人のたな心には、石變じて珠《たま》となる。[三]金《こん》ぞく王は、沙《いさこ》を金《こがね》となせり。法華經は草木を佛となし給。いわうや、心あらん人をや。法華經は[四]燒種《せうしゅ》の二乘を佛となし給。いわうや、生種《しゃうしゅ》の人をや。法華經は[五]一闡提《いっせんだい》を佛となし給。いわうや、信ずるものをや。事々つくしがたく候。又々申べし。恐々謹言。

八月八日　　　　日蓮　花押

上野殿御返事

二　釈摩男。マナンはマカナマンの略。五比丘の一人。
三　金粟王。
四　仏種を焼いた種にたとえた語。焦種ともいう。仏種をたちきった二乗の人を成仏させること。
五　イッチャンテイカの音写。訳して断善根、焼種、無種性ともいう。

〔弘安二年〕

持妙尼御前御返事　（三四九　写本）

窪の持妙尼から亡夫命日の供養として僧膳料が送られた。本書はこれに対して、夫婦死別の心情を思いやって、蘇武と陳の太子やそのほかの故事をあげて、男女の別れの悲哀をのべて同情をよせ、このたび法華経に入信して成仏の道が開けたのは、亡夫の良縁によると述べている。

御一そうぜんれう送給了。

すでに、故入道殿のかくるゝ日にておはしける歟。とかうまぎれ候けるほどに、うちわすれて候ける也。よも、それにはわすれ給はじ。二蘇武と申せしつわものは、漢王の御使に胡國と申《まうす》國に入《いり》て十九年、めも、おとこをはなれ、おとこもわするゝ事なし。あまりのこひしさに、おとこの衣《きぬ》を秋ごとに、きぬたのうへにてうちけるが、おもひやとをりてゆきにけん、おとこのみゝにきこへけり。三ちんしといいしものは、めおとこ、はなれけるに、かがみをわりて、ひとつづつとりにけり。わするゝ時は、鳥いでて告《つげ》けり。四さうしといゐしものは、おとこをこひて、はかにいたりて木となりぬ。相思樹と申すはこの木也。大唐へわたるに、五しがの明神と申《まうす》神をはす。おとこの、もろこしへゆきしをこひて、神となれり。しまのすがた、おうなににたり。まつらさよひめといふ是也。

いにしへより、いまにいたるまで、をやこのわかれ、主従のわかれ、いづれか

一 僧膳料。
二 漢の名臣。匈奴に使し、抑留十九年。匈奴にあって妻をめとったが、漢と匈奴と和し、武は妻と別れて漢に帰った。
三 ちんしは、太平広記気義一にあげる、陳の太子舎人徐徳言をいうか。徳言と妻の別離に一鏡を破って半鏡を分けて他日を約したことをあげているが、鳥の記事はない。別に、神異経に破鏡の説があって、それには名をあげていないが、夫婦が別れに鏡を破ってその半鏡をとり、後にその妻が人と通じ、鏡が鵲に化して夫の前に飛んでいったという説をあげている。ここにい

つらからざる。されども、おとこをんなのわかれほど、たとへなかりけるはなし。過去、遠々より女の身となりしが、このおとこ、娑婆最後のぜんちしきなりけり。

ちりしはなをちしこのみもさきむすぶなどかは人の返らざるらむ

こぞもうくことしもつらき月日かなおもひはいつもはれぬものゆへ

法華經の題目をとなへまいらせてまいらせ。

十一月二日　　日蓮 花押

持妙尼御前御返事

〔弘安二年〕

う説は、両者の混交説か。

四 「さうし」を女の人名とする出典未詳。

五 志賀の明神。筑前の国粕屋郡志珂、志賀島にあり。

上野殿御返事（三五〇　真筆完存）

この年に駿河国富士の熱原で法華信者の人たちの殉教事件がおこった。本書は追記されているように、熱原法難に因んで南条時光に送られた消息で、仏になることは一命を捨てるほどの決定心がなくては果せるものではないと、竜門の魚の竜となり、源平兵士の殿上人となり難い例と、舎利弗やそのほかの修行を退転した例をあげて、難苦に出あって退かない南条氏に、法華経のゆえに命を捨てよとまではげましている。

唐土《たうと》に龍門《りようもん》と申《まうす》たきあり。たかき事十丈、水の下《くだる》こと、がんぴやう一が、やをいをとすよりもはやし。このたきに、をゝくのふなあつまりて、のぼらんと申。ふなと申いをの、のぼりぬれば、りうとなり候。百に一、千に一、萬に一、十年二十年に一ものぼる事なし。或は、はやきせにかへり、或は、はし二・たか・とび・ふくろうにくらわれ、或は、十丁のたきの左右に、漁人《いをとるもの》どもつらなりゐて、或は、あみをかけ、或は、くみとり、或は、いてとるものもあり。いをのりうとなる事かくのごとし。

日本國の武士の中に、源平二家と申て王の門守の犬二疋候。二家ともに王を守《まもり》たてまつる事、やまかつが八月十五夜の、みねよりいづるをあいするがごとし。てんじやう三のなんによのあそぶをみては、月と星とのひかりをあわせたるを、木の上にてさるのあいするがごとし。かゝる身にてはあれども、いかんかして、我等てんじやうのまじわりをなさんとねがいし程に、平氏の中に貞盛と申せし者、

一 「かんひやう」は強兵。強は唐音「がん」。

二 鷲。

三 殿上。

将門を打《うち》てありしかども、昇でんをゆるされず。其子、正盛又かなわず。其子、忠盛が時、始《はじめ》て昇でんをゆるさる。其後、清盛・重盛等、てんじやうにあそぶのみならず、月をうみ、日をいだくみとなりにき。

佛になるみち、これにをとるべからず。いをの龍門をのぼり地下の者のてんじやうへまいるがごとし。四身子《しんじ》と申せし人は、佛にならむとて六十劫が間、菩薩の行をみてしかども、こらへかねて二乗の道に入にき。五大通結縁の者《もの》、三千塵點劫、六久遠下種《くおんげしゅ》の人の五百塵點劫、生死にしづみし。此等は法華經を行ぜし程に、七第六天の魔王、國主等の身に入て、とかうわづらわせしかば、たいしてすてしゆへに、そこばくの劫に、六道にはめぐりしぞかし。かれは、人の上とこそみしかども、今は我等がみにかゝれり。願くは我《わが》弟子等、大願をこせ。去年・去々年のやくびやうに、死し《しせ》人々のかずにも入《いら》ず。又當時、蒙古のせめにまぬかるべしともみへず。とにかくに、死は一定《いちじやう》なり。其時のなげきは、たうじのごとし。をなじくは、かりにも法華經のゆへに命をすてよ。つゆを大海にあつらへ、ちりを大地にうづむとをもへ。八法華經第三云《だいさんにいはく》、「願クハ此ノ功徳ヲ以テ、普ク一切ニ及シ我等ト衆生ト皆共ニ佛道ヲ成《じやう》ゼント」云云。恐々謹言。

十一月六日

四　舎利弗をいう。身子はシャーリプトラの訳語。
五　法華経化城喩品の説。釈迦が出世する以前の三千塵点劫の過去に下種結縁したひと。
六　法華経寿量品の説。五百億塵点劫の久遠の過去に下種結縁した人。
七　この二類の人たちは、第六天すなわち他化自在天という欲界の頂上の魔王に邪魔され、仏道を退転して長い間、六道の迷いの世界に生死をくりかえしていた。
八　化城喩品第七。

〔弘安二年〕

上野賢人殿御返事

此はあつわら[一]の事のありがたさに申《まうす》御返事なり。

日　蓮　花押

〔弘安二年〕

一　弘安二年八月に駿州富士郡熱原（今は厚原）の信者、弥四郎と、つづいての神四郎・弥五郎・弥二郎らの殉教事件。

妙一尼御前御返事　（三六　写本）

信心の要諦を世情にたとえ、法華経の文を引いて説かれた教訓の書である。

夫《それ》、信心と申《まうす》は、別にはこれなく候。妻のをとこをおしむが如く、をとこの妻に命をすつるが如く、親の子をすてざるが如く、子の母にはなれざるが如くに、法華經・釋迦・多寶・十方の諸佛菩薩・諸天善神等に信を入奉《いれたてまつり》て、南無妙法蓮華經と唱へたてまつるを、信心とは申候也。しかのみならず、「正直ニ方便ヲ捨テ」[二]、「餘經ノ一偈ヲモ受ケズ」[三]の經文を、女のかがみをすてざるが如く、男の刀をさすが如く、すこしも、すつる心なく案じ給べく候。あなかしこ〳〵。

二　法華経方便品。
三　法華経譬喩品。

五月十八日　　　　日　蓮　花押

〔弘安二年〕

妙一尼御前御返事

大田殿女房御返事　（三七〇　真筆完存）

大田左衛門の尉、入道して乗明と名のった人の妻に宛てた書。夫妻とも早くから日蓮に帰依し、外護したばかりでなく、天台・真言の教義的知識もあり、下総中山の邸に本妙寺を建て、のちに、富木常忍の創めた若宮法華寺と合併したのが中山法華経寺で、中山第二世をついだ日高は乗明の子である。本書は、即身成仏抄ともよばれ、即身成仏の法門について、諸大乗経や真言宗に説くところは有名無実の成仏義であって、まことのそれは二乗の成仏と久遠実成を明示した法華経でなければかなわぬことを説く。

八月分の[四]八木《はちぼく》一石給候了。

四　八木は米の異称。

[一]即身成佛と申《まうす》法門は、諸大乘經、並に大日經等の經文に分明に候ぞ。爾《しから》ばとて、彼《かの》經々の人々の卽身成佛と申は、[二]二《ふたつの》増上慢に墮て必《かならず》無間地獄へ入《いり》候也。[三]記九《きのくに》云、「然ルニ二ノ上慢、深淺無キニアラズ。如《によ》ト謂《い》フハ乃チ大無《む》慚《ざん》ノ人ト成ル」等云云。諸大乘經の煩惱卽菩提・生死《しやうじ》卽涅槃の卽身成佛の法門は、[四]いみじくをそたかきやうなれども、此はあえて卽身成佛の法門にはあらず。其心は、[五]二乘と申《まうす》者は鹿苑《ろくをん》にして見思《けんじ》を斷じて、いまだ塵沙《じんじや》・無明《むみやう》をば斷ぜざる者が、我は已に煩惱を盡《つくし》たり。無餘《むよ》に入て灰身《けしん》滅智の者となれり。灰身なれば卽身にあらず。滅智なれば成佛の義なし。

されば、凡夫は煩惱・業もあり、苦果の依身《えしん》も失《うしなふ》事なければ、煩惱・業を種として報身・應身ともなりなん。苦果あれば生死卽涅槃とて、法身《はつしん》如來ともなりなんと、二乘をこそ[六]彈呵《たんか》せさせ給しか。さればとて、煩惱・業・苦が三身の種《しゅと》はなり候はず。今、法華經にして、有餘《うよ》・無餘の二乘が無き煩惱・業・苦をとり出て、卽身成佛と説給時《ときたまふとき》、二乘の卽身成佛するのみならず、凡夫も卽身成佛する也。

此法門をだにも、くはしく案《あんじ》ほどかせ給わば、華嚴・眞言等の人々の卽身成佛と申候は、依經《えきやう》に文は候へども、其義はあへてなき事なり。僻事の起此《おこりこれ》也。[七]弘法・

一　現在の肉身のままで成仏するという法門。

二　悟りをえていないのに、えていると思っている人。

三　法華文句記九。この前文に二の上慢の内容として「如」と「智」をあげている。真如と仏智。「如」の上慢は、悪を真如として心に恥じない人。

四　ひどく勝れているようだが。「をそたかき」の「をそ」の語原未詳。

五　声聞乗と縁覚乗は、阿含の教えにより、道理と感情の迷いを絶ったが、まだ教導の迷い・根本の迷いがのこっているのに、迷いを尽したと思っている。

慈覺・智證等は、此法門に迷惑せる人なりとみ候。何況《いかにいはうや》、其已下《それいげの》古德・先德等は言《いふ》にたらず。但《ただし》、天台第四十六の座主、東陽[八]の忠尋《ちゆうじんとまうす》申人こそ、此法門はすこしあやぶまれて候事は候へ。然ども、天台座主慈覺の末をうくる人なれば、いつわりをろかにて、さてはてぬるか。其上、日本國に生《しやう》を受《うくる》人は、いかでか、心にはをもうとも言《ことば》に出《いだし》候べき。しかれども、釋迦・多寶・十方の諸佛・地涌《ちゆ》[九]・龍樹[一〇]菩薩・天台・妙樂・傳教大師は、卽身成佛は法華經に限《かぎる》とをぼしめされて候ぞ。我《わが》弟子等は、此事ををもひ出にせさせ給。

妙法蓮華經の五字の中に、諸論師・諸人師の釋、まち〳〵に候へども、皆諸經の見《けん》を出でず。但《ただ》、龍樹菩薩の大論[一一]と申《まうす》論に、「譬へバ大藥師ノ能ク毒ヲ以テ、藥ト爲《な》スカ如シ」と申《まうす》釋こそ、此の一字を心へさせ給たりける歟と見へて候へ。毒と申は、苦《く》・集《じゆうの》二諦《たい》、生死の因果。毒の中の毒にて候ぞかし。此毒を生死卽涅槃、煩惱卽菩提となし候を、妙の極《きはみ》とは申けるなり。良藥と申は、毒の變じて藥となりけるを良藥とは申候けり。此《この》龍樹菩薩は、大論と申文《まうすふみ》の一百の卷に、華嚴・般若等は妙にあらず、法華經こそ妙にて候へと申釋也。此大論は龍樹菩薩の論。羅什三藏と申《まうす》人の、漢土へわたして候なり。天台大師は、此の法門を御らむあて、南北[一二]をばせめさせ給て候ぞ。而《しかる》を漢土唐の中《なかごろ》、日本弘仁[一三]已後、人々の悞《あやまり》の

六　方便の教えに執われているのを叱ること。
七　真言宗の空海(七七四―八三五)。天台宗第三世円仁(七九四―八六四)。天台宗第五世で寺門派の祖円珍(八一四―八九一)。
八　叡山西塔の東陽房に住し、慧心流を伝えた(一〇六五―一一三八)。
九　法華経に説く従地涌出の菩薩。
一〇　法華の経名を釈する中で、インドでは竜樹の大智度論の解釈が適正であると説く。
一一　大智度論。
一二　江南の三師と江北の七師の所論をせめおとした。
一三　弘仁(八一〇―八二三)以後。

出來し候ける事は、唐の第九、代宗皇帝の御宇、不空三藏と申人の天竺より渡《わたし》て候論あり、菩提心論と申。此論は龍樹の論となづけて候。此論云《このろんにいはく》、「唯ダ眞言法ノ中ニノミ卽身成佛スル故ニ、是ニ一三摩地《さまち》ノ法ヲ說ク、諸教ノ中ニ於テ闕イテ書カズ」と申文《まうすもん》あり。此釋にばかされて、弘法・慈覺・智證等《らの》法門は、さん〴〵の事にては候也。但《ただし》、大論は龍樹の論たる事は、自他あらそう事なし。菩提心論は龍樹の論、不空《ふくうの》論と申《まうす》あらそい有り。此はいかにも候へ、さてをき候ぬ。但《ただし》、二不審なる事は、大論の心ならば、卽身成佛は法華經に限べし。文と申《まうし》、道理きわまれり。菩提心論が龍樹の論とは申とも、大論にそむいて眞言《しんごんの》卽身成佛を立る上、唯の一字は强《つよし》と見へて候。何の經文に依て、唯の一字をば置て、法華經をば破《はし》候けるぞ、證文尋《たづね》べし。龍樹菩薩の十住毘婆沙論に云《いはく》、「經に依《よら》ざる法門をば黑論《こくろん》」と云云。自語相違あるべからず。大論一百云《にいはく》、「而モ法華等ニハ阿羅漢ノ受決作佛《さぶつ》アリ、乃至、譬ヘバ大藥師ノ能ク毒ヲ以テ、藥ト爲スガ如シ」等云云。此釋こそ、卽身成佛の道理はかゝれて候へ。但《ただし》、菩提心論と大論とは、同《おなじ》龍樹大聖の論にて候が、水火の異《ことなり》をばいかんかせんと見候に、此《これ》は龍樹の異說にはあらず、譯者の所爲なり。羅什は舌やけず、不空は舌やけぬ。妄語はやけ、實語はやけぬ事顯然也。

一 三摩地は密教の法を総称した語。

二 同じ竜樹の論に、菩提心論では大智度論にそむいて真言の即身成仏を立てるのは経文にない悪論で、訳者の妄語である。

月支より漢土へ經論わたす人、一百七十六人なり。其中に、羅什一人計《ばかり》こそ、教主釋尊の經文に私の言《ことば》入《いれ》ぬ人にては候へ。一百七十五人の中、羅什より先後一百六十四人は、羅什《の》智をもつて知《しり》候べし。羅什來《きたら》せ給て、前後一百六十四人が悞《あやまり》も顯れ、新譯の十一人が悞も顯《あらはる》。又、こざかしくなりて候も羅什の故也。此《これ》私の義にはあらず。感通傳云《かんつうでんにいはく》、「絶後光前」と云云。光前と申は、後漢より後秦までの譯者。絶後と申は羅什已後《いご》、善無畏[三]・金剛智・不空等も羅什の智をうけて、すこしこざかしく候也。感通傳云、「已下ノ諸人並ビニ皆俊ナリ」云云。されば此《この》菩提心論の唯の文字は、設《たとひ》、龍樹の論なりとも、不空の私の言也。「何ニ況ヤ、次ギ下ニ諸教ノ中ニ於テ闕イテ書カズ」とかゝれて候、存外のあやまりなり。即身成佛の手本たる法華經をば指《さし》をいて、あとかたもなき眞言に即身成佛を立て、

　剰《あまつさへ》、唯の一字をかるゝ條、天下第一の僻見也。此偏《これひとへに》、修羅根性《こんじやうの》法門なり。天台智者大師の文句《もんぐの》九に、壽量品心釋云《じゆりやうほんのこころをしやくしていはく》、「佛三世ニ於テ等シク三身《さんじん》有リ、諸教ノ中ニ於テ之ヲ祕シテ傳ヘズ」とかゝれて候。此こそ、即身成佛の明文にては候へ。不空三藏、此釋を消《けさん》が爲に、事を龍樹に依《よせ》て、「唯ダ眞言法ノ中ニノミ即身成佛スルガ故ニ、是ニ三摩地ノ法ヲ說ク、諸教ノ中ニ於テ闕イテ書カズ」とかゝれて候也。されば、此論次下《このろんのつぎしも》に、即身成佛をかゝれて候が、あへて即身成佛

三　唐代に密教の経を訳した真言の僧たち。

にはあらず。[一]生身得忍《しやうしんとくにん》に似て候。此人は、卽身成佛はめづらしき法門とは、きかれて候へども、卽身成佛の義は、あへてうかゞわぬ人々なり。いかにも候へば、二乘成佛・久遠實成を[二]説給《ときたまふ》經にあるべき事なり。天台大師の「諸敎ノ中ニ於テ之ヲ祕シテ傳ヘズト」の釋は、[三]千旦《せんだん》〳〵。恐々。

外典三千餘卷は、[四]政當《せいたう》の相違せるに依て、代《よ》は濁《にごる》と明《あかす》。內典五千・七千餘卷は、佛法の僻見に依て、代濁べしとあかされて候。今の代は、外典にも相違し、內典にも違背せるかのゆへに、[五]二の大科、一國に起《おこり》て、已に亡國とならむとし候歟。不便《ふびん》〳〵。

七月二日　　　日蓮　花押

大田殿女房御返事

〔弘安三年〕

一　生身に覚位を証したのに似ている。
二　法華経をいう。
三　栴檀の音通。もっとも勝れているという意味に用いられたもの。
四　政道の音通。
五　自国の叛逆と他国の侵逼の二つの罪科。

千日尼御返事　（三七一　真筆完存）

千日尼の夫、阿仏房は身延に三たび日蓮をたずねた翌年、弘安二年三月二十一日に九十一歳で死去した。遺骨は百カ日にあたる七月二日に、その子藤九郎によって身延に運ばれ、翌三年七月一日にも藤九郎は父の墓参に身延を訪れた。本書はそのとき母尼に託された状である。はじめに法華経による成仏の説をあげ、阿仏房の精霊は霊山浄土の多宝仏塔の内にいますと教え、春の花、秋のこのみは年ごとに変らないのに、去って来らぬ亡夫の訪れなきはどうしたことかと千日尼の心中をねんごろにいたわり、法華経を糧として霊山へまいって対面されよ。それにつけてもよき子をもったことは第一の財であると説かれている。端書に、豊後房の北陸教化についての付記がある。日蓮の慈愛と温情の一面がうかがわれる。

[六]こう入道殿の尼ごぜんの事、なげき入て候。又、こいし〳〵と申つたへさせ給へ。

鵞《が》目《もく》一貫五百文・のり・わかめ・ほしい・しな〳〵の物、給候了。法華經の御寶前に申上て候。

法華經云、「[七]若有聞法者、無一不成佛」云云。文字は十字にて候へども、法華經を一句よみまいらせ候へども釋迦如來の一代聖教を、のこりなく讀にて候なるぞ。故に[八]妙樂大師云、「若シ法華ヲ弘ムルニハ、凡ソ一義ヲ消スニモ皆一代ヲ混ジテ其

六 端がき。第一紙の余白に細字で後書きした文。国府入道の尼は佐渡に住み、千日尼と交りがあった。事件の内容は未詳。

七 方便品。法華経を聞くものは、たれ一人として成仏しないものはない。

八 湛然の法華玄義釈籤三に、法華経を弘めるのには、一義を解釈するのにも、一代の諸経を通して筋をきわめよと。

ノ始末ヲ窮メヨ」等云云。始申者《しとまうすは》、華嚴經。末と申は涅槃經。[一]華嚴經と申は、佛、最初成道の時、法慧・功德林等の大菩薩、解脱月《げだつぐわつ》菩薩と申《まうす》菩薩の請《しやう》に趣《おもむき》て、佛前にてとかれて候。其經は、天竺・龍宮城・兜率天には知《しら》ず、日本國にわたりて候は、六十卷・八十卷・四十卷候。末と申は大涅槃經。此《これ》も月氏・龍宮等は知《しら》ず。我が朝《てうには》、四十卷・三十六卷・六卷・二卷等也。此より外の阿含經・方等經・般若經等は五千・七千餘卷なり。此等の經々は見ず、きかず候へども、但《ただ》、法華經の一字一句よみ候へば、彼々の經々を一字もをとさずよむにて候なるぞ。譬へば、月氏・日本と申は二字、々々に五天竺・十六の大國、五百中國・十千の小國、無量の粟散國《ぞくさんこく》の大地・大山・草木・人畜等、をさまれるがごとし。譬へば、鏡はわづかに一寸二寸三寸四寸五寸と候へども、一尺五尺の人をもうかべ、一丈二丈十丈百丈の大山をもうつすがごとし。されば、此の經文《もん》をよみて見候へば、此の經をきく人は、一人もかけず佛になると申文なり。[二]九界・六道の一切衆生、各々心々かわれり。譬へば、二人三人、乃至、百千人候へども、一尺の面の内、[三]じちににたる人一人もなし。心のにざるゆへに、面もにず。まして二人十人、六道・九界の衆生の心、いかんか、かわりて候らむ。されば、花をあいし、月をあいし、すきをこのみ、にがきをこのみ、ちいさきをあいし、大なるをあいし、いろ〳〵な

一 開目抄二四〇頁参照。華厳経・方等経・般若経などの大乗の経々は、読まずとも法華経に具わっている。

二 十界の中の仏界を除いた九界と六道輪廻の衆生の心は別々である。

三 全く同じ人は一人もいない。

り。善をこのみ、惡をこのみ、しな〲なり。かくのごとく、いろ〲に候へども、法華經に入ぬれば唯一人の身、一人の心なり。譬へば、衆河の大海に入て同一鹹味《かんみ》なるがごとく、衆鳥の須彌山に近《ちかづき》て一色なるがごとし。[四]提婆が三逆と、羅睺羅が二百五十戒と同《おなじ》く佛になりぬ。妙莊嚴王の邪見と、舍利弗が正見と同《おなじく》授記をかをぼれり。此卽ち、「無一不成佛」のゆへぞかし。四十餘年の內、阿彌陀經には、舍利弗が七日の百萬反、大善根ととかれしかども、「未顯眞實」ときらわれしかば、七日ゆをわかして、大海になげたるがごとし。[五]韋《ゐ》提希《だいけは》、觀經をよみて無生忍を得しかども、「正直捨方便」とすてられしかば、法華經を信ぜずは返《かへつ》て本《もと》の女人なり。大善も用《もちふる》事なし。法華經に値《あは》ずはなにせん。大惡もなげく事なかれ。一乘を修業せば、提婆が跡をもつぎなん。此等《これらは》皆、「無一不成佛」の經文の、むなしからざるゆへぞかし。されば、[六]故阿佛房の聖靈《しやうりやう》は今いづくむにかをはすらんと、人は疑《うたがふ》とも、法華經の明鏡をもつて、其の影をうかべて候へば、靈鷲山の山の中に、多寶佛の寶塔の內に、東むきにをはすと、日蓮は見まいらせて候。若《もし》、此事そらごとにて候わば、日蓮がひがめにては候はず。釋迦如來の、「世尊ハ法久シクシテ後、要《かなら》ズ當ニ眞實ヲ說キタマフベシ」の御舌と、多寶佛の、「妙法華經ハ皆是レ眞實ナリ」の舌相と、四百萬億那由他の國土に、あさのごとく、いねのご

四　逆罪をおかしたダイバも、持戒のラゴラも同じように成仏し、邪見の人も正見の人も成仏が約束された。

五　阿闍世王の母。

六　阿仏房の霊は霊山の塔中に成仏していることを説き、そのそらごとでない証文をあげる。

とく、星のごとく、竹のごとく、ぞく〳〵とひまもなく、列《つらね》ゐてをはしましし諸佛如來の、一佛もかけ給はず廣長舌を、大梵王宮に指し付《つけ》てをはせし御舌どもの、くぢらの死《しし》てくされたるがごとく、一いやしのよりあつまりてくされたるがごとく、皆一時にくちくされて、十方世界の諸佛如來、大妄語の罪にをとされて、寂光の淨土の金《こん》るりの大地、はたとわれて、提婆がごとく無間大城にがばと入《いり》、二法蓮香比丘尼がごとく身より大妄語の猛火ばといでゝ、實報花《じつぽうけ》王の花のその、一時に灰《(くわい)》じんの地となるべし。いかでか、さる事は候べき。故阿佛房一人を寂光の淨土に入《いれ》給はずは、諸佛の大苦に墮《おち》給べし。三たゞをいて物を見よ〳〵。佛のまこと・そら事は此《これ》にて見奉《(たてまつる)》べし。

さては、をとこははしらのごとし、四女はなかわのごとし。をとこは足のごとし、女人は身のごとし。をとこは羽《はね》のごとし、女はみのごとし。羽とみとべち〳〵になりなば、なにをもつてかとぶべき。はしらたうれなば、五なかは地に墮《おち》なん。いへにをとこなければ、人のたましゐなきがごとし。六くうじをば、たれにかいゐあわせん。よき物をば、たれにかやしなうべき。一日二日たがいしをだにも、をぼつかなしとをもいしに、こぞの三月の二十一日にわかれにしが、こぞもまちくらせども、みゆる事なし。今年もすでに七《(なゝ)》つきになりぬ。

一 いわし(鰯)。
二 宝蓮香比丘尼の説話。首楞厳経八。ボサツ戒を持って内々淫慾にふけり、それを破戒ではないといったが女根から出た猛火に包まれて花の宝土は焼おちた。
三 そのようなことはさておいてよく考えよ。
四 男を柱、女を横木にたとえる。
五 横木をいう。
六 大事なことを相談する相手がいない。くうじは公事にあてる。

たとい、われこそ來《きた》らずとも、いかにをとづれはなかるらん。ちりし花も又さきぬ。をちし菓も又なりぬ。春の風もかわらず、秋のけしきもこぞのごとし。いかにこの一事のみかわりゆきて、本のごとくなかるらむ。月は入《いり》て又いでぬ。雲はきへて又來《きた》る。この人の出《い》でゝかへらぬ事こそ、天もうらめしく、地もなげかしく候へとこそをぼすらめ。いそぎ〳〵法華經をらうれう[七]とたのませ給て、りやうぜん浄土へまいらせ給て、みまいらせさせ給べし。

抑《そもそも》[八]、子はかたきと申《まうす》經文もあり。「世人、子ノ爲ニ衆ノ罪ヲ造ル」の文なり。鵰《てう》鷲《じゆ》と申とりは、をやは慈悲をもつて養へば、子はかへりて食とす。梟鳥《けうてう》と申とりは生《うまれて》は必ず母をくらう。畜生かくのごとし。人の中にも、はるり王[九]は心もゆかぬ父の位を奪《うばひ》取る。阿闍世王は父を殺せり。安祿山は養母をころし、安慶緒と申《まうす》人は、父安祿山を殺す。安慶緒は、子史師明[一〇]に殺《ころされ》ぬ。史師明は史朝義と申子に又ころされぬ。此は敵《かたき》と申もことわりなり。善星《ぜんしやう》比丘と申《まうすは》、教主釋尊の御子也。菩提外道をかたらいて、度々、父の佛を殺さんとす。

又、子は財《たから》と申《まうす》經文もはんべり。所以《ゆゑに》經文云《きやうもんにいはく》、「其ノ男女、追テ福ヲ修スルヲ以テ、大光明有ツテ地獄ヲ照シ、其ノ父母ニ信心ヲ發サシム」等云云。設《たとひ》、佛説ならずとも、眼の前《(まへに)》見《みえ》て候。

七　法華経を道中の糧とたのんで、霊山に参って阿仏房にお会いなさい。らうれうは粮料。

八　心地観経を引いて、悪い子の例と善い子の例をあげて、最後に阿仏房の子、藤九郎の孝養をほめる。鵰鷲はわし。梟鳥はふくろう。

九　波瑠璃王ほか四人の子が親を殺した故事をあげる。

一〇　史師明は唐の史思明の音通。

天竺[一]に安足國王と申せし大王は、あまりに馬をこのみてかいしほどに、後にはかいなれて、鈍馬を龍馬となすのみならず、牛を馬ともなす。結句は、人を馬となしてのり給き。其國の人、あまりになげきしかば、知《しら》ぬ國の人を馬となす。他國の商人ゆきたりしかば、藥をかいて馬となして、御《み》[二]まやにつなぎつけぬ。なにとなけれども、我が國はこいしき上、妻子ことにこいしく、しのびがたかりしかども、ゆるす事なかりしかばかへる事なし。又かへりたりとも、このすがたにては由なかるべし。たゞ朝夕にはなげきのみしてありし程に、一人ありし子、父のまちどきすぎしかば、人にや殺《ころさ》れたるらむ。又、病にや沈《しづむ》らむ。子の身としていかでか父をたづねざるべきと、いでたちければ、母なげくらく、男も他國にてかへらず、一人の子もすてゝゆきなば、我《われ》いかんかせんと、なげきしかども、子ちゝのあまりにこいしかりしかば、安足國へ尋《たづね》ゆきぬ。ある小《(せう)》家にやどりて候しかば、家の主《ぬし》申やう。あらふびんや、わとのはをさなき物なり。而も、みめかたち人にすぐれたり。我に一人の子ありしが、他國にゆきてしにやしけん。又、いかにてやあるらむ。我が子の事ををもへば、わとのをみてめもあてられず。いかにと申せば、此國は大なるなげき有《あり》。此國の大王、あまり馬をこのませ給て、不思議の草を用《もちひ》給へり。一葉せばき草をくわすれば、人、馬となる。葉廣《ひろき》草をくわすれ

一　この説話は宝物集巻一に、「親馬ニ成レタルヲ子ノ助シ事」としてあげている。安足国は安息国。

二　「みまや」は厩の敬称。次頁二行目に「みまや」。

ば、馬、人となる。近《ちかく》も、他國の商人の有《ある》を、この草をくわせて馬となして、第一のみまやに祕藏してつながれたりと申。此男これをきいて、さては、我《わが》父は馬と成《なり》てけりとをもひて、返《かへつ》て問云《とふていはく》、其馬は毛はいかにといければ、家主、答云、栗毛《(くり)》なる馬の肩白くふちたりと申。此物、此事をきゝて、とかうはからいて、王宮に近づき、葉廣草《はのひろき》をぬすみとりて、我《わが》父の馬になりたりしに食せしかば、本《もと》のごとく人となりぬ。其國の大王、不思議なるをもひをなして、孝養の者なりとて父を子にあづけ、其《それ》よりついに、人を馬となす事とゞめられぬ。子ならずは、いかでか尋《(たつ)》ねゆくべき。目連尊者は、母の餓鬼の苦をすくい、[三]浄藏・浄眼は父の邪見をひるがえす。此《これ》よき子の、親の財《たから》となるゆへぞかし。

而《しかる》に、故阿佛聖靈は、日本國[四]北海の島、いびすのみなりしかども、後生《ごしやう》をそれて出家して後生を願しが、流人《るにん》日蓮に値て法華經を持《たもち》、去年の春、佛になりぬ。[五]尸陀山《しだせん》の野干は佛法に値《あひ》て、生をいとい死を願て、帝釋と生《うまれ》たり。阿佛上人は、濁世《ぢよくせ》の身を厭《いとひ》て佛になり給ぬ。其《その》子、藤九郎守綱は、此の跡をつぎて一向法華經の行者となりて、去年は七月二日、父の舍利を頸《くび》に懸《かけ》、一千里の山海を經て、甲州波木井身延山に登《のぼり》て、法華經の道場に此《これ》をおさめ、今年は又、七月一日、身延山に登て、慈父のはかを拜見す。子にすぎたる財《たから》なし〳〵。南無妙法蓮華經〳〵。

三　妙荘厳王はバラモンを信じたが、浄蔵と浄眼の二子によって邪心を転じて仏法に帰依した。

四　故阿仏房は北海佐土の離れ島、夷の身であったが。

五　徙陀山の狐のこと弘決四に云くとして身延山御書に詳説。

七月二日　　　　日蓮　花押

故阿佛房尼御前御返事

追申

絹染袈裟一《ひとつ》まいらせ候。豊後房に申《まうさ》るべし。既《すでに》法門、日本國にひろまりて候。北陸道をば豊後房なびくべきに、(一)學生ならでは叶べからず。九月十五日已前にいそぎ〳〵まいるべし。

かずの聖教をば、(二)日記のごとく、たんば房にいそぎ〳〵つかわすべし。山伏房をば(三)これより申にしたがいて、これへはわたすべし。山伏ふびんにあたられ候事、悦入《よろこびいり》て候。

〔弘安三年〕

一　学問ある人でなくては果せない。
二　記録しておいたとおりに。
三　こちらからいつけておいたように。

上野殿御返事　（三七　写本）

本書は、子財書ともよぶ。南条の家系に男子が生れたので、よろこんでこのことを知らせ、命名を請うたのであろう。日若御前の名があたえられて、一男一女の子財をたたえられている。しかし上野殿すなわち南条氏に日若のいたことは未詳。

女子は門をひらく、男子は家をつぐ。日本國を知《しり》ても、子なくは誰にかつがすべき。財《たから》を大千にみてても、子なくは誰にかゆづるべき。されば、外典三千餘巻には子ある人を長者といふ。内典五千餘巻には子なき人を貧人《びんにん》といふ。女子一人、男子一人、たとへば、天には日月のごとし、地には東西にかたどれり。鳥の二《ふたつ》のはね、車の二のわなり。されば、この男子をば日若御前《ひわかごぜ》と申させ給へ。くはしくは、又々申べし。

八月二十六日　　　　日　蓮　花押

〔弘安三年〕

上野殿御返事

大豆御書（三八七　真筆焼失）

大豆一石の功徳は法華経への善根であるとされている本書の宛名人、御所は誰をさすか未詳。本書のほかに御所御返事とする弘安期の真筆二書がある。一は初穂の、一は清酒の礼状で、三書ともに「かしこまって」という他の書にない特別の敬語がつかわれている点が注目される。

大豆一石、かしこまつて拜領し了。法華經の御寶前に申上候。一渧の水を大海になげぬれば、三災にも失《う》セズ、一華を五淨[一]によせぬれば劫火にもしぼまず、一豆を法華經になげぬれば法界みな蓮《はちす》なり。恐惶謹言。

十月二十三日　　日蓮　花押

〔弘安三年〕

御所御返事

一　五浄居の略称。聖者の住む五種の天をいう。

王日殿御返事　（三九七　真筆断片存）

王日について詳しく知ることはできないが、貧しい女性であったことは確かである。王日から三百文と二百文、合せて五百文の供養に対してのねんごろな消息である。阿育王の前生譚と貧女の一燈の故事をあげて、額の多少で功徳は計るべきでない。法華経への供養の殊勝であることをのべて、王日の成仏を女人成仏によせて説かれている。

[二]辨房の便宜に三百文、今度二百文給了。佛は眞に尊《たふとく》して物によらず。昔の得[三]勝童子は、沙の餅を佛に供養し奉て、阿育大王と生れて一閻浮提の主たりき。[四]貧女の我《わが》かしらをおろして油と成せしが、須彌山を吹ぬきし風も此火をけさず。されば、此《この》二三の鷲目は日本國を知る人の國を寄せ、七寶の塔を忉利天にくみあげた[五]らんにもすぐるべし。

法華經の一字は大地の如し、萬物を出生す。一字は大海の如し、衆流を納む。一

二　日昭がついでのおりに三百文。
三　阿育王の前生譚。
四　貧女が仏に燈を供えるために、頭の髪を切ってその代金で油を求めてともした火は風に消えなかったという貧者の一燈の物語。
五　高く組みあげる。

字は日月の如し、四天下をてらす。此一字返《へん》じて月となる。月變じて佛となる。稲は變じて苗となる。苗は變じて草となる。草變じて米となる。米變じて人となる。人變じて佛となる。女人變じて妙の一字となる。妙の一字變じて臺上の釋迦佛となるべし。南無妙法蓮華經・南無妙法蓮華經。恐々謹言。

日　蓮　花押　〔弘安三年〕

王　日　殿

上野殿御返事 （四二　写本）

供養の野菜を天の甘露とよろこび、千金をもっていても飢え死するものもあり、場合によっては金は土や石にも劣ることがある。仏法もこれと同じで、時と国によってとりあげられなければならないとさとされている。

いゑのいも一駄・ごばう一つと・大根六本。いもは石のごとし。ごばうは大牛　一苞。
の角のごとし。大根は大佛堂の大くぎのごとし。あぢわひは忉利天の甘露のごとし。石を金《こがね》にかうる國もあり。土をこめにうるところもあり。千金の金をもてる者うえてしぬ。一飯をつとにつゝめる者にこれをとれり。經《きやう》云《にいはく》、うえたるよには、よねたつとしと云云。一切の事は國により、時による事也。佛法は、此《この》道理 ニ米。をわきまうべきにて候。又々申べし。恐々謹言。

弘安四年九月二十日

日　蓮　花押

上野殿御返事

上野殿母尼御前御返事　（四八　真筆完存）

弘安元年六月の中務書によれば、日蓮は建治三年の暮から下痢がはじまり、翌年六月までつづいて六月のはじめには最悪のところまでいったが、四条金吾の投薬に助けられたことが記されている。それから三年がすぎて、身延生活最後の十二月となったこの年の冬には、病状が悪化して人々への返事もお書きになれないほどであった。この冬の寒さは一入にこたえられたようである。おくられた酒を熱くして、かっこうを食いきって飲むと冷えきった身体は湯に入ったように温く快適であると感謝をされ、それにつけても去年九月にさきだたれた望みをかけていた末子五郎の死はいたまれてならないと心からの同情をよせ、もうさきの短い自分は、あなたより先に故五郎殿におあいして母のなげきをつたえようと、病をおかして筆をとられた温情の書である。

[一]乃米《のうまい》一だ・[二]聖人一つゝ二十ひ《さげか》・[三]かつかうひとかうふくろ、おくり給候了。

このところのやう、せん〳〵に申《まうし》ふり候ぬ。さては去《いぬる》文永十一年六月十七日この山に入《いり》候て、今年十二月八日にいたるまで、此の山出《いづる》事、一歩も候はず。たゞし八年が間、やせやまいと申《まうし》、としと申、とし〳〵に身ゆわく、心をぼれ候つるほどに、今年は春より[四]このやまいをこりて、秋すぎ冬にいたるまで、日々にをとろへ、夜々にまさり候つるが、この十餘日はすでに食もほとをどとゞまりて候上、ゆきはかさなり、かんはせめ候。身のひゆる事、石のごとし。胸のつめたき事、氷のごとし。しかるにこのさけ、はたゝかにさしわかして、かつかうをはたとくい切《きつ》て、一度のみて候へば、火を胸にたくがごとし。ゆに入《いる》ににたり。あせにあかあらい、しづくに足をすゝぐ。

一　能米。くろごめ。
二　酒の異称。「酒の清める者を謂て聖人と為す」(金光明経文句記)。
三　藿香一紙袋。かっこうは薬草。本草綱目に「胃の気を助け胃口を開き飲食を進む」と。
四　胃腸の病か。

此《この》御志ざしは、いかんかせんとうれしくをもひ候ところに、兩眼よりひとつのなんだをうかべて候。まことや〳〵去年の九月五日、こ[五]五郎殿のかくれにしは、いかになりけると胸うちさわぎて、ゆびををりかずへ候へば、すでに二ケ年、十六月四百餘日にすぎ候か。それには母なれば御をとづれや候らむ。いかにきかせ給はぬやらむ。ふりし雪も又ふれり。ちりし花も又さきて候き。無常ばかりまたもかへりきこへ候はざりけるか。あらうらめし〳〵。餘所《よそ》にても、よき[六]くわんざかな〳〵、玉のやうなる男かな〳〵、いくせをやのうれしくおぼすらむとみ候しに、滿月に雲のかゝれるが、はれずして山へ入《いり》、さかんなる花の、あやなくかぜにちるがごとしと、あさましくこそをぼへ候へ。

日蓮は所らうのゆへに、人々の御文の御返事も申《まうさ》ず候つるが、この事はあまりになげかしく候へば、ふでをとりて候ぞ。これも、よもひさしくもこのよに候はじ。一定《いちぢやう》、五郎殿にゆきあいぬとをぼへ候。母よりさきに[七]げざんし候わば、母のなげき申つたへ候はん。事々又々申べし。恐々謹言。

十二月八日　　日蓮　花押

上野殿母御前御返事

〔弘安四年〕

五　南条時光の弟。弘安三年九月五日十六歳で死亡。

六　冠者。

七　見参。

四條金吾殿御返事　（四四　真筆断片存）

年頭に、鎌倉から餅と清酒がとどけられたときの返書で、新年の慶びをのべられ、吉日の八日に八日講をつづけていることをよろこび、信心の対象を示して、経は法華経、仏は釈迦仏と教えられている。「人々御中」とある本書を四条金吾殿御返事とするのは、金吾が触頭であったからであろう。

満月のごとくなるもちゐ二十・かんろのごとくなるせいす[一]一つつ給候了。春のはじめの御悦《よろこび》は月のみつるがごとく、しを[二]のさすがごとく、草のかこむが如く、雨の降るが如しと思食《おぼしめす》べし。抑《そもそも》、八日[三]は各各《おのおの》御父、釋迦佛の生《うまれ》させ給候し日也。彼《かの》日に三十二のふしぎあり。一には、一切の草木に花さきみなる。二には、大地より一切の寶わきいづ。三には、一切のでんばたに雨ふらずして水わきいづ。四にはよるへんじてひるの如し。五には三千世界に歎《なげき》のこゑなし。是ノ如ク吉瑞の相のみにて候し。是より已來《このかた》、今にいたるまで二[四]千二百三十餘年が間、吉事には

一　清酒一筒。
二　潮。
三　仏の誕生を四月八日とする説。
四　わが国中世には一七一一年を仏滅二千年に相当するというのが通説であった。日蓮もこの説を依用した。弘安五年は仏滅二二三一年に当る。

八日をつかひ給候也。然るに、日本國、皆釋迦佛を捨させ給て候に、いかなる過去の善根にてや、法華經と釋迦佛とを御信心ありて、各々あつまらせ給て、八日をくやう申させ給のみならず、山中の日蓮に華《け》かうをくらせ候やらん。たうとし、たうとし。恐々。

〔弘安五年〕正月七日　　日蓮　花押

人々御返事

春初御消息　(四三六　写本)

日蓮が身延で迎えた最後の正月と、庵室の生活は寒苦と食糧の欠乏に変りはなかったようである。その乏しいところに、南条氏から米塩そのほかの品が送られてきた。これを命の綱とよろこばれ、この志は法華経への功徳であり、亡き父弟の回向となって、父子は霊山浄土で対面しているであろうとつげられている。はし書に、弟子日興のことを付記する。

ははき殿[一]かきて候事、よろこびいりて候。

春の初の御悦、木に花のさくがごとく、山に草の生出《おひいづる》がごとしと、我も人も悦入て候。さては御送物の日記、八木[二]一俵・白鹽一俵・十字[三]三十枚、いも一俵給候了。深山の中に白雪、三日の間に庭は一丈につもり、谷はみねとなり、みねは天にはしかけたり。鳥鹿は庵室に入、樵牧は山にさしいらず。衣はうすし、食はたえたり。夜はかんく鳥にことならず。晝は里へいでんとおもふ心ひまなし。すでに讀經のこえもたえ、觀念の心もうすし。今生退轉して、未來三五[四]を經事《ふること》をなげき候つるところに、此御とぶらひに命いきて、又もや見參に入候はんずらんとうれしく候。過去[五]の佛は、凡夫にておはしまし候し時、五濁[六]亂漫の世に、かゝる飢たる法華經の行者をやしなひて、佛にはならせ給ぞとみえて候へば、法華經まことならば、此功德によりて過去の慈父[七]は成佛疑なし。故五郎殿も、今は靈鷲山淨土にまいりあはせ給て、故殿に御かうべをなでられさせ給べしと、おもひやり候へば涙かきあへられず。恐々謹言。

正月二十日　　日蓮 花押

一 この一行は端書。伯耆房日興。
二 米一俵。
三 十字餅、蒸餅。
四 三五の塵点。三千塵点劫と五百億塵点劫の永い期間をすごすこと。
五 釈迦仏以前の仏。
六 五濁は劫濁・煩悩濁・衆生濁・見濁・命濁。時代・本能・人間・思想・生命が濁乱した世。
七 南条時光の父、兵衛七郎。文永二年に死す。五郎は時光の弟。

〔弘安五年〕

上野殿御返事

波木井殿御報　（四三　写本）

九月八日に身延を発って、日蓮は病を常陸の温泉に湯治すべく、栗鹿の馬にのり、波木井実長の子息たちにつきそわれて旅立ったが、同十八日に池上に着いたころは、疲れがひどく、しばらく池上邸で静養されることとなった。この書は、翌十九日に波木井氏にこのことを報ぜられた書で、乗ってきた馬に愛情を感じて、湯からかえるまで、もとの馬丁をつけたままで上総藻原へ預けておきたい。また帰る道とは思うが、病気の身であるからどうなることかと案ぜられ、しかしどこで死んでも墓は身延にさせたいといわれている。これが日蓮の最後の消息となった。

畏《かしこみ》申候。みちのほどべち[八]事候はで、いけがみまでつきて候。みちの間、山と申、かわと申、そこばく大事にて候けるを、きうだちにす[九]護せられまいらせ候て、難もなくこれまでつきて候事、をそれ入候ながら悦《よろこび》存候。さては、やがてかへ

八　別事。かわったことがなく。

九　公達に守護されて。実長の子実継らが随従したという。

りまいり候はんずる道にて候へども、所らうのみにて候へば、不ぢやうなる事も候はんずらん。

さりながらも、[一]日本國にそこばくもてあつかうて候みを、九年まで御きえ候ぬる御心ざし申ばかりなく候へば、いづくにて死候とも、はかをば[二]みのぶさわにせさせ候べく候。

又くりかげの御馬はあまりを[三]もしろくをぼへ候程に、いつまでもうしなふまじく候。[四]ひたちのゆへひかせ候はんと思候が、もし人にもぞとられ候はん。又そのほかいたはしくをぼへば、ゆよりかへり候はんほど、[五]かづさのもばら殿もとにあづけをきたてまつるべく候に、しらぬ[六]とねりをつけて候ては、をぼつかなくをぼへ候。まかりかへり候はんまで、此とねりをつけをき候はんとぞんじ候。そのやうを御ぞんぢのために申候。恐々謹言。

九月十九日　　日　蓮

〔弘安五年〕

進上　波木井殿御侍

所らうのあひだ、[七]はんぎやうをくはへず候事、恐入候。

一　日本国中、相当もてあまされたこの身を。
二　身延の沢。
三　可愛いいので。
四　常陸の湯。那須の温泉か。
五　上総の茂原殿。
六　舎人、馬丁。
七　判形。書き判。

主要書（三大部）

立正安國論　（二四　原文は漢文体　真筆存）

開宗から四年後の正嘉元年ころから、天災地変がつづいて餓死するものさえあったが、寺社での祈りもしるしなく、人心は乱れて国土は不安に覆われた。これを憂えた日蓮がその原因をたずね、対策を考えて一切経を閲覧し、構想三年にして書きあげたのが本書である。数え年三十九歳の文応元年七月十六日、これを北条時頼に建白した。

本書は、主客対論の様式によった四六駢儷《べんれい》の文体で、主人が客を承服させる形をとり、年来の天災地変は教法の誤りに原因することを説き、経論を引いて諸宗を非難し、もしこれを改めないならば経説の三災七難の中、まだ現れていない他国に侵かされる難と国内に反乱の難がおこるであろうと予言した。そしてその対策は邪法を捨てて正法の法華経に依ることである。そうすれば国は安泰、身は安全、心は禅定であろうと勧説して論を結んでいる。この論旨は日蓮の生涯を通しての主張であったが、同時にこのことが受難の原因となった。

底本は文永六年の真筆本である。奥書とも全三六紙中、第二四紙一三行は慶長六年に中山の日通が焼失した身延山の真筆本からの補写である。さらに上書本のほかに真筆本があったことは、現存二十片ほどの断片からも知られるが、現存の完本は、建白してから九年後に書かれた本書の底本のみである。

（第一問答　災難の由來について）

旅客《りよかく》來つて嘆いて曰く、「[一]近年より近日に至るまで、天變・地夭《ちえう》・飢饉・疫癘《えきれい》、遍《あまね》く天下に滿ち、廣く地上に迸《はびこ》る。牛馬巷《ちまた》に斃《たふ》れ、骸骨路に充てり。死を招く輩、既に大半を超え、之を悲しまざる族《やから》、敢て一人も無し。

然る間、或は「[二]利劒卽是」の文を專らにして、西土教主の名を唱へ、或は「[三]衆病悉除」の願を恃《たの》んで、東方如來の經を誦し、或は「病卽消滅、不老不死」の詞《ことば》を仰いで、[四]法華眞實の妙文を崇め、或は「[五]七難卽滅、七福卽生」の句を信じて、百座百講の儀を調へ、有《あるい》は祕密眞言の敎に因つて、五瓶《ごびやう》の水を灑《そそ》き、有は坐禪入定の儀を全うして、[六]空觀の月を澄まし、若しくは[七]七鬼神の號を書して、千門に押し、若しくは[八]五大力の形を圖して、萬戸に懸け、若しくは天神地祇を拜して、四角四堺《かい》の祭祀を企て、若しくは萬民百姓を哀みて、國主國宰の德政を行ふ。

一　文応元年までの数年間の世相。「近年より」の原文は「自近年」。助詞の「自」は「より」と仮名にした。以下同じ。
二　浄土経にたよって、専ら弥陀の名を唱え。↓補一。
三　薬師如来の大願をたのんで、薬師如来の経を誦し。↓補二。
四　法華経の文。↓補三。
五　仁王経の文。↓補四。
六　禅家では一切の法は空と観ることを坐禅の心がまえとし、月を心をうつす対象とみる。
七　↓補五。
八　↓補六。

然りと雖も、唯肝膽を摧《くだ》くのみにして、彌《いよいよ》飢疫逼《せま》る。乞客目に溢れ、死人眼に滿てり。屍《かばね》を[九]臥して觀と爲し、尸《しかばね》を並べて橋と作す。觀《おもんみ》れば夫れ、[一〇]二離《にり》璧《たま》を合せ、五緯《ごゐ》珠を連ぬ。三寶世に在《いま》し、百王未だ窮まらずして、此の世早く衰へ、其の法何ぞ廢れたるや。是れ何なる禍に依り、是れ何なる誤に由るや」。

主人曰く、「獨り此の事を愁へて[一一]胸臆《くおく》に憤悱《ふんぴ》す。客來つて共に嘆く、屢《しばしば》談話を致さん。

夫れ出家して道に入るは、法に依つて佛を期《ご》する也。而るに今、神術も協はず、佛威も驗《しるし》無し。具《つぶさ》に當世の體《てい》を觀《み》るに、愚にして後生の疑を發《おこ》す。然れば則ち、[一二]圓覆《ゑんぷ》を仰いで恨を呑み、方載に俯して慮《おもんぱかり》を深くす。倩《つらつら》微管を傾け、聊か經文を抜《ひら》きたるに、世皆正《しやう》に背き、人悉く惡に歸す。故に、善神は國を捨てて相去り、聖人は所を辭して還らず。是を以て、魔來り鬼來り、災起り難起る。言はずんばある可からず。恐れずんばある可からず」。

（第二問答　國難の經證について）

客曰く、「天下の災、國中の難、余獨りのみ嘆くに非ず、衆皆悲しめり。今、[一三]蘭室に入つて、初めて芳詞を承るに、神聖去り辭し、災難並び起るとは、何れの經に出でたる哉。其の證據を聞かん」。

九　死骸を積みかさねて物見とし。
一〇　二離は日月。五緯は木火金水土の五行の星。
一一　胸のうちが怒りがいっぱいでやりきれない。
一二　円覆は天。方載は地。
一三　蘭香の室。聖者のいる所。

主人曰く、「其の文、繁多にして、其の證弘博なり。

一金光明經に云く、「其ノ國土ニ於テ、此ノ經有リト雖モ、未ダ嘗《かつ》テ流布セズ、捨離ノ心ヲ生ジテ聽聞センコトヲ樂《ねが》ハズ、亦供養シ尊重シ讚歎セズ。四部ノ衆、持經ノ人ヲ見ルモ亦復尊重シ、乃至、供養スルコト能《あた》ハズ。遂ニ我等及ビ餘ノ眷《けん》屬《ぞく》、無量ノ諸天ヲシテ、此ノ甚深ノ妙法ヲ聞クコトヲ得ズシテ、甘露ノ味ニ背キ、正法ノ流レヲ失ヒ、威光及ビ勢力《せいりき》有ルコト無カラシム。惡趣ヲ增長シ、人天ヲ損減シ、生死ノ河ニ墜チテ涅槃ノ路ニ乖《そむ》カン。世尊、我等四王、並ニ諸ノ眷屬、及ビ藥叉《やしゃ》等、斯ノ如キ事ヲ見テ、其ノ國土ヲ捨テテ擁護《おうご》ノ心無ケン。但《ただ》我等ノミ是ノ王ヲ捨棄スルニ非ズ、亦無量ノ、國土ヲ守護スル諸大善神有ランモ、皆悉ク捨去セン。既ニ捨離シ已《をは》リナバ、其ノ國、當ニ種種ノ災禍有ツテ國位ヲ喪失スベシ。一切ノ人衆、皆善心無ク、唯、繫縛《けばく》・殺害《せつがい》・瞋諍《しんじやう》ノミ有リ、互ニ相讒諂《あひざんてん》シ、枉《ま》ゲテ辜《つみ》無キニ及バン。疫病流行シ、彗星數《しばしば》出デ、兩日並ビ現ジ、薄蝕恆《つね》無ク、黑白ノ二虹不祥ノ相ヲ表ハシ、星流レ地動イテ、井ノ內ニ聲ヲ發《おこ》サン。暴雨・惡風時節ニ依ラズ、常ニ飢饉ニ遭ウテ苗實《めうじつ》成《みの》ラザラン。多ク他方ノ怨賊有ツテ國內ヲ侵掠シ、人民諸ノ苦惱ヲ受ケ、土地樂シムベキ處有ルコト無ケン。」已上

二大集經《だいじう》に云く、「佛法實隱沒《おんもつ》セバ、鬚髮爪《しゆほつさう》皆長ク、諸法モ亦忘失セン。當時《そのとき》、虛

一 唐の義浄訳、金光明最勝王経。四天王護国品の四天王が仏に申し出た文。

二 大方等大集経第五十六巻、月蔵分第十二建立塔寺品の文。「仏法宝」は麗版による。三宝の中の二宝。底本に「仏法実」。

空ノ中ニ大ナル聲アツテ地ヲ震ヒ、一切皆遍ク動ゼンコト、猶、水上輪ノ如クナラン。城壁破レテ落下シ、屋宇悉ク圮《やぶ》レ拆《さ》ケ、樹林根枝葉、華葉《けえふ》菓藥盡キン。唯、[三]淨居天《じやうごてん》ヲ除イテ、欲界ノ一切處、[四]七味三精氣《しやうけ》、損減シテ、餘有ルコト無ク、解脱ノ諸ノ善論、當時一切盡キナン。生ズル所ノ華菓ノ味、希少ニシテ亦美カラズ。諸有《う》ノ井泉池、一切盡ク枯涸《こかく》シ、土地悉ク鹹鹵《かんろ》シ、剖裂《ほうれつ》シテ丘澗《きうかん》ト成リ、諸山皆燋燃シ、天龍雨ヲ降サズ、苗稼《めうか》皆枯死シ、生キタル者皆死《か》レ盡キテ、餘《よ》草更ニ生ゼズ。土ヲ雨《ふ》ラシ、皆昏闇ニシテ、日月明《めい》ヲ現ゼズ、四方皆亢旱シ、數《しばしば》諸ノ惡瑞ヲ現ジ、[五]十不善業道《ごふだう》、貪・瞋・癡《ち》、倍增シ、衆生ノ父母ニ於ケル、之ヲ觀ルコト獐鹿《しやうろく》ノ如クナラン。衆生及ビ壽命、[六]色力威《しきりきゐ》樂《らく》滅シ、人天ノ樂ヲ遠離シ、皆悉ク惡道ニ墮セン。是ノ如キ不善業ノ惡王、惡比丘、我ガ正法ヲ毀壞《きゑ》シ、天人ノ道ヲ損減セン。諸天善神王、衆生ヲ悲愍スル者、此ノ濁惡ノ國ヲ棄テテ皆悉ク餘方《よはう》ニ向ハン」。已上

[七]仁王經に云く、「國土亂レン時ハ先ヅ鬼神亂ル。鬼神亂ルルガ故ニ萬民亂ル。賊來ツテ國ヲ劫《おびやか》シ、百姓亡喪《まうさう》シ、臣君太子、王子百官、共ニ是非ヲ生ゼン。天地怪異《けい》シ、[八]二十八宿・星道日月、時ヲ失ヒ、度《ど》ヲ失ヒ、多ク賊ノ起ルコト有ラン。」

亦云く、「我レ今[九]五眼《ごげん》ヲモツテ明カニ三世ヲ見ルニ、一切ノ國王ハ皆、過去ノ世ニ

三　五浄居天ともいう。欲・色・無色の三界の中、色界第四禅天の聖者の生れるところ。
四　人と法を養い久住させる要素。
五　十悪。殺生・偸盗・邪婬・妄語・綺語・悪口・両舌・貪欲・瞋恚・邪見。苦果をまねく業因となるから業道という。
六　肉体の力。
七　羅什訳の仁王般若経護国品の文。
八　インド・シナおよびアジア地方に古くから広く行われた天道説で、天の周囲にありとする二十八の星座。一日一星を配し座配を分ける。星の性質、日の吉凶を占う方法ともする。
九　肉眼・天眼・慧眼・法眼・仏眼。

五百ノ佛ニ侍《つか》ヘシニ由ツテ、帝王主ト爲《な》ルコトヲ得タリ。是《ここ》ヲ爲《もっ》テ、一切ノ聖人・羅漢、而モ爲ニ彼ノ國土ノ中ニ來生《らいしやう》シテ、大利益ヲ作サン。若シ王ノ福盡キン時ハ、一切ノ聖人皆爲《こ》レ捨去セン。若シ一切ノ聖人去ラン時ハ、七難必ズ起ラン」。已上

藥師經に云く、「若シ刹帝利《せつていり》[一]・灌頂王[二]等ノ災難起ラン時、所謂、人衆疾疫[三]ノ難、他國侵逼《しんぴつ》ノ難、自界叛逆ノ難、星宿變怪《へんげ》ノ難、日月薄蝕《はくしよく》ノ難、非時風雨ノ難、過時不雨ノ難アラン」。已上

[四]仁王經に云く、「大王、吾ガ今化《け》スル所ノ百億ノ須彌、百億ノ日月、一一ノ須彌ニ四天下《してんげ》有リ。其ノ南閻浮提[五]ニ十六ノ大國、五百ノ中國、十千ノ小國有リ。其ノ國土ノ中ニ七ノ畏ルベキ難有リ。一切ノ國王是《これ》ヲ難ト爲スガ故ニ。云何ナルヲカ難ト爲ス。[六]日月度ヲ失ヒ、時節反逆《はんぎやく》シ、或ハ赤日《しやくにち》出デ、黑日出デ、二三四五ノ日出デ、或ハ日蝕《しよく》シテ光無ク、或ハ日輪一重二三四五重輪ニ現ズルヲ、一ノ難ト爲ス也。二十八宿度ヲ失ヒ、金星・彗星・輪星・鬼星・火星・水星・風星・刀星・南斗《なんと》・北斗・五鎭ノ大星・一切ノ國主星・三公星・百官星、是ノ如キ等ノ諸星、各各變現スルヲ二ノ難ト爲ス也。大火國ヲ燒キ、萬姓《ばんしやう》燒盡シ、或ハ鬼火・龍火・天火・山神火・人火・樹木火・賊火アラン。是ノ如ク變怪スルヲ三ノ難ト爲ス也。

一　インドの四姓階級の第二、王族・武人階級。
二　王が即位のとき水をそそいで灌頂するところから転じて国王をいう。
三　薬師経にとく七難。
四　巻下、受持品の文。
五　閻浮提に同じ。われわれの住む国土。須弥山の南にあるとする。
六　仁王経にいう七難。

大水百姓ヲ漂没《へうもつ》シ、時節反逆シテ冬ハ雨、夏ハ雪、冬時ニ雷電霹靂シ、六月ニ氷・霜・雹ヲ雨《ふ》ラシ、赤水《しやくすゐ》・黒水・青水ヲ雨ラシ、土山《どせん》・石山ヲ雨ラシ、沙《しや》・礫《りやく》・石ヲ雨ラシ、江河逆ニ流レテ、山ヲ浮べ石ヲ流ス。是ノ如ク變ズル時ヲ四ノ難ト爲ス也。大風萬姓ヲ吹キ殺シ、國土・山河・樹木一時ニ滅沒シ、非時ノ大風・黒風・赤風・青風・天風・地風・火風・水風、是ノ如ク變ズルヲ五ノ難ト爲ス也。天地國土亢陽シ、炎火洞然トシテ百草亢旱シ、五穀登《みの》ラズ、土地赫燃トシテ萬姓滅盡セン。是ノ如ク變ズル時ヲ六ノ難ト爲ス也。四方ノ賊來ツテ國ヲ侵シ、内外ノ賊起リ、火賊・水賊・風賊・鬼賊アツテ百姓荒亂シ、刀兵劫[七]起ラン。是ノ如ク怪スル時ヲ七ノ難ト爲ス也」。

[八]大集經に云く、「若シ國王有ツテ、無量世ニ於テ施・戒・惠ヲ修ストモ、我ガ法ノ滅センヲ見テ、捨テテ擁護セズンバ、是ノ如ク種《う》ウル所ノ無量ノ善根、悉ク皆滅失シテ、其ノ國ニ當ニ三ノ不祥ノ事有ルベシ。[九]一ニハ穀貴《こくき》、二ニハ兵革、三ニハ疫病ナリ。一切ノ善神、悉ク之ヲ捨離セバ、其ノ王教令《けうりやう》ストモ、人隨從セズシテ、常ニ隣國ノ爲ニ侵嬈《しんねう》セラレン。暴火横《ほしいまま》ニ起リ、惡風雨多ク、暴水增長シテ人民ヲ吹漂シ、内外ノ親戚咸《ことごと》ク共ニ謀叛《むほん》セン。其ノ王久シカラズシテ、當ニ重病ニ遇ヒ、壽終ノ後、大地獄ノ中ニ生ズベシ。乃至、王ノ如ク、夫人・太子・

七　刀兵災に同じ。
八　護法品の文。
九　三災。

大臣・城主・柱師・郡守・宰官モ亦復是ノ如クナラン」。已上

夫れ、四經の文朗《もんあき》らかなり。萬人誰か疑はん。而るに盲瞽《まうこ》の輩、迷惑の人、妄《みだ》りに邪説を信じて、正教《しやうけう》を辨へず。故に天下世上、諸佛衆經に於て、捨離の心を生じて、擁護《おうご》の志無し。仍《よ》つて、善神・聖人、國を捨て所を去る。是《ここ》を以て、惡鬼・外道、災を成し難を致す」。

（第三問答　謗法の相狀について）

客色《いろ》を作して曰く、「後漢の明帝は、金人《きんじん》の夢を悟つて白馬の教へを得、一 上宮太子は、守屋の逆を誅して寺塔の構を成せり。爾《しかり》しより來《このかた》、上《かみ》一人より下萬民に至るまで、佛像を崇め經卷を專らにす。然れば則ち、叡山・南都・園城・東寺、四海一州、五畿七道、佛經星のごとく羅《つらな》り、堂宇雲のごとく布《し》けり。二 鶖子《しうし》の族は則ち鷲頭の月を觀じ、鶴勒《くわくろく》の流は亦鷄足の風を傳ふ。誰か三 一代の教を褊《さみ》し、三寶の跡を廢すと謂《い》はん哉。若し其の證有らば、委しく其の故を聞かん」。

主人喩《さと》して曰く、「佛閣甍《いらか》を連《つら》ね、經藏軒を並ぶ。僧は竹葦の如く、侶は稻麻《たうま》に似たり。崇重年舊《そうちゆうとしふ》り、尊貴日に新《あらた》なり。但し、法師は諂曲《てんごく》にして、人倫に迷惑し、王臣は不覺にして、邪正を辨ずること無し。

一 仏教。摩騰・法蘭が白馬に経をつんで来り、白馬寺をおこした。
次三行「園城」の園、真筆「薗」に作る。以下同じ。

二 この句は次の句と対句。仏道を修学する二類の形態をいう。↓補七。

三 仏の一代の教えをみくだし。

[四]仁王經に云く、「諸ノ惡比丘、多ク名利ヲ求メ、國王・太子・王子ノ前ニ於テ、自ラ破佛法ノ因緣、破國ノ因緣ヲ説カン。其ノ王別《わきま》ヘズシテ此ノ語ヲ信聽シ、横《ほしいまま》ニ法制ヲ作ツテ佛戒ニ依ラズ。是ヲ破佛破國ノ因緣ト爲ス」。已上

[五]涅槃經に云く、「菩薩、惡象等ニ於テハ心ニ恐怖《くふ》スルコト無カレ、惡知識ニ於テハ怖畏ノ心ヲ生ゼヨ。惡象ノ爲ニ殺サレテハ、[六]三趣ニ至ラズ、惡友ノ爲ニ殺サレテハ、必ズ三趣ニ至ル」。已上

[七]法華經に云く、「惡世ノ中ノ比丘ハ、邪智ニシテ心諂曲ニ、未ダ得ザルヲ爲《こ》レ得タリト謂《おも》ヒ、我慢ノ心充滿セン。或ハ阿練若《あれんにゃ》ニ、納衣《なふえ》ニシテ空閑《くうげん》ニ在リ、自ラ眞ノ道ヲ行ズト謂ウテ、人間ヲ輕賤《きやうせん》スル者有ラン。利養ニ貪著スルガ故ニ、白衣《びやくえ》ノタメニ法ヲ説イテ、世ニ恭敬セラルルコト、六通ノ羅漢ノ如クナラン。乃至、常ニ大衆ノ中ニ在ツテ、我等ヲ毀《そし》ラント欲スルガ故ニ、國王・大臣・婆羅門・居士、及ビ餘ノ比丘衆ニ向ツテ、誹謗シテ我ガ惡ヲ説イテ、是レ邪見ノ人、外道ノ論議ヲ説クト謂ハン。濁劫《ぢよくこふ》惡世ノ中ニハ、多ク諸ノ恐怖有ラン。惡鬼其ノ身ニ入ツテ、我ヲ罵詈シ毀辱《きにく》セン。濁世ノ惡比丘ハ、佛ノ方便、隨宜所説ノ法ヲ知ラズ、惡口シテ嚬蹙シ、數數《しばしば》擯出《ひんずゐ》セラレン」。已上

[八]涅槃經に云く、「我レ涅槃ノ後、無量百歲ニ四道ノ聖人悉ク復《また》涅槃セン。正法

四　巻下、嘱累品の文。

五　北本涅槃経巻二十二、高貴徳王品の文を中略抄出。

六　三悪道。地獄・餓鬼・畜生道。

七　勧持品の偈。法華経を弘める人に敵意をもつ三類の上慢人の中、道門増上慢と僭聖増上慢をあげている。

八　北本涅槃経巻四、如来性品の文。

滅シテ後、像法ノ中ニ於テ、當《まさ》ニ比丘有ルベシ。像《かたち》ハ律ヲ持ツニ似テ、少《わづ》カニ經ヲ讀誦シ、飲食《おんじき》ヲ貪嗜シテ其ノ身ヲ長養シ、袈裟ヲ著《つ》クト雖モ、猶、獵師ノ細視シテ徐行スルガ如ク、猫ノ鼠ヲ伺フガ如シ。常ニ是ノ言《ことば》ヲ唱ヘン、我レ羅漢ヲ得タリト。外ニハ賢善ヲ現ジ、内ニハ貪嫉《とんしつ》ヲ懷ク。一啞法《あほふ》ヲ受ケタル婆羅門等ノ如シ。實ニハ沙門ニ非ズシテ、沙門ノ像ヲ現ジ、邪見熾盛《しじやう》ニシテ、正法ヲ誹謗セント」。已上

文《もん》に就いて世を見るに、誠に似て然なり。惡侶を誡めざれば、豈《あに》、善事を成さん哉」。

（第四問答　淨土念佛義について）

客猶憤つて曰く、「明王は天地に因つて化《け》を成し、聖人は理非を察して世を治む。世上の僧侶は、天下の歸する所也。惡侶に於ては、明王信ず可からず。聖人に非ずんば、賢哲仰ぐ可からず。

今賢聖の尊重を以て、則ち二龍象の輕からざるを知る。何ぞ妄言を吐いて、強《あなが》ちに誹謗を成す。誰人を以てか惡比丘と謂ふ哉。委細に聞かんと欲す」。

主人曰く、「後鳥羽院の御宇に法然といふもの有り、三撰擇集《せんちやくしふ》を作る。則ち一代の聖敎を破し、遍く十方の衆生を迷はす。

一　啞の行法。

二　高僧・聖者。

三　選択本願念仏集。法然上人源空（一一三三—一二一二）が一一九八年に作る。十六段からなり、道綽の安楽集、善導の観経疏などの三部経疏、浄土五会法事讃そのほかの要文を引いて、法然が私釈した書。

其の撰擇に云く、「道綽《だうしやく》[四]禪師ハ聖道《しやうだう》・淨土ノ二門ヲ立テ、聖道ヲ捨テテ正シク淨土ニ歸スルノ文。初メニ聖道門トハ、之ニ就イテ二有リ。乃至、之ニ准ジテ之ヲ思フニ、應《まさ》ニ密[五]大及ビ實大ヲ存スベシ。然レバ則チ今ノ眞言・佛心[六]・天台・華嚴・三論・法相・地論・攝論《せふろん》、此等八家《け》ノ意、正《まさ》シク此ニ在リ。曇鸞[七]法師ノ往生論注ニ云ク、謹ンデ龍樹菩薩ノ十住毘婆沙ヲ案ズルニ云ク、菩薩、阿毘跋致《あびばつち》[八]ヲ求ムルニ二種ノ道《だう》有リ、一ニハ難行道、二ニハ易行《いぎやう》道ナリト。此ノ中ニ難行道トハ、卽チ是レ聖道門也、易行道トハ、卽チ是レ淨土門也。淨土宗ノ學者ハ、先ヅ須《すべから》ク此ノ旨ヲ知ルベシ。設ヒ先ヨリ聖道門ヲ學ブ人ナリト雖モ、若シ淨土門ニ於テ其ノ志有ラン者ハ、須ク聖道ヲ棄《す》テテ淨土ニ歸スベシ」。

又云く、「善導[九]和尚ハ正《しやう》・雜《ざふ》二行ヲ立テ、雜行ヲ捨テテ正行ニ歸スルノ文。第一ニ讀誦雜行トハ、上《かみ》ノ觀經等ノ往生淨土ノ經ヲ除イテ已外、大小乘・顯密ノ諸經ニ於テ、受持・讀誦スルヲ悉ク讀誦雜行ト名ヅク。第三ニ禮拜《らいはい》雜行トハ、上ノ彌陀ヲ禮拜スルヲ除イテ已外、一切ノ諸佛菩薩等、及ビ諸世ノ天等ニ於テ、禮拜恭敬スルヲ悉ク禮拜雜行ト名ヅク。私ニ云ク、此ノ文ヲ見ルニ、須ク雜ヲ捨テテ專《せん》ヲ修スベシ。豈、百卽百生ノ專修《せんじゆ》正行ヲ捨テテ、堅ク千中無一ノ雜修雜行ニ執セン乎《や》。行者能《よ》ク之ヲ思量セヨ」。

四　シナ浄土教第二祖(五六二—六四五)。善導はその弟子。
五　密教と実大乗。
六　禅宗。
七　シナ浄土教第一祖(四七六—五四二)。
八　ボサツの階位。不退転と訳す。
九　シナ浄土教第三祖(六一三—六八一)。

又云く、「貞元入藏錄[一]ノ中ニ、始メ大般若經六百卷ヨリ法常住經ニ終ルマデ、顯密ノ大乘經、惣ジテ六百三十七部、二千八百八十三卷也。皆須ク讀誦大乘ノ一句ニ攝スベシ。當ニ知ルベシ、隨他[二]ノ前ニハ、暫ク定散《ちやうさん》ノ門ヲ開クト雖モ、隨自ノ後ニハ、還ツテ定散ノ門ヲ閉ヅ。一タビ開イテ以後永ク閉ヂザルハ、唯是レ念佛ノ一門ナリ」。

又云く、「念佛ノ行者、必ズ三心[三]ヲ具足ス可キノ文、觀無量壽經ニ云フ。同經ノ疏ニ云ク、問ウテ曰ク、若シ解行《げぎやう》ノ不同、邪雜《じやざふ》ノ人等有ツテ、外《け》邪《じや》異見ノ難ヲ防ガン。或ハ行クコト一分二分ニシテ、群賊等喚《よ》ビ廻《かへ》ストハ、即チ別解《べつげ》・別行ノ惡見ノ人等ニ喩フ。私ニ云ク、又此ノ中ニ一切ノ別解・別行・異學・異見等ト言フハ、是レ聖道門ヲ指スナリ」。已上

又最後結句の文に云く、「夫レ速カニ生死ヲ離レント欲セバ、二種ノ勝法ノ中ニ、且ク聖道門ヲ閣《お》イテ、選ンデ淨土門ニ入レ。淨土門ニ入ラント欲セバ、正・雜二行ノ中ニ、且ク諸ノ雜行ヲ抛《なげう》ツテ、選ンデ應《まさ》ニ正行ニ歸スベシト」。已上

之に就いて之を見るに、曇鸞・道綽・善導の謬釋《びうしやく》を引いて、聖道・淨土・難行・易行の旨を建て、法華・眞言、總じて一代の大乘、六百三十七部、二千八百八十三卷、一切の諸佛菩薩、及び諸世の天等を以て、皆、聖道・難行・雜行等に攝し

一　貞元新定釈教目録。唐の貞元一六(八〇〇)年、円照撰。

二　他意にしたがって説くときは、定心と散心との別を立てるが、自意の説はこれを閉じる。念仏の門はいつも開かれている。

三　至誠心、深心、回向発願心。

て、或は捨て、或は閉ぢ、或は閣《お》き、或は抛つ。此の四字を以て、多く一切を迷はし、剰《あまつさ》へ三國の聖僧、十方の佛弟を以て、皆、群賊と號し、併《あは》せて罵詈せしむ。近くは所依の淨土三部經の[四]「唯ダ、五逆ト正法ヲ誹謗スルヲ除ク」の誓文に背《そむ》き、遠くは一代五時の肝心たる、法華經の第二の[五]「若シ人、信ゼズシテ此ノ經ヲ毀謗セバ、乃至、其ノ人命終シテ阿鼻獄ニ入ラント」の誡文に迷ふ者也。於是《ここに》、代《よ》末代に及び、人聖人に非ず。各冥衢《みやうく》に容《い》りて、並に直道《ちきだう》を忘る。悲しい哉、[六]瞳矇を拊《う》たず、痛ましい哉、徒らに邪信を催す。故に上國王より下土民に至るまで、皆《みな》經は淨土三部の外に經無く、佛は彌陀三尊の外の佛無しと謂《おも》へり。仍つて[七]傳教・義眞・慈覺・智證等、或は萬里の波濤を渉《わた》つて、渡せし所の聖教、或は一朝の山川を廻つて、崇むる所の佛像、若しくは高山の巓《いただき》に[八]華界《けかい》を建てて、以て安置し、若しくは深谷の底に蓮宮を起《た》てて、以て崇重す。釋迦・藥師の光を並ぶる也《や》、威を現當に施し、虚空・地藏の化《け》を成す也《や》、益《やく》を生後《しやうご》に被らしむ。故に國主は郡郷を寄せて、以て燈燭を明かにし、地頭は田園を充てて、以て供養に備ふ。

而るに法然の撰擇に依つて、則ち教主を忘れて[九]西土の佛駄《ぶつだ》を貴び、[一〇]付屬を抛つて東方の如來を閣《お》き、唯四巻三部の經典を專らにして、空しく一代五時の妙典を抛

四 無量寿経巻上。四十八願中の第十八願の文。
五 譬喩品の文。
六 妄見を開こうとしない。
七 最澄をはじめ天台宗の入唐した人たち。
八 華界と蓮宮は比叡山の堂塔。
九 西方浄土の阿弥陀仏。
一〇 最澄が付属した薬師如来をさしおき、浄土三部経を専らにして、最勝の法華経を益なしとしてすてる。

つ。是《ここ》を以て、彌陀の堂に非ざれば、皆供佛の志を止《とど》め、念佛の者に非ざれば、早く施僧の懷ひを忘る。故に佛堂零落して、瓦松《ぐわしよう》の煙り老い、僧坊荒廢して、庭草の露深し。然りと雖も、各護惜《ごしやく》の心を捨てて、並に建立の思ひを廢す。是《ここ》を以て、住持の聖僧、行いて歸らず、守護の善神、去つて來ること無し。是れ偏へに法然の撰擇に依る也。悲しい哉、數十年の間、百千萬の人、魔緣に蕩《とらか》されて、多く佛教に迷へり。傍を好んで正を忘る、善神怒を成さざらん哉。圓を捨てて偏を好む、惡鬼便《たより》を得ざらん哉。彼の萬祈を修せんは、此の一凶を禁ぜんには如《し》かず」。

（第五問答　災難の禍根について）

客殊に色を作して曰く、「我が本師釋迦文《もん》[一]、淨土の三部經を說きたまひてより以來《このかた》、曇鸞法師は、四論[二]の講說を捨てて一向に淨土に歸し、道綽禪師は、涅槃の廣業を閣いて偏へに西方の行を弘め、善導和尙は、雜行を拋つて專修《せんじゆ》を立て、惠心僧都は、諸經[三]の要文《えうもん》を集めて念佛の一行を宗とす。彌陀を貴重すること、誠に以て然なり。又往生の人、其れ幾ばくぞ哉。

就中《なかんづく》、法然聖人は、幼少にして天台山に昇り、十七にして六十卷[四]に涉《わた》り、並に八宗を究め、具に大意を得たり。其の外、一切の經論七遍反覆し、章疏・傳記、究

一　根本の師、釈迦牟尼仏。
二　四論宗の所依とする中論、百論、十二門論、大智度論。
三　叡山横川の源信(九四二―一〇一七)は、往生要集を著して一心称念の念仏を往生の要行とした。
四　天台宗の要典である玄義、文句、止観の三大部。

め看ざるは莫《な》し。智は日月に齊《ひと》しく、德は先師に越えたり。然りと雖も、猶《なほ》出離の趣に迷ひ、涅槃の旨を辨へず。故に偏く覩《み》悉く鑒《かんが》み、深く思ひ遠く慮り、遂に諸經を抛つて專ら念佛を修す。其の上、五一夢の靈應を蒙り、四裔の親疎に弘む。故に或は勢至の化身と號し、或は善導の再誕と仰ぐ。然れば則ち、十方の貴賤は頭《かうべ》を低れ、一朝の男女は歩《あゆみ》を運ぶ。爾しより來《このかた》、春秋推し移り、星霜相積れり。而るに忝くも釋尊の教を疎《おろそ》かにして、恣に彌陀の文を譏《そし》る。何ぞ近年の災を以て、聖代の時に課《おほ》せ、強ひて先師を毀《そし》り、更に聖人を罵るや。六毛を吹いて疵を求め、皮を剪つて血を出《いだ》す。昔より今に至るまで此の如き惡言未だ見ず、惶《おそ》る可く愼しむ可し。罪業至つて重し、科條爭《いか》でか遁れん。對座猶以て恐れ有り、杖を携へて則ち歸らんと欲す」。

主人咲《ゑ》み、止《とど》めて曰く、「辛きを七蓼葉《れうえふ》に習ひ、臭きを溷厠《こんし》に忘る。善言を聞いて惡言と思ひ、謗者を指して聖人と謂《い》ひ、正師を疑つて惡侶に擬す。其の迷《まよひ》誠に深く、其の罪淺からず。事の起りを聞け、委しく其の趣を談ぜん。釋尊說法の內、八一代五時の間、先後を立てて權實を辨ず。而るに曇鸞・道綽・善導、既に權《ごん》に就いて實《じつ》を忘れ、先《せん》に依つて後《ご》を捨つ。未だ佛教の淵底を探らざる者なり。就中、法然、其の流を酌むと雖も、其の源を知らず。所以は何《いか》ん。大乘經六百三

五　善導と夢中に会見するという霊応をうけて、四方の人々に弥陀念仏をひろめた。

六　人のあらさがしをすること。

七　たでの葉。「こん厠」は便所。

八　仏一代の説法次第。華厳・阿含・方等・般若・法華涅槃の五時。↓補八。

十七部、二千八百八十三巻、並に一切の諸佛菩薩、及び諸世の天等を以て、一捨閉《しやへい》閣抛《かくはう》の字を置いて、一切衆生の心を薄《をか》す。是れ偏へに私曲《しごく》の詞《ことば》を展べて、全く佛經の説を見ず。妄語の至《いたり》、悪口の科《とが》、言ひても比《たぐひ》無く、責めても餘有り。人皆其の妄語を信じ、悉く彼の撰擇を貴ぶ。故に浄土の三經を崇めて、衆經を抛《なげう》ち、極樂の一佛を仰いで、諸佛を忘る。誠に是れ諸佛・諸經の怨敵、聖僧・衆人の讎敵也。此の邪教廣く八荒に弘まり、周く十方に遍す。抑《そもそも》、近年の災を以て往代を難ずるの由、強《あなが》ちに之を恐る。聊か先例を引いて汝の迷を悟す可し。

二止觀の第二に、史記を引いて云く、「周ノ末ニ三被髪袒身ニシテ禮度ニ依ラザル者有リ」。四弘決《ぐけつ》の第二に此の文を釋するに、左傳を引いて曰く、「初メ平王ノ東遷スル也《や》、伊川ニ、髪ヲ被ル者、野ニ於テ祭ルヲ見ル。識者ノ曰ク、百年ニ及バズシテ其ノ禮先ヅ亡ビナント」。

爰《ここ》に知んぬ。徴前《しるしさき》に顯れ、災《わざはひ》後に致《いた》ることを。「五又阮籍《げんせき》逸才ニシテ蓬頭《ほうづ》散帶ス。後ニ公卿ノ子孫皆之ヲ斆《なら》フ。六奴狗《ぬく》相辱シムル者ヲ方ニ自然ニ達ストイヒ、七撙節《そんせつ》シ競持スル者ヲ呼ンデ田舎ト爲ス。司馬氏ノ滅ブル相ト爲ス」。已上

又、慈覺大師の八入唐巡禮記を案ずるに云く、「唐ノ武宗皇帝ノ會昌元年、勅シテ章敬寺ノ鏡霜法師ヲシテ、諸寺ニ於テ彌陀念佛ノ教ヲ傳ヘシム。寺毎ニ、三日巡

一 この四字は他教を拆けた撰択集の用語。
二 天台大師の著摩訶止觀。
三 長髪ではだか。
四 止觀弘決。湛然著の止観の注釈。
五 止観第二の文。阮籍は魏の人。竹林七賢の一人。礼節を無視した人。
六 下賤のものの恥を知らない行い。
七 礼儀を守りつつしみ持つもの。
八 入唐求法巡礼記の巻三以降の記を取意抄出。

輪スルコト絶エズ。同二年、[九]廻鶻《くわいこつ》國ノ軍兵等唐ノ堺ヲ侵ス。同三年、河北ノ節度使忽チ亂ヲ起ス。其ノ後、[一〇]大蕃國更《ま》タ命ヲ拒ミ、廻鶻國重ネテ地ヲ奪フ。凡ソ兵亂ハ秦項[一一]ノ代ニ同ジク、災火ハ邑里ノ際ニ起ル。何ニ況ヤ、武宗大イニ佛法ヲ破シ、多ク寺塔ヲ滅ス。亂ヲ撥《をさ》ムルコト能ハズシテ、遂ニ以テ事有リト。」已上取意

此《これ》を以て之を惟ふに、法然は、後鳥羽院の御宇、建仁年中の者也。彼の院の御事既に眼前に在り。然れば則ち大唐に例を殘し、吾が朝に證を顯はす。汝疑ふこと莫かれ、汝怪しむこと莫かれ。唯須く凶を捨てて善に歸し、源を塞いで根を截るべし」。

（第六問答　勘文の先例について）

客聊か和いで曰く、「未だ淵底を究めざれども、數《ほぼ》其の趣を知る。但し華洛[一二]より柳營に至るまで、釋門に樞楗[一三]在り。佛家に棟梁在り。然れども未だ勘狀を進ぜずして、上奏に及ばず。汝賤しき身を以て、[一四]輒《たやす》く莠言《いうげん》を吐く。其の義餘有り。其の理謂《いはれ》無し。」

主人曰く、「予少量爲《た》りと雖も、忝なくも大乘を學す。蒼蠅、驥尾に附して萬里を渡り、碧蘿、松頭に懸つて千尋を延ぶ。弟子、一佛の子と生れて諸經の王に事《つか》ふ。何ぞ佛法の衰微を見て、心情の哀惜を起さざらんや。其の上[一五]涅槃經に云く、

九　ウイグル国。
一〇　チベット国の古称。
一一　秦から漢にかけての戦乱時代。
一二　京洛の都から鎌倉幕府の地まで。
一三　中心になる人。
一四　こともなげに悪言をいう。
一五　北本涅槃経巻三、寿命品。

「若シ善比丘アツテ、法ヲ壞《やぶ》ル者ヲ見テ、置イテ呵責《かしやく》シ駈遣《くけん》シ擧處《こしよ》セズンバ、當ニ知ルベシ、是ノ人ハ佛法ノ中ノ怨ナリ。若シ能ク駈遣シ呵責シ擧處セバ、是レ我ガ弟子、眞ノ聲聞也ト」。

余、善比丘の身爲《た》らずと雖も、「佛法中怨」の責《せめ》を遁れんが爲に、唯大綱を撮《と》つて、粗《ほぼ》一端を示す。其の上、去《い》ぬる元仁年中に、[一]延暦・興福の兩寺より、度度奏聞を經て、勅宣・御教書を申し下し、法然の撰擇の印板を大講堂に取り上げ、三世の佛恩を報ぜんが爲に、之を燒失せしめ、法然の墓所に於ては、[二]感神院《かんじゐん》の犬神《いぬじ》人《にん》に仰せ付けて破却せしむ。其の門弟、隆觀・聖光・成覺・薩生等は遠國に配流せられ、其の後未だ御勘氣を許されず。豈、未だ勘狀を進《まゐ》らせずと云はん也《や》」。

（第七問答　災難の對策について）

客則ち和いで曰く、「經を下《くだ》し僧を謗ずること、一人として論じ難し。然れども、大乘經六百三十七部、二千八百八十三卷、並に一切の諸佛菩薩、及び諸世の天等を以て、捨閉閣抛の四字に載す。[三]此の詞、勿論也。其の文、顯然也。此の瑕《か》瑾《きん》を守つて、其の誹謗を成す。迷うて言ふ歟《か》、覺つて語る歟。賢愚辨《わか》たず、是非定め難し。但し災難の起りは撰擇に因るの由、盛んに其の詞を增し、彌《いよいよ》其の旨を談ず。

「呵責」の責、真筆に「嘖」とする。以下同じ。

一　建保年間から延応にかけて数次にわたって延暦・興福寺の訴えで専修念仏停止の勅宣が出されたことは源空上人伝・百錬抄その他に見える。

二　延暦寺配下の祇園社の用人に。

三　「此」定本になし。版本によって補う。

所詮、天下泰平・國土安穩は君臣の樂《ねが》ふ所、土民の思ふ所也。夫れ、國は法に依つて昌え、法は人に因つて貴し。國亡び人滅せば、佛を誰か崇む可く、法を誰か信ず可き哉。先づ國家を祈つて、須く佛法を立つべし。若し災を消し、難を止むるの術有らば、聞かんと欲す」。

主人曰く、「余は是れ頑愚にして、敢て賢を存せず。唯、經文に就いて聊か所存を述べん。抑《そもそも》治術の旨、内外の間に、其の文幾多《いくばく》ぞ。具に擧ぐ可きこと難し。但し佛道に入つて、數《しばしば》愚案を廻らすに、謗法の人を禁じて、正道の侶《ともがら》を重んぜば、國中安穩にして天下泰平ならん。

即ち、[四]涅槃經に云く、「佛ノ言《のたま》ハク、唯一人ヲ除イテ餘ノ一切ノ施ハ、皆讚歎ス可シ。純陀問ウテ云ク、云何《いか》ナルヲカ名ヅケテ唯一人ヲ除クト爲スヤ。佛ノ言ハク、此ノ經ノ中ニ說ク所ノ如キ破戒ナリ。純陀復《また》言ク、我レ今、未ダ解セズ。唯願ハクハ之ヲ說キタマヘ。佛、純陀ニ語ツテ言ハク、破戒トハ謂ク[五]一闡提ナリ。其ノ餘ノ在所《あらゆる》一切ニ布施スルハ皆讚歎ス可シ。大果報ヲ獲ン。純陀復問フ、一闡提トハ其ノ義云何《いかん》。佛ノ言ハク、純陀、若シ比丘及ビ比丘尼・優婆塞・優婆夷有ツテ、麁惡ノ言ヲ發シテ正法ヲ誹謗シ、是ノ重業ヲ造ツテ永ク改悔《かいげ》セズ、心ニ懺悔《さんげ》無カラン。是ノ如キ等ノ人ヲ名ヅケテ一闡提ノ道ニ趣向スト爲ス。若シ[六]四重ヲ犯シ、

四　北本涅槃経巻十、大衆所問品。純陀が仏に持戒と毀戒の別を問うた答えの文。

五　断善根のひと。

六　四重禁戒。殺生・偸盗・邪婬・妄語。

一五逆罪ヲ作リ、自ラ定メテ是ノ如キ重事ヲ犯スト知レドモ、而モ心ニ初メヨリ怖畏・懺悔無ク、肯《あへ》テ發露《はつろ》セズ、彼ノ正法ニ於テ、永ク護惜建立《ごしやくこんりふ》ノ心無ク、毀呰《きし》輕《きやう》賤《せん》シテ、言《ことば》ニ禍咎《くわく》多カラン。是ノ如キ等ヲモ亦一闡提ノ道ニ趣向スト名ヅク。唯此《かく》ノ如キ一闡提ノ輩ヲ除イテ、其ノ餘ニ施サバ一切讃歎スベシ」。

二又云く、「我レ往昔ヲ念フニ、閻浮提ニ於テ大國ノ王ト作リ、名ヲ仙豫ト曰ヒキ。大乘經典ヲ愛念シ敬重シ、其ノ心純善ニシテ麁惡嫉恪《しつりん》有ルコト無シ。善男子、我レ爾ノ時ニ於テ、心ニ大乘ヲ重ンジ、婆羅門ノ方等ヲ誹謗スルヲ聞キ、聞キ已ツテ卽時ニ其ノ命根《みやうこん》ヲ斷ツ。善男子、是ノ因縁ヲ以テ是ヨリ已來、地獄ニ墮セズ」。

三又云く、「如來ハ、昔國王ト爲《な》ツテ菩薩道ヲ行ゼシ時、爾所《そこばく》ノ婆羅門ノ命ヲ斷絶ス」。

四又云く、「殺《せつ》ニ三有リ、謂《いは》ク下中上ナリ。下トハ蟻子、乃至一切ノ畜生ナリ。唯、五菩薩示現生ノ者ヲ除ク。下殺《げせつ》ノ因縁ヲ以テ、地獄・畜生・餓鬼ニ墮シテ、具ニ下ノ苦ヲ受ク。何ヲ以テノ故ニ。是ノ諸ノ畜生ニ微《み》ノ善根有リ、是ノ故ニ殺セバ具ニ罪報ヲ受ク。中殺トハ凡夫人ヨリ阿那含《あなごん》ニ至ルマデ、是ヲ名ヅケテ中ト爲ス。是ノ業因ヲ以テ、地獄・畜生・餓鬼ニ墮シテ、具ニ中ノ苦ヲ受ク。上殺トハ父母

一 殺父、殺母、殺阿羅漢、出仏身血、破和合僧。

二 北本涅槃経巻十二、聖行品の中略引文。

三 北本涅槃経巻十六、梵行品。

四 同上、梵行品。

五 菩薩が畜生を救うための示現生。

乃至、阿羅漢・辟支佛・畢定《ひつちやう》ノ菩薩ナリ。阿鼻大地獄ノ中ニ墮ス。善男子、若シ能ク一闡提ヲ殺スコト有ラン者ハ、則チ此ノ三種ノ殺ノ中ニ墮セズ。善男子、彼ノ諸ノ婆羅門等ハ、一切皆是レ一闡提也」。已上

[六]仁王經に云く、「佛、波斯匿《はしのく》王ニ告ゲタマハク、是《こ》ノ故ニ諸ノ國王ニ付屬シテ、比丘・比丘尼ニ付屬セズ。何ヲ以テノ故ニ。王ノ威力無ケレバナリ」。已上

[七]涅槃經に云く、「今無上ノ正法ヲ以テ、諸王・大臣・宰相及ビ四部ノ衆ニ付屬ス。正法ヲ毀《そし》ル者ヲバ、大臣・四部ノ衆、應當《まさ》ニ苦治スベシ」。

[八]又云く、「佛ノ言ハク、迦葉、能ク正法ヲ護持スル因縁ヲ以テノ故ニ、是ノ金剛身ヲ成就スルコトヲ得タリ。善男子、正法ヲ護持セン者ハ、[九]五戒ヲ受ケズ、威儀ヲ修セズシテ、應ニ刀劍・弓箭・鉾槊《むさく》ヲ持ツベシ」。

[一〇]又云く、「若シ五戒ヲ受持セン者有ラバ、名ヅケテ大乘ノ人ト爲スコトヲ得ザル也。五戒ヲ受ケザレドモ、正法ヲ護ルヲ爲《も》ツテ乃チ大乘ト名ヅク。正法ヲ護ル者ハ、應當ニ刀劍・器仗ヲ執持スベシ。刀杖ヲ持ツト雖モ、我レ是等ヲ説イテ、名ヅケテ持戒ト曰ハン」。

[一一]又云く、「善男子、過去ノ世ニ、此ノ拘尸那《くしな》城ニ於テ、佛ノ世ニ出デタマフコト有リキ。歡喜增益如來ト號シタテマツル。佛涅槃ノ後、正法、世ニ住スルコト無

六　巻下、受持品。
七　北本涅槃経巻三、寿命品。
八　同上、巻三、金剛身品。
九　在家の人の持つべき戒。殺生・偸盗・邪婬・妄語・飲酒の戒。
一〇　金剛身品。
一一　金剛身品。有徳王と覚徳比丘の説話をひく。

量億歳ナリ。餘ノ四十年、佛法未ダ滅セズ。爾ノ時ニ一ノ持戒ノ比丘有リ、名ヲ覺徳ト曰フ。爾ノ時ニ多ク破戒ノ比丘有リ、是ノ說ヲ作スヲ聞キ、皆惡心ヲ生ジ、刀杖ヲ執持シテ是ノ法師ヲ逼《せ》ム。是ノ時ノ國王、名ヲ有徳《うとく》ト曰フ。是ノ事ヲ聞キ已《をは》ツテ、護法ノ爲ノ故ニ、卽チ說法者ノ所ニ往至シテ、是ノ破戒ノ諸ノ惡比丘ト極メテ共ニ戰鬪シ、[一]說法者ノ厄害ヲ免ルルコトヲ得シム。王爾ノ時ニ於テ、身ニ刀劍箭槊《せんさく》ノ瘡ヲ被リ、體ニ完キ處ハ芥子ノ如キ許《ばか》リモ無シ。爾ノ時ニ覺徳、尋《つ》イデ王ヲ讃《ほ》メテ言ク、善哉善哉、王ハ今眞ニ是レ正法ヲ護ル者ナリ。當來ノ世ニ、此ノ身當《まさ》ニ無量ノ法器ト爲ルベシ。王是ノ時ニ於テ、法ヲ聞クコトヲ得已ツテ、心ニ大イニ歡喜シ、尋イデ卽チ命終シテ、[二]阿閦佛《あしゆくぶつ》ノ國ニ生ジ、而モ彼ノ佛ノ爲ニ第一ノ弟子ト作ル。其ノ王ノ將從・人民・眷屬、戰鬪スルコト有リシ者、歡喜スルコト有リシ者、一切菩提ノ心ヲ退セズ、命終シテ悉ク阿閦佛ノ國ニ生ズ。覺徳比丘却《さ》ツテ後、壽終ツテ、亦阿閦佛ノ國ニ往生スルコトヲ得、而モ彼ノ佛ノ爲ニ、聲聞衆ノ中ノ第二ノ弟子ト作ル。若シ正法盡キント欲スルコト有ラン時、應當ニ是ノ如ク受持シ擁護スベシ。迦葉、爾ノ時ノ王トハ則チ我ガ身是ナリ。說法ノ比丘ハ迦葉佛是ナリ。迦葉、正法ヲ護ル者ハ、是ノ如キ等ノ無量ノ果報ヲ得ン。是ノ因縁ヲ以テ、我レ今日ニ於テ、種種ノ相ヲ得テ、以テ自ラ莊嚴シ、法身不可壞

一 底本に「爾時說法者」。正蔵本「令說法者」に従う。

二 東方の現在仏。

ノ身ヲ成就ス。佛、迦葉菩薩ニ告グ、是ノ故ニ護法ノ優婆塞等ハ、應ニ刀杖ヲ執持シテ擁護スルコト、是ノ如クスベシ。善男子、我レ涅槃ノ後、濁惡ノ世ニ國土荒亂シ、互ニ相抄掠シ、人民飢餓セン。爾ノ時ニ、多ク飢餓ノ爲ノ故ニ、發心出家スルモノ有ラン。是ノ如キノ人ヲ名ヅケテ禿人《とくにん》ト爲ス。是ノ禿人三ノ輩、正法ヲ護持スルヲ見テ、駈逐シテ出《いだ》サシメ、若シクハ殺シ、若シクハ害セン。是ノ故ニ、我レ今、持戒ノ人、諸ノ四白衣《びやくえ》ノ刀杖ヲ持ツ者ニ依ツテ、以テ伴侶ト爲スコトヲ聽《ゆる》ス。刀杖ヲ持ツト雖モ、我レハ是等ヲ説イテ、名ヅケテ持戒ト曰ハン。刀杖ヲ持ツト雖モ、命ヲ斷ズベカラズ」。

五法華經に云く、「若シ人、信ゼズシテ此ノ經ヲ毀謗《きぼう》セバ、則チ一切世間ノ佛種ヲ斷ゼン。乃至、其ノ人命終シテ、阿鼻獄ニ入ラント」。已上

夫れ、經文顯然なり、私の詞《ことば》、何ぞ加へん。凡そ法華經の如くんば、大乘經典を謗る者は、無量の五逆に勝れたり。故に阿鼻大城に墮して、永く出づる期《ご》無けん。涅槃經の如くんば、設ひ五逆の供を許すとも、謗法の施を許さず。蟻子を殺す者は、必ず三惡道に落ち、謗法を禁《とど》むる者は、不退の位に登る。所謂、覺德とは是れ迦葉佛なり、有德とは則ち釋迦文也。法華・涅槃の經教は、一代五時の肝心也。其の禁《いましめ》實に重し。誰か歸仰せざらん哉。而るに謗法の族《やから》、正道の人を忘

三　似非僧。
四　在俗の人。
五　譬喩品。

れ、剰《あまつさ》へ法然の撰擇に依つて、彌《いよいよ》愚癡の盲瞽を增す。是《ここ》を以て、或は彼の遺體を忍んで、木畫《もくゑ》の像を露《あら》はし、或は其の妄說を信じて、莠言《いうげん》の模《も》[一]を彫《ゑ》り、之を海《かい》内《だい》に弘め、之を墎外[二]に翫《もてあそ》ぶ。仰ぐ所は、則ち其の家風、施《ほどこ》す所は、則ち其の門弟なり。

然る間、或は釋迦の手指を切つて、彌陀の印相《いんざう》を結び、或は東方如來の鴈宇《がんう》[三]を改めて、西土教主の鵝王を居《す》ゑ、或は四百餘廻[四]の如法經を止めて、西方淨土の三部經と成し、或は天台大師の講を停めて、善導の講と爲す。此の如き群類、其れ誠に盡し難し。是れ破佛に非ず哉。是れ破法に非ず哉。是れ破僧に非ず哉。此の邪義は則ち撰擇に依る也。嗟呼、悲しい哉、如來誠諦の禁言に背くこと。哀れなり、愚侶、迷惑の麁語に隨ふこと。早く天下の靜謐《せいひつ》を思はば、須く國中の謗法を斷つべし」。

（第八問答　謗法の禁止について）

客曰く、「若し謗法の輩を斷じ、若し佛禁の違《ゐ》を絕せんには、彼の經文の如く斬罪に行ふべき歟。若し然らば、殺害相加へん、罪業何《いか》んか爲《せ》ん哉。

則ち大集經[五]に云く、「頭ヲ剃リ袈裟ヲ著セバ、持戒及ビ毀禁モ、天人ノ供養スル所、則チ爲《こ》レ我レヲ供養スルナリ。是レ我ガ子ナリ。若シ彼ヲ撾打スルコト有ラバ、

一　模は版木。害のある言の版木。
二　区劃のそと。
三　薬師の堂に弥陀仏をすえる。
四　天長年間このかた四百数十年のあいだ行われた法華の如法写経をやめて。
五　巻五十六、月蔵分、法滅尽品。

則チ爲レ我ガ子ヲ打ツナリ。若シ彼ヲ罵辱スルコトアラバ、則チ爲レ我ヲ毀辱スルナリト」。

料《はか》り知んぬ、善惡を論ぜず、是非を擇ぶこと無く、僧侶爲《た》らんに於ては、供養を展ぶ可し。何ぞ、其の子を打辱《だにく》して、忝なくも其の父を悲哀せしめん。彼の竹杖[六]の目連尊者を害せし也《や》、永く無間の底に沈み、提婆達多の蓮華比丘尼を殺せし也《や》、久しく阿鼻の焰に咽《むせ》ぶ。先證斯れ明かなり。後昆最も恐れあり。謗法を誡むるに似て、既に禁言を破す。此の事信じ難し、如何んか意を得ん」。

主人曰く、「客明かに經文を見て、猶斯の言を成す。心の及ばざる歟。理の通ぜざる歟。全く佛子を禁《とど》むるに非ず、唯偏へに謗法を惡む也。夫れ、釋迦の以前の佛教は、其の罪を斬ると雖も、能仁[七]の以後の經說は、則ち其の施を止む。然れば則ち四海萬邦、一切の四衆、其の惡に施さず、皆此の善に歸せば、何なる難か並び起り、何なる災か競ひ來らん」。

（第九問答　客の了解と正法の國土について）

客則ち席を避け襟を刷《つくろ》ひて曰く、「佛教斯れ區[八]にして、旨趣窮め難く、不審多端にして、理非明らかならず。但し、法然聖人の撰擇は現在也。諸佛・諸經・諸菩薩・諸天等を以て、捨閉閣抛に載す。其の文顯然也。玆に因つて、聖人國を去

六　竹杖外道が目連を瓦石をもって打ち殺して、無間地獄におち、提婆達多は、蓮華比丘尼に罵られ、怒って尼を打ち殺して無間地獄におちた。

七　釈迦。

八　まちまちに分れていて。

り、善神所を捨て、天下飢渇し、世上疫病すと。今主人、廣く經文を引いて、明らかに理非を示す。故に妄執既に飜り、耳目數朗《ほぼあきら》かなり。所詮、國土泰平・天下安穩は、一人より萬民に至るまで、好む所也、樂《ねが》ふ所也。早く一闡提の施を止めて、永く衆の僧尼の供を致し、佛海の白浪[一]を收め、法山の綠林を截らば、世は羲農[二]の世と成り、國は唐虞[三]の國と爲《な》らん。然して後、法水の淺深を斟酌し、佛家の棟梁を崇重せん」。

主人悅んで曰く、「鳩化して鷹と爲り、雀變じて蛤と爲る。悅ばしい哉、汝、蘭室の友に交り、麻畝《まほ》の性と成る。誠に其の難を顧みて、專ら此の言を信ぜば、風和ぎ浪靜かにして、不日に豐年ならん耳。但し、人の心は時に隨つて移り、物の性は境に依つて改まる。譬へば、猶水中の月の波に動き、陳前[四]の軍《いくさ》の劍に靡くがごとし。汝、當座には信ずと雖も、後定めて永く忘れん。若し、先づ國土を安んじて、現當を祈らんと欲せば、速かに情慮を廻らし、怱《いそ》いで對治を加へよ。所以は何ん。藥師經の七難の內、五難忽ちに起り二難猶殘せり。所謂《いはゆる》「他國侵逼ノ難、自界叛逆ノ難」也。大集經の三災の內、二災早く顯はれ、一災未だ起らず。所以「兵革ノ災」也。金光明經の內、種種の災過一一に起ると雖も、「他方ノ怨賊國內ヲ侵掠スル」、此の災未だ露はれず、此の難未だ來らず。仁王經の七難の

一　白浪・綠林ともに盗賊の異称。
二　伏羲・神農の世。泰平の世。
三　唐堯と虞舜の国。泰平の国。
四　陣前。陳は陣に通用。

内、六難今盛にして一難未だ現ぜず。所以、「四方ノ賊來ツテ國ヲ侵スノ難」也。加之《しかのみならず》、「國土亂レン時ハ先ヅ鬼神亂ル。鬼神亂ルルガ故ニ萬民亂ルト」。今此の文に就て具に事の情《こころ》を案ずるに、百鬼早く亂れ、萬民多く亡ぶ。先難是れ明かなり、後災何ぞ疑はん。若し殘る所の難、惡法の科に依つて並び起り、競ひ來らば、其の時何んか爲ん哉。帝王は國家を基として天下を治め、人臣は田園を領して世上を保つ。而るに他方の賊來つて其の國を侵逼し、自界叛逆して其の地を掠領せば、豈驚かざらん哉。豈騷がざらん哉。國を失ひ家を滅せば、何れの所にか世を遁れん。汝須《すべから》く、一身の安堵を思はば、先づ[五]四表の靜謐を禱るべきもの歟。就中、人の世に在るや、各《おのおの》後生を恐る。是《ここ》を以て或は邪教を信じ、或は謗法を貴ぶ。各是非に迷ふことを惡むと雖も、而も猶、佛法に歸することを哀しむ。何ぞ同じく信心の力を以て、妄りに邪議の詞《ことば》を宗《たふと》ばん哉。若し執心飜らず、亦曲意《ごくい》猶存せば、早く[六]有爲《うゐ》の鄕を辭して、必ず無間の獄に墮ちなん。所以は何ん。[七]大集經に云く、「若シ國王有ツテ、無量世ニ於テ施・戒・惠ヲ修ストモ、我ガ法ノ滅センヲ見テ、捨テテ擁護セズンバ、是ノ如ク種ウル所ノ無量ノ善根、悉ク皆滅失シ、乃至、其ノ王、久シカラズシテ、當ニ重病ニ遇ヒ、壽終ノ後、大地獄ニ生ズベシ。王ノ如ク、夫人・太子・大臣・城主・柱師・郡主・宰官モ亦復是ノ如ク

五　四方。

六　頼みにならない有限の。

七　前引、護法品の文を重ねて引く。「乃至」のところは中略。前に「大地獄中」とあるが、ここでは「中」の字なし。

ナラン」。

[一]仁王經に云く、「人、佛教ヲ壞《やぶ》ラバ、復孝子無ク、六親不和ニシテ、天神モ祐ケズ、疾疫・惡鬼、日ニ來ツテ侵害シ、災怪《さいけ》首尾シ、連禍縱横シ、死シテ地獄・餓鬼・畜生ニ入ラン。若シ出デテ人ト爲ラバ、兵奴ノ果報ナラン。響ノ如ク影ノ如ク、人ノ夜書スルニ、火ハ滅スレドモ字ハ存スルガ如ク、三界ノ果報モ亦復是ノ如シ」。

[二]法華經第二に云く、「若シ人、信ゼズシテ、此ノ經ヲ毀謗セバ、乃至、其ノ人命終シテ阿鼻獄ニ入ラン。」

又同第七巻不輕品に云く、「千劫、阿鼻地獄ニ於テ大苦惱ヲ受ク」。

[三]涅槃經に云く、「善友ヲ遠離シ、正法ヲ聞カズシテ、惡法ニ住セバ、是ノ因縁ノ故ニ、沈沒シテ阿鼻地獄ニ在ツテ、受クル所ノ身形、縱横八萬四千ナラント」。

廣く衆經を披《ひら》きたるに、專ら謗法を重んず。悲しい哉、皆正法の門を出でて、深く邪法の獄に入る。愚かなるかな、各《おのおの》惡教の綱に懸つて、鎭《とこし》へに謗教の網に纏はる。此れ朦霧の迷、彼の盛焔《じやうえん》の底に沈む。豈、愁《うれ》へざらん哉、豈、苦しまざらん哉。

汝、早く信仰の寸心を改めて、速かに實乘の一善に歸せよ。然れば則ち[四]三界は皆

一 巻下、囑累品。

二 前引、信解品の文を省略引文。

三 北本涅槃経巻三十六、迦葉菩薩品の中略引文。

四 われわれの住む生死流転の迷いの世界。

佛國也、佛國其れ衰へん哉。十方は悉く寶土也、寶土何ぞ壞《やぶ》れん哉。國に衰微無く土に破《は》壞《ゑ》無くんば、身は是れ安全にして、心は是れ禪定ならん。此の詞《ことば》、此の言《こと》信ず可く崇《あが》む可し。」

（第十領解　正法に歸依して邪法の對治を誓う）

客曰く、「今生後生、誰か愼しまざらん。誰か和せざらん。此の經文を披《ひら》いて、具に佛語を承るに、誹謗の科至つて重く、毀法の罪誠に深し。我れ一[五]佛を信じて諸佛を抛ち、三部經を仰いで諸經を閣きしは、是れ私曲[六]の思ひに非ず、則ち先達《せんだつ》の詞に隨ひしなり。十方の諸人も亦復是の如くなるべし。今世には性心《しやうしん》を勞し、來生には阿鼻に墮せんこと、文明らかに理詳かなり、疑ふ可からず。彌《いよいよ》貴公の慈誨を仰ぎ、益《ますます》愚客の癡心を開き、速かに對治を廻らして、早く泰平を致し、先づ生前を安んじ、更に沒後を扶けん。唯、我れ信ずるのみに非ず、又他の誤を誡めん耳《のみ》」。

五　弥陀一仏。
六　よこしまな思い。

安國論奥書（六九　原文は漢文体　真筆完存）

[一]文應元年太歳庚申之を勘ふ。正嘉に之を始めてより、文應元年に勘へ畢る。

去る正嘉元年太歳丁巳八月二十三日戌亥の尅の大地震を見て之を勘ふ。其の後、文應元年太歳庚申七月十六日を以て、宿谷禪門[二]に付して故最明寺入道殿に奉る。其の後、文永元年太歳甲子七月五日の大明星の時、彌々此の災の根源を知る。文應元年太歳庚申より、文永五年太歳戊辰後[三]の正月十八日に至るまで九箇年を經て、西方の大蒙古國より我朝を襲う可きの由、牒狀之を渡す。又、同六年、重ねて牒狀之を渡す。既に勘文之に叶ふ。之に準じて之を思ふに、未來も亦然るべき歟《か》。

此の書は徵《しるし》有る文也。是れ偏へに日蓮の力に非ず。法華經の眞文の、感應の至す所歟《か》。

文永六年太歳己巳十二月八日寫之

一　以下、中山聖教殿蔵本の奥書。正嘉元年（一二五七）―文応元年（一二六〇）。

二　宿屋左衛門光則。最明寺入道時頼に仕えた近侍の士。安国論を取り次いだ人。後年、日朗について入道した。

三　この年は閏年で正月に大小の両正月があり、後の正月とは閏小の正月。この月に蒙古王の使者黒的太宰府に来る。幕府はこれに応じなかったが、翌年三月再度返牒を求めて対馬に来寇。

開目抄（六　真筆焼失　底本は日乾の真筆対校本）

佐渡に流された日蓮は、法華経行者としての使命と責務を痛感し、島に着いて間もなく門下をはじめ、一切衆生の盲目を開くために撰述されたのが本書である。

内外の教学を批判し、仏教経典の次第浅深の別をあげ、諸経と法華経の教義の勝劣、さらに法華経の本迹、教観を明して、「一念三千の法門は、但、法華経本門寿量品の文底にしづめたり」と結び、寿量品の仏を本尊として尊敬すべきことを教えている。そして、これを末法に伝えて教え導く使命を果すべき人について経文に照らして詮索を加え、内心にみずからが、その因縁に遇うものとの覚悟を固めている。末法の行化は、摂受と折伏の中、後者によるべしとし、それによって他の悪を除き自らは過去の罪を消すことが出来ると説いて、法悦の心境を表明している。ここではもう日蓮は天台沙門ではなく、末法の弘教を委ねられた本仏釈尊の直弟子、本化上行としての自覚がうかがえる。日蓮の教義、思想、信仰が混然として文面にあふれる、気魄に充ちた代表的著作である。文永九年二月、佐渡の塚原で書き了る。

〔教學の對象と儒・外・内の選擇〕

夫《それ》、一切衆生の尊敬すべき者三あり。所謂《いはゆる》、主・師・親これなり。又、習學すべき物三あり。所謂、儒[一]・外《げ》・内《ない》これなり。

（1　教學の對象）

（2　儒教・外道・佛教の批判と選擇）

儒家には三皇[二]・五帝・三王、此等を天尊と號《かうす》。諸臣の頭身、萬民の橋梁なり。三皇已前は父をしらず。人《ひと》皆、禽獸に同《おなじ》。五帝已後は父母を辨《わきまへ》て孝をいたす。所謂、重花《ちようくわ》はかたくなわしき父をうやまひ、沛公は帝となつて太公を拜す。武王は西伯《せいはく》を木像に造《つくり》、丁蘭は母の形をきざめり。此等は孝の手本也。比干《ひかん》は殷の世のほろぶべきを見て、しゐて帝をいさめ、頭《かうべ》をはねらる。公胤[三]といゐし者は懿公の肝をとて、我が腹をさき肝を入て死《しし》ぬ。此等は忠の手本也。尹壽《いんじゆ》は堯王の師、務成は舜王の師、太公望は文王の師、老子は孔子の師なり。此等を四聖とかうす。天尊頭をかたぶけ、萬民掌《たなごころ》をあわす。此等の聖人に三墳[四]・五典・三史等の三千餘卷の書あり。其《その》所詮は三玄をいでず。三玄と者《は》、一者《には》、有《う》の玄、周公等此を立《たつ》。二者《には》、無の玄、老子等。三者《には》、亦有亦無《やくうやくむ》等、莊子が玄これなり。玄者《とは》黑《こく》也。父母未

一　儒教と仏教以外の教えと仏教。

二　三皇は伏羲・神農・黄帝。五帝は三皇に次いで世を治めた五人の聖帝。三王は夏の禹王、商の湯王、周の文王または武王。

三　弘演のあて字。衛の懿公の侍臣。

四　三墳・五典ともに現存せず。三史は三皇の史書とも史記等の史書ともいう。

生已前をたづぬれば、或《あるいは》元氣而生《よりなり》、或《あるいは》貴賤・苦樂・是非・得失等、皆自然等云云。かくのごとく巧《たくみ》に立といえども、いまだ過去未來を一分もしらず。玄也、黑也、幽也。かるがゆへに玄という。但《ただ》、現在計《ばかり》しれるににたり。現在にをひて[五]、仁義を製して身をまぼり、國を安《やすん》ず。此に相違すれば族《やから》をほろぼし、家を亡《ほろぼす》等いう。此等の賢聖の人々は、聖人なりといえども、過去をしらざること、凡夫の背をみず、未來をかゞみざること、盲人の前をみざるがごとし。但《ただ》、現在に家を治《をさめ》、孝をいたし、堅く五常[六]を行ずれば、傍輩《はうばい》もうやまい、名も國にきこえ、賢王もこれを召《めし》て或は臣となし、或は師とたのみ、或は位をゆづり、天も來て守りつかう。所謂る、周の武王には、五老[七]きたりつかえ、後漢の光武には、二十八宿[八]來《きたつ》て二十八將となりし、此なり。而《しかり》といえども、過去未來をしらざれば、父母・主君・師匠の後世をもたすけず。不知恩の者なり。まことの賢聖にあらず。孔子が、「此土に賢聖なし。西方に佛圖《ふと》という者あり。此聖人なり」といゐて、外典《げてん》を佛法の初門となせし、これなり。禮樂《れいがく》等を敎て內典《ないでん》わたらば、戒・定・惠[九]をしりやすからせんがため、王臣を敎て尊卑をさだめ、父母を敎て孝高《かうのたかきこと》をしらしめ、師匠を敎て歸依をしらしむ。

[一〇]妙樂大師云《いはく》、「佛敎ノ流化、實ニ玆ニ賴《よ》ル。禮樂前《さき》ニ駈セテ、眞道後ニ啓《ひら》ク」等云

五　於て。
六　仁・義・礼・智・信。
七　五人の武王をたすけた人。
八　二十八宿　一七七頁注八。
↓
九　仏道修学の根本法とされる三学。
一〇　シナ天台宗第六祖湛然(七一一―七八二)の止観を注釈した弘決。巻六の三。

云。天台[一]云、「金光明經ニ云ク、一切世間ノ所有ノ善、皆此ノ經ニ因ル。若シ深ク世法ヲ識《し》レバ、卽チ是レ佛法ナリ」等云云。止觀[二]云《にいはく》、「我レ三聖ヲ遣ハシテ、彼ノ眞丹ヲ化ス」等云云。弘決[三]《くげつに》云、「清淨法行經ニ云ク、月光菩薩、彼《かしこ》ニ顔回ト稱シ、光淨菩薩、彼ニ仲尼ト稱シ、迦葉菩薩、彼ニ老子ト稱ス。天竺、此ノ震旦ヲ指シテ、彼《かしこ》ト爲ス」等云云。

二《には》月氏の外道。三目八臂摩《ま》醯《けい》[四]首羅天・毘《び》紐《ちう》天、此《この》二天をば、一切衆生の慈父・慈母、又、天尊・主君と號《かうす》。迦毘羅[五]・漚《う》樓《る》僧佉《そうぎや》・勒娑婆、此三人をば三仙となづく。此等《これらは》、佛前八百年已前已後の仙人なり。此三仙の所説を四韋陀[六]と號。六萬藏あり。乃至、佛出世に當て、六師外道[七]、此外經《このげきやう》を習傳して五天竺の王の師となる。支流九十五六等にもなれり。一々に流々多して、我慢の幢高《はたほこのたかき》こと悲想天にもすぎ、執心の心の堅《かたき》こと金石にも超《こえ》たり。其の見の深こと巧なるさま、儒家にはにるべくもなし。或《あるいは》過去二生・三生、乃至、七生・八萬劫を照見し、又兼《かねて》未來八萬劫をしる。其所説の法門の極理、或は因中有《う》果《くわ》、或《は》因中無果、或《は》因中亦有果亦無果等云云。此《これ》外道の極理なり。

所謂、善き外道は五戒・十善戒等を持て、有漏《うろ》[八]の禪定を修し、上《かみ》、色・無色をきわめ、上界[九]を涅槃と立て、屈歩蟲のごとくせめのぼれども、悲想天より返て三惡

一　シナ天台宗初祖、智顗(五三八―五九七)の止観巻六。
二　同上巻六。
三　巻六の三。
四　インド教のシバ神、大自在天。毘紐天はビシュヌの神。
五　六師外道の中、数論・勝論・耆那の祖。
六　韋陀はベーダの音写。(一)リグ・ベーダ(二)サーマ・ベーダ(三)ヤジュール・ベーダ(四)アタルバ・ベーダ。
七　釈迦のころ中インドに行われた六人の哲学者の説。
八　煩悩をます状態。
九　上界は天界をさす。悲想天は天界の最上界。

道に墮《おつ》。一として天に留《とどまる》ものなし。而ども天を極《きはむる》者は、永《ながく》かへらずとをもえり。各々自師の義をうけて、堅《かたく》執するゆへに、或冬寒に一日に三度恆河《ごうが》に浴《よくし》、或は髮をぬき、或は巖に身をなげ、或は身を火にあぶり、或は五處をやく。或《は》裸形、或は馬を多く殺《ころせ》ば福をう。或《は》草木をやき、或《は》一切の木を禮《らいす》。此等《これらの》邪義、其數をしらず。師を恭敬する事、諸天の帝釋をうやまい、諸臣の皇帝を拜するがごとし。しかれども外道の法九十五種、善惡につけて一人も生死をはなれず。善師につかへては、二生・三生等に惡道に墮《おつ》、惡師につかへては、順次生に惡道に墮。外道の所詮は內道に入《いる》、卽《すなはち》最要なり。或外道云《いはく》、「千年已後、佛出世ス」等云云。外道云、「百年已後、佛出世ス」等云云。[一〇]大涅槃經《に》云、「一切世間ノ外道ノ經書ハ皆是レ佛說ニシテ、外道ノ說ニ非ズ」等云云。[一一]法華經《に》云、「衆ニ三毒アリト示シ、又邪見ノ相ヲ現ズ。我ガ弟子、是ノ如ク方便シテ衆生ヲ度ス」等云云。

三には大覺世尊。此《これ》一切衆生の大導師・大眼目・大橋梁・大船師・大福田《ふくでん》等なり。外典外道の四聖三仙、其の名は聖なりといえども、實には[一二]三惑未斷の凡夫、其の名《な》賢なりといえども、實に因果を辨《わきまへ》ざる事嬰兒のごとし。彼を船として、生死の大海をわたるべしや。彼を橋として、六道の巷こえがたし。我大師は[一三]變易《へんやく》猶をわたり給へり。況《いはうや》、[一四]分段《ぶんだんの》生死をや。元品無明《ぐわんぽんのむみやう》の根本、猶をかたぶけ給へり。況、

一〇　北本涅槃経巻八、如来性品。
一一　五百弟子品。
一二　見思・塵沙・無明の惑。↓補九。
一三　体形や状態がもとの姿と変る三界を超えた生死。
一四　寿命に分限があり形に段別のある六道輪廻の生死。

見思《けんじ》・枝葉の麁惑《そわく》をや。

此《この》佛陀は三十成道より、八十御入滅にいたるまで、五十年が間、一代の聖教を說給へり。一字一句、皆眞言なり。一文一偈、妄語にあらず。外典外道の中の聖賢の言すら、いうことあやまりなし。事と心と相符《あひあ》へり。況や、佛陀《ぶつだは》、無量曠劫よりの不妄語の人。されば一代五十餘年の說教は、外典外道に對すれば大乘なり、大人《だいにん》の實語なるべし。初成道《しよじやうだう》の始より、泥洹《ないをん》の夕にいたるまで、說ところの所說、皆眞實也。

但《ただし》、佛教に入て五十餘年の經々、八萬法藏を勘《かんがへ》たるに、小乘あり大乘あり、權經あり實經あり、顯教密教・輭語麁語[一]・實語妄語・正見邪見等の種々の差別あり。但、法華經計《ばかり》、教主釋尊の正言也。三世十方の諸佛の眞言也。大覺世尊は四十餘年の年限を指《さし》て、其内の恆河の諸經を「未顯眞實」[二]、八年法華は「要當說眞實」[三]と定《さだめ》給しかば、多寶佛、大地より出現して「皆是眞實」と證明す。分身《ふんじん》の諸佛來集して、長舌を梵天に付《つ》く[四]。此言《このことば》赫々たり、明々たり。晴天の日よりもあきらかに、夜中の滿月のごとし。仰で信《しんぜ》よ、伏て懷《おもふ》べし。

（3　法華經と他經）

但《ただし》、此經に二十[五]の大事あり。俱舍宗・成實宗・律宗・法相宗・三論宗等は名をも

一　穏やかな語とあらあらしい語。
二　無量義経説法品の「四十余年、未だ真実を顕はさず」の句。
三　八年説法の法華経は、方便品に説く「世尊は法久しくして後、要らず当に真実を説きたまうべし」の句。
四　真実の証明。
五　法華文句記巻四下に説く、法華経が他経に勝れた箇条。

しらず。華嚴宗・眞言宗との二宗は、偸《ひそか》に盜《ぬすん》で自宗の骨目とせり。一念三千の法門は、但《ただ》、法華經の本門、壽量品の文の底にしづめたり。六龍樹・天親知て、しかもいまだひろいいださず、但《ただ》、我が天台智者のみこれをいだけり。

七一念三千は、十界互具よりことはじまれり。法相と三論とは、八界を立て十界をしらず。況や、互具をしるべしや。倶舍・成實・律宗等は、阿含經によれり。六界を明《あきらめ》て四界をしらず。「八十方唯有一佛」「一方有佛」だにもあかさず。「九一切有情、悉有佛性」とこそとかざらめ、一人《の》佛性猶ゆるさず。而《しかる》を律宗・成實宗等の「十方有佛」「有佛性」なんど申は、佛滅後の人師等の大乘の義を、自宗に盜入《ぬすみいれ》たるなるべし。例せば、外典外道等は、佛前の外道は執見あさし。佛後の外道《は》、佛教をきゝみて自宗の非をしり、巧の心出現して、佛教を盜取、自宗に入《いれ》て邪見もつともふかし。一〇附佛教・學佛法成等これなり。外典も又々かくのごとし。漢土に佛法いまだわたらざつし時の儒家・道家は、いう〱として嬰兒のごとくはかなかりしが、後漢已後に、釋教わたりて對論の後、釋教漸《やうやく》流《る》布《ふ》する程に、釋教の僧侶破戒のゆへに、或《は》還俗して家にかへり、或は俗に心をあはせ、儒道の内に釋教を盜入たり。

止觀第五云《にいはく》、「今ノ世ニ多ク惡魔ノ比丘有ツテ、戒ヲ退キ家ニ還リ、一一駈《く》策《さく》ヲ懼《くゐ》畏

六 インドの二大学僧。竜樹(一五〇—二五〇頃)は大智度論その他の論書を作り、八宗の祖といわれる。天親は世親の旧訳名で、五世紀ころの人。千部の論師といわれる。

七 ↓補一〇。

八 小乗教では、釈迦仏のほか十方に仏なしとして他方の仏を知らない。

九 一切衆生に悉く仏性あり、と説かないばかりでなく、一人の仏性さえ認めない。

一〇 仏教に付き、仏法を学んで外道の説を立てる人。

一一 罰をおそれて。

シテ更ニ道士一ニ越濟《をっさい》ス。復、名利ヲ邀《もと》メテ莊老ヲ二誇談《くわだん》シ、佛法ノ義ヲ以テ偸《ぬす》ンデ邪典ニ安《お》キ、高キヲ押シテ下《ひき》キニ就ケ、尊キヲ摧《くだ》イテ卑シキニ入レ、概《か》イテ平等ナラシムト」云云。三弘《ぐに》云、「比丘ノ身ト作《な》ツテ佛法ヲ破滅シ、若シクハ戒ヲ退キ家ニ還ルハ、衞ノ元嵩等ガ如シ。卽チ在家ノ身ヲ以テ佛法ヲ破壞ス。○此ノ人正敎ヲ偸竊《ちうせつ》シテ邪典ニ助添ス。○「押高」等トハ、○道士ノ心ヲ以テ二敎ノ概《とかき》ト爲シ、邪正ヲシテ等シカラシム。義ニ是ノ理ナシ。曾テ佛法ニ入ツテ、正ヲ偸ンデ邪ヲ助ケ、八萬・十二ノ高キヲ押シテ、五千・二篇ノ下《ひき》キニ就ケ、用《もっ》テ彼ノ典ノ邪鄙ノ敎ヲ釋スルヲ、「摧尊入卑」ト名ヅク」等云云。此の釋を見るべし。次上《つぎかみ》の心なり。佛敎又かくのごとし。

後漢の永平に、漢土に佛法わたりて、邪典やぶれて內典立《たつ》。內典に四南三北七の異執をこりて、蘭菊なりしかども、陳・隋の智者大師にうちやぶられて、佛法二《ふた》び群類をすくう。其後、法相宗・眞言宗天竺よりわたり、華嚴宗又出來せり。此等の宗々の中に、法相宗は一向、天台宗に敵を成《なす》宗、法門水火なり。しかれども玄奘三藏・慈恩大師、委細に天台の御釋を見ける程に、自宗の邪見ひるがへるかのゆへに、自宗をばすてねども、其《その》心天台に歸伏すと見へたり。華嚴宗と眞言宗とは、本《もと》は權經權宗なり。五善無畏三藏・金剛智三藏、天台の一念三千の義を盜《ぬすみ》て、

一 道士に還る。
二 自慢して語り。
三 弘決巻五の六。○印は底本にある中略のしるし。以下これに同じ。
四 シナ南北朝時代の江南の三家と江北の七家の教判説。
五 善無畏(六三六—七三五)、金剛智(六七一—七四一)は真言宗の列祖で、密教経典の訳出と弘通をした。

自宗の肝心とし、其上に印と眞言とを加《くはへ》て、超過の心をこす。其子細をしらぬ學者等は、天竺より大日經に一念三千の法門ありけり、とうちをもう。華嚴宗は澄觀が時、[六]華嚴經の「[七]心ハ工《たくみ》ナル畫師ノ如シ」の文に、天台の一念三千の法門を偸入《ぬすみいれ》たり。人これをしらず。

日本我朝には華嚴等の六宗、天台・眞言已前にわたりけり。華嚴・三論・法相、諍論水火なりけり。傳教大師此の國にいでゝ、六宗の邪見をやぶるのみならず、眞言宗が天台法華經の理を盗取て、自宗の極とする事あらわれをはんぬ。傳教大師、宗々の人師の異執をすてゝ、專《もつぱら》經文を前《さき》として責させ給しかば、六宗の高德八人・十二人・十四人・三百餘人、並《ならびに》弘法大師等せめをとされて、日本國一人もなく天台宗に歸伏し、南都・東寺、日本一州の山寺《やまてら》、皆叡山の末寺となりぬ。又漢土諸宗の元祖の、天台に歸伏して謗法《はうぼふ》の失《とが》をまぬかれたる事もあらわれぬ。又其後、やうやく世をとろへ、人の智あさくなるほどに、天台の深義は習《ならひ》うしないぬ。他宗の執心は强盛《がうじやう》になるほどに、やうやく六宗・七宗に天台宗をとされて、よわりゆくかのゆくに、結句は六宗・七宗等にもをよばず。いうにかいなき禪宗・淨土宗にをとされて、始《はじめ》は檀那、やうやくかの邪宗にうつる。結句は天台宗の碩德と仰がるゝ人々みなをちゆきて、彼の邪宗をたすく。さるほどに

六　シナ華厳第四祖(七三八—八三九)。
七　六十華厳巻十夜摩天宮品。

六宗・八宗の田畠《でんばく》所領みなたをされ、正法失《うせ》はてぬ。天照太神・正八幡・山王等、諸《もろもろの》守護の諸大善神も法味をなめざるか、國中を去《さり》給かの故に、悪鬼便《たより》を得て國すでに破れなんとす。

〔諸經と法華經の相違〕

（1　二乗成佛の説・不説）

此《ここに》而予、愚見をもて、前《ぜん》四十餘年と後《ご》八年との相違をかんがへみるに、其相違多《おほし》といえども、先《まづ》、世間の學者もゆるし、我が身にも、さもやとうちをぼうる事は、一二乗作佛《さぶつ》・久遠實成《くをんじつじやう》なるべし。法華經の現文を拜見するに、舍利弗《は》華光如來、迦葉《は》光明如來、須菩提《は》名相如來、迦旃延《は》閻浮那提金光如來、目連《は》多摩羅跋旃檀香佛、富樓《ふる》那《なは》法明如來、阿難《は》山海惠自在通王佛、羅睺羅《らごらは》蹈七寶華如來、五百・七百《は》普明如來、學・無學二千人《は》寶相如來、摩訶波闍波提比丘尼・耶輸多羅《やしゆたら》比丘尼等は、一切衆生憙見如來・具足千萬光相如來等なり。此等の人々は、法華經を拜見したてまつるには尊きやうなれども、二爾《に》前《ぜん》の經々を披見の時は、三けをさむる事どもをほし。其故は、佛世尊は實語の人、故に聖人・大人と號。外典・外道の中の賢人・聖人・天仙なんど申は、實語につけたる名な

一　法華経の勝れた教義。教化される二乗(声聞・縁覚)の成仏と教化する仏が久遠の本地を顕したこと。
二　法華経を説く以前。
三　興がさめる。

るべし。此等の人々に勝《すぐれ》て第一なる故に、世尊をば大人とは申すぞかし。此大人、「[四]唯、一大事ノ因縁ヲ以テノ故ニ、世ニ出現シタマフ」となのらせ給て、「未ダ眞實ヲ顯サズ」「[五]世尊ハ法久シクシテ後、要《かなら》ズ當ニ眞實ヲ説キタマフベシ」「[六]正直ニ方便ヲ捨ツ」等云云。多寶佛證明を加《くわへ》、分身《ふんじん》舌を出す等は、舍利佛が未來の華光如來、迦葉が光明如來等の説をば、誰の人か疑網をなすべき。

而ども、爾前の諸經も又、佛陀の實語なり。[七]大方廣佛華嚴經云《にいはく》、「如來智惠ノ大藥王樹ハ、唯《ただ》二處ニ於テ生長《しやうちやう》ノ利益ヲ爲作《なす》コト能ハズ。所謂、二乘ノ無爲ニシテ廣大ノ深坑ニ墮ツルト、及ビ善根ヲ壞《やぶ》ル非器ノ衆生ノ、大邪見・貪愛ノ水ニ溺ルルトナリ」等云云。

此經文の心は、[八]雪山《せつせん》に大樹あり、無盡根となづく。此を大藥王樹と號。閻浮提の諸木の中の大王なり。此木、高《たかさ》は十六萬八千由旬なり。一閻浮提の一切草木は、此木の根ざし、枝葉花果の次第に隨て、花菓なるなるべし。此の木をば佛の佛性に譬へたり。一切衆生をば一切の草木にたとう。但、此の大樹は、火坑と水輪の中に生長せず。二乘の心中をば火坑にたとえ、一闡提人の心中をば水輪にたとえたり。此の二類は、永く佛になるべからずと申經文なり。

大集經云、「[九]二種ノ人有リ。必ズ死シテ活キズ、畢竟シテ恩ヲ知リ恩ヲ報ズルコ

四・五・六　法華経方便品。

七　八十華厳巻五十一、如来出現品。

八　ヒマラヤ山の古称。

九　巻十三、不可説菩薩品。

ト能ハズ。一ニハ聲聞[一]、二ニハ縁覺ナリ。譬ヘバ人有ツテ深坑ニ墜墮シ、是ノ人自ラ利シ他ヲ利スルコト能ハザルガ如ク、聲聞・縁覺モ亦復是ノ如シ。解脱ノ坑ニ墮シテ、自ラ利シ及ビ他ヲ利スルコト能ハズ」等云云。

外典三千餘巻の所詮二《に》あり。所謂、孝と忠となり。忠も又孝の家よりいでたり。孝と中者《まうすは》高也。天高《たかけれ》ども孝よりも高からず。又孝者《とは》厚也。地あつけれども孝よりは厚からず。聖賢の二類は孝家《の》よりいでたり。何況や、佛法を學せん人、知恩・報恩なかるべしや。佛弟子は必《かならず》[二]四恩をしつて、知恩・報恩ほうずべし。其上、舍利弗・迦葉等の二乘は、二百五十戒・三千《の》威儀持整《をぢしやう》して、味・淨・無漏の三靜慮、阿含經をきわめ、三界の見思《けんじ》を盡せり。知恩・報恩の人の手本なるべし。然《しかる》を、不知恩の人なりと世尊定給《さだめたまひ》ぬ。其故は、父母の家を出《いで》て出家の身となるは、必《かならず》父母をすくはんがためなり。二乘は、自身は解脱とをもえども、利他の行《ぎやう》かけぬ。設《たとひ》、分々の利他ありといえども、父母等を「永不成佛」の道に入《いる》れば、かへりて不知恩の者となる。

[三]維摩經云《に》、「維摩詰、又文殊師利ニ問フ、何等ヲカ如來ノ種《しゆ》ト爲ス。答テ曰ク、○一切塵勞ノ疇《ともがら》ハ如來ノ種ト爲ル。[四]五無間ヲ以テ具スト雖モ、猶能ク此ノ大道意ヲ發《おこ》スト」云云。又云、「譬ヘバ、族姓《ぞくしやう》ノ子ノ如シ。高原陸土ニ青蓮花・芙蓉ノ[五]衡《かう》

一 声聞・縁覚の二乗を、大乗教では、自己の解脱を理想とする独善主義の仏道修行者として排斥する。

二 父母・衆生・国王・三宝の恩。

三 巻下、如来種品。

四 無間地獄におちる五つの業。五逆罪→一九二頁注一。

五 香花。

華《げ》ヲ生ゼズ、卑濕汚田《おでん》ニ乃チ此ノ花ヲ生ズ」等云云。又云、「已《すで》ニ阿羅漢ヲ得、六應眞ト爲ル者ハ、終ニ復《また》道意ヲ起シテ、佛法ヲ具スルコト能ハズ。根敗七ノ士ノ、其ノ五樂ニ於テ、復《また》利スルコト能ハザルガ如シ」等云云。文の心は、貪・瞋・癡等の三毒は佛の種となるべし、殺父《しふ》等の五逆罪は佛種となるべし。高原陸土には青蓮花生《しやうず》べし。二乘は佛になるべからず。いう心は、二乘の諸善と凡夫の惡と相對するに、凡夫の惡は佛になるとも、二乘の善は佛にならじとなり。諸小乘經には、惡をいましめ善をほむ。此經には二乘の善をそしり、凡夫の惡をほめたり。八かへて佛經ともおぼへず、外道の法門のやうなれども、詮ずるところは、二乘の「永不成佛」をつよく定《さだめ》させ給にや。

九方等陀羅尼經《に》云、「文殊、舍利弗ニ語ラク、〇猶、枯樹ノ如キ、更ニ花ヲ生ズルヤ不《いな》ヤ。亦、山水ノ如キ、本處ニ還ルヤ不ヤ。折石《しやくせき》還ツテ合フヤ不ヤ。燋種芽ヲ生ズル不ヤ。舍利弗ノ言ク、不也《いななり》。文殊ノ言ク、若シ得ベカラズンバ、汝云何《いかん》ソ、我レニ菩提ノ記ヲ得ルヲ問ウテ、歡喜ヲ生ズルヤ不ヤ」等云云。文の心は、枯たる木花さかず、山水、山にかへらず、破《われ》たる石あはず、いれる種、をいず、二乘またかくのごとし、佛種《を》いれり等となん。

一〇大品《だいぼん》般若經《に》云、「諸ノ天子、今未ダ三菩提心ヲ發サザル者ハ、當ニ發スベシ。若

六　阿羅漢の字義。
七　眼・耳・鼻・舌・身の五根の不具のものが、五楽をうけることができない。
八　却って。
九　大方等陀羅尼経巻二、授記分。
一〇　巻七、問住品。

シ聲聞ノ正位《しやうゐ》ニ入レバ、是ノ人、能ク三菩提心ヲ發サザルナリ。何ヲ以テノ故ニ。生死ノ爲ニ障隔《しやうきやく》ヲ作ス故ニ」等云云。文の心は、二乘は菩提心をこさざれば、我《われ》随喜せじ、諸天は菩提心をこせば、我随喜せん。

一首楞嚴經云《に》、「五逆罪ノ人、是ノ首楞嚴三昧ヲ聞イテ、阿耨菩提心ヲ發《おこ》セバ、還ツテ佛ト作《な》ルヲ得ン。世尊、二漏盡ノ阿羅漢ハ、猶、破器ノ如ク、永ク是ノ三昧ヲ受クルニ堪忍セズ」等云云。三淨名經云、「其レ汝ニ施ス者ハ四福田《ふくでん》ト名ヅケズ。汝ヲ供養セン者ハ三惡道ニ堕《だ》ス」等云云。文の心は、迦葉・舍利弗等の聖僧を供養せん人天等は、必《かならず》三惡道に堕べしとなり。

此等《の》聖僧は、佛陀を除《のぞき》たてまつりては人天の眼目、一切衆生の導師とこそをもひしに、幾許《いくばく》の人天大會《だいゑ》の中にして、かう度々仰せられしは、本意《ほい》なかりし事なり。只、詮ずるところは、我《わが》御弟子を責《せめ》ころさんとにや。此外、牛驢《ごろ》二乳、瓦器金器、螢火日光等の無量の譬を五とて、二乘を呵責せさせ給き。一言二言ならず、一日二日ならず、一月二月ならず、一年二年ならず、一經二經ならず、四十餘年が間、無量無邊の經々に、無量の大會の諸人に對して、一言もゆるし給事もなく、そしり給しかば、世尊の不妄語なり。我もしる人もしる、天もしる地もしる、一人二人ならず百千萬人、三界の諸天・龍神・阿修羅、五天・四州・六欲・色《しき》・無色、

一 巻下。首楞厳三昧をうれば煩悩にも悪魔にもおかされず、一切の三昧が随従するという。
二 煩悩をたちつくした。
三 維摩経の訳名。巻上、弟子品。
四 福徳を生ずる田にたとえる。
五 とって。

十方世界より雲集せる人天・二乘・大菩薩等、皆これをしる。又皆これをきく。各々國々へ還て、娑婆世界の釋尊の説法を彼々《ひび》の國々にして一々にかたるに、十方無邊の世界の一切衆生、一人もなく、迦葉・舍利弗等は「永不成佛」の者、供養してはあしかりぬべしとしりぬ。

(2 二乘成佛は法華經の説)

而《しかる》を、後《ご》八年の法華經に忽に[六]悔還《くいかへし》て、二乘作佛すべしと、佛陀とかせ給はんに、人天大會、信仰をなすべしや。用《もちゆ》べからざる上、先後の經々に疑網をなし、五十餘年の説教、皆《みな》虚妄の説となりなん。されば、「四十餘年、未顯眞實」等の經文は[七]あらまさせか。天魔の佛陀と現じて、後八年の經をばとかせ給かと疑網するところに、げに〳〵しげに[八]劫・國・名號と申て、二乘成佛の國をさだめ、劫をしるし、所化の弟子なんどを定《さだめ》させ給へば、教主釋尊の御語すでに二言になりぬ。自語相違と申はこれなり。外道が佛陀を大妄語の者と咲《わらひ》しこととこれなり。人天大會、[九]けをさめてありし程に、爾時《そのとき》、東方寶淨世界の多寶如來、高さ五百由旬、廣さ二百五十由旬の大七寶塔に乘じて、教主釋尊の人天大會に自語相違をせめられて、とのべかうのべ、さま〳〵に宣《のべ》させ給しかども、不審猶《な》をはるべしと見へず、もてあつかいてをはせし時、佛前に大地より涌現して、虚空にのぼり給。

六 前に与えたものを取りかえすこと。
七 「おありなされるのか」の意か。
八 仏が二乗の成仏を記して、時と国と名号を示されたこと。
九 仏の自語相違にあきれて。

例せば、暗夜に満月の東山より出《いづる》がごとし。七寶の塔大虚《おほぞら》にかゝらせ給て、大地にもつかず、大虚にも付《つか》せ給わず、天中に懸《かかつ》て、寶塔の中より梵音聲出《ぼんのんじやうをいだ》して證明して云《いはく》、「[一]爾ノ時ニ、寶塔ノ中ヨリ、大音聲ヲ出シテ歎メテ言ク、善哉善哉、釋迦牟尼世尊、能ク[二]平等大慧・教菩薩法・佛所護念ノ妙法華經ヲ以テ、大衆ノ為ニ説キタマフ。是ノ如シ是ノ如シ、釋迦牟尼世尊、所説ノ如キハ皆是レ眞實ナリ」等云云。[三]又云、「爾ノ時ニ世尊、文殊師利等ノ無量百千萬億、舊住《くぢゆう》娑婆世界ノ菩薩、乃至、人・非人等ノ一切ノ衆ノ前ニ於テ、大神力ヲ現ジタマフ。廣長舌ヲ出シテ、上《かみ》梵世ニ至ラシメ、一切ノ毛孔《もうく》ヨリ、乃至、十方世界衆《もろもろ》ノ寶樹下ノ師子座上ノ諸佛モ、亦復是ノ如ク廣長舌ヲ出シ、無量ノ光ヲ放チタマフ」等云云。[四]又云、「十方ヨリ來リタマヘル諸ノ分身佛ヲシテ、各《おのおの》本土ニ還ラシム。乃至、多寶佛ノ塔、還ツテ故《もと》ノ如クシタマフベシ」等云云。

大覺世尊、初成道の時、諸佛十方に現じて釋尊を慰喩し給上《うへ》、諸《もろもろの》大菩薩を遣しき。般若經の御時は、釋尊長舌を三千にをほひ、千佛十方に現じ給。金光明經には、四方《に》四佛現ぜり。阿彌陀經には、六萬《の》諸佛、舌を三千にをゝう。大集經には、十方の諸佛菩薩、大寶坊にあつまれり。此等を法華經に引合《ひきあはせ》てかんがうるに、黄石と黄金と、白雲と白山と、白氷と銀鏡と、黑色と青色とをば、[五]翳眼《えいげん》の者、眇目

一　法華経見宝塔品。
二　法華経をたたえた一連の句。平等の大智恵、自利・利他を性格とする菩薩の法を教える、仏に護念せられる妙法蓮華経。
三　法華経神力品。
四　法華経嘱累品。
五　かすみ目の者、すがめの者。

の者、一眼者《の》、邪眼の者は見たがへつべし。華嚴經には、先後の經なければ佛語相違なし。なにゝつけてか大疑いで來べき。大集經・大品經・金光明經・阿彌陀經等は、諸小乘經の二乘を彈呵[六]せんがために、十方に淨土をとき、凡夫・菩薩を欣慕《ごんぼ》せしめ、二乘をわづらわす。小乘經と諸大乘經と一分の相違あるゆへに、或《あるいは》、十方《に》佛現じ給ひ、或は十方より大菩薩をつかわし、或は十方世界にも此の經をとくよしをしめし、或《あるいは》十方より諸佛あつまり給、或《あるいは》釋尊、舌を三千にをほい、或は諸佛の舌をいだすよしをとかせ給。此《これ》ひとえに、諸小乘經の「十方世界ニ、唯ダ一佛ノミ有リ」ととかせ給しをもひをやぶるなるべし。法華經のごとくに、先後の諸大乘經と相違出來して、舍利弗等の諸聲聞・大菩薩・人天等に「將[七]ニ魔ノ佛ニ作ルニ非ズヤ」とをもわれさせ給大事にはあらず。而《しかる》を華嚴・法相・三論・眞言・念佛等の翳眼《えいげん》の輩、彼々の經々と法華經とは同《おなじ》とうちをもへるは、つたなき眼なるべし。

但《ただし》、在世は四十餘年をすてゝ、法華經につき候ものもやありけん。佛滅後に此經文を開見して、信受せんことかたかるべし。先《まづ》一には、爾前の經々は多言也。法華經は一言也。爾前《の》經々は多經也。此經《このきやうは》一經也。彼々の經々は多年也。此經は八年也。佛は大妄語人《だいまうごの》、永く信べからず。不信の上に信を立《たて》ば、爾前の經々は信

六　しかり責める。

七　法華経譬喩品。仏になれるときいて、「これは悪魔が仏になって、われを悩乱するのではないか」と、仏を疑ったことば。

ずる事もありなん。法華經は永《ながく》信ずべからず。當世も法華經をば皆信じたるやうなれども、法華經にてはなきなり。其故は、法華經と大日經と、法華經と華嚴經と、法華經と阿彌陀經と、一なるやうをとく人をば悅《よろこん》で歸依し、別々なるなんど申人をば用《もちゐ》ず。たとい用れども本意《ほい》なき事とをもへり。日蓮云、日本に佛法わたりてすでに七百餘年、但《ただ》、傳教大師一人計《ばかり》、法華經をよめりと申をば、諸人これを用ず。

但、法華經[一]云《に》、「若シ須彌ヲ接《と》ツテ他方ノ無數ノ佛土ニ擲《な》ゲ置カンモ、亦未ダ難シト爲《せ》ズ。乃至、若シ佛ノ滅後ニ、惡世ノ中ニ於テ、能ク此ノ經ヲ說カン、是レ則チ難シト爲ス」等云云。

日蓮が強義《がうぎ》、經文には普合[二]せり。法華經の流通たる涅槃經[三]に、「末代濁世ニ謗法ノ者、十方ノ地ノゴトシ。正法ノ者ハ、爪上ノ土ノゴトシ」ととかれて候は、いかんかし候べき。日本の諸人は爪上の土か、日蓮は十方の土か、よく〳〵思惟あるべし。賢王の世には道理かつべし。愚王の世に非道先《さき》をすべし。聖人の世に法華經の實義顯るべし等と心うべし。此法門は迹門と爾前と相對して、爾前の強きやうにをぼゆ。もし爾前つよるならば、舍利弗等の 諸《もろもろの》二乘は、「永不成佛」の者なるべし。いかんかなげかせ給らん。

一 宝塔品。弘法の困難なことをあげた六難九易の中、第二易と第一難。
二 符合のあて字。ぴったりとあう。
三 北本巻三十三、迦葉菩薩品。

（3　久遠實成と教説の肝心）

二《には》、教主釋尊は住劫第九の減《げん》[四]、人壽百歳の時、師子頬王には孫、淨飯王《じやうぼんわう》には嫡子、童子悉達太子一切義成就菩薩これなり。御年十九の御出家、三十成道の世尊、始《はじめ》、[五]寂滅道場にして、實報華王の儀式を示現して、十玄六相・法界圓融・頓極微妙《とんごくみめう》の大法を説給。十方の諸佛も顯現し、一切の菩薩も雲集せり。土《ど》といゐ、機《き》といゐ、始《はじめ》といゐ、何事につけてか大法を祕給べき。されば經文には、[六]「自在力ヲ顯現シテ圓滿ノ經ヲ演説ス」等云云。[七]一部六十卷は一字一點もなく圓滿經なり。譬へば、如意寶珠は一珠も無量珠も共に同《おなじ》。一珠も萬寶を盡《つくし》て雨《ふらし》、萬珠も萬寶を盡《つくす》がごとし。華嚴經は一字も萬字も但《ただ》同事なるべし。[八]「心ト佛ト及ビ衆生ト」の文は、華嚴宗の肝心なるのみならず、法相・三論・眞言・天台の肝要とこそ申候へ。

此等程いみじき御經に、何事をか隱《かくす》べき。なれども二乘・闡提不成佛ととかれしは、珠のきずとみゆる上、三處まで始成正覺となのらせ給て、久遠實成壽量品を説かくさせ給き。珠の破《われたる》と、月に雲のかゝれると、日の蝕《しよくしたる》がごとし。不思議なりしことなり。阿含・方等・般若・大日經等は、佛説なればいみじき事なれども、華嚴經にたいすればいうにかいなし。彼經に祕せんこと、此等の經々にとかるべからず。されば、諸《もろもろの》阿含經云《に》、「初成道」等云云。[九]大集經云《に》、「如來成道始十六

四　国土の成立から破滅までを成劫・住劫・壊劫・空劫の四劫とする中の第二の住劫に、人の寿命の増減の時を分ける中の第九の減劫のときで、人の寿命が百歳のときをいう。

五　菩提樹のもとで蓮華蔵世界の儀式を示して、華厳の法門を説かれた。

六　六十華厳巻五十五、入法界品。

七　華厳経の旧訳本、一部六十巻。

八　六十華厳巻十、夜摩天宮品。

九　巻一、瓔珞品。

年」等云云。淨名經[一]云《に》、「始坐佛樹力降魔」等云云。大日經[二]云《に》、「我昔坐道場」等云云。般若仁王經[三]云《に》、「二十九年」等云云。此等は言《いふ》にたらず。只耳目ををどろかす事は、無量義經に、華嚴經の唯心法界、方等般若經の海印三昧・混同無二等の大法をかきあげて、或《は》、「未顯眞實」[四]、或《は》、「歷劫修行《りやくこふしゆぎやう》」[五]等下《くだす》程の御經に、「我[六]先道場菩提樹下端坐六年、得成阿耨多羅三藐三菩提」と初成道の華嚴經の「始成」の文に同ぜられし、不思議と打思《うちおもふ》ところに、此は法華經の序分《じよぶん》なれば、正宗の事をばいわずもあるべし。

法華經の正宗[七]、略開三・廣開三[八]の御時、「唯佛與佛、乃能究盡諸法實相」[九]等、「世[一〇]尊法久後」等、「正直捨方便」[一一]等。多寶佛、迹門八品を指て、「皆是眞實」と證明せられしに、何事をか隱べき。なれども久遠壽量をば祕せさせ給て、「我レ始メ道場ニ坐シテ、樹ヲ觀シテ亦タ經行ス」等云云。最第一の大不思議なり。されば彌勒菩薩、涌出品に四十餘年の未見今見の大菩薩を佛、「爾シテ乃チ之ヲ敎化シテ、初メテ道心ヲ發サシメキ」等と、とかせ給しを、疑《て》云、「如來、太子タリシ時、釋ノ宮ヲ出デテ、伽耶城ヲ去ルコト遠カラズシテ、道場ニ坐シテ阿耨多羅三藐三菩提ヲ成ズルコトヲ得タマヘリ。是ヨリ已來、始メテ四十餘年ヲ過ギタリ。世尊、云何ソ此ノ少時ニ於テ、大イニ佛事ヲ作シタマヘル」等云云。敎主釋尊此等の疑

一 巻上、仏国品。
二 巻二、具縁真言品。
三 巻上。
四・五・六 説法品。
七 迹門の正宗をさす。方便品から人記品までの八品。ここで三乗を開会(かいえ)して一乗を顕わす。そこに略開三顕一と広開三顕一がある。
八・九・一〇・一一 法華経方便品の文、前の二文は略開三、後の二文は広開三中の文。

を晴さんがために、壽量品をとかんとして、爾前・迹門のきゝ[一二]を擧《あげて》云、「一切世間ノ天人及ビ阿修羅ハ皆、今ノ釋迦牟尼佛ハ、釋氏ノ宮ヲ出デテ、伽耶城ヲ去ルコト遠カラズシテ、道場ニ坐シテ阿耨多羅三藐三菩提ヲ得タマヘリト謂《おも》ヘリ」等云云。正《まさしく》此《に》疑答云、「然ルニ善男子、我實ニ成佛シテヨリ已來、無量無邊、百千萬億那由他劫ナリ」等云云。

華嚴、乃至般若・大日經等は、二乘作佛を隠《かくす》のみならず、久遠實成を説かくさせ給へり。此等の經々に二の失《とが》あり。一には、「[一三]行布《ぎやうふ》ヲ存スルガ故ニ、仍《な》ホ未ダ權ヲ開セズ」、迹門の一念三千をかくせり。二には、「[一四]始成ヲ言フガ故ニ、曾テ未ダ迹ヲ發セズ」、[一五]本門《の》久遠をかくせり。此等の二の大法は一代の綱骨、一切經の心髓なり。

迹門《の》方便品は、一念三千・二乘作佛を説て爾前二種の失、一を脱《のがれ》たり。しかりといえども、いまだ[一六]發迹顯本《はっしゃくけんぽん》せざれば、まことの一念三千もあらわれず、二乘作佛も定まらず。水中の月を見るがごとし。根なし草の波上に浮るににたり。本門にいたりて、始成《しじやう》正覺をやぶれば、[一七]四教の果をやぶる。四教の果をやぶれば、四教の因やぶれぬ。爾前迹門の十界の因果を打やぶて[一八]、本門十界の因果をとき顯す。此《これ》卽、[一九]本因本果の法門なり。[二〇]九界も無始の佛界に具《ぐし》、佛界も無始の九界に備《そなはり》て、

一二　聞。聞く所。以下は寿量品の文。

一三・一四　法華玄義釈籤巻十九。行布は、行列配布で、十界隔別の説。菩薩は成仏するが二乗は不成仏の説。

一五　迹門に対する本門。法華経の後半。寿量品に説く仏の久遠の本地。

一六　開迹顕本。今生の仏は迹仏、本地は久遠の実成であることを顕わす。

一七　天台宗でいう蔵・通・別・円の四教の仏果。

一八　やぶって。

一九　寿量品の久遠本仏の法門。

二〇　地獄・餓鬼・畜生・修羅・人間・天上・声聞・縁覚・菩薩界。

眞《まことの》十界互具・百界千如・一念三千なるべし。

かうてかへりみれば、華嚴經の[一]臺上十方、阿含經の小釋迦、方等・般若の、金光明經の、阿彌陀經の、大日經等の[二]權佛《ごんぶつ》等は、此《この》壽量佛の天月、しばらく影を大小の器にして浮《うかべ》給を、諸宗の學者等、近《ちかく》は自宗に迷、遠は法華經の壽量品をしらず。水中の月に實月の想をなし、或は入て取《とらん》とをもひ、或は繩をつけてつなぎとゞめんとす。天台云、[三]「不識天月、但觀池月」等云云。

（4　爾前經と法華經）

日蓮案《あんじて》云、二乘作佛すら猶、爾前づよにをぼゆ。久遠實成は又にるべくもなき[四]爾前づりなり。其の故は、爾前・法華相對するに、猶、爾前こわき上、爾前のみならず、迹門十四品一向に爾前に同ず。本門十四品も涌出・壽量の二品を除ては、皆「始成」を存せり。雙林最後《の》大般涅槃經四十卷、其外の法華前後の諸大乘經に一字一句もなく、法身の無始無終はとけども、[五]應身・報身の顯本はとかれず。いかんか廣博の爾前・本迹・涅槃等の諸大乘經をばすてゝ、但、涌出・壽量の二品には付べき。

[六]されば、法相宗と申宗は、西天《さいてん》佛滅後九百年に無著菩薩と申、大論師有《ましま》しき。夜は都率《とそつ》の內院にのぼり、彌勒菩薩に對面して一代聖教の不審をひらき、晝は阿輸《あしゅ》

一　蓮華台上の十方遍満の仏。
二　かりの仏。
三　法華玄義巻七上。
四　「強る」の名詞形、「づより」の「よ」の脱落か。または接尾語「づれ」の転か。未詳。
五　仏の相応身、果報身の本地が無始無終であることはとかれていない。
六　四世紀の人。世親の兄。大乗空の義を学び、唯識の教学を大成した。

舍《しや》國にして法相の法門を弘《ひろめ》給。彼の御弟子は世親・護法・難陀・戒賢等の大論師なり。[七]戒日大王頭《かうべ》をかたぶけ、五天幢《はたほこ》を倒して此《これ》に歸依す。尸那《しな》國の玄奘三藏、月氏にいたりて十七年、印度百三十餘の國々を見きゝて、諸宗をばふりすて、此の宗《を》漢土にわたして、太宗皇帝と申《まうす》賢王にさづけ給。[八]肪・尚・光・基を弟子として、大慈恩寺並に三百六十餘箇國に弘《ひろめ》給。日本國には人王第四十五代聖武天皇の御宇に、[九]道慈・道昭等ならいわたして山階《やましな》寺にあがめ給へり。三國第一の宗なるべし。此宗《の》云、「始《はじめ》華嚴經より、終《をはり》法華・涅槃經にいたるまで、無性有情と決定性の二乘は、永く佛になるべからず」。佛語に二言なし。一度「永不成佛」と定給ぬる上、日月は地に落《おち》給とも、大地は反覆すとも、永く變改《へんがい》有べからず。されば、法華經・涅槃經の中にも、爾前の經々に嫌《きらひ》し、無性有情・決定性を正《まさし》くつ[一〇]いさして成佛すとはとかれず。まづ眼を閉《とぢ》て案ぜよ。法華經・涅槃經に、決定性・無性有情、正《まさし》く佛になるならば、無著・世親ほどの大論師、玄奘・慈恩ほどの三藏人《の》師、これを見ざるべしや。此をのせざるべしや。これを信《しんじ》て傳へざるべしや。彌勒菩薩に問たてまつらざるべしや。汝は法華經の文に依《よる》やうなれども、天台・妙樂・傳教の僻見を信受して、其見をもつて經文を見るゆえに、爾前に法華經は水火なりと見るなり。

七　玄奘がインドにいったころの中インド曲女城の王。

八　神肪・嘉尚・普光・窺基。

九　道慈（六七〇頃）―七四四）は法相・三論の人。道昭（六二七―六九八）は法相の人。二人共に入唐して法を伝う。

一〇　つきさして。

華嚴宗と眞言宗は、法相・三論にはにるべくもなき超過の宗なり。二乘作佛・久遠實成は法華經に限ず、華嚴經・大日經に分明なり。華嚴宗《の》杜順・智儼・法藏・澄觀、眞言宗《の》善無畏・金剛智・不空等は、天台・傳教にはにるべくもなき高位の人、其上、善無畏等は大日如來より絲みだれざる相承《さうじよう》あり。此等の權化の人いかでか悞あるべき。隨《したがつて》、華嚴經には、「或ハ釋迦佛道ヲ成ジ已ツテ、不可思議劫ヲ經ルヲ見ル」等云云。大日經には、「我レハ一切ノ本初ナリ」等云云。何但《なんぞただ》、久遠實成《は》、壽量品に限らん。譬へば、井底の蝦《かはづ》が大海を見ず、山左《やまがつ》が洛中をしらざるがごとし。汝但《ただ》、壽量の一品を見て、華嚴・大日經等の諸經をしらざるか。其上、月氏・尸那・新羅・百濟等にも、一同に二乘作佛・久遠實成は法華經に限《かぎる》というか。

されば、八箇年の經は、四十餘年の經々には相違せりというとも、三先判《せんぱん》・後判《ごはん》の中には、後判につくべしというとも、猶、爾前づりにこそおぼうれ。又但、在世計《ばかり》ならばさもあるべきに、滅後に居《ご》せる論師・人師、多《おほく》は爾前づりにこそ候へ。かう法華經は信がたき上、世もやうやく末になれば、聖賢はやうやくかくれ、迷者はやうやく多《おほし》。世間の淺き事、猶あやまりやすし。何況《いかにいはうや》、出世の深法、悞なかるべしや。四犢子《とくし》・方廣が聰敏なりし、猶を大小乘經にあやまてり。五無垢・摩沓

一 八十華厳巻八十、入法界品。
二 巻三、漫荼羅行品。
三 先判は四十余年の爾前経。後判は八ヵ年の法華経。
四 二人の外道。犢子は小乗の義を、方広は大乗の義をぬすみ用いた。
五 無垢は有部を学び世親学派を排した。摩沓は外道の人。徳恵菩薩の法論に破れて死ぬ。

が利根なりし、權實二教を辨《わきまへ》ず。正法一千年の內、在世も近《ちかく》、月氏の內なりし、すでにかくのごとし。況《いはうや》、尸那・日本等、國もへだて音《おん》もかはれり。人の根鈍《こんどん》なり、壽命も日あさし、貪・瞋・癡も倍增せり。佛、世を去てとし久し、佛經みなあやまれり、誰の智解か直かるべき。佛、六涅槃經《に》記《して》云、「末法ニハ、正法ノ者ハ爪上ノ土、謗法ノ者ハ十方ノ土ト見ヘヌ」。七法滅盡經に云、「謗法ノ者ハ恆河沙、正法ノ者ハ一二ノ小石」と記《しるし》をき給。千年五百年に一人なんども、正法の者ありがたからん。世間の罪に依て悪道に墮者《おつるは》爪上土《の》、佛法によて悪道に墮者《は》十方の土。俗より僧、女より尼、多《おほく》悪道に墮べし。

〔法華經の行者への自省と經證〕

（1　法華經の行者としての自省）

此《ここ》に日蓮案《あんじて》云、世すでに末代に入て二百餘年、邊土に生をうく。其上、下賤《げせん》、其上、貧道の身なり。八輪廻《りんね》六趣の間《あひだ》、人天の大王と生て、萬民をなびかす事、大風の小木の枝を吹がごとくせし時も佛にならず。大小乘經の九外凡《げぼん》・內凡《ないぼん》の大菩薩と修《しゅし》あがり、一劫・二劫・無量劫を經て菩薩の行を立《たて》、すでに不退に入ぬべかりし時も、強盛の悪緣におとされて佛にもならず。しかず、一〇大通結緣の第三類の在世をもれたるか、一一久遠五百の退轉して今に來《きたる》か。法華經を行ぜし程に、世間の悪

六　北本涅槃経巻三十三、迦葉品。
七　取意の文。
八　六道を生死流転する間。
九　仏道修行に入った初歩の凡夫を外凡、それより進んだ段格を内凡。
一〇　大通仏の十六王子のときに結縁したものを三類にわけるうち、仏在世に得道できなかったものをいう。
一一　五百塵点劫の久遠に結縁したものが、中途退転して今生れたか。

縁・王難・外道の難・小乘經の難なんどは忍《しのび》し程に、權大乘實大乘經極《をきはめ》たるやうなる道綽・善導・法然等がごとくなる惡魔の身に入たる者、法華經をつよくほめあげ、機をあながちに下《くだし》、「[一]理ハ深ク解スルモノハ微カナリ」と立《たて》、「[二]未ダ一人トシテ得タル者有ラズ」、「[三]千ノ中ニ一《ひとり》無シ」等とすかしヽものに、無量生が間、恒河沙度《たび》すかされて權經に墮《おち》ぬ、權經より小乘經に墮ぬ、外道・外典に墮ぬ、結句は惡道に墮けりと、深《ふかく》此をしれり。

日本國に此をしれる者、但《ただ》日蓮一人なり。これを一言も申出すならば、父母・兄弟・師匠《に》、國主《の》王難、必來《かならずきたる》べし。いわずは慈悲なきににたりと思惟するに、法華經・涅槃經等に此二邊を合見《あはせみ》るに、いわずわ今生は事なくとも、後生は必、無間地獄に墮べし。いうならば、[四]三障・四魔、必競《きそひ》起るべしとしぬ。二邊の中にはいうべし。王難等出來の時は、退轉すべくは、一度に思止《おもひとどむ》べしと且《しばらく》やすらいし程に、[五]寶塔品の六難九易《い》これなり。我等程の小力の者、須彌山はなぐとも、我等程の無通の者、乾草を負て劫火にはやけずとも、我等程の無智の者、恒沙の經々をばよみをぼうとも、法華經は一句一偈、末代に持《たもち》がたしと、とかるヽはこれなるべし。今度、強盛の菩提心をおこして退轉せじと願じぬ。

既に二十餘年が間、此法門を申に、日々月々年々に難かさなる。少々の難はかず

一・二 道綽の安楽集巻上。

三 善導の往生礼讃偈。

四 正道をさまたげるさわり。「しぬ」は知んぬ。

五 弘経の六難をあげ、これに対比して九の容易のことをあげる。ここには三易をあげて他を略する→補一一。

しらず、[六]大事の難四度なり。二度はしばらくをく。王難すでに二度にをよぶ。今度はすでに我《わが》身命に及《およぶ》。其上、弟子といゐ、檀那といゐ、わづかの聽聞の俗人なんど來《きたつ》て、重科に行《おこなは》る。謀反なんどの者のごとし。

法華經[七]第四《に》云、「而モ此ノ經ハ如來ノ現在スラ猶怨嫉多シ、況ヤ滅度ノ後ヲヤ」等云云。[八]第二《に》云、「經ヲ讀誦シ書持スルコト有ラン者ヲ見テ、輕賤憎嫉シテ、結恨ヲ懷カン」等云云。[九]第五《に》云、「一切世間、怨多クシテ信ジ難シ」等云云。[一〇]又云、「諸ノ無智ノ人、惡口罵詈等スル有ラン」。[一一]又云、「國王・大臣・婆羅門・居士ニ向ツテ、誹謗シテ我ガ惡ヲ說イテ、是レ邪見ノ人ト謂ハン」。[一二]又云、「數々《しばしば》擯出《ひんずる》セラレン」等云云。[一三]又云、「杖木瓦石モテ、之ヲ打擲《ちやうちやく》セン」等云云。

[一四]涅槃經《に》云、「爾ノ時ニ多ク無量ノ外道有ツテ、和合シテ共ニ摩訶陀國ノ王阿闍世ノ所《もと》ニ往ク。○今ハ唯一ノ大惡人有リ、瞿曇沙門ナリ。○一切世間ノ惡人、利養ノ爲ノ故ニ、其ノ所ニ往集シ眷屬ト爲ツテ、善ヲ修スルコト能ハズ。呪術ノ力ノ故ニ、迦葉及ビ舍利弗・目揵連ヲ調伏ス」等云云。[一五]天台云、「何ニ況ヤ未來ヲヤ。理、化《け》シ難キニ在リ」等云云。[一六]妙樂云、「障《さは》リ未ダ除カザル者ヲ怨ト爲シ、聞《きき》ヲ喜バザル者ヲ嫉ト名ヅク」等云云。南三北七の十師、漢土無量の學者、天台を怨敵とす。[一七]得一云、「咄哉、智公、汝ハ是レ誰ガ弟子ゾ。三寸ニ足ラザル舌根ヲ以

六 1文応元年七月の松葉ヵ谷の焼打。2弘長元年五月の伊豆配流。3文永元年十一月の小松原の難。4文永八年九月の竜ノ口の難から翌月の佐渡配流。この中、2と4が王難。
七 法師品。
八 譬喩品。
九 安楽行品。
一〇・一一・一二 勧持品二十行の偈。
一三 常不軽品。
一四 北本巻三十九、憍陳如品。
一五 法華文句巻八上。
一六 文句記巻八の三。
一七 南都の法相学者で三乗真実、一乗方便を主張して伝教大師と論争した。守護国界章の文。

テ、[一]覆面舌《ふめんぜつ》ノ所説ヲ謗ズル」等云云。

[二]東春《に》云、「問フ、在世ノ時ニ許多《そこばく》ノ怨嫉アリ、佛滅度ノ後、此ノ經ヲ說ク時、何ガ故ゾ亦留難多キヤ。答ヘテ云ク、俗ニ良藥口ニ苦シト言フガ如ク、此ノ經ハ五乘ノ異執ヲ廢シテ、一極ノ玄宗ヲ立ツ。故ニ凡ヲ斥ケ聖ヲ呵シ、大ヲ排《はら》ヒ小ヲ破リ、天魔ヲ銘《なつ》ケテ毒蟲ト爲シ、外道ヲ說キテ惡鬼ト爲シ、[三]執小ヲ貶シテ貧賤ト爲シ、菩薩ヲ挫シテ新學ト爲ス。故ニ天魔ハ聞《きき》ヲ惡ミ、外道ハ耳ニ逆《さか》フ。二乘ハ驚怪シ、菩薩ハ[四]怯行《かふぎやう》ス。此ノ如キノ徒、悉ク留難ヲ爲ス。「多怨嫉」ノ言、豈虛ナラン哉」等云云。

[五]顯戒論《に》云、「僧統《そうとう》奏シテ曰ク、西夏ニ鬼辨婆羅門有リ、東土ニ巧言ヲ吐ク禿頭沙門アリ。此レ乃チ物類《もつるい》冥召シテ、世間ヲ誑惑ス等云云。[六]論ジテ曰ク、○昔ハ齊朝ノ光統《くわうづ》ヲ聞キ、今ハ本朝ノ六統《とう》ヲ見ル。實《まこと》ナル哉法華ニ何ニ況ン也」等云云。[七]秀句《に》云、「代ヲ語レバ則チ像ノ終リ末ノ初メ、地ヲ尋ヌレバ則チ唐ノ東、羯《かつ》ノ西、人ヲ原《たつ》ヌレバ則チ五濁ノ生《しやう》、闘諍ノ時ナリ。[八]經ニ云ク、「猶多怨嫉、況滅度後。」此ノ言、良《まこと》ニ以有《ゆゑ》ル也」等云云。

夫《それ》、小児に灸治を加《くはふれ》ば、必《かならず》父母をあたむ。重病の者良藥《に》をあたうれば、定《さだめて》口に苦《にがし》とうれう。在世、猶をしかり、乃至、像・末・邊土をや。山に山をかさね、波に

一 仏の三十二相の一。仏をさす。
二 東春沙門智度の著、法華義纘巻五。
三 小乗にとらわれているものをけなして。
四 気おくれする。
五 最澄の著。巻下。初の一文は最澄が上奏した四条式に対する、南都の僧綱たちが反駁した文。
六 最澄の言。昔はシナの斉の世の恵光僧統は論破された達磨大師を殺そうとしたことを聞き、今は本朝の大乗戒壇に反対して悪口する南都の六人の僧官を見る。
七 最澄の著、法華秀句。
八 法華経法師品。

波をたゝみ、難に難を加《くはへ》、非に非をますべし。像法の中には天台一人、法華經・一切經をよめり。南北これをあたみしかども、陳・隋二代の聖主、眼前に是非を明《あきら》めしかば敵ついに盡《つきぬ》。像の末に傳敎一人、法華經・一切經を佛說のごとく讀《よみ》給へり。南都七大寺蜂起せしかども、桓武乃至嵯峨等の賢主、我《われ》と明《あきらめ》給しかば、又事なし。

今末法の始《はじめ》二百餘年なり。「況滅度後」のしるしに、鬪諍の序となるべきゆへに、非理を前《さき》として、濁世のしるしに、召合せられずして、流罪、乃至、壽《いのち》にもをよばんとするなり。

されば、日蓮が法華經の智解は、天台・傳敎には千萬が一分も及《およぶ》事なけれども、難を忍び慈悲すぐれたる事、をそれをもいだきぬべし。定《さだめ》て、天の御計にもあづかるべしと存ずれども、一分のしるしもなし。いよ／＼重科に沈《しづむ》。還て此事計《はかり》みれば、我身の法華經の行者にあらざるか、又、諸天善神等の此國をすてゝ去給《さりたまへ》るか、かた／＼疑はし。

(2　勸持品二十行の偈の身讀と諸天の守護)

而に、法華經の第五の巻、勸持品の二十行の偈は、日蓮だにも此の國に生《うまれ》ずは、[九]ほとをど、世尊は大妄語の人、八十萬億[一〇]那由他の菩薩は、提婆が虛誑罪にも墮ぬ

九　殆ど。
一〇　勸持品で仏に誓った菩薩たち。

べし。經[一]に云、「有諸無智人　惡口罵言等」[二]「加刀杖瓦石」等云云。今の世を見るに、日蓮より外の諸僧、たれの人か、法華經につけて諸人に惡口《あっく》罵詈《めり》せられ、刀杖等を加る者ある。日蓮なくは此一偈の未來記、妄語となりぬ。「惡[三]世中比丘　邪智心諂曲」。又云[四]、「與白衣說法　爲世所恭敬　如六通羅漢」。此等《の》經文は、今の世の念佛者、禪宗・律宗等の法師なくは、世尊《は》又大妄語の人、「常[五]在大衆中、乃至、向國王大臣　婆羅門居士」等、今の世の僧等、日蓮を讒奏して流罪せずは、此經文むなし。又[六]云、「數々見擯出《さくさくけんひんずゐ》」等云云。日蓮法華經のゆへに度々ながされずは、「數々」の二字いかんかせん。此の二字は、天台・傳敎いまだよみ給はず。況《いはうや》、餘人をや。末法の始のしるし、「恐[七]怖惡世中」の金言のあふゆへに、但《ただ》日蓮一人、これをよめり[八]。

例せば、世尊、付[九]法藏經に記云《きして》、「我滅度一百年に、阿育大王という王あるべし」。[一〇]摩耶經《に》云、「我滅度六百年に、龍樹菩薩という人南天竺《に》出べし」。大[一一]悲經《に》云、「我が滅後六十年に、末田地《までんだい》という者地を龍宮につくべし」。此等《これらは》皆佛[一二]記のごとくなりき。しからずは誰か佛敎を信受すべき。而佛《しかるにほとけ》、「恐[一三]怖惡世」「然[一四]後來末世」「末[一五]世法滅時」「後[一六]五百歲」なんど、正[一七]・妙二本に正《まさしく》時を定《さだむ》。當世、法華三類の強敵なくは、誰か佛說を信受せん。日蓮なくは、誰をか法華經の行者として佛語をたす

一・二　勧持品二十行の第二行。俗衆の上慢。
三　二十行偈の第三行。道門の上慢。
四　同上第五行。僭上の上慢。
五　同上第九行。僭上の上慢。
六　同上第十六行。
七　同上初行。
八　身読した。
九　付法蔵因縁伝巻三の取意。
一〇　本経に同文なし。「七百歳を已って一比丘あり、名を竜樹という」との文あり。
一一　本経に同文なし。巻二に末田提のことをあげる。
一二　仏の未来記。
一三　勧持品前引文。
一四　正法華経勧説品。
一五　安楽行品に「末世法欲滅時」。
一六　法師・安楽・妙音・勧発品。
一七　二八六年に法

けん。南三北七・七大寺等、猶、像法の法華經の敵の內、何況、當世の禪・律・念佛者等脫《のがる》べしや。經文に我が身普合[一八]せり。御勘氣をかぼれば、いよ〳〵悅をますべし。例せば、小乘の菩薩の未斷惑なるが、「願[一九]兼於業」と申して、つくりたくなき罪なれども、父母等の地獄に墮て、大苦をうくるを見て、かたのごとく其の業を造て、願て地獄に墮て苦《くるしむ》に同《おなじ》。苦に代れるを悅《よろこび》とするがごとし。此も又かくのごとし。當時の責はたうべくもなけれども、未來の惡道を脫すらんとをもえば悅なり。

但《ただし》、世間の疑《うたがひ》といゐ、自心の疑と申、いかでか天、扶《たすけ》給ざるらん。諸天等の守護神は佛前の御誓言あり。法華經の行者には、[二〇]さるになりとも、法華經の行者とかうして、早々に佛前の御誓言をとげんとこそをぼすべきに、其義なきは我《わが》身法華經の行者にあらざるか。此疑は此書《の》肝心、一期《いちご》の大事なれば、處々にこれをかく上、疑を強くして答をかまうべし。

季札《きさつ》といゐし者は、心のやくそくをたがへじと、王の重寶たる劍を徐君が塚にかく。王尹《わういん》と云人は、河の水を飲で金の鵞目を水に入《いれ》、[二一]公胤といゐし人は、腹をさいて主君の肝を入《いる》。此等は賢人なり、恩をほうずるなるべし。況《いはうや》、舍利弗・迦葉等の大聖は、二百五十戒・三千の威儀一もかけず、見思を斷じ、三界を離《はなれ》たる聖

護が訳した正法華経、四〇六年に羅什の訳した妙法華経。

一八　符合に同じ。

一九　法華文句記巻八の三。「願って業を兼ぬ」。この句は、法師品の「願って衆生を愍れむか故に此の人間に生る」の文の注釈。神通生・応生でなく業生である。

二〇　「さる」は1猿。2「さり」(ラ変)の連体形。そのようなこと、の意の二通りに解釈され、未詳だが、文を通読すると「たとえ、猿であろうとも、法華経の行者となのって、早速に…」と解釈するのが素直のようである。

二一　弘演のあて字。

人也。梵帝《ぼんたい》・諸天の導師、一切衆生の眼目なり。而に四十餘年が間、「永不成佛」と嫌《きらひ》すてはてられてありしが、法華經の不死の良藥をなめて、燋種の生《おひ》、破石の合《あひ》、枯木花菓《はなさきこのみなる》なんどせるがごとく、佛になるべしと許《ゆるされ》て、いまだ一八相をとなえず。いかでか此の經の重恩をばほうぜざらん。若《もし》ほうぜずは、彼々の賢人にもをとりて、不知恩の畜生なるべし。

二毛寶が龜は、あをの恩をわすれず、三昆明池の大魚は、命の恩《を》ほうぜんと明珠を夜中にさゝげたり。畜生猶、恩をほうず。何況《いかにいはうや》、大聖をや。阿難尊者《は》斛飯《こくぼん》王の次男、羅睺羅尊者《は》淨飯王の孫なり。人中に家高き上、四證果の身となつて、成佛をさへられたりしに、八年の靈山の席にて、山海惠・蹈七寶華なんど如來《の》號をさづけられ給。若《もし》、法華經ましまさずは、いかにいえたかく大聖なりとも、誰か恭敬したてまつるべき。夏の桀、殷の紂と申は萬乘の主、士民の歸依なり。しかれども政《まつりごと》あしくして世をほろぼせしかば、今にわるきもの丶手本には、桀紂々々とこそ申せ。下賤の者、癩病の者も桀紂のごとしといわれぬれば、五のられたりと腹だつなり。六千二百無量の聲聞は、法華經ましまさずは、誰か名をもきくべき、其音をも習べき。一千の聲聞、一切經を結集せりとも、見る人もよもあらじ。まして此等の人々を繪像・木像にあらわして、本尊と仰べしや。此偏《ひとへ》に法華經の御力に

一　八相成道。

二　毛宝の助けた亀が恩返しをした説話。「あを」は、往と襖、むかしと衣類の字音とする二説がある。

三　漢の武帝が助けた大魚の話。

四　羅漢果を証する身となって。

五　罵られ。

六　これら大ぜいの声聞は、法華経がなければ、仏になれないから。

よて、一切の羅漢、歸依せられさせ給なるべし。諸の聲聞、法華をはなれさせ給なば、魚の水をはなれ、猿の木をはなれ、小兒の乳をはなれ、民の王をはなれたるがごとし。いかでか法華經の行者をすて給べき。

〔二乘の成佛と法華經の行者〕

諸の聲聞は、爾前の經々にては、肉眼の上に天眼・惠眼をう。法華經にして法眼・佛眼備れり。十方世界すら猶照見し給らん。何況、此の娑婆世界の中、法華經の行者を知見せられざるべしや。設《たとひ》、日蓮惡人にて、一言二言、一年二年、一劫二劫、乃至百千萬億劫、此等の聲聞を惡口罵詈し奉《たてまつり》、刀杖を加《くはへ》まいらする色なりとも、法華經をだにも信仰したる行者ならばすて給べからず。譬へば、幼稚《をさなきもの》の父母をのる、父母これをすつるや。梟鳥《けうてう》母を食《くらふ》、母これをすてず。七破鏡《はけい》父をがいます、父これにしたがふ。畜生すら、猶かくのごとし。大聖、法華經の行者を捨べしや。されば、八四大聲聞の領解文《りやうげのもんに》云、「我等今、眞ニ是レ聲聞ナリ。佛道ノ聲ヲ以テ、一切ヲシテ聞カシメン。我等今、眞ニ阿羅漢ナリ。諸ノ世間ノ天・人・魔・梵ニ於テ、普ク其ノ中ニシテ、應ニ供養ヲ受クベシ。世尊ハ大恩ニテマシマス。希有ノ事ヲ以テ、憐愍シ敎化シテ、我等ヲ利益シタマフ。無量億劫ニモ、誰カ能ク報ズル者アラン。手足ヲモテ供給シ、頭頂ヲモテ禮敬シ、一切ヲモテ供養

七　むじなの一種。父を食うと。

八　法華経信解品。須菩提・迦旃延・迦葉・目連が仏の教えを領解した文。

ストモ、皆報ズルコト能ハズ。若シ以テ頂戴シ、兩肩ニ荷負シ、恆沙劫ニ於テ、心ヲ盡シテ恭敬シ、又美膳ト無量ノ寶衣、及ビ諸ノ臥具、種種ノ湯藥ヲ以テシ、牛頭《ごづ》栴檀、及ビ諸ノ珍寶、以テ塔廟ヲ起《た》テ、寶衣ヲ地ニ布キ、斯ノ如キ等ノ事《じ》ヲ以《もつ》用テ、供養スルコト、恆沙劫ニ於テストモ、亦報ズルコト能ハズ」等云云。

諸の聲聞等者《とは》、前《ぜん》四味の經々に、いくそばくその呵責《かしやく》を蒙り、人天大會の中にして恥辱がましき事、其の數をしらず。しかれば迦葉尊者の渧泣《たいきふ》の音《こゑ》は、三千をひゞかし、須菩提尊者は、茫然として手の一鉢をすつ。舍利弗は飯食をはき、富樓那は、畫瓶に糞を入ると嫌《きらは》る。世尊、鹿野苑にしては阿含經を讚歎し、二百五十戒を師とせよ、なんど慇懃にほめさせ給て、今又、いつのまに我《わが》所說をば、かうはそしらせ給と、二言相違の失とも申ぬべし。例せば、世尊、提婆達多を、「汝愚人、人の唾を食《くらふ》」と罵詈せさせ給しかば、毒箭の胸に入がごとくをもひて、うらみて云、「瞿曇《くどん》は佛陀にはあらず。我は斛飯《こくぼん》王の嫡子、阿難尊者が兄、瞿曇が一類なり。いかにあしき事ありとも、内々敎訓すべし。此等程の人天大會に、此程の大禍を現に向て申すもの、大人・佛陀の中にあるべしや。されば、先々は妻のかたき、今は一座のかたき、今日よりは、生々世々に大怨敵となるべし」と誓しぞかし。

此をもつて思に、今《いまの》諸大聲聞は、本《も》と外道婆羅門の家より出たり。又諸《の》外道の長者なりしかば、諸王に歸依せられ諸檀那にた[一]とまる。或は種姓高貴の人もあり、或は富福充滿のやからもあり。而《しかるに》、彼々の榮官等をうちすて、慢心の幢を倒して、俗服を脱ぎ、壞色《ゑじき》の糞衣《ふんね》を身にまとひ、白拂《びやくほつ》・弓箭等をうちすてゝ、一鉢を手ににぎり、貧人・乞丐《こつがい》なんどのごとくして、世尊につき奉《たてまつり》、風雨を防宅《ふせぐいへ》もなく、身命をつぐ衣食乏少《ぼくせう》なりしありさまなるに、[二]五天・四海皆外道の弟子・檀那なれば、佛すら[三]九横の大難にあひ給ふ。所謂、提婆が大石をとばせし、[四]阿闍世王の醉象を放《はなち》し、阿耆多《あぎた》王の馬麥《めみやく》、婆羅門城のこ[五]んづ、せんしゃ婆羅門女が鉢を腹にふせし。何況、所化の弟子の數《の》難申計《まうすばかり》なし。無量の釋子は毘瑠璃王に殺《ころさ》れ、千萬の眷屬《は》醉象にふまれ、華色比丘尼《は》提多にがいせられ、迦盧提尊者は馬糞にうづまれ、目犍尊者は竹杖にがいせられる。其上、[六]六師同心して、阿闍世・婆斯匿《はしのく》王等に讒奏して云、瞿曇《は》閻浮第一の大惡人なり。彼がいたる處は、[七]三災七難を前《さき》とす。大海の衆流をあつめ、大山の衆木をあつめたるがごとし。瞿曇がところには、衆惡をあつめたり。所謂、迦葉・舍利弗・目連・須菩提等なり。人身を受けたる者、忠孝を先とすべし。彼等は瞿曇にすかされて、父母の教訓をも用《もちゐ》ず、家をいで王法の宣をもそむいて山林にいたる。一國に跡をとゞむべき者にはあらず。されば、

一　たっとまる。
二　五天竺。
三　釈迦が現生でうけた九の災難。大智度論巻九ほか。
四　この難は大智度論になし。
五　とぎ汁。バラモン城主が仏に供養することを禁じたので城中みな門を閉ぢて供養しなかった。たまたま老女が臭い淀んだとぎ汁を捨てようとして仏に会い、威容にふれてこれを供養したという。
六　六師外道が。
七　↓一七八・九頁。

天には日月衆星變《へん》をなす、地には衆夭さかんなりなんどうつたう。堪《たへ》べしともおぼえざりしに、[一]又うちそうわざわいと、佛陀にもうちそひがたくてありしなり。人天大會の衆會の砌《みぎり》にて、時々呵責の音《こゑ》をきゝしかば、いかにあるべしともおぼへず、只あわつる心のみなり。其上、大の大難の第一なりしは、[二]浄名經の「其レ汝ニ施ス者ハ福田ト名ヅケズ。汝ヲ供養スル者ハ三惡道ニ墮ス」等云云。文の心は、佛、菴羅苑と申ところにをはせしに、梵天・帝釋・日月・四天・三界諸天・地神・龍神等、無數恆沙の大會の中にして云、「須菩提等ノ比丘等ヲ供養セン天人ハ、三惡道ニ墮ベシ」。此等をうちきく天人、此等の聲聞を供養すべしや。詮ずるところは、佛の御言を用て、諸《の》二乘を殺害せさせ給かと見ゆ。心あらん人々は、佛をもうとみぬべし。されば、此等の人々は、佛を供養したてまつりしついでにこそ、わづかの身命をも扶させ給しか。

されば、事の心を案ずるに、四十餘年の經々のみとかれて、法華八箇年の所説なくて、御入滅ならせ給たらましかば、誰の人か此等の尊者をば供養し奉べき。現身に餓鬼道にこそおはすべけれ。而に、四十餘年の經々をば、[三]東春の大日輪寒氷を消滅するがごとく、無量の草露を大風の零落《ふきおと》すがごとく、一言一時に「未顯眞實」と打けし、大風の黑雲をまき、大虚《おほぞら》に滿月の處《すむ》がごとく、青天に日輪の懸《かかり》給

一 讒奏について災厄などうちつづいてのわざわいで、仏にもついていけなくなっていた。
二 巻上、弟子品。仏が須菩提に維摩を見舞わしめる一段の文。
三 陽気が改まって、冬去って春の。
四 法華経方便品。
五 仏の説を鳳詔

がごとく、「世[四]尊法久後　要當說眞實」と照させ給て、華光如來・光明如來等と、舍利弗・迦葉等を赫々たる日輪、明々たる月輪のごとく鳳[五]文にしるし、龜鏡に浮べられて候へばこそ、如來滅後の人天の諸檀那等には、佛陀のごとくは仰れ給しか。水すまば、月、影をしむべからず。風ふかば、草木なびかざるべしや。法華經の行者あるならば、此等の聖者は大火の中をすぎても、大石の中をとをりても、とぶらわせ給べし。迦[六]葉の入定もことにこそよれ、いかにとなりぬるぞ。いぶかしとも申ばかりなし。「後[七]五百歳」のあたらざるか、「廣[八]宣流布」の妄語となるべきか。日蓮が法華經の行者ならざるか。法華經を教[九]內と下《くだし》て別[一〇]傳と稱する、大妄語の者をまぼり給べきか。捨[一一]閉閣抛と定《さだめ》て、法華經の門をとぢよ、卷《くわん》をなげすてよとゑ[一二]りつけて、法華堂を失《うしなへ》る者を守護し給べきか。佛前の誓はありしかども、濁世の大難のはげしさをみて、諸天下《くだり》給ざるか。月、天にまします。須彌山いまもくづれず。海潮も增減す。四季もかたのごとくたがはず。いかになりぬるやらんと、大疑いよ〱つもり候。

〔教主は久遠成道の釋迦佛〕

（1　爾前の菩薩は釋迦佛の弟子に非ず）

又、諸大菩薩・天・人等のごときは、爾前の經々にして記[一三]莂《きべつ》をうるやうなれども、

文にたとえる。

六　迦葉は鶏足山に入定し、わが身ここに久住して、弥勒出世の時を期して仏事をなさんと誓ったという。

七・八　法華経薬王品に「我が滅度の後、後の五百歳の中、広宣流布して、閻浮提に於て断絶せしむること無し」とある文にかけて言う。「後の五百歳」は末法の時をさす。

九・一〇　禅家の相承は「教外別伝」というのに対する語。

一一　法然の専修念仏を主張した撰択集の説。

一二　版木に彫って。撰択集を開版して。

一三　仏から授けられる未来に成仏するという記号。

水中の月を取《とらん》とするがごとく、影を體とおもうがごとく、いろかたちのみあて[一]實義もなし。又佛の御恩も深くて深からず。世尊、初成道の時はいまだ說教もなかりしに、[二]法惠菩薩・功德林菩薩・金剛幢菩薩・金剛藏菩薩等なんど申せし六十餘の大菩薩、十方の諸佛の國土より、教主釋尊の御前に來給て、賢首菩薩・解脫月等の菩薩の請にをもむいて、[三]十住・十行・十廻向・十地等の法門を說給き。此等の大菩薩の所說の法門は、釋尊に習たてまつるにあらず。十方世界の諸梵《の》天等も來て法をとく。又釋尊にならいたてまつらず。惣じて華嚴會座の大菩薩・天龍等は、釋尊已前に不思議解脫に住せる大菩薩なり。釋尊の過去因位の御弟子にや有らん。[四]一代教主、始成正覺の佛弟子にはあらず。阿含・方等・般若の時、[五]四教を佛の說給し時こそ、やうやく御弟子は出來して候へ。此も又、佛の自說なれども正說にはあらず。ゆへいかんとなれば、方等・般若の別《べち》・圓《あん》二教は、華嚴經の別・圓二教の義趣をいでず。彼の別・圓二教は、教主釋尊の別・圓二教にはあらず、法惠等の大菩薩の別・圓二教なり。此等の大菩薩は、人目には佛の御弟子かとは見ゆれども、佛の御師ともいゐぬべし[六]。世尊、彼の菩薩の所說を聽聞して、智發して後、重《かさね》て方等・般若の別・圓をとけり。色もかわらぬ華嚴經の別・圓二教《なり》。されば、此等《の》大菩薩は釋尊の師なり。華嚴經に此等の菩薩をかずへて、善知

一　あって。

二　この四菩薩は、華厳経では、仏の加被力をうけて菩薩修行の段階として設けられた法門を説いた。

三　十住から十地まで、菩薩が仏道修得の段階。天台では、十住の前に十信をおき、十地の上に等覚・妙覚をおいて、これを五十二位に立てる。

四　一代五時の教主釈迦仏が菩提樹下成道の弟子ではない。

五　蔵・通・別・円の四教。↓補八。

六　語法からは、「いひつべし」。

識ととかれしはこれなり。善知識と申は、一向師にもあらず、一向弟子にもあらずある事なり。藏・通二教は又、別・圓の枝流なり。別・圓二教をしる人、必《かならず》藏・通二教をしるべし。

人の師と申は、弟子のしらぬ事を教たる師にては候なり。例せば、佛前一切の人・天・外道は、二天・三仙の弟子なり。九十五種まで流派したりしかども、三仙の見《けん》を出《いで》ず。教主釋尊もかれに習《ならひ》傳て、外道の弟子にてましませしが、七苦行樂行十二年の時、八苦・空・無常・無我の理をさとり出《いだし》てこそ、外道の弟子の名をば離させ給《たまひ》、無師智とはなのらせ給しか。又、人天も大師とは仰まいらせしか。されば、前四味の間は教主釋尊、法惠菩薩等の御弟子なり。例せば、文殊は釋尊九代の御師と申がごとし。つねは諸經に、九「不説一字」とかせ給もこれなり。

佛、御年七十二の年、摩竭提國靈鷲山と申山にして、無量義經をとかせ給しに、四十餘年の經々をあげて、枝葉をば其の中におさめて、「四十餘年未顯眞實」と打消給は此《これ》なり。此時こそ諸大菩薩・諸天人等は、あはて丶實義を請《こはん》とは申せしか。無量義經にて、實義とをぼしき事一言ありしかども、いまだまことなし。譬へば、月の出《いでん》として、其體、東山にかくれて、光《ひかり》西山に及《およべ》ども、諸人、月體《つきしろ》を見ざるがごとし。法華經方便品の略開三顯一の時、佛略して一念三千の心中の本懷を

七　釈迦成道以前に六年の苦行、のち六年の楽行を修したと伝える。

八　世間の現象は苦であり、本来空である。また外道に説くような常住の存在はなく無常であり、常一主宰の義を具えた自我はない。

九　楞伽経巻三。随他意の諸経では本意を説かなかったことをいう。

宣《のべ》給。始《はじめ》の事なれば、ほとゝぎすの音を、[一]ねをびれたる者の一音きゝたるがやうに、月の山の半《なかば》をば出たれども、薄雲のをほへるがごとくかそかなりしを、舍利弗等驚て諸天・龍神・大菩薩等を[二]もよをして、「[三]諸ノ天・龍神等、其ノ數恆沙ノ如シ、佛ヲ求ムル諸ノ菩薩、大數八萬有リ。又諸ノ萬億國ノ[四]轉輪聖王ノ至レル、合掌シテ敬心ヲ以テ、具足ノ道ヲ聞カント欲ス」等は、請ぜしなり。文の心は、[五]四味・三教四十餘年の間、いまだきかざる法門、うけ給はらんと請ぜしなり。此文に、「欲聞具足道」と申は、[六]大經《に》云、「薩ト八具足ノ義ニ名ヅク」等云云。無依無得大乘四論玄義記《に》云、「沙《さ》ト八決シテ六ト云フ。[七]胡法ニハ六ヲ以テ具足ノ義ト爲スナリ」等云云。[八]吉藏《の》疏《に》云、「沙ト八翻ジテ具足ト爲ス」等云云。[九]天台玄義八云《に》、「薩ト八梵語、此ニ妙ト翻ズルナリ」等云云。[一〇]付法藏第十三、眞言・華嚴諸宗の元祖、本地法雲自在王如來、迹に龍猛菩薩、初地《しよち》の大聖の大智度論千卷の肝心云《に》、「薩者《とは》六也」等云云。妙法連華經と申は漢語也。月支には薩達磨《さつたるま》分陀利《ふんだり》迦《きや》蘇《そ》多《た》攬《らん》と申。[一一]善無畏三藏の法華經の肝心眞言云《に》、「曩謨三《なうまくさ》曼陀《まんだ》普佛陀唵《をん》三身如來阿《あ》々《あー》暗《あん》惡《あく》開示悟入薩縛勃陀枳攝知娑乞蒭毘耶《さるばぼだきなうさきしゆびや》見誐々曩婆《ぎやぎやなうば》縛《ば》如虛空性羅乞《あらき》叉儞《しやに》離塵相也薩哩《さつり》達《だる》摩《ま》正法也浮陀里迦《ふだりきや》白蓮華蘇駄覽《そたらん》經惹《じや》入吽《うん》遍鋑《ばん》作發《こく》歡喜縛曰羅《ばざら》堅固羅乞《あらき》叉鋡《しやまん》擁護娑《そ》婆訶《はか》決定成就」。

一 ねぼけた者。
二 あつめて。
三 法華経方便品。迹門の正宗分、略開三顕一を説く中、三止三請の第一請を説く末文。
四 正法をもって治世する王。
五 前四味・前三教。
六 涅槃経の別名。北本巻八、如来性品。
七 胡は外国。ここはインドのこと。
八 吉蔵の法華義疏に類文なし。
九 法華玄義巻八上に「薩達磨、此に妙法と翻ず」。
一〇 「付法藏」から以下の文は、竜猛すなわち竜樹の著した大智度論百巻の肩書き。千巻というのは、法華玄義巻五に「但し論は本文千巻なり」とし、羅什が略

此《この》眞言は、南[一二]天竺の鐵塔の中の法華經の肝心の眞言也。此眞言の中《に》、薩哩達磨と申は正法なり。薩と申は正也。正は妙也。妙は正也。正法華・妙法華是也。又、妙法蓮華經の上《に》、南無の二字をけり。南無妙法蓮華經これなり。妙者《とは》、具足。六者《とは》、六度萬行。諸の菩薩、六度萬行を具足するやう[一三]をきかんとをもう。具と者《は》、十界互具。足と申は、一界に十界あれば當[一四]位に餘界あり、滿足の義なり。此經、一部八卷二十八品、六[一五]萬九千三百八十四字。一々に皆、妙の一字を備《そなへ》て、三[一六]十二相・八十種好の佛陀なり。十[一七]界に皆、己《こ》界《がい》の佛界を顯す。妙[一八]樂云、「尙《なほ》、佛果を具す。餘果も亦然り」等云云。佛、此《これ》を答《へて》云、「衆[一九]生ヲシテ佛知見ヲ開カシメント欲ス」等云云。衆生と申は舍利弗、衆生と申は一闡提、衆生と申は九法界、「衆生無邊誓願度」此に滿足す。「我[二〇]レ本《もと》、誓願ヲ立テ、一切ノ衆ヲシテ、我ガ如ク等シクシテ異ルコト無カラシメント欲ス。我ガ昔ノ願セシ所ノ如キ、今ハ已《すで》ニ滿足シヌ」等云云。諸大菩薩・諸天等、此の法門をきひて、[二一]領解《りやうげして》云、「我等、昔ヨリ來《このかた》、數《しばしば》、世尊ノ説ヲ聞キタテマツルニ、未ダ曾テ、是ノ如キ深妙ノ上法ヲ聞カズ」等云云。

傳敎大師云、「我[二二]等、昔ヨリ來《このかた》、數《しばしば》、世尊ノ説ヲ聞クトハ、昔、法華經ノ前ニ、華嚴等ノ大法ヲ説クヲ聞ケルヲ謂フ也。未ダ曾テ是ノ如キ深妙ノ上法ヲ聞カズト

して百巻としたという説。↓補一二。
一一　密教に説く法華経の呪。↓補一三。
一二　竜樹がこの法華真言を南天竺の鉄塔の中にあったのを金剛薩埵から伝受したという。
一三　ありさまを。
一四　その所にほかの九界がある。
一五　普門品偈未入の字数。
一六　一一の文字が、相好を完全に具足した仏である。
一七　人界にも地獄界にも、十界それぞれの仏界がある。
一八　止観輔行巻五の二。
一九　法華経方便品。
二〇　同上方便品。
二一　法華経譬喩品。広開三顕一の文。
二二　守護国界章巻下の下第十二章。

ハ、未ダ法華經ノ唯一佛乘ノ敎ヲ聞カザルヲ謂《い》フ也」等云云。華嚴・方等・般若・深密・大日等の恆河沙の諸大乘經は、いまだ一代《の》肝心たる一念三千《の》大綱・骨髓たる二乘作佛・久遠實成等、いまだきかずと領解せり。

（2　釋迦佛の本地開顯と弟子の結緣）

又、今よりこそ諸大菩薩も、梵帝・日月・四天[一]等も、敎主釋尊の御弟子にては候へ。されば寶塔品には、此等の大菩薩を、佛、我《わが》御弟子等とをぼすゆへに、諫《かん》曉《げうして》云、「諸[二]ノ大衆ニ告グ、我ガ滅度ノ後ニ、誰カ能ク此ノ經ヲ護持シ讀誦セン。今、佛前ニ於テ自ラ誓言ヲ說ケ」とは、したゝかに[三]仰下《おほせくだされ》しか。又諸大菩薩も、「譬[四]ヘバ大風ノ小樹ノ枝ヲ吹クガ如シ」等と、吉祥草の大風に隨《したがひ》、河水の大海へ引《ひく》がごとく、佛には隨まいらせしか。而ども、靈山《りやうぜん》、日淺くして夢のごとく、うつゝならずありしに、證[五]前の寶塔の上、起後の寶塔あて、十方の諸佛來集せる、皆我《わが》分身なりとなのらせ給、寶塔は虛空に、釋迦・多寶、坐を並《ならべ》、日月の青天に並出《びやうしゆつ》せるがごとし。人天大會は星をつらね、分身の諸佛《は》、大地の上、寶樹の下《もと》、師子のゆかにましますす。華嚴經の蓮華藏世界は、十方・此土の報佛、各々に國々にして、彼界の佛、此土に來て分身となのらず。此界の佛、彼の界へゆかず。但、法惠等の大菩薩のみ互に來合せり。大[六]日經・金剛頂經等の八葉九尊《はちえふくそん》・三十七尊等、

一　四天王。仏法護持を任とする。東方に持国天、南方に増長天、西方に広目天、北方に多聞天。

二　法華経宝塔品。

三　いかめしく。

四　法華経宝塔品。

五　法華経宝塔品の多宝仏塔出現して「皆是真実」と証明したのは従前の迹門の教説の真実を証す。起後の宝塔とは、塔を開くには、分身仏を集め、地涌の本弟子を召して寿量を論ずることになるから、本門の教説に連なるをいう。

六　大日経巻五に説く大日如来を中心にして八如来を周囲に配した仏と、金剛頂経巻三に列名する、大日如来を中心とする金剛

大日如來の化身《けしん》とわみゆれども、其化身、[七]三身圓滿の古佛にあらず。[八]大品經の千佛、阿彌陀經の六方《の》諸佛、いまだ來集の佛にあらず。[九]大集經の來集の佛、又、分身ならず。[一〇]金光明經の四方《の》四佛《は》、化身なり。惣じて一切經の中に、各修各行の三身圓滿の諸佛を集《あつめ》て、我《わが》分身とわとかれず。これ壽量品の遠序《をんじよ》なり。始成《しじやう》四十餘年の釋尊、一劫・十劫等、已前の諸佛を集て分身ととかる。さすが平等《の》意趣にもにず、[一一]をびたゝしくをどろかし。又、始成の佛ならば、所化、十方に充滿すべからざれば、分身の德は備たりとも、示現してえきなし。天台云、「[一二]分身既ニ多シ。當ニ知ルベシ、成佛ノ久シキコトヲ」等云云。大會《だいゑ》のをどろきし心をかゝれたり。

其上に、[一三]地《ち》涌《ゆ》千界の大菩薩、大地より出來せり。釋尊に第一の御弟子とをぼしき、普賢・文殊等にもにるべくもなし。華嚴・方等・般若・法華經の寶塔品に來集せる大菩薩、大日經等の金剛薩埵等の十六大菩薩なんども、此の菩薩に對當すれば、獼《み》猴《こう》の群中に帝釋の來《きたり》給がごとし。山人《やまがつ》に月卿等のまじわれるにことならず。[一四]補《ふ》處《しよ》の彌勒、猶迷惑せり。何況《いかにいはうや》、其《それ》已下をや。此千世界の大菩薩の中に、四人の大聖まします。所謂、[一五]上行・無邊行・淨行・安立行なり。此の四人は虚空・靈山の諸大菩薩等、[一六]眼もあはせ心もをよばず。[一七]華嚴經の四菩薩、[一八]大日經の四菩薩、金剛

界マンダラ成身会の三十七尊。
七　法・報・応の三身を具足した古仏。
八　大品般若経巻一、序品。阿弥陀経は四方と上下方の仏が証誠し護念を説く。
九　宝坊来集の仏。
一〇　巻一、寿量品。
一一　驚くべきさまである。
一二　法華玄義九下。
一三　地から出現した久遠に本仏の弟子だった菩薩衆。
一四　仏のあとをついで仏法を伝える弥勒仏さえ驚いた。
一五　法華経涌出品に出る地涌千界の上首の菩薩。
一六　見たことも考えたこともない。
一七　前に引く法恵等の四菩薩→二四〇頁。
一八　弥勒・普賢・文殊・観音菩薩。

頂經の十六大菩薩等も、此の菩薩に對すれば、翳眼《えいげん》のもの丶日輪を見るがごとく、海人《あま》が皇帝に向奉《むかひたてまつる》がごとし。太公等の四聖の、衆中にあつし[一]ににたり。[二]商山の四皓が惠帝に仕《つかふる》にことならず。巍々堂々として尊高也。釋迦・多寶・十方の分身を除ては、一切衆生の善知識ともたのみ奉ぬべし。

(3 彌勒の疑念とその解答)

彌勒菩薩、心《に》念言すらく、我は佛の太子の御時より、三十成道、今の靈山まで四十二年が間、此界の菩薩、十方世界より來集せし諸大菩薩、皆しりたり。又、十方の淨・穢土に、或は御使、或は我と遊戲《ゆけ》して、其國々に大菩薩《を》見聞せり。此大菩薩の御師なんどは、いかなる佛にてやあるらん。よも此釋迦・多寶・十方の分身の佛陀には、にるべくもなき佛にてこそをはすらめ。雨の猛《たけき》を見て龍の大なる事をしり、花の大なるを見て池のふかきことはしんぬべし。此等の大菩薩の來る國、又誰と申佛にあいたてまつり、いかなる大法をか習修し給らんと疑《うたがは》し。あまりの不審さに、音《こゑ》をもいだすべくもなけれども、佛力にやありけん。彌勒菩薩、疑《うたがって》云、「[三]無量千萬億ノ大衆ノ諸ノ菩薩ハ、昔ヨリ未だ曾テ見ザル所ナリ。是ノ諸ノ大威德ノ精進ノ菩薩衆ハ、誰カ其ノ爲ニ法ヲ說キ敎化シテ成就セル。誰ニ從ツテカ初メテ發心シ、何レノ佛法ヲカ稱揚セル。〇世尊、我レ昔ヨリ來《このかた》未ダ曾テ是ノ事《じ》ヲ

一 「ありし」の音便。
二 →補二八。
三 法華経涌出品。

見ズ。願ハクハ其ノ所從ノ國土ノ名號ヲ說キタマヘ。我レ常ニ諸ノ國ニ遊ベドモ、未ダ曾テ是ノ事ヲ見ズ。我此ノ衆ノ中ニ於テ、乃シ一人モ識ラズ。忽然ニ地ヨリ出デタリ。願ハクハ、其ノ因緣ヲ說キタマヘ」等云云。天台云、「寂場ヨリ已降、今座ヨリ已往、十方ノ大士來會シテ絕エズ、限ルベカラズト雖モ、我レ補處ノ智力ヲ以テ悉ク見、悉ク知ル。而ルニ、此ノ衆ニ於テ一人モ識ラズ。然ルニ、我レ十方ニ遊戲シテ諸佛ニ覲奉《ごんぶ》シ、大衆ニ快《こころよ》ク識知セラル」等云云。妙樂云、「智人ハ起《おこる》ヲ知リ、蛇ハ自ラ蛇ヲ識ル」等云云。經釋の心、分明なり。詮ずるところは、初成道よりこのかた、此土十方にて此等の菩薩を見たてまつらず、きかずと申なり。

佛、此の疑《に》答《て》云、「阿逸多、〇汝等昔ヨリ未ダ見ザル所ノ者ハ、我レ是ノ娑婆世界ニ於テ、阿耨多羅三藐三菩提ヲ得已ツテ、是ノ諸ノ菩薩ヲ敎化シ示導シ、其ノ心ヲ調伏シテ、道意ヲ發サシメタリ」等。又云、「我レ伽耶城菩提樹下ニ於テ、坐シテ最正覺ヲ成ズルコトヲ得テ、無上ノ法輪ヲ轉ジ、爾シテ乃チ之ヲ敎化シテ、初メテ道心ヲ發サシム。今皆、不退ニ住セリ。乃至、我レ久遠ヨリ來《このかた》、是等ノ衆ヲ敎化セリ」等云云。

此に彌勒等の大菩薩、大に疑をもう。華嚴經の時、法惠等の無量の大菩薩あつま

四　弥勒菩薩らの疑いをのべる段。法華文句巻九上。「寂場」は寂滅道場。ここは華厳説法のところをいう。

五　湛然が涌出品を釈した文。法華文句記巻九の中。

六　阿逸多は弥勒の別名。法華経涌出品。

七　涌出品。

る。いかなる人々なるらんとをもへば、我《わが》善知識なりとをほせられしかば、さもやとうちをもひき。其後の大寶坊[一]・白鷺池[二]等の來會の大菩薩も、しかのごとし[三]。此大菩薩は、彼等にはにるべくもなき、ふりたりげ[四]にましします。定《さだめ》て、釋尊の御師匠かなんどをぼしきを、「初メテ道心ヲ發サシム」[五]とて、幼稚のものどもなりしを、敎化して弟子となせり、なんどをほせあれば、大なる疑なるべし。日本の聖德太子は、人王第三十二代用明天皇の御子なり。御年六歳の時、百濟・高麗・唐土より、老人どものわたりしを、六歳の太子、我弟子なりとをほせありしかば、彼老人ども又、合掌して我師なり等云云。不思議なりし事なり。外[六]典《に》中、或者道をゆけば、路のほとりに年三十計《ばかり》なるわかものが、八十計なる老人をとらへて打《うち》けり。何なる事ぞととえば、此老翁は我子也なんど申と、かたるにもにたり。されば彌勒菩薩等、疑云《て》、[七]「世尊、如來太子タリシ時、釋ノ宮ヲ出デテ、伽耶城ヲ去ルコト遠カラズ、道場ニ坐シテ阿耨多羅三藐三菩提ヲ成ズルコトヲ得タマヘリ。是ヨリ已來、始メテ四十餘年ヲ過ギタリ。世尊、云何《いかん》ソ此ノ少時ニ於テ、大イニ佛事ヲ作シタマヘル」等云云。一切の菩薩、始《はじめ》、華嚴經より四十餘年、會々に疑をまうけて、一切衆生の疑網をはらす。中に此《この》疑、第一の疑なるべし。無量義經の、大莊嚴等の八萬の大士、四十餘年と今との歴劫《りやくこふ》・疾成《しつじやう》の疑にも超過せり。觀

一 大集経の会座。
二 王舎城竹林園の中の般若経を説いた所。
三 そうであった。
四 年経たさま。
五 涌出品。
六 古来の注釈に、列仙伝巻一にいう、黄帝の孫彭祖のこととするが、未詳。
七 近に執し遠を疑う、涌出品本門正宗段の文。
八 永い間の劫を経て修行することと、疾く成仏すること。

無量壽經に、韋提希夫人の子、阿闍世王、提婆にすかされて、父の王をいましめ母を殺《ころさん》とせしが、[九]耆婆・月光にをどされて、母をはなちたりし時、佛を請《しやうじ》たてまつて、まづ第一の問《に》云、「[一〇]我レ宿《むかし》何ノ罪アツテ此ノ惡子ヲ生ム。世尊、復、何等ノ因縁有ツテ、提婆達多ト共ニ眷屬タルヤ」等云云。此疑の中に、「世尊、復、何等ノ因縁有ツテ」等《の》疑は、大なる大事なり。[一一]輪王《は》敵と共に生れず。帝釋は鬼とともならず。佛は無量劫の慈悲者なり。[一二]いかに大怨と共にはましします。還《かへつて》、佛にはましまさざるかと疑《うたがふ》なるべし。而ども佛、答給わず。されば、[一三]觀經を讀誦せん人、法華經の提婆品へ入《いら》ずは、いたづらごとなるべし。大涅槃經に、迦葉菩薩の[一四]三十六の問もこれには及ばず。されば、佛、此の疑を晴させ給はずは、一代聖教、泡沫にどうじ、一切衆生、疑網にかゝるべし。壽量の一品の大切なる、これなり。

（4　本尊は壽量品に説く久遠實成の釋迦佛）

其後、佛、壽量品を説云《といて》、「一切世間ノ天人及ビ阿修羅ハ皆、今ノ釋迦牟尼仏ハ釋氏ノ宮ヲ出デテ、伽耶城ヲ去ルコト遠カラズ、道場ニ坐シテ、阿耨多羅三藐三菩提ヲ得タマヘリト謂《おも》ヘリ」等云云。此《この》經文ハ、始《はじめ》寂滅道場より、終《をはり》法華經の安樂行品にいたるまでの、一切の大菩薩等の所知をあげたるなり。「[一五]然ルニ善男子、我

九　父王の家臣。
一〇　観無量寿経。
一一　転輪聖王の出生する所は和楽の世界とされている。
一二　どうして仏が。
一三　観経を読誦する人は、提婆の成仏を説いている法華経の提婆品を知らないうちは、言ってもムダである。
一四　このような沢山の問をもってしても、涌出品の疑いには及ばない。北本巻三、寿命品。
一五　法華経寿量品。

レ實ニ成佛シテヨリ已來、無量無邊、百千萬億那由他劫ナリ」等云云。此の文は、華嚴經の三處の「始成正覺」、阿含經云《にいふ》「初成」、淨名經の「始坐佛樹」、大集經云《にいふ》「始十六年」、大日經《の》「我昔坐道場」、仁王經《の》「二十九年」、無量義經《の》「我先道場」、法華經の方便品云《にいふ》「我始坐道場」等を、一言に大虚妄なりとやぶるもんなり。此《この》[一]過去常《じやう》、顯《あらはるるとき》時、諸佛、皆釋尊の分身なり。爾前・迹門の時は、諸佛、釋尊に肩《を》並《ならべ》て各修各行の佛。かるがゆへに、諸佛を本尊とする者、釋尊等を下《くだす》。今、華嚴の臺上、方等・般若・大日經等の諸佛、皆、釋尊の眷屬なり。佛三十成道の御時は、大梵天王、第六天[二]等の知行の、娑婆世界を奪取《うばひとり》給き。今、爾前・迹門にして、十方を淨土とかうして、此土を穢土ととかれしを打かへして、此土は本土となり、十方淨土は垂迹の穢土となる。佛《は》、久遠の佛なれば、迹化他方の大菩薩も、教主釋尊の御弟子なり。

一切經の中に此《この》壽量品ましまさずは、「天ニ日月ノ無ク、國ニ大王ノ無ク、山河ニ珠ノ無ク」、人に神《たましひ》のなからんがごとくしてあるべきを、華嚴・眞言等の權宗の智者とをぼしき、澄觀・嘉祥・慈恩・弘法等の一往、權宗の人々、且《しばらく》は、自依經《みづからのえきやう》を讃歎せんために、或《は》云、「華嚴經の教主は報身、法華經は應身」。或云、「法華壽量品の佛は無明の邊域、大日經の佛は明《みやう》の分位」等云云。雲は月をかくし、讒臣

一 仏の過去常住の義。

二 欲界第六天の悪魔波旬は、仏成道の邪魔をしたが、仏成道の後は娑婆世界の主、大梵天王の領となった。

は賢人をかくす。人讒《ざんせ》ば黄石も玉とみへ、諛臣も賢人かとをぼゆ。今《いま》濁世の學者等、彼等の讒義に隱《かくされ》て、壽量品の[三]玉を翫《もてあそ》ばず。又、天台宗の人々もたぼらかされて、金石一同のをもひをなせる人々もあり。佛、久成《くじやう》にましまさずは、所化の少かるべき事を辨《わきまふ》べきなり。月は影を慳《をしま》ざれども、水なくはうつるべからず。佛、衆生を化《け》せんとをぼせども、結縁うすければ[四]八相を現ぜず。例せば、諸《もろもろの》聲聞が初地《しよぢ》・初住にはのぼれども、爾前にして[五]自調・自度なりしかば、未來の八相をごするなるべし。しかれば、教主釋尊始成ならば、今、此《この》世界の梵帝・日月・四天等は、[六]劫初より此の土を領すれども、四十餘年の佛弟子なり。靈山八年の法華結《けち》縁《えんの》衆、[七]今まいりの主君にをもひつかず、久住《くぢゆ》の者にへだてらるゝがごとし。今、久遠實成《くをんじつじやう》あらわれぬれば、東方の藥師如來の日光・月光、西方阿彌陀如來の觀音・勢至、乃至、十方世界の諸佛の御弟子、大日・金剛頂等の兩部、大日如來の御弟子の諸大菩薩、猶、教主釋尊の御弟子也。諸佛、釋迦如來の分身たる上は、諸佛の所化、申にをよばず。何況《いかにいはうや》、此土の劫初よりこのかたの日月・衆星等、教主釋尊の御弟子にあらずや。

而《しかる》を、天台宗より外の諸宗は本尊にまどえり。倶舍・成實・律宗は、[八]三十四心斷結成道の釋尊を本尊とせり。天尊の太子、迷惑して我身は民の子とをもうがごと

三　悦び愛せず。
四　仏が衆生を救うために、この世に出現する相。
五　自分だけ身心を調整し、悟りをえること。
六　此土が出来た初から。
七　始成の仏に気がつかない。
八　三十四心を経過して煩悩を断ちきって成道した仏。

し。華嚴宗・眞言宗・三論宗・法相宗等の四宗は大乘の宗なり。法相・三論は勝[一]應身にたる佛《を》本尊とす。天王の太子、我が父は侍《さむらひ》とをもうがごとし。華嚴宗・眞言宗は、釋尊を下《くだし》て盧《る》舍那《しやな》・大日等を本尊と定。天子たる父を下て、種姓もなき者、法王のごとくなるにつけり。淨土宗は、釋迦の分身の阿彌陀佛を有緣の佛とをもて教主をすてたり。禪宗は、下賤の者、一分の德あて父母をさぐるがごとし。佛をさげ經を下《くだす》。此《これ》皆、本尊に迷《まよへり》。例せば、三皇已前に父《を》しらず、人皆、禽獸に同ぜしがごとし。壽量品をしらざる諸宗の者、畜に同《おなじ》、不知恩の者なり。故《に》、妙樂云、[二]「一代教ノ中ニ未ダ曾テ父母ノ壽ノ遠キヲ顯ハサズ。○若シ父ノ壽ノ遠キヲ知ラザレバ、復、父統ノ邦ニ迷ヒナン。徒ラニ才能ヲ謂フトモ、全ク人ノ子ニ非ズ」等云云。妙樂大師は、唐の末、天寶年中の者也。三論・華嚴・法相・眞言等の諸宗、並に依經を深《ふかく》み、廣《ひろく》勘《かんがへ》て、壽量品の佛をしらざる者、父統の邦に迷《まよへ》る才能ある畜生とかけるなり。「徒謂才能」とは、華嚴宗《の》法藏・澄觀、乃至、眞言宗の善無畏三藏等は、才能の人師、子の父をしらざるがごとし。傳教大師は日本顯密の元祖。秀句[三]《に》云、「他宗所依ノ經ハ、一分ノ佛母[四]ノ義有リト雖モ、然レドモ、但《ただ》、愛ノミ有ツテ嚴ノ義ヲ闕ク。天台法華宗ハ嚴愛ノ義ヲ具ス。一切ノ賢聖、學・無學、及ビ菩提心ヲ發ス者ノ父ナリ」等云云。

一 応身仏を勝劣に分つ中の勝応身。

二 法華五百問論巻下。

三 法華秀句巻下、仏説十喩校量勝の第七喩。

四 諸仏能生の義。

（5　佛種は一念三千の法門）

眞言・華嚴の經々、[五]種・熟・脱の三義、名字猶《すら》なし。何況、其義をや。華嚴・眞言經等の[六]一生初地《の》即身成佛等は、經《は》權經にして過去をかくせり。種をしらざる脱なれば、[七]趙高が位にのぼり、道鏡が王位に居《ご》せんとせしがごとし。宗々[八]互に權を諍《あらそふ》。予、此をあらそわず。但《ただ》、經に任すべし。法華經の種に依て天親菩薩種子《はしゆじ》無上を立《たて》たり。天台の一念三千これなり。華嚴經、乃至、諸大乘經・大日經等の諸尊の[九]種子、皆一念三千なり。天台智者大師、一人此《この》法門を得給えり。華嚴宗の澄觀、此義を盜で華嚴經の、[一〇]「心如工畫師《しんによくゑし》」の文の神《たましひ》とす。眞言《の》大日經等には、二乘作佛・久遠實成・一念三千の法門これなし。善無畏三藏、震旦に來《きたつ》て後、天台の止觀を見て智發し、大日經の心實相、《とは》[一一]「我レハ一切ノ本初ナリ」の文の神《たましひ》に、天台の一念三千を盜入て、眞言宗の肝心として、其上、印と眞言とをかざり、法華經と大日經との勝劣を判ずる時、[一二]理同事勝の釋をつくれり。兩界の曼陀羅の二乘作佛・十界互具は、一定《いちぢやう》、大日經にありや。第一の誑惑なり。故《に》、傳敎大師云、[一三]「新來ノ眞言家ハ則チ筆受ノ相承ヲ泯シ、舊到《くたう》ノ華嚴家ハ則チ影響《やうがう》ノ軌模ヲ隱ス」等云云。[一四]俘囚の島なんどにわたて、ほの〴〵というたわ、われよみたりなんど申《まうせ》ば、えぞていの者はさこそとをもうべし。漢土・日本の學者、又かく

五　下種・調熟・脱益。仏が衆生に仏果を得させる教化の順序。
六　一生のうちに初地の位に登って即身成仏する。
七　秦始皇帝の悪心の家来。
八　互に相手を権として諍う。
九　種子字。悉曇文字の一字で諸尊の一体を表わす。
一〇　↓二一一頁注七。
一一　大日経巻三。
一二　理法は同だが事相が勝れている。
一三　依憑天台宗序。真言は筆受の相承をないがしろにし、旧来の華厳は仏・菩薩が衆生を擁護する規模を隠す。
一四　北海道をいう。

のごとし。良諝[1]和尚の云、「眞言[2]・禪門・華嚴・三論、乃至、若シ法華等ニ望メバ是レ接引門《せふいんもん》ナリ」等云云。善無畏三藏の閻魔の責《せめ》にあづからせ給しは、此の邪見による。後に心をひるがへし、法華經に歸伏してこそ、このせめをば脱《のがれ》させ給しか。其後、善無畏・不空等、法華經を兩界の中央にをきて大王のごとくし、胎藏の大日經・金剛頂經をば左右の臣下のごとくせし、これなり。日本の弘法も、教相の時は、華嚴宗に心をよせて、法華經をば第八にをきしかども、事相の時は、實惠・眞雅・圓澄・光定等の人々に傳《つたへ》給し時、兩界の中央に、上《かみ》のごとくをかれたり。例せば、三論の嘉祥[3]は法華玄十卷に、法華經を第四時、「會《ゑ》二《に》破《は》二《に》」と定《さだむれ》ども、天台に歸伏して七年つかへ、「講[4]ヲ廢シテ衆ヲ散ジ、身ヲ肉橋ト爲ス」となせり。法相の慈恩は法苑林[5]七卷十二卷に、「一乘方便、三乘眞實」等妄言多《おほし》。しかれども玄贊[6]の第四には、「故ニ亦、兩存ス」等、我《わが》宗を不定《ふぢやう》になせり。言は兩方なれども、心は天台に歸伏せり。華嚴の澄觀は華嚴の疏[7]を造て、華嚴・法華相對して、法華方便とかけるに似《にたれ》ども、「彼ノ宗、之ヲ以テ實ト爲ス。此ノ宗ノ立義、理通ゼザルコトナシ」等とかけるは、悔還《くいかへす》にあらずや。弘法、又かくのごとし。龜鏡なければ我が面をみず。敵なければ我非をしらず。眞言等の諸宗の學者等、我非をしらざりし程に、傳教大師にあひたてまつて、自宗の失をしるなるべし。

一 智顗から九代後の天台の列祖。
二 円珍の授決集巻下。良諝から授けられた口決の書。
三 吉蔵(五一七―六二三)の法華玄論十巻。本書は智顗につくまえの著作。法華経は二乗を会して菩薩を破せず、二乗を破して三乗を会せずと三車説を主張したが。
四 前説を悔い改めた。法華文句輔正記巻三。
五 法苑義林章。七・十二巻は調巻別。
六 一乗と三乗の両存説。法華玄賛要集。
七 華厳演義鈔。

されば、諸經の諸佛・菩薩・人天等は、彼々の經々にして佛にならせ給やうなれども、實には法華經にして、正覺なり給へり。釋迦・諸佛の「衆生無邊」[八]の惣願は、皆此經にをいて滿足す。「今ハ已ニ滿足シヌ」[九]の文これなり。

〔法華經の行者・日蓮〕

（1　日蓮は法華經の行者に非ざるか）

予、事の由ををし計《はかる》に、華嚴・觀經・大日經等をよみ修行する人をば、その經々の佛・菩薩・天等、守護し給らん、疑あるべからず。但、大日經・觀經等をよむ行者等、法華經の行者に敵對をなさば、彼の行者をすてゝ、法華經の行者を守護すべし。例せば、孝子、慈父の王敵となれば、父をすてゝ王にまいる。孝の至也。佛法も又かくのごとし。法華經の諸佛・菩薩・十羅刹、日蓮を守護し給上、淨土宗の六方《の》諸佛・二十五菩薩、眞言宗の千二百[一〇]等、七宗の諸尊、守護《の》善神、日蓮を守護し給べし。例せば、七宗の守護神、傳教大師をまぼり給しがごとしとをもふ。

日蓮案《あんじて》云、法華經の二處三會《さんゑ》[一一]の座にまし〱し日月等の諸天は、法華經の行者出來せば、磁石の鐵を吸がごとく、月の水に遷《うつる》がごとく、須臾に來て行者に代《かはり》、佛前の御誓をはたさせ給べしとこそをぼへ候に、いままで日蓮をとぶらひ給わぬ

八　「衆生無辺なるも誓願して度せん」の四誓の第一句。

九　法華経方便品。

一〇　金剛界と胎蔵界の諸尊。

一一　霊山と虚空会。

は、日蓮、法華經の行者にあらざるか。されば重《かさね》て經文を勘《かんがへ》て、我身にあて丶身の失をしるべし。

(2 念佛・禪宗等に對する經證)

疑《うたがつて》云、當世の念佛宗・禪宗等をば、何《いかなる》智眼《ちげん》をもつて法華經の敵人、一切衆生の惡知識とはしるべきや。

答《こたへて》云、私の言を出《いだす》べからず。經釋の明鏡を出して、謗法の醜面をうかべ、其失《とが》をみせしめん。生盲は力をよばず。

法華經の第四寶塔品云《に》、「爾《そ》ノ時ニ、多寶佛、寶塔ノ中ニ於テ半座ヲ分ツテ、釋迦牟尼佛ニ與ヘタマフ。○爾ノ時ニ大衆、二如來ノ、七寶塔ノ中、師子座ノ上ニ在シテ、結跏趺坐シタマフヲ見タテマツル。○大音聲ヲ以テ普ク四衆ニ告ゲタマハク、誰カ能ク此ノ娑婆國土ニ於テ、廣ク妙法華經ヲ說カン。今正シク是レ時ナリ。如來、久シカラズシテ、當ニ涅槃ニ入ルベシ。佛、此ノ妙法華經ヲ以テ、付囑シテ在《あ》ルコト有ラシメント欲ス」等云云。第一の勅宣なり。

又云、「爾ノ時ニ世尊、重ネテ此ノ義ヲ宣ベント欲シテ、偈ヲ說イテ言《のたま》ハク、聖主世尊、久シク滅度シタマフト雖モ、寶塔ノ中ニ在シテ、尙、法ノ爲ニ來リタマヘリ。諸人云何《いかん》ゾ勤メテ法ノ爲ニセザラン。○又我ガ分身、無量ノ諸佛、恆沙等ノ

一 宝塔品の三箇の勅宣の第一。

如ク、來ツテ法ヲ聽カント欲ス。○各《おのおの》妙ナル土、及ビ弟子衆、天人・龍神、諸ノ供養ノ事《じ》ヲ捨テテ、法ヲシテ久シク住セシメンガ故ニ、此ニ來至シタマヘリ。○譬ヘバ、大風ノ小樹ノ枝ヲ吹クガ如シ。是ノ方便ヲ以テ、法ヲシテ久シク住セシム。諸ノ大衆ニ告グ、我ガ滅度ノ後ニ、誰カ能ク此ノ經ヲ護持シ讀誦セン。今、佛前ニ於テ自ラ誓言ヲ說ケ○」。第二の鳳詔也。

「多寶如來、及ビ我ガ身、集ムル所ノ化佛、當ニ此ノ意ヲ知ルベシ。○諸ノ善男子、各《おのおの》諦《あきら》カニ思惟セヨ。此ハ爲《こ》レ難事ナリ。宜シク大願ヲ發スベシ。諸餘ノ經典、數、恆沙ノ如シ。此等ヲ說クト雖モ、未ダ難シト爲スニ足ラズ。若シ須彌ヲ接《と》ツテ、他方無數ノ佛土ニ擲《な》ゲ置カンモ、亦未ダ難シト爲《せ》ズ。○若シ佛ノ滅後ニ、惡世ノ中ニ於テ、能ク此ノ經ヲ說カン、是レ則チ難シト爲ス。○假使《たとひ》、劫燒ニ、乾レタル草ヲ擔ヒ負ウテ、中ニ入ツテ燒ケザランモ、亦未ダ難シト爲ズ。我ガ滅度ノ後ニ、若シ此ノ經ヲ持《たも》チテ、一人ノ爲ニモ說カン、是レ則チ難シト爲ス。○諸ノ善男子、我ガ滅後ニ於テ、誰カ能ク此ノ經ヲ護持シ讀誦セン。今、佛前ニ於テ、自ラ誓言ヲ說ケ」等云云。第三諫勅也。

第四・第五の二箇の諫曉、提婆品にあり、下にかくべし。

此經文の心は眼前也。青天に大日輪の懸《かかる》がごとし。白面に[二]厭墨《ははくろ》あるににたり。而《しかれ》

二　ホクロ。元来は黶の一字。↓補一四。

ども生盲の者と、邪眼の者と、一眼のものと、「各謂自師」一の者、邊執家の者はみがたし。萬難をすてゝ、道心あらん者にしるしとゞめてみせん。西王母がそのゝもゝ、輪王二出世の優曇華よりもあいがたく、沛公が項羽と八年漢土をあらそいし、頼朝と宗盛が、七年秋津島にたゝかひし、修羅と帝釋と、金翅《こんじ》鳥《てう》と龍王と阿耨地に諍《あらそへ》るも、此にはすぐべからずとしるべし。日本國に此《この》法 顯《あらはるる》こと二度なり。傳敎大師と日蓮となりとしれ。無眼のものは疑べし、力及べからず。此經文は、日本・漢土・月氏・龍宮・天上・十方世界の一切經の勝劣を、釋迦・多寶・十方の佛、來集して定給なるべし。

（3　諸經と法華經の勝劣）

問《とうて》云、華嚴經・方等經・般若經・深密經・楞伽經・大日經・涅槃經等は、九易の内か六難の内か。

答云、華嚴宗の杜順・智儼・法藏・澄觀等の三藏《の》大師讀《よみて》云、華嚴經と法華經とは六難の内、名は二經なれども所說、乃至、理これ同。「三四門観別ナレドモ、眞體ヲ見ルコト同ジ」のごとし。法相の玄奘三藏・慈恩大師等讀《みて》云、深密經と法華經とは同《じく》唯識の法門、四第三時の敎、六難の内なり。三論の吉藏等讀《みて》云、般若經と法華經とは名異體同、二經一法なり。善無畏三藏・金剛智三藏・不空三藏等讀

一　自分の師が一切智者だと謂っている外道のもの。

二　転輪聖王は三千に一度の出世。

三　止観巻六上。

四　法相宗では法華経を第三時中道教とする。

云、大日經と法華經とは理同《おなじ》、をなじく六難の内の經なり。日本の弘法讀《みて》云、大日經は六難九易の内にあらず。大日經は釋迦所説の一切經の外、法身大日如來の所説なり。又、或人云、華嚴經は報身如來の所説、六難九易の内にはあらず。此四宗の元祖等、かやうに讀ければ、其流をくむ數千の學徒等、又、此の見をいでず。日蓮なげいて云、上《かみの》諸人の義を左右なく非なりといわば、當世の諸人、面を向《むく》べからず。非に非をかさね、結句は、國主に讒奏して命に及べし。但、我等が[五]慈父、雙林最後の御遺言に云、「法ニ依リ人ニ依ラザレ」等云云。「人ニ依ラザレ」等者《とは》、[六]初依・二依・三依・第四依《なり》。普賢・文殊等の等覺の菩薩、法門を説給とも、經を手ににぎらんをば用《もちゐる》べからず。「依了義經、不依不了義經」と定《さだめ》て、經の中にも了義・不了義經を糺明して、信受すべきこそ候ぬれ。龍樹菩薩の十住毘婆娑論に云、「修多羅黒論ニ依ラズシテ、修多羅白《びやく》論ニ依レ」等云云。天台大師云、「[七]修多羅ト合フ者ハ錄シテ之ヲ用ヒ、文ナク義ナキハ信受スベカラズ」等云云。傳教大師云、「[八]佛説ニ依憑シ、口傳《くでん》ヲ信ズルコト莫《な》カレ」等云云。[九]圓珍智證大師云、「文ニ依ツテ傳フベシ」等云云。上にあぐるところの諸師の釋、皆、一分々々、經論に依て勝劣を辨《わきまふる》やうなれども、皆、自宗を堅《かたく》信受し、先師の謬義をたゞさゞるゆへに、「[一〇]曲會《こくゑ》私情」の勝劣なり。「[一一]莊嚴己義」の法門なり。佛滅後の犢子《とくし》・方廣、

五　仏が最後に説かれた涅槃経に、1依法不依人、2依義不依語、3依智不依識、4依了義経不依不了義経の四依を説く。北本巻六。
六　1法に依り、2義に依り、3智に依り、4了義経に依ることをいう。
七　修多羅は経。
八　法華玄義巻十上。
九　円珍(八一四—八九一)は寺門派の祖。授決集巻上。
一〇　私情によって仏意を曲げた解釈。法華文句記巻十上。
一一　自分の勝手な見解を飾る。法華玄義巻一下。

後漢已後の外典《は》、佛法外の外道の見《けん》よりも、三皇・五帝の儒書よりも、邪見強盛なり、邪法巧なり。華嚴・法相・眞言等の人師、天台宗の正義を嫉《ねたむ》ゆへに、[一]「實經ノ文ヲ會《ゑ》シテ權義ニ順ゼシムルコト」強盛なり。しかれども、道心あらん人、偏黨をすて、自他、宗をあらそわず、人をあなづる事なかれ。法華經《に》云、[二]「已今當」等云云。妙樂云、[三]「縦《たと》ヒ經アツテ諸經ノ王ト云フトモ、已今當說、最爲第一ト云ハズ」等云云。又云、[四]「已今當ノ妙、茲ニ於テ固ク迷フ。謗法ノ罪ハ、苦、長劫ニ流ル」等云云。此《この》經釋におどろいて、一切經並に人師の疏釋を見るに、狐疑氷《こほり》とけぬ。今、眞言の愚者等、印・眞言のあるをたのみて、眞言宗は法華經にすぐれたりとをもひ、慈覺大師等の眞言勝《すぐれ》たりとをほせられぬれば、なんどをもへるは、いうにかいなき事なり。

密嚴經《に》云、[五]「十地・華嚴等、大樹ト神通、勝鬘及ビ餘經、皆此ノ經ヨリ出デタリ。是ノ如キノ密嚴經ハ、一切經ノ中ニ勝レタリ」等云云。

大雲經《に》云、「是ノ經ハ卽チ是レ諸經ノ轉輪聖王ナリ。何ヲ以テノ故ニ。是ノ經典ノ中ニ、衆生ノ實性・佛性・常住ノ法藏ヲ宣說スルガ故ナリ」等云云。

[六]六波羅蜜經《に》云、「所謂、過去無量ノ諸佛所說ノ正法、及ビ我ガ今說ク所ノ所謂八萬四千ノ諸ノ妙法蘊《うん》ナリ。○攝シテ五分ト爲ス。[七]一ニ素呾纜《そたらん》、二ニ毘奈耶、三ニ

一 相手を破した文。守護国界章下。

二 「我が説く所の経典……已に説き、今説き、当に説かん、而も其中に於て此の法華経、最も難信難解なり。法華経法師品。

三 文句記巻七上。

四 玄義釈籤巻六。

五 「十地」から「勝鬘」までは経名。巻上、道場品。

六 巻二。

七 1ソタランは契経・経。2ビナヤは調伏・律。3アビダツマは対法・論。4は悟りを得させる完全な智恵。5は総持門。

阿毘達磨、四ニ般若波羅蜜、五ニ陀羅尼門。此ノ五種ノ藏ハ有情《うじやう》ヲ教化ス。○若シ彼ノ有情、契經《かいきやう》・調伏・對法・般若ヲ受持スルコト能ハズ、或ハ復《また》有情、諸ノ惡業、[八]四重・八重・五無間罪、方等經ヲ謗ズル一闡提等ノ種々ノ重罪ヲ造ルニ、銷滅《せうめつ》シテ速疾ニ解脱シ、頓《とみ》ニ涅槃ヲ悟ルコトヲ得セシメ、而モ彼ガ爲ニ諸ノ陀羅尼藏ヲ説ク。此ノ五ノ法藏ハ、譬ヘバ乳・酪・生蘇《しやうぞ》・熟蘇及ビ妙ナル醍醐ノ如シ。○惣持門トハ譬ヘバ醍醐ノ如シ。醍醐ノ味ハ乳・酪・蘇ノ中ニ微妙《みめう》第一ニシテ能ク諸ノ病ヲ除キ、諸ノ有情ヲシテ身心安樂ナラシム。惣持門トハ契經等ノ中ニ最モ第一ト爲ス。能ク重罪ヲ除ク」等云云。

[九]解深密經《に》云、「爾ノ時ニ勝義生菩薩、復佛ニ白《まう》シテ言ク、世尊、初メ一時ニ於テ、波羅痆斯《なし》、[一〇]仙人墮處施鹿林ノ中ニ在《まし》シテ、唯、聲聞乘ニ發趣《ほつしゆ》スル者ノ爲ニ、四諦ノ相ヲ以テ正法輪ヲ轉ジタマフ。是レ甚ダ奇ニシテ、甚ダ希有ト爲シ、一切世間ノ諸ノ天人等、先ヨリ能ク如法ニ轉ズル者有ルコト無シト雖モ、而モ彼ノ時ニ於テ轉ジタマフ所ノ法輪、[一一]上有リ、容ルル有リ。是レ未ダ了義ナラズ、是レ諸ノ諍論安足處ノ所。世尊、在昔《むかし》第二時ノ中ニ、唯、發趣シテ大乘ヲ修スル者ノ爲ニ、一切ノ法ハ皆、無自性、無生無滅、本來寂靜《じやくじやう》、自性涅槃ナルニ依リ、隱密ノ相ヲ以テ正法輪ヲ轉ジタマフ。更ニ、甚ダ奇ニシテ甚ダ希有ト爲スト雖モ、而モ、彼

八　四重は比丘の重罪。八重は比丘尼の重罪。五無間は無間地獄におちる五逆罪。方等経は大乗経。

九　巻二、無自性品。

一〇　鹿野苑の別名。

一一　まだ上があり、受け容れるところがある。だから了義でなく、諍論のたえまがない。

ノ時ニ於テ轉ジタマフ所ノ法輪、亦、是レ上有リ、容受スル所有リ。猶、未ダ了義ナラズ。是レ諸ノ諍論安足處ノ所。世尊、今、第三時ノ中ニ於テ、普ク一切乘ニ發趣スル者ノ爲ニ、一切ノ法ハ皆、無自性、無生無滅、本來寂靜ハ自性涅槃ニシテ、無自性ノ性ナルニ依リ、顯了ノ相ヲ以テ正法輪ヲ轉ジタマフ。第一甚ダ奇ニシテ、最モ希有ト爲ス。今ニ、世尊轉ジタマフ所ノ法輪、上無ク、容ルル無クシテ是レ眞ノ了義ナリ。諸ノ諍論安足處ノ所ニ非ズ」等云云。

[一]大般若經《に》云、「聽聞スル所ノ世《せ》・出世ノ法ニ隨ツテ皆能ク方便シテ、般若甚深ノ理趣ニ會入《ゑにふ》シ、諸ノ造作スル所ノ世間ノ事業《じごふ》、亦般若ヲ以テ法性ニ會入ス。一事トシテ法性ヲ出ヅル者ヲ見ズ」等云云。

大日經第一《に》云、「[二]祕密主、大乘行アリ、[三]無縁乘ノ心ヲ發ス。法ニ我性ナシ。何ヲ以テノ故ニ。彼ノ往昔《むかし》是ノ如ク修行セシ者ノ如キハ、[四]蘊《うん》ノ阿賴耶《あらや》ヲ觀察シテ、自性ハ幻ノ如シト知ル」等云云。又云、「[五]祕密主、彼、是ノ如ク無我ヲ捨テ、心主自在ニシテ自心ノ本不生ヲ覺ス」等云云。又云、「[六]所謂、空ノ性ハ根《こん》ノ境ヲ離レ、無相無境ナリ。無相ニシテ境界無ク、諸ノ戲論《けろん》ヲ越エテ等シク虚空ニ同ジ。乃至、極無自性ナリ」等云云。又云、「[七]大日尊、祕密主ニ告ゲテ言ク、祕密主、云何ナルカ菩提。謂ク如實ニ自心ヲ知ル」等云云。

一　巻三百二十六、不退転品。
二　空海の十住心説では、その第六、法相・唯識の住心にあてる。
三　心外に別法なしと知るを無縁乗という。
四　蘊は集積の義で身心の要素をいう。アラヤは蔵識と訳し、唯識では物心の諸法の種子を蔵するところとする。
五　十住心説の第七、三論宗の住心にあてる。
六　十住心説の第九、華厳宗の住心にあてる（極無自性心）。
七　十住心説の第八、天台宗の住心にあてる。

八華嚴經《に》云、「一切世界ノ諸ノ群生《ぐんじやう》、聲聞道ヲ欲求スルモノ有ルコト尠《すくな》シ。縁覺ヲ求ムル者轉《うた》タ復少シ。大衆ヲ求ムル者甚ダ希有ナリ。大乘ヲ求ムル者、猶易《やす》シト爲シ、能ク是ノ法ヲ信ズルハ甚ダ難シト爲ス。況ヤ、能ク受持シ正憶念シ、說ノ如ク修行シ、眞實ニ解スルモノヲヤ。若シ三千大千界ヲ以テ頂戴スルコト一劫、身不動ナランモ、彼ノ所作未ダ難シト爲《せ》ズ。是ノ法ヲ信ズル者ヲ甚ダ難シト爲ス。大千塵數ノ衆生ノ類ニ、一劫、諸ノ樂具《らくぐ》ヲ供養センモ、彼ノ功德ハ未ダ勝ルト爲ズ。是ノ法ヲ信ズル者ヲ殊勝ト爲ス。若シ掌ヲ以テ九十佛刹ヲ持チ、虛空ノ中ニ於テ住スルコト一劫ナランモ、彼ノ所作、未ダ難シト爲ズ。是ノ法ヲ信ズル者ヲ甚ダ難シト爲ス。十佛刹塵ノ衆生ノ類ニ、一劫、諸ノ樂具ヲ供養センモ、彼ノ功德、未ダ勝ルト爲ズ。是ノ法ヲ信ズル者ヲ殊勝ト爲ス。十刹塵數ノ如來ヲ、一劫、恭敬シテ供養セン。若シ、能ク此ノ品ヲ受持セン者ハ、功德、彼ニ於テ最勝ト爲ス」等云云。

一〇涅槃經《に》云、「是ノ諸ノ大乘方等經典、復、無量ノ功德ヲ成就スト雖モ、是ノ經ニ比セント欲スルニ、喩《たとへ》ヲ爲スヲ得ザルコト百倍・千倍・百千萬億、乃至、算數譬喩モ及ブコト能ハザル所ナリ。善男子、譬ヘバ牛ヨリ乳ヲ出シ、乳ヨリ酪ヲ出シ、酪ヨリ生蘇ヲ出シ、生蘇ヨリ熟蘇ヲ出シ、熟蘇ヨリ醍醐ヲ出ス。醍醐ハ最上ナリ。

八　六十華厳巻七、賢首品。

九　十仏国土。

一〇　北本巻十四、聖行品。

若シ服スルコト有ル者ハ衆病、皆除キ、所有ノ諸薬モ悉ク其ノ中ニ入ルガ如シ。善男子、佛モ亦是ノ如シ。佛ヨリ十二部經[一]ヲ出シ、十二部經ヨリ修多羅ヲ出シ、修多羅ヨリ方等經ヲ出シ、方等經ヨリ般若波羅蜜ヲ出シ、般若波羅蜜ヨリ大涅槃ヲ出ス。猶、醍醐ノ如シ。醍醐ト言フハ佛性ニ喩フ」等云云。

此等の經文を法華經の已今當・六難九易《くい》に相對すれば、月に星をならべ、九山《せん》[二]に須彌を合《あはせ》たるににたり。しかれども、華嚴宗の澄觀、法相・三論・眞言等の慈恩・嘉祥・弘法等の、佛眼のごとくなる人、猶、此文にまどへり。何況、盲眼のごとくなる當世の學者等、勝劣を辨《わきまふ》べしや。黑白《こくびやく》のごとくあきらかに、須彌・芥子[三]のごとくなる勝劣、なをまどへり。いはんや虛空のごとくなる理に迷《まよは》ざるべしや。敎の淺深をしらざれば、理の淺深辨《わきまふる》ものなし。卷をへだて、文《もん》、前後すれ[四]ば、敎門の色辨《いろわきまへ》がたければ、文を出《いだし》て愚者を扶《たすけん》とをもう。王に小王・大王、一切に少分、全分、五乳[五]に全喩・分喩辨べし。六波羅蜜經は有情の成佛、無性の成[六]佛なし。何況や、久遠實成《を》あかさず。猶、涅槃經の五味にをよばず。何況《いかにいはうや》、法華經の迹門・本門にたいすべしや。而に、日本の弘法大師、此の經文にまどひ給て、法華經を第四の熟蘇味に入れ給えり。第五の惣持門の醍醐味すら涅槃經に及《およば》ず、いかにし給けるやらん。而《しかるに》、「震旦ノ人師諍ツテ醍醐ヲ盗ム」[七]と、天台等を

一 経を形式と内容から十二種に分けた名称。十二分経ともいう。
二 須弥山の金輪の上にあるという妙高山王を中心とする九つの山。
三 大小のたとえ。
四 前にあげた八経の文は、経があとさきになって愚者には見分けにくいだろうから、文を出して理解のたすけにしよう。
五 乳味から醍醐味までの涅槃経の五味も、仏教全体に喩えるときと、その一部に喩えるときがあることを弁まえよ。
六 重罪の有情の成仏はとくが無性の成仏はとかない。
七 空海の顕密二教論巻下。

盗人とかき給へり。「惜[八]シイ哉、古賢、醍醐ヲ嘗メズ」等と自歎せられたり。此等はさてをく。我一門の者のためにしるす。他人は信ぜざれば逆縁なるべし。一渧《いつたい》をなめて大海のしをゝしり、一花《いちげ》を見て春を推せよ。萬里をわたて宋に入《いら》ずとも、三箇年を經て靈山《りやうぜん》にいたらずとも、龍樹のごとく龍宮に入ずとも、無著菩薩のごとく彌勒菩薩にあはずとも、[九]二所三會《さんね》に値《あは》ずとも、一代の勝劣はこれをしれるなるべし。蛇は七日が内の洪水をしる、龍の眷屬なるゆへ。烏は年中の吉凶をしれり、過去に陰陽師なりしゆへ。鳥は飛ぶ德、人にすぐれたり。日蓮は諸經の勝劣をしること、華嚴《の》澄觀、三論の嘉祥、法相《の》慈恩、眞言の弘法にすぐれたり。天台・傳敎の跡をしのぶゆへなり。彼《かの》人々は天台・傳敎に歸せさせ給はずは、謗法の失《とが》、脱《のがれ》させ給べしや。當世、日本國に第一に富者《とめるものは》、日蓮なるべし。命は法華經にたてまつる。名をば後代に留《とどむ》べし。大海の主となれば、諸《もろもろの》河神皆したがう。須彌山の王に、諸《もろもろの》山神したがわざるべしや。法華經の六難九易を辨れば、一切經よまざるにしたがうべし。

寶塔品の三箇の勅宣の上《に》、提婆品に[一〇]二箇の諫曉あり。提婆達多は一闡提なり。天王如來と記せらる。涅槃經四十卷の現證、此の品にあり。[一一]善星《ぜんしやう》・阿闍世等の無量の五逆謗法の者、一をあげ頭《かしら》をあげ、萬ををさめ枝をしたがふ。一切《の》五逆・七[一二]

八　同上。

九　法華説法の所。

一〇　悪人成仏と女人成仏。提婆達多と竜女成仏。

一一　涅槃の境に至らないのに、到達したと自負し懈怠して仏法を謗り、地獄におちた。

一二　出仏身血・殺父・殺母・殺和上・殺阿闍梨・破羯磨転法輪僧・破聖人（梵網経下。第六は戒を守って説法する僧を破す。）

逆・謗法・闡提、[一]天王如來にあらはれ了《をはんぬ》。毒藥變じて甘呂[二]となる、衆味にすぐれたり。龍女が成佛、此《これ》一人にはあらず、一切の女人の成佛をあらわす。法華經已前の諸小乘經には、女人成佛をゆるさず。諸大乘經には、成佛往生をゆるすやうなれども、或《は》改轉の成佛、[三]一念三千の成佛《にして》にあらざれば、有名無實の成佛往生なり。「[四]一ヲ擧ゲテ諸ヲ例ス」と申て、龍女が成佛は、末代の女人の成佛往生の道をふみあけたるなるべし。儒家の孝養は今生にかぎる。未來の父母を扶《たすけ》ざれば、外家《げけ》の聖賢は有名無實なり。外道は、過未をしれども、父母を扶《たすくる》道なし。佛道こそ父母の後世を扶れば、聖賢の名はあるべけれ。しかれども、法華經已前等の大小乘の經宗は、自身の得道、猶、かなひがたし。何況、父母をや。但、文のみあて義なし。今、法華經の時こそ、女人成佛の時、悲母の成佛顯《も》れ、達多惡人成佛の時、慈父《の》成佛顯《も》るれ。此の經は内典の孝經《ぎやう》也。二箇のいさめ了。已上、五ケの鳳詔にをどろきて、勸持品の弘經あり。明鏡の經文を出《いだし》て、當世の禪・律・念佛者、並《ならびに》諸檀那の謗法をしらしめん。

（4　本書選述の決意と三類の强敵）

日蓮といゐし者は、去年《こぞ》[五]九月十二日子丑《ねうし》の時に頸《くび》はねられぬ。此《これ》は魂魄、佐土の國にいたりて、返年《かへるとし》の二月、雪中にしるして、有緣の弟子へをくれば、[六]をそろし

一　提婆達多の仏名。
二　甘露のあて字。
三　一念三千にうらづけられた即身の成仏。
四　他はこれに準ずる。法華文句巻七上。
五　本抄を書いた前年、文永八年九月十二日の竜ノ口の難。
六　身命を捨てて法華経を弘めることの大難を思うと恐ろしく、しかも日蓮と同じ決意をもつ有縁の者には恐ろしいことはない。

くてをそろしからず。みん人、いかに[七]をぢずらむ。此《これ》は釋迦・多寶・十方の諸佛の、未來日本國、當世をうつし給、明鏡なり。かたみともみるべし。

勸持品《に》云、「[八]唯、願ハクハ慮《うらおも》ヒシタマフベカラズ。佛滅度ノ後、恐怖惡世ノ中ニ於テ、我等、當ニ廣ク説クベシ。[九]諸ノ無智ノ人、惡口《あくく》罵詈等シ、及ビ刀杖ヲ加フル者有ラン。我等、皆當ニ忍ブベシ。[一〇]惡世ノ中ノ比丘ハ、邪智ニシテ心諂曲ニ、未ダ得ザルヲ爲レ得タリト謂《おも》ヒ、我慢ノ心充滿セン。[一一]或ハ阿練若ニ、納衣ニシテ空閑《くうげん》ニ在ツテ、自ラ眞ノ道ヲ行ズト謂ヒ、人間ヲ輕賤《きやうせん》スル者有ラン。利養ニ貪著スルガ故ニ、[一二]白衣《びやくえ》ノ與《ため》ニ法ヲ説イテ、世ニ恭敬セラルルコト、六通ノ羅漢ノ如クナラン。是ノ人、惡心ヲ懷キ、常ニ世俗ノ事《じ》ヲ念ヒ、名ヲ阿練若ニ假《か》ツテ、好ンデ我等ガ過ヲ出サン。○常ニ大衆ノ中ニ在ツテ、我等ヲ毀ラント欲スルガ故ニ、國王・大臣・婆羅門・居士、及ビ餘ノ比丘衆ニ向ツテ、誹謗シテ我ガ惡ヲ説イテ是レ邪見ノ人、外道ノ論議ヲ説クト謂《い》ハン。○濁劫惡世ノ中ニハ、多ク諸ノ恐怖《くふ》有ラン。惡鬼其ノ身ニ入ツテ、我レヲ罵詈・毀辱《きにく》セン。○濁世ノ惡比丘ハ、佛ノ方便、隨宜所説ノ法ヲ知ラズ、惡口《あくく》シテ顰蹙シ、[一三]數數《しばしば》擯出《ひんずゐ》セラレン」等云云。
[一四]記八《の》云《に》、「文ニ三アリ。初《はじめ》ニ一行ハ通ジテ邪人ヲ明ス、卽チ俗衆也。次ニ一行ハ道門增上慢ノ者ヲ明ス。三ニ七行ハ僭聖增上慢ノ者ヲ明ス。此ノ三ノ中ニ、初ハ

七　どんなにか怖れようとするであろう。

八　菩薩衆が、仏に滅後の弘経を誓った文。忍難の決意をのべ、つぎに三類の強敵をあげる。

九　三類の第一、俗衆の増上慢のこと。

一〇　第二、道門の増上慢のこと。阿練若は僧の住処。納衣は僧衣、転じて僧をいう。

一一　第三、僭上の増上慢のこと。

一二　在家の人に法をといて。

一三　悪比丘のために度々追放されるであろう。

一四　法華文句記、勧持品の前に引いた文を注釈したところ。

忍ブベシ。次ハ前ニ過ギタリ。第三最モ甚ダシ。後々ノ者ハ轉《うた》タ識リ難キヲ以テノ故ニ」等云云。

一 東春に智度法師の云、「初ニ有諸ヨリ下ノ五行ハ、○第一ノ一偈ハ三業ノ惡ヲ忍ブ、是レ外惡《げあく》ノ人ナリ。次ニ惡世ヨリ下ノ一偈ハ、是レ上慢出家ノ人ナリ。第三ニ或有阿練若ヨリ下ノ三偈ハ、卽チ是レ出家ノ處ニ、一切ノ惡人ヲ攝ス」等云云。

又云、「常在大衆中ヨリ下ノ兩行ハ、公處ニ向ツテ法ヲ毀リ人ヲ謗ズ」等云云。

二 涅槃經の九に云、「善男子、一闡提有リ、羅漢ノ像《かたち》ヲ作シテ空處ニ住シ、方等大乘經典ヲ誹謗セン。諸ノ凡夫人、見已ツテ、皆、眞ノ阿羅漢、是レ大菩薩ナリト謂ハン」等云云。又云、「爾ノ時ニ、是ノ經、閻浮提ニ於テ當ニ廣ク流布スベシ。是ノ時ニ、當ニ諸ノ惡比丘有ツテ、是ノ經ヲ抄略《かす》メ、分ツテ多分ト作シ、能ク正法ノ色香美味ヲ滅スベシ。是ノ諸ノ惡人、復《また》是ノ如キ經典ヲ讀誦スト雖モ、如來ノ深密ノ要義ヲ滅除シ、世間莊嚴ノ文餝《もんじき》無義ノ語ヲ安置シ、前ヲ抄《かす》メテ後ニ著ケ、後ヲ抄メテ前ニ著ケ、前後ヲ中ニ著ケ、中ヲ前後ニ著ク。當ニ知ルベシ、是ノ如キノ諸ノ惡比丘ハ、是レ魔ノ伴侶ナリ」等云云。

三 六卷般泥洹經云、「阿羅漢ニ似タル一闡提有ツテ惡業ヲ行ズ。一闡提ニ似タル阿羅漢アツテ慈心ヲ作サン。羅漢ニ似タル一闡提有リトハ、是レ諸ノ衆生、方等ヲ

一 法華義纘巻五、勧持品の同文を釈したところ。

二 如来性品。

三 大般泥洹経巻六、問菩薩品。後文に次の涅槃経とともに、全同文を再び引用する。

誹謗スルナリ。一闡提ニ似タル阿羅漢トハ、聲聞ヲ毀呰《きし》シ、廣ク方等ヲ說キ、衆生ニ語ツテ言ク、我レ汝等ト倶ニ是レ菩薩ナリ。所以ハ何ン。一切皆如來ノ性有ルガ故ニ。然モ彼ノ衆生ハ一闡提ナリト謂ハン」等云云。

四涅槃經《に》云、「我レ涅槃ノ後、乃至、正法滅シテ後、像法ノ中ニ於テ、當ニ比丘有ルベシ。像《かたち》ハ律ヲ持ツニ似テ少《わづ》カニ經ヲ讀誦シ、飲食ヲ貪嗜シテ其ノ身ヲ長養シ、○袈裟ヲ服スト雖モ、猶、獵師ノ細視シテ徐行スルガ如ク、猫ノ鼠ヲ伺フガ如シ。常ニ是ノ言ヲ唱ヘン、我レ羅漢ヲ得タリト。○外ニハ賢善ヲ現ハシ、內ニハ貪嫉ヲ懷ク。瘂法ヲ受ケタル婆羅門等ノ如シ。實ニハ沙門ニ非ズシテ沙門ノ像ヲ現ハシ、邪見熾盛《しじやう》ニシテ正法ヲ誹謗セン」等云云。

夫、五鷲峰・雙林の日月、六毘湛・東春の明鏡、當世の諸宗、並《ならびに》國中の禪・律・念佛者が、醜面を浮たるに一分もくもりなし。七妙法華經《に》云、「於佛滅度後　恐怖惡世中」。安樂行品云、「於後惡世」又云、「於末法中」。又云、「於後末世　法欲滅時」。分別功德品《に》云、「惡世末法時」。藥王品《に》云、「後五百歲」等云云。正法華經勸說品《に》云、「然後末世」。又云、「然後來末世」等云云。八添品《てんぼん》法華經《に》云、等。天台云、「像法の中、南三北七《は》、法華經の怨敵なり」。傳敎の云、「像法の末、南都六宗《の》學者《は》、法華《の》怨敵」等云云。彼等の時はいまだ分明ならず。此は敎主釋尊・多寶佛、寶塔

四　北本巻六、如来性品。

五　鷲の峰は霊山のことで、転じて法華経をさし、双林は沙羅双樹で、同じく涅槃経をいう。これを日月に譬う。

六　妙楽湛然と東春智度の作った法華経の注釈書。

七　勧持品。

八　羅什訳法華経に添品した経本にも同文がある、という意味であろう。

の中に日月の並《ならぶ》がごとく、十方分身の諸佛、樹下に星を列《つらね》たりし中にして、正法一千年、像法一千年、二千年すぎて末法の始《はじめ》に、法華經の怨敵、三類〔一〕あるべしと、八十萬億那由他の諸菩薩の定給《さだめたまひ》し、虚妄となるべしや。當世は、如來滅後二千二百餘年なり。大地は指《ささ》ばはづるとも、春は花はさかずとも、三類の敵人、必、日本國にあるべし。さるにては、たれ〳〵の人々か三類の内なるらん。又、誰人か法華經の行者なりとさゝれたるらん、をぼつかなし。彼の三類の怨敵に、我等入てやあるらん。又、法華經の行者の内にてやあるらん、をぼつかなし。

〔二〕周の第四昭王の御宇二十四年甲寅《きのえとら》四月八日の夜中に、天に五色の光氣、南北に亙《わたつ》て畫のごとし。大地六種に震動し、雨ふらずして江河井池の水まさり、一切の草木に花さき、菓《このみ》なりたりけり。不思議なりし事なり。昭王、大に驚《をどろく》。太史蘇由占《うらなつて》云、西方に聖人生《うまれ》たり。昭王問《とうて》云、此國いかん。答云、事なし。一千年の後、〔三〕彼聖言《かのしやうごん》、此國にわたて、衆生を利すべし。彼のわづかの外典の「一毫ヲモ未ダ見思ヲ斷ゼザル」の者、しかれども一千年のことをしる。はたして佛教一千一十五年と申せし、後漢の第二明帝の永平十年丁卯《ひのとう》年、佛法漢土にわたる。此れは似《にる》べくもなき、釋迦・多寶・十方分身の佛の御前の諸菩薩の未來記なり。當世日本國に、三類の法華經の敵人なかるべしや。されば、佛、付法藏經等に記《しるして》

一 前引の勧持品にいう三類の強敵。
二 紀元前一〇五二―一〇〇二の在位。昭王二十四年は前一〇二九年。釈迦仏の生れたのはこの年であるという。周書異説として伝える。
三 仏教の経典。
四 法華経はみな違うことになる。

云、我《わが》滅後に、正法一千年が間、我正法を弘べき人、二十四人、次第に相續すべし。迦葉・阿難等はさてをきぬ。一百年の脇比丘《けうびく》、六百年の馬鳴《めみやう》、七百年の龍樹菩薩等、一分もたがわず、すでに出給《いでたまひ》ぬ。此事いかんかむなしかるべき。此事、相違せば[四]一經皆相違すべし。所謂、舍利弗が未來の華光如來、迦葉の光明如來も皆妄説となるべし。[五]爾前、返て一定となつて、「永不成佛」の諸《の》聲聞なり。犬・野干をば供養すとも、阿難等をば供養すべからずとなん。いかんかせんいかんかせん〳〵。

[六]第一の「有諸無智人」云者《といふは》、經文第二の「惡世ノ中ノ比丘」、第三の納衣の比丘の大檀那等と見へたり。隨て、妙樂大師《は》「俗衆」等云云。東春《に》云、「[七]向公處」等云云。第二の法華經《の》怨敵《は》、經に云、「惡世ノ中ノ比丘ハ、邪智ニシテ心諂曲《てんごく》ニ、未ダ得ザルヲ爲レ得タリト謂《おも》ヒ、我慢ノ心充滿セン」等云云。[八]涅槃經《に》云、「是ノ時ニ當ニ諸ノ惡比丘有ルベシ。乃至、是ノ諸ノ惡人、復、是《かく》ノ如キ經典ヲ讀誦スト雖モ、如來ノ深密ノ要義ヲ滅除シ」等云云。[九]止觀《に》云、「若シ信無キハ高ク聖境ニ推シテ、己ガ智分ニ非ズトシ、若シ智無キハ増上慢ヲ起シテ、己《おのれ》佛ニ均シト謂ヘリ」等云云。[一〇]道綽禪師が云、「一一ニ理ハ深ク解《げ》ハ微ナルニ由ル」等云云。[一一]法然云、「諸行ハ機ニ非ズ、時ヲ失フ」等云云。[一二]記《の》十《に》云、「恐ラクハ人、謬リ解セン者、初心ノ功

五　爾前の経が真実となって、舎利弗・迦葉は永不成仏の声聞となり終る。
六　勧持品にいう第一の俗衆の上慢というのは、第二の道門の上慢、第三の僭上の上慢の外護者である。以下、第一・第二・第三とこの三類の強敵について述べる。
七　「公処に向って法を毀り人を謗す」との前引の句。
八　北本巻九、如来性品。
九　巻一下。
一〇　聖道を非難する句、安楽集巻上。
一一　善導の説で、諸行を廃して念仏帰依を勧める。撰択集。
一二　法華文句記巻十ノ中。

徳ノ大ナルコトヲ識ラズシテ、功ヲ上位ニ推《ゆづ》リ、此ノ初心ヲ蔑《ないがし》ロニセン。故ニ今、彼ノ行淺ク功深キコトヲ示シ、以テ經力ヲ顯ハス」等云云。[一]傳教大師云、「正像、稍《やや》過ギ已《をは》ツテ、末法、太《はなは》ダ近キニ有リ。法華一乘ノ機、今正シク其ノ時ナリ。何ヲ以テカ知ルコトヲ得ン。安樂行品ニ云ク、末世法滅ノ時ナリ」等云云。[二]惠心云、「日本一州、圓機純一ナリ」等云云。道綽と傳教と法然と惠心と、いづれ、此を信べしや。彼は一切經に證文なし。此正《これはまさしく》、法華經によれり。其上、日本國一同に、叡山大師《は》受戒の師なり。何《なんぞ》、天魔のつける法然に心をよせ、我が剃頭《ていづ》の師をなげすつるや。法然、智者ならば何《なんぞ》、此の釋を撰擇に載《のせ》て[三]和會《わゑ》せざる。人の理をかくせる者なり。

第二の「惡世中比丘」と指るゝは、法然等の無戒邪見の者なり。[四]涅槃經《に》云、「我等悉ク邪見ノ人ト名ヅク」等云云。[五]妙樂云、「自ラ三敎ヲ指シテ皆邪見ト名ヅク」等云云。止觀《に》云、「[六]大經ニ云ク、此ヨリノ前ハ、我等皆邪見ノ人ト名ヅクルナリ。邪ハ豈《あに》惡ニ非ズヤ」等云云。[七]弘決《に》云、「邪ハ卽チ是レ惡ナリ。是ノ故ニ當ニ知ルベシ、唯《ただ》、圓ヲ善ト爲ス。復、二意有リ。一ニハ順ヲ以テ善ト爲シ、背《はい》ヲ以テ惡ト爲ス。相待ノ意ナリ。○著《ちやく》ヲ以テ惡ト爲シ、達ヲ以テ善ト爲ス。相待・絕待倶ニ須ク惡ヲ離ルベシ。圓ニ著スル尙惡ナリ、況ヤ、復餘ヲヤ」等云云。外道の善

一 守護国界章巻上ノ下。
二 日本国中、法華経の機根の人ばかりである。一乗要決巻中。
三 わかるように解釈しないのか。
四 南本涅槃経巻八、四倒品。
五 玄義釈籤巻十七。
六 「大経」は涅槃経をいう。止観巻二下。
七 止観輔行巻二一。

惡は、小乗經に對すれば皆惡道。小乗《の》善道、乃至、四味三教[八]は、法華經に對すればば皆邪惡、法華のみ正善也。爾前の圓は相待妙[九]。絶對妙に對すれば猶惡也。前三教に攝すれば猶を惡道なり。爾前のごとく彼の經の極理を行ずる、猶、惡道なり。況《いはうや》、觀經等の猶、華嚴・般若經等に及ざる小法を本《もと》として、法華經を觀經に取《とり》入《いれ》て、還て、念佛に對して閣抛閉捨せるは、法然、並に所化の弟子等、檀那等は誹謗正法の者にあらずや。釋迦・多寶・十方の諸佛は、「法[一〇]ヲシテ久シク住セシメンガ故ニ、此ニ來至シタマヘリ」。法然、並《ならびに》日本國の念佛者等は、法華經は末法に念佛より前《さき》に滅盡すべしと。豈《あに》、三聖の怨敵にあらずや。

第三《は》法華經《に》云、「或ハ阿練若ニ有リ、納衣ニシテ空閑ニ在ツテ、乃至、白衣ノ與《ため》ニ法ヲ説イテ、世ニ恭敬セラルルコト、六通ノ羅漢ノ如クナラン」等云云。

六巻般泥洹經《に》云、「羅漢ニ似タル一闡提有ツテ惡業ヲ行ズ。一闡提ニ似タル阿羅漢アツテ慈心ヲ作サン。羅漢ニ似タル一闡提有リトハ、是レ諸ノ衆生、方等ヲ誹謗スルナリ。一闡提ニ似タル阿羅漢トハ、聲聞ヲ毀呰シ、廣ク方等ヲ説キ、衆生ニ語ツテ言ク、我レ汝等ト倶ニ是レ菩薩ナリ。所以ハ何《いか》ン。一切皆如來ノ性有ルガ故ニ。然モ彼ノ衆生ハ一闡提ト謂ハン」等云云。

涅槃經《に》云、「我レ涅槃ノ後、○像法ノ中ニ於テ、當ニ比丘有ルベシ。像《かたち》ハ律ヲ持ツ

八　五味四教の中の前四味三教。五味は五時に、乳から醍醐までの五味を譬にあてた語。

九　法華経以前の円を相待の妙、法華経の円は爾前を超えた絶対の妙。

一〇　法華経宝塔品。

ニ似テ少カニ經ヲ讀誦シ、飲食ヲ貪嗜シテ其ノ身ヲ長養シ、○袈裟ヲ服スト雖モ、猶、獵師ノ細視シテ徐行スルガ如ク、猫ノ鼠ヲ伺フガ如シ。常ニ是ノ言ヲ唱ヘン、我レ羅漢ヲ得タリト。○外ニハ賢善ヲ現ハシ、内ニハ貪嫉ヲ懷ク。瘂法ヲ受ケタル婆羅門等ノ如シ。實ニハ沙門ニ非ズシテ沙門ノ像ヲ現ハシ、邪見熾盛ニシテ正法ヲ誹謗セン」等云云。

妙樂云、「第三[一]最モ甚ダシ。後々ノ者ハ轉《うた》タ識リ難キヲ以テノ故ニ」等云云。東[二]春《に》云、「第三ニ或有阿練若ヨリ下ノ三偈ハ、即チ是レ出家ノ處ニ、一切ノ惡人ヲ攝ス」等云云。東春に「即チ是レ出家ノ處ニ、一切ノ惡人ヲ攝ス」等者《とは》、當世日本國には何《いづれの》處ぞや。叡山か園城か、東寺歟《か》南都か、建仁寺か壽福寺か、建長寺か、よく〳〵たづぬべし。延暦寺の出家の頭《かうべ》に、甲冑をよろうをさすべきか。園城寺の[三]五分法身の膚に、鎧杖を帶せるか。彼等は經文に、「納衣ニシテ空閑ニ在リ」と指《さす》にわにず。「世ニ恭敬セラルルコト、六通ノ羅漢ノ如クナラン」と人をもはず。又、「[四]轉《うた》タ識リ難キカ故ニ」というべしや。花洛には聖一[五]等、鎌倉には良觀等ににたり。人をあたむことなかれ。眼あらば經文に我が身をあわせよ。

止觀第一《に》云、「止觀ノ明靜《みやうじやう》ナルコト前代ニハ未ダ聞カズ」等云云。弘[六]《の》一《に》云、「漢ノ明帝夜夢ミシヨリ陳朝ニ泊《およ》ブマデ、○豫《あらかじ》メ禪門ニ厠《まじ》リテ、衣鉢[七]傳授スル者」等云

一 第三とは、第三類の僣上の上慢。→二六七頁注一一。
二 →二六八頁注一。
三 戒・定・恵・解脱・解脱知見身を具えた法体の身。
四 前に引く文句記の語。
五 弁圓(一二〇二―一二七九)。京都東福寺初祖、聖一国師。良観は忍性(一二一七―一三〇三)、律僧。
六 止観輔行弘決。
七 伝法する。
八 三大部補註。
九 止観巻五の上。「盲跛」は、めく

云。補註[八]《に》云、「衣鉢傳授トハ達磨《だるま》ヲ指ス」等云云。止[九]《の》五《に》云、「又一種ノ禪人、乃至、盲跛ノ師徒、二《ふたり》倶ニ墮落ス」等云云。止[一〇]《の》七《に》云、「九ノ意、世間ノ文字ノ法師ト共ナラズ、亦事相ノ禪師ト共ナラズ。一種ノ禪師ハ、唯、觀心ノ一意有ツテ、或ハ浅ク或ハ僞ル。餘ノ九ハ全ク無シ。此レ虛言ニ非ズ。後賢ノ眼《まなこ》有ラン者ハ、當ニ證知スベキナリ」。弘《の》七《に》云、「[一一]文字ノ法師トハ、内ニ觀解無クシテ唯、法相ヲ構フ。事相ノ禪師トハ、境智ヲ閑《なら》ハズ鼻膈《びきやく》ニ心ヲ止ム。乃至、根本ノ[一二]有漏定等ナリ。一師、唯觀心ノ一意有リ等トハ、此ハ且ク與ヘテ論ヲ爲ス。奪ヘバ則チ觀解倶ニ闕ク。世間ノ禪人、偏ヘニ理觀ヲ尚《たふと》ンデ、既ニ教ヲ誦ンゼズ。觀ヲ以テ經ヲ消シ、八邪・八風ヲ數ヘテ丈六ノ佛ト爲ス。[一三]五《ご》陰《おん》三毒ヲ合シテ名ヅケテ八邪ト爲シ、[一四]六入ヲ用テ六通ト爲シ、[一五]四大ヲ以テ四諦ト爲ス。此ノ如ク經ヲ解スルハ、僞《いつはり》ノ中ノ僞ナリ。何ゾ浅ク論ズベケンヤ」等云云。止觀《の》七《に》云、「昔、[一六]鄴洛《ごふらく》ノ禪師、名ハ河海ニ播《し》キ、往クトキハ則チ四方雲ノゴトクニ仰ギ、去ルトキハ則チ[一七]阡陌《せんびやく》、群ヲ成シ、隱々轟々トシテ、亦何ノ利益カ有ル。臨終ニ皆悔ユ」等云云。弘《の》七《に》云、「鄴洛ノ禪師トハ、鄴ハ相州ニ在リ、卽チ齊魏ノ都トスル所ナリ。大イニ佛法ヲ興ス。禪師ノ一《はじめ》ナリ。其ノ地ヲ王化ス。時人ノ意ヲ護ツテ其ノ名ヲ出サズ。洛ハ卽チ洛陽ナリ」等云云。[一八]六卷般泥洹經《に》云、「究竟ノ處ヲ見ズトハ、彼ノ一闡提ノ輩ノ究竟

らとびっこの偏破な師。

[一〇] 十乗観法をとくところ。巻七下。

[一一] 前に引く止観にいう文字の法師と事相の禅師の偏見についての解釈。

[一二] 悟りのない、煩悩のままの禅定。

[一三] 五蘊に同じ。色・受・想・行・識蘊。肉体と心は五の作用の集りとする。三毒は、煩悩・業・苦。

[一四] 眼・耳・鼻・舌・身・意の六入をもって、天眼・天耳・神足・他心・宿命・漏尽の六通とする。

[一五] 地・水・火・風の四大をもって、苦、集・滅・道の四諦とする。

[一六] 達磨禅師。

[一七] 東西南北。

[一八] 泥洹経巻六。

ノ悪業ヲ見ザルナリ」等云云。妙樂云、「[一]第三最モ甚ダシ。轉タ識リ難キガ故ニ」等。

無眼の者・一眼者《の》・邪見者《のは》、末法の始の三類を見《みる》べからず。一分の佛眼を得《うる》もの此をしるべし。「國王・大臣・波羅門・居士ニ向ツテ」等云云。東春《に》云、「公處ニ向ツテ法ヲ毀リ人ヲ謗ス」等云云。夫、昔《むかし》像法の末《すゑ》には[二]護命《ごみやう》・修圓等、奏狀をさゝげて傳教大師を讒奏す。今、末法の始には良觀・[三]念阿等、偽書を注して將軍家にさゝぐ。あに三類の怨敵にあらずや。

當世の念佛者等、天台法華宗《の》檀那の、國王・大王・婆羅門・居士等に向《むかつ》て云、法華經は理深《りじん》、我等は解微《げみ》、法は至て深《ふかく》、機《は》至て淺《あさし》等、申うとむるは、「[四]高ク聖境ニ推シテ、己ガ智分ニ非ズ」の者にあらずや。禪宗《の》云、「法華經は月をさす指、禪宗は月也。月をえて指なにかせん。禪は佛の心、法華經は佛の言也。佛、法華經等の一切經をとかせ給《たまひて》後、最後に[五]一ふさの花をもつて、迦葉一人にさづく。其しるしに佛の御袈裟を迦葉に付囑《ふぞく》し、乃至、[六]付法藏の二十八、六祖までに傳《つたふ》」等云云。此等の大妄語、國中を誑醉《わうする》せしめてとしひさし。又、天台・眞言高僧等、名は其家にえたれども、我《わが》宗にくらし、貪欲は深《ふかし》。公家武家ををそれて、此の義を證伏し讚歎す。昔の多寶・分身の諸佛は、法華經の「[七]令法久住」を證明す。今、

一 第三の僭聖の上慢をいう。文句記巻八ノ四。

二 最澄の法華一乗に反対した南都法相宗の人たち。

三 良忠（一一九九―一二八七）。源空の末流。

四 →二七一頁注九。

五 迦葉がこれによって悟りを開いたのが禅であると伝える。

六 禅宗の付法相承では、迦葉を初祖とし、第二十八祖が菩提達磨。

七 「法をして久しく住せしむ」。

天台宗の碩徳は、「[八]理深解微」を證伏せり。かるがゆへに、日本國に、但、法華經の名のみあつて、得道の人一人《も》なし。誰をか法華經の行者とせん。寺塔を燒《やい》て流罪せらるゝ僧侶は、かずをしらず。公家武家に諛《へつらう》て、にくまるゝ高僧これ多《おほし》。此等を法華經の行者というべきか。佛語むなしからざれば、三類の怨敵すでに國中に充滿せり。金言のやぶるべきかのゆへに、法華經の行者なし。いかんかせんく。

抑《そもそも》、たれやの人か衆俗に惡口《あくく》罵詈せらるゝ。誰僧《の》か刀杖を加《くはへら》るゝ。誰の僧をか法華經のゆへに公家武家に奏する。誰の僧か「數々見擯出」と度々ながさるゝ。日蓮より外に、日本國に取出《とりいださん》とするに人なし。日蓮は法華經の行者にあらず、天これをすて給ゆへに。誰をか當世の法華經の行者として、佛語を實語とせん。佛と提婆とは身と影とのごとし、生々にはなれず。聖德太子と守屋とは、蓮華の華菓同時なるがごとし。法華經の行者あらば、必、三類の怨敵あるべし。三類はすでにあり、法華經の行者は誰なるらむ。求《もとめ》て師とすべし。[九]一眼の龜の浮木に値《あふ》なるべし。

（5　法華經の身讀と行者の自覺）

有人《あるひとの》云、當世の三類はほゞ有ににたり、但《ただし》、法華經の行者なし。汝を法華經の行

八　法華経の理は深く、それを解することができるものは微かである。

九　逢いがたい譬。

者といはんとすれば、大なる相違あり。此經《に》[一]云、「天ノ諸ノ童子、以テ給使ヲ爲サン。刀杖ヲ加ヘズ、毒モ害スルコト能ハズ」。又云、「若シ人惡《にく》ミ罵ラバ、口則チ閉塞《へいそく》セン」等。又云[二]、「現世安穩ニシテ、後ニ善處ニ生レン」等云云。又[三]、「頭《かうべ》破《わ》レテ七分《しちぶん》ト作ルコト、阿梨樹ノ枝ノ如クナラン」。又云[四]、「亦現世ニ於テ其ノ福報ヲ得ン」等。又云、「若シ復《また》、是ノ經典ヲ受持セン者ヲ見テ、其過惡ヲ出サン、若シハ實ニモアレ、若シハ不實ニモアレ、此ノ人、現世ニ白癩《びやくらい》ノ病ヲ得ン」等云云。

答云、汝が疑、大に吉《よ》し、ついでに不審を晴《はらさん》。不輕品《に》云、「惡口罵詈」等。又云、「或以杖木瓦石、而打擲《ちやうちやく》之」等云云。涅槃經《に》[五]云、「若殺若害」等云云。法華經《に》[六]云、「而此經者、如來現在、猶多怨嫉」等云云。佛は小指を提婆にやぶられ、九横の大難に値《あひ》給。此は法華經の行者にあらずや。不輕菩薩《は》、一乘の行者といわれまじきか。目連《は》、竹杖に殺《ころさ》る。法華經記莂《きべつ》の後なり。付法藏の第十四提婆菩薩、第二十五の師子尊者《の》二人は人に殺《ころされ》ぬ。此等は法華經の行者にはあらざるか。竺道生[七]は蘇山に流《ながされ》ぬ。法道《は》[八]、火印《かなやき》を面にやいて江南にうつさる。北野天神・白居易、此等は法華經の行者ならざるか。事の心を案ずるに、前生に法華經誹謗の罪なきもの、今生に法華經を行ず。これを世間の失《とが》によせ、或は罪なきをあたすれば忽

一 法華経安楽行品。次の文も。
二 薬草喩品。
三 陀羅尼品。
四 勧発品。次も。
五 →一九五頁。
六 法師品。二二九頁注七。
七 羅什の弟子。闡提成仏を主張し、蘇州に流された。
八 宋の徽宗が仏教の道教化を宣したとき、その非を上申して江南に流された。

に現罰あるか。修羅が帝釋をいる、金翅鳥の阿耨池に入《いる》等、必、返て一時に損ずるがごとし。[九]天台云、「今、我ガ疾苦ハ皆過去ニ由ル、今生ノ修福ハ報、將來ニ在リ」等云云。[一〇]心地觀經《に》云、「過去ノ因ヲ知ラント欲セバ、其ノ現在ノ果ヲ見ヨ。未來ノ果ヲ知ラント欲セバ、其ノ現在ノ因ヲ見ヨ」等云云。不輕品《に》云、「其罪畢已」等云云。不輕菩薩は、過去に法華經を謗《はうじ》給ふ罪、身に有《ある》ゆへに、瓦石をかぼるとみへたり。又、順次生に、必《かならず》、地獄に墮べき者は、重罪を造《つくる》とも現罰なし、一闡提これなり。

[一一]涅槃經《に》云、「迦葉菩薩、佛ニ白シテ言ク、世尊、佛ノ所説ノ如ク、大涅槃ノ光ハ一切衆生ノ毛孔ニ入ル」等云云。又云、「迦葉菩薩、佛ニ白シテ言ク、世尊、云何ゾ、未ダ菩提心ヲ發サザル者、菩提ノ因ヲ得ン」等云云。佛、此問を答《て》云、「佛、迦葉ニ告ゲタマハク、若シ是ノ大涅槃經ヲ聞クコト有ツテ、我レ菩提心ヲ發スコトヲ用ヒズト言ツテ、正法ヲ誹謗セン。是ノ人卽チ夜夢ノ中ニ於テ、羅刹ノ像ヲ見テ心中怖畏ス。羅刹語ツテ言ク、咄《つたな》シ善男子、汝今、若シ菩提心ヲ發サズハ、當ニ汝ガ命ヲ斷ツベシ。是ノ人惶怖シ寤《さ》メ已ツテ、卽チ菩提ノ心ヲ發ス。○當ニ知ルベシ、是ノ人ハ是レ大菩薩ナリ」等云云。[一二]いたうの大惡人ならざる者、正法を誹謗すれば、卽時に夢みてひるがへる心生《しやうず》。又云、[一三]「枯木石山」等。又云、[一四]「燋種

九　玄義巻六上。
一〇　同経にこの文なし。諸経要集巻十四に同文あり。
一一　北本巻九、如来性品。次の文も。
一二　甚しい大悪人。
一三　前の経文のつづき。雨がふっても枯木石山には水が止らない。
一四　同上。「燋種は甘雨に遇ふと雖も、百千万劫、終に芽を生ぜず」。

雖遇甘雨」。又、[一]「明珠・淤泥」等。又云、[二]「如人手創捉毒藥」等云云。又云、[三]「大雨不住空」等云云。此等の多《おほく》の譬あり。順次生に、必、無間地獄に墮べきゆへに、現罰なし。例せば、夏の桀、殷の紂の世には天變なし。重過有て必《かならず》、世ほろぶべきゆへか。又、守護神、此國をすつるゆへに現罰なきか。謗法の世をば守護神すてゝ去《さり》、諸天まぼるべからず。かるがゆへに、正法を行《ぎやうずる》ものにしるしなし。還て、大難に値《あふ》べし。[四]金光明經云《に》、「善法ヲ修スル者日々ニ衰減ス」等云云。惡國惡時これなり。具《つぶさ》には、立正安國論にかんがへたるがごとし。

詮ずるところは天もすて給《たまへ》、諸難にもあえ、身命を期《ご》とせん。[五]身子が六十劫《の》菩薩の行を退せし、乞眼《こつげん》の婆羅門の責を堪ざるゆへ、[六]久遠・大通の者の三五の塵《ぢん》をふる、惡知識に値《あふ》ゆへなり。善に付《つけ》、惡につけ法華經をすつる、地獄の業なるべし。

（6　三大誓願）

[七]本願を立《たてん》、日本國の位をゆづらむ、法華經をすてゝ觀經等について後生をごせよ。父母の頸を刎《はねん》、念佛申さずわ、なんどの種々の大難出來すとも、智者に我《わが》義やぶられずは用《もちゐ》じとなり。其外の大難、風の前《の》塵《ちり》なるべし。我《われ》日本の柱とならむ、我日本の眼目とならむ、我日本の大船とならむ等とちかいし願、やぶるべからず。

一　同上。明珠を游泥に投ずれば明珠の効果がなくなるとする。
二　同上。「人手に瘡あって毒薬を把る如し」。瘡なければ毒が入らない。闡提に譬える。
三　同上。「大雨空に住せず」。「法雨は闡提に住すること能はず」と。
四　四巻経巻三、正論品。
五　舎利弗が六十劫のあいだ施の行をしていたときバラモンに眼を乞われてボサツ道を退転したという故事。
六　久遠に法華経をきいて下種をしたものと、大通仏のとき十六王子から法華経をきいたものが、五百億塵点劫、三千塵点劫の長い間、仏にな

（7　宿業の轉重輕受）

疑《うたがって》云、いかにとして、汝が流罪死罪等を、過去の宿習としらむ。

答《て》云、[八]銅鏡は色《いろ》形を顯す。[九]秦王驗僞の鏡は現在の罪を顯す。佛法の鏡は過去の業因を現す。

[一〇]般泥洹《に》經云、「善男子、過去ニ曾テ、無量ノ諸罪、種種ノ惡業ヲ作ル。是ノ諸ノ罪報ハ、○或ハ輕易セラレ、或ハ形狀醜陋《しうる》、衣服足ラズ、飲食麁疎、財ヲ求ムルニ利アラズ、貧賤ノ家、邪見ノ家ニ生レ、或ハ王難ニ遭フ、及ビ餘ノ種々ノ人間ノ苦報アラン。現世ニ輕ク受クルハ、斯レ護法ノ功德力ニ由ルガ故ナリ」等云云。此の經文、日蓮が身に宛も[一一]符契のごとし。狐疑《こぎ》、氷とけぬ。千萬難由《のも》なし。一々の句、我が身にあわせん。「或ハ輕易セラレ」等云云。[一二]法華經云、「輕賤憎嫉」等云云。二十餘年が間の[一三]輕慢せらる。「[一四]或ハ形狀醜陋」、又云、「衣服足ラズ」、予《が》身也。「飲食麁疎」、予《が》身也。「財ヲ求ムルニ利アラズ」、予《が》身也。「貧賤ノ家ニ生ル」、予《が》身也。「或ハ王難ニ遭フ」等。此經文、人疑べしや。法華經云、「數々擯出セラル」。此經文《に》云、「種々」等云云。「斯レ護法ノ功德力ニ由ルガ故ナリ」等者《とは》、摩訶止觀第五云、「[一五]散善微弱ナルハ、動ゼシムルコト能ハズ。今、止觀ヲ修シテ健[一六]《ごん》病《びやう》虧《か》ケザレバ、生死ノ輪《りん》ヲ動ズ」等云云。又云、「三障四魔、紛然トシテ競ヒ起

れなかったのは、悪知識に迷わされていたからである。

七　本来の願い。他本に「大願」とするものあり。

八　「銅を以て鏡とすれば、以て衣冠を正す」（貞観政要巻二）。

九　秦王が使ったという人の心を写す鏡。

一〇　過去の罪を現に軽くうける説。巻四。

一一　後日の証とする文書。

一二　譬喩品。

一三　軽侮に同じ。

一四　以下の七引文は直前に引いた般泥洹経の文。

一五　散善は散乱心でおこす善。

一六　どんな対境にもまけないならば、六道輪廻をふりほどくことができる。

ル」等云云。

我《われ》、無始よりこのかた、惡王と生て、法華經の行者の衣食田畠等を奪《うばひ》とりせしことかずしらず。當世、日本國の諸人の、法華經の[一]山寺《やまてら》をたうすがごとし。又、法華經の行者の頸を刎《はぬる》こと、其數をしらず。此等の重罪、はたせるもあり、いまだはたさゞるもあるらん。果《はたす》も餘殘いまだつきず。生死を離《はなるる》時は、必《かならず》、此重罪をけしはてゝ出離すべし。功德、淺輕なり、此等の罪、深重なり。權經を行ぜしには、此の重罪いまだをこらず。鐵を熱にいたうきたわざれば、きず隱《かくれ》てみえず。度々せむればきずあらわる。麻子[二]をしぼるに、つよくせめざれば油少《すくなき》がごとし。[三]今、日蓮、强盛に國土の謗法を責れば、大難の來《きたる》は、過去の重罪の、今生の護法に招出《まねきいだ》せるなるべし。鐵の火に値《あは》ざれば黑し、火と合《あひぬ》れば赤《あかし》。木をもつて急流をかけば波、山のごとし。睡《ねむれ》る師子に手をつくれば大に吼ゆ。

涅槃經《に》云、「[四]譬へバ貧女ノ如シ、家ニ居シテ救護ノ者有ルコト無シ。加復《ますます》、病苦飢渴ニ逼メラレテ遊行乞丐《こつがい》ス。他ノ客舍ニ止マリ、寄リテ一子ヲ生ズ。是ノ客舍ノ主、駈逐シテ去ラシム。其ノ産シテ未ダ久シカラズ、是ノ兒ヲ携ヘ抱イテ他國ニ至ラント欲シ、其ノ中路ニ於テ、惡風・雨ニ遇ヒ、寒苦並ビ至リ、多ク、蚊・虻・蜂、螫《さ》ス毒蟲ノ爲ニ唼《す》ヒ食ハル。恆河ヲ經由シテ、兒ヲ抱イテ渡ル。其ノ水

一　山や寺を。
二　麻の種。
三　底本に「今ま」とする。
四　南本涅槃経巻二、純陀品。

漂疾ナレドモ、而モ放チ捨テズ。是ニ於テ、母子遂ニ倶《とも》ニ沒シヌ。是ノ如キ女人ハ、慈念ノ功德ニテ、命終ノ後、梵天ニ生ズ。文殊師利、若シ善男子有ツテ正法ヲ護ラント欲セバ、〇彼ノ貧女ノ恆河ニ在ツテ、子ヲ愛念スルガ爲ニ、身命ヲ捨ツルガ如クセヨ。善男子、護法ノ菩薩モ亦、應ニ是ノ如ク、寧ロ身命ヲ捨ツベシ。〇是ノ如キノ人ハ、解脫ヲ求メズト雖モ、解脫自《おのづか》ラ至ルコト、彼ノ貧女ノ梵天ヲ求メザレドモ、自ラ至ルガ如シ」等云云。

此經文は、[五]章安大師、三障をもつて釋《しやくし》給へり、それをみるべし。「貧人」者《とは》、法財のなきなり。「女人」者《とは》、一分の慈ある者也。「客舍」者《とは》、穢土也。「二子」者《とは》、法華經の信心了因の子也。「舍主駈逐」者《とは》、流罪せらる。「其產未久」者《とは》、いまだ信じてひさしからず。「惡風」者、流罪の勅宣なり。「蚊虻」等者、「[六]有諸無智人惡口罵詈等」也。「母子共沒」者《とは》、終《つひ》に法華經の信心をやぶらずして、頭を刎《はね》らるゝなり。「梵天」者《とは》、佛界に生《うまるる》をいうなり。[七]引業《いんごふ》と申は佛界までかわらず。日本・漢土の萬國の諸人を殺《ころす》とも、五逆・謗法なければ無間地獄には墮《おち》ず。餘《の》惡道にして多歲をふべし。[八]色天に生《うまるる》こと、萬戒を持《たもて》ども、萬善をす[九]すれども、散善にては生れず。又、梵天王となる事、有漏《うろ》の引業の上、慈悲を加て生ずべし。今此の貧女が子を念《おもふ》ゆへに梵天に生《うまる》。[一〇]常の性相《しやうざう》には相違せり。[一一]章安の二はあれども、詮ず

五　智顗の門人、灌頂（五六一―六三二）が、報障・煩悩障・業障の三障をもて釈している涅槃経の疏。
六　二六七頁註九。
七　業を結集して次の生に方向づける能力。
八　色界の四禅天。
九　修すれども。
一〇　通常、定められた法相に相違する。
一一　章安の釈に、貧女の発心の位に二つの別はあるが。

るところは子を念《おもふ》慈念より外《ほかの》事なし。念を一境にする、定《ちやう》に似たり。専《もつぱら》子を思《おもふ》、又慈悲にもにたり。かるがゆへに、他事なけれども天に生《うまるる》か。

又、佛になる道は、華嚴《の》唯心法界、一三論の八不《はつぷ》、法相唯識《の》二、眞言の五輪觀三等も實《この》には叶《かなふ》べしともみへず。但《ただ》、天台の一念三千こそ、佛になるべき道とみゆれ。此《この》一念三千も、我等一分の恵解もなし。而ども、一代經々の中には、此經計《ばかり》、一念三千の玉をいだけり。餘經の理は玉ににたる黄石なり。沙をしぼるに油なし、石女に子のなきがごとし。諸經は、智者、猶を佛にならず。此經は、愚人《も》佛因を種《うう》べし。「四不求解脱、解脱自至」等云云。我《われ》、並《にわが》我弟子、諸難ありとも疑《うたがふ》心なくわ、自然に佛界にいたるべし。天の加護なき事を疑はざれ、現世の安穩ならざる事をなげかざれ。我《わが》弟子《に》朝夕教《をしへ》しかども、疑をこして皆すてけん。つたなき者《の》ならひは、約束せし事をまことの時、わするゝなるべし。妻子を不便とをもうゆへ、現身にわかれん事をなげくらん。多生曠劫にしたしみし妻子には、心とはなれしか、佛道のためにはなれしか、いつも同《おなじ》わかれなるべし。我《わが》法華經の信心をやぶらずして、靈山にまいりて返《かへつ》てみちびけかし。

〔攝受・折伏・隨時の應化〕

疑《うたがつて》云、念佛者と禪宗等《を》無間と申は、諍《あらそふ》心あり。修羅道にや墮《おつ》べかるらむ。又、

一 三論宗にいう八不中道。八不は、不生・不滅・不常・不断・不一・不異・不来・不出をいう。
二 心識の転変をはなれて実の法なしとする主張。
三 地水火風空の五輪を行者の肉体にあてはめて観想し、これを大日の三昧耶形とみ、仏身の現成をとく。
四 前引泥洹経文。

法華經の安樂行品云《に》、「樂《ねが》ツテ人及ビ經典ノ過《とが》ヲ説カザレ。亦、諸餘ノ法師ヲ輕慢セザレ」等云云。汝、此經文に相違するゆへに、天にすてられたるか。

答云、止觀[五]云《に》、「夫レ佛ニ兩説アリ。一ニハ攝《せふ》、二ニハ折《しやく》。安樂行ニ不稱長短トイフ如キ、是レ攝ノ義。大經ニ刀杖ヲ執持シ、乃至、首ヲ斬レトハ、是レ折ノ義。與奪[六]、途《みち》ヲ殊ニスト雖モ、倶ニ利益セシム」等云云。

弘決云《に》、「夫レ佛ニ兩説アリ等トハ、○大經ニ「刀杖ヲ執持セヨ」トハ、第三ニ云ク、正法ヲ護ル者ハ五戒ヲ受ケズ、威儀ヲ修セズ。○乃至下《しも》ノ文《もん》、「仙豫國王」等ノ文。又「新醫[七]、乳《にゆう》ヲ禁ジテ云ク、若シ更ニ爲スコト有ラバ、當ニ其ノ首ヲ斷ルベシ」。是ノ如キ等ノ文、並ニ是レ破法ノ人ヲ折伏スルナリ。一切ノ經論、此ノ二ヲ出デズ」等云云。

文句[八]云《に》、「問フ、大經ニハ、國王ニ親付シ、弓ヲ持チ箭ヲ帶シ、惡人ヲ摧伏セヨト明ス。此ノ經ニハ、豪勢[九]ヲ遠離シ、謙下慈善セヨトイヒ、剛柔碩《おほい》ニ乖《そむ》ケリ。云何ソ異ナラザラン。答フ、大經ハ偏ヘニ折伏ヲ論ズレドモ、一子地《ち》ニ住ス。何ゾ曾テ攝受無カラン。此ノ經ニハ偏ヘニ攝受ヲ明セドモ、「頭破七分トイフ。折伏無キニ非ズ。各《おのおの》一端ヲ擧ゲテ時ニ適《かな》フ而已《のみ》」等云云。

涅槃經《の》疏[一〇]云《に》、「出家・在家、法ヲ護ランニハ、其ノ元心《ぐわんしん》ノ所爲ヲ取リ、事《じ》ヲ棄テ、

五　止観巻十下。

六　与えると奪う。

七　病気の根源をつきとめた新医が、旧医の与えた乳を禁じていう。

八　巻八下。

九　安楽行品には勢力者を遠ざけ。

一〇　巻八。出家在家は、法を護るためには、根本の心の所作を身につけ、事相である戒律などをすて、教理を存し、正邪を匡して教を弘めよ。持戒、破戒は時にしたがえ、と。

理ヲ存シ、匡《ただ》シテ大敎ヲ弘メヨ。故ニ「護持正法」ト言フ。小節ニ拘ハラザレ。故ニ「不修威儀」ト言フ。○昔ノ時ハ平カニシテ法弘マル。應ニ戒ヲ持《たも》ツベシ。杖《ちやう》ヲ持《も》ツコト勿レ。今ノ時ハ嶮ニシテ法翳《かく》ル。應ニ杖ヲ持ツベシ、戒ヲ持ツコト勿レ。今昔、倶ニ嶮ナレバ、應ニ倶ニ杖ヲ持ツベシ。今昔、倶ニ平カナレバ、應ニ倶ニ戒ヲ持ツベシ。取捨宜シキヲ得テ一向ニスベカラズ」等云云。

汝が不審をば、世間の學者、多分道理とをもう。いかに諫曉すれども、日蓮が弟子等も此《この》をもひすてず。一闡提人のごとくなるゆへに、先《まづ》天台、妙樂等の釋をいだして、かれが邪難をふせぐ。

夫、攝受・折伏と申《まうす》法門は、水火のごとし。火は水をいとう、水は火をにくむ。攝受の者は折伏をわらう、折伏の者は攝受をかなしむ。無智惡人の、國土に充滿の時は攝受を前《さき》とす、安樂行品のごとし。邪智謗法の者、多《おほき》時は折伏を前とす。譬へば、熱時に寒水を用《もちゐる》、寒時に火をこのむがごとし。草木は日輪の眷屬、寒月に苦をう。諸水は月輪の所從、熱時に本性を失《うしなふ》。末法に攝受・折伏あるべし。所謂、惡國・破法の兩國あるべきゆへなり。日本國當世は、惡國か、破法の國かとしるべし。

問云、攝受の時、折伏を行《ぎやうずる》と、折伏の時、攝受を行《ぎやうずる》と、利益あるべしや。

一 「答云」の二字、日乾対照本に

答[一]云、涅槃經ニ[二]云、「迦葉菩薩、佛ニ白シテ言ク、○如來ノ法身ハ金剛不壞ナリ、而モ未ダ所因ヲ知ルコト能ハズ、云何《いかん》。佛、言ハク、迦葉、能ク正法ヲ護持スル因緣ヲ以テノ故ニ、是ノ金剛身ヲ成就スルコトヲ得タリ。迦葉、我レ正法ヲ護持スル因緣ニ於テ、今、是ノ金剛身・常住不壞ヲ成就スルコトヲ得タリ。善男子、正法ヲ護持セン者ハ、五戒ヲ受ケズ、威儀ヲ修セズシテ、應ニ刀劍・弓箭ヲ持ツベシ[三]。○是ノ如ク種々ニ法ヲ說ク。然ル故ニ、師子吼スルコト能ハズ。○非法ノ惡人ヲ降伏スルコト能ハズ。是ノ如キ比丘ハ、自ラ利シ、及ビ衆生ヲ利スルコト能ハズ。當ニ知ルベシ、是ノ輩ハ懈怠・懶墮《らんだ》ナリ。能ク戒ヲ持チ、淨行ヲ守護ストモ、當ニ知ルベシ、是ノ人ハ能ク爲ス所無カラン。○乃至、時[四]ニ破戒ノ者有ツテ、是ノ語ヲ聞キ已ツテ、咸ク共ニ瞋恚シテ、是ノ法師ヲ害セン。是ノ說法ノ者、設《たと》ヒ復、命終ストモ、故《ことさ》ラニ戒ヲ持チ、自ラ利シ他ヲ利スト名ヅケン」等云云。[五]章安云、「取捨宜シキヲ得テ、一向ニスベカラズ」等。[六]天台云、「時に適《かな》フ而已《のみ》」等云云。譬へば、秋の終に種子を下《おろし》、田畠をかえさんに、稲米をうることかたし。

建仁年中に、法然・大[七]日の二人出來して、念佛宗・禪宗を興行す。法然云、法華經は末法に入ては、「未[八]有一人得者、千中無一」等云云。大日云、「敎[九]外別傳」等

「御本ニ無」の脇書がある。今は流布本によって挿入。
二　北本巻三、金剛身品。
三　以上は正法を護持する在家者のことをいう。つぎの中略のところは、清浄の比丘を守るためにとつづく。
四　「若シ比丘有リテ、能ク是ノ如ク師子吼ヲ作ス」につづく。
五　涅槃経疏巻八。
六　文句巻八下。
七　能忍(?―一一九五)。日本達磨宗を創唱。
八　撰択集の第一・第二段の要句。末法のとき法華経によって得道するものは一人もない。千人の中に一人もない。
九　禅は言教の外の伝承。

云云。此《この》兩義、國土に充滿せり。天台・眞言の學者等、念佛・禪の檀那をへつらいをそるゝ事、犬の主にをゝふり、ねずみの猫ををそるゝがごとし。[一]國王・將軍にみやつかひ、破佛法因緣《の》・破國因緣《の》を能說《よくとき》、能かたるなり。天台・眞言の學者等、今生には餓鬼道に墮《おち》、後生には阿鼻を招《まねく》べし。設《たとひ》、山林にまじわつて一念三千の觀をこらすとも、空閑《くうげん》にして三密の油をこぼさずとも、時機をしらず、攝折の二門を辨へずは、いかでか生死を離べき。

問云、念佛者・禪宗等を責て、彼等にあたまれたる、いかなる利益かあるや。

答云、[二]涅槃經《に》云、「若シ善比丘アツテ、法ヲ壞《やぶ》ル者ヲ見テ、置イテ呵責シ、駈遣シ、擧處《こしょ》セズンバ、當ニ知ルベシ、是ノ人ハ佛法ノ中ノ怨ナリト。若シ能ク駈遣シ、呵責シ、擧處セバ、是レ我ガ弟子、眞ノ聲聞ナリ」等云云。「[三]佛法ヲ壞亂スルハ、佛法ノ中ノ怨ナリ。慈無クシテ詐リ親シムハ、是レ彼ノ人ノ怨ナリ。能ク[四]糾治セン者ハ、是レ護法ノ聲聞、眞ノ我ガ弟子ナリ。彼ガ爲ニ惡ヲ除クハ、卽チ是レ彼ガ親《しん》ナリ。能ク呵責スル者ハ、是レ我ガ弟子ナリ。駈遣セザル者ハ、佛法ノ中ノ怨ナリ」等云云。

夫、法華經の寶塔品を拜見するに、釋迦・多寶・十方分身の諸佛の來集は、なに心ぞ、「[五]法ヲシテ久シク住セシメンガ故ニ、此ニ來至シタマヘリ」等云云。[六]三佛

一 念仏、禅宗の僧たちが国王や将軍に仕えて。
二 北本巻三、寿命品。
三 涅槃経疏巻八。
四 相手の悪事を正しく治めようとするものは。
五 法華経宝塔品。前文、二五七頁にもひく。
六 釈迦・多宝・分身の諸仏。

の未來に法華經を弘《ひろめ》て、未來の一切の佛子に、あたえんとおぼしめす御心の中《うち》をすいするに、父母の、一子の大苦に値を見るよりも、强盛《に》こそみへたるを、法然いたわしともおもはで、末法には法華經の門を堅く閉て、人を入《いれ》じと[七]せき、狂兒《わらじ》をたぼらかして寶をすつるやうに、法華經を抛《なげすて》させける心こそ無慚に見へ候へ。我《わが》父母を人の殺《ころす》に、父母につげざるべしや。惡子醉狂して父母を殺《ころす》を、せいせざるべしや。惡人、寺塔に火を放《はなつ》、せいせざるべしや。一子の重病を灸せざるべしや。日本の禪と念佛者を見て、せいせざるものはかくのごとし。[八]「慈無クシテ詐リ親シムハ、是レ彼ノ人ノ怨ナリ」等云云。日蓮は日本國の諸人に、したし[九]父母也。一切《の》天台宗の人は、彼等が大怨敵なり。「彼ガ爲ニ惡ヲ除クハ、卽チ是レ彼ガ親ナリ」等云云。無道心の者、生死をはなるゝ事はなきなり。教主釋尊の、一切の外道に、大惡人と罵詈せられさせ給《たまひ》、天台大師の、[一〇]南北、並《ならびに》得一に、三寸《の》舌もて五尺の身をたつと、傳教大師の、南京の諸人に、「最澄、未ダ唐都ヲ見ズ」等といわれさせ給し、皆、法華經のゆへなればはぢならず。愚人にほめられたるは第一のはぢなり。日蓮が御勘氣をかぼれば、天台・眞言の法師等、悅《よろこばし》くやをもうらん。かつは[一一]むざんなり、かつはきくわいなり。夫、釋尊は娑婆に入《いり》、羅什は秦に入、傳教尸那《はしな》に入《いる》。[一二]提婆・師子は身をすつ、藥

七　塞ぎ。

八　前頁の疏の文。

九　親しい父母。

一〇　南三北七の師。

一一　はじしらずでもあり、おかしなことでもある。

一二　提婆菩薩と師子尊者。↓二七八頁。

王は臂をやく、上宮[一]は手の皮をはぐ、釋迦[二]菩薩は肉をうる、樂法《げうぼふ》は骨を筆とす。天台云、「時ニ適フ而已」等云云。佛法は時によるべし。

（結　語）

日蓮が流罪、今生の小苦なれば、なげかしからず。後生には大樂《たいらく》をうくべければ、大に悅《よろこば》し。

[三]於ニ身延山一以ニ御正筆一一校了、後來用レ此可レ爲ニ證本一

慶長九年甲辰六月二十八日　　日乾

一　聖徳太子は手の皮をはいで経題を書いたという。

二　釈迦が過去世に菩薩として修行中のとき、肉をうって悪病の人を救った(北本涅槃経巻二十二)。

三　底本の奥書。日乾(一五六〇―一六三五)は身延山第二十一世。慶長八年(一六〇三)に身延山を日遠にゆずった。

如來滅後五五百歳始觀心本尊抄

（二八　原文は漢文体　真筆完存）

日蓮が天台法華の絆をたち切って独自の教学を宣明したのは佐渡配流の時代で、その重要著作は開目抄と本書である。本書を開目抄の人開顕に対して教法の独創を宣言した法開顕の書とする。

開目抄に説く内外・大小・権実・本迹・教観の五重相対判、本書の一代・一経・本迹、本法の四種三段は、天台の教判を超えた独自の教判であり、天台の理観に対して事行の法門を立てた。事の一念三千の観心も、末法のわれら衆生は観念観法によるのではなく、賢愚一同に仏の慈悲の賜である五字の題目を信受することによって成就する。そして本尊は、上行等の本化の大士を脇士とする本門の釈尊とし、法華経・虚空会の多宝塔を中心とする会座の説相をならびあげている。本門の本尊に対して本門の題目を行ずる所が本門の戒壇で、これを三秘という。三秘はまた一秘の題目に相即する。

副状は、この書を便宜の使者に託して富木常忍に送ったときのもので、太田・曾谷氏にも読ませ、その他の人々に見せるときの注意が念書されている。

本朝沙門　日蓮　撰

〔観心を明す〕

（1　一念三千の出典と十界十如）

一摩訶止観の第五に云く、世間ト如是ト一也。開合ノ異也。「夫レ、一心ニ十法界ヲ具ス。一法界ニ、又、十法界ヲ具スレバ百法界ナリ。一界ニ三十種ノ世間ヲ具スレバ、百法界ニ卽チ、三千種ノ世間ヲ具ス。此ノ三千、一念ノ心ニ在リ。若シ心無ンバ而已《やみなん》。介爾《けに》モ心有レバ、卽チ三千ヲ具ス。乃至、所以《ゆゑ》ニ稱シテ不可思議境ト爲ス。意、此《ここ》ニ在リ」等云々。或本ニ云ク、一界ニ三種ノ世間ヲ具ス。

問ふて曰く、玄義に、一念三千の名目を明す乎《や》。

答て曰く、妙樂云く、明さず。

問ふて曰く、文句に、一念三千の名目を明す乎。

答て曰く、妙樂云く、明さず。

問ふて曰く、其の妙樂の釋、如何ん。

答て曰く、並に未だ一念三千と云はず等云々。

問ふて曰く、止觀の一・二・三・四等に、一念三千の名目を明す乎。

一　天台大師智顗（五八三―五九七）が創唱した一念三千義の出典。摩訶止観・法華玄義・法華文句＝法華三大部。↓補一五。

二　文句には「観をいはば、十二入

答て曰く、之《これ》無し。

問ふて曰く、其の證、如何ん。

答て曰く、妙樂云く、「故ニ止觀ニ正シク觀法ヲ明スニ至テ、並ニ三千ヲ以テ指南ト爲ス」等云々。

疑つて云く、玄義第二に云く、「又、一法界ニ九法界ヲ具スレバ、百法界・千如是アリ」等云云。文句第一に云く、[二]「一入ニ十法界ヲ具スレバ、一界又十界ナリ。十界ニ各《おのおの》十如是アレバ、即チ是レ一千ナリ」等云云。[三]觀音玄に云く、「十法界、交互ナレバ、即チ百法界有リ。千種ノ性相《しやうさう》、冥伏シテ心ニ在リ。現前セズト雖モ宛然《おんねん》トシテ具足ス」等云云。

問ふて曰く、止觀の前の四に、一念三千の名目を明す乎。

答て曰く、妙樂云く、明さず。

問て曰く、其の釋、如何ん。

答ふ、[四]弘決第五に云く、「若シ、[五]正觀《しやうくわん》ニ望ムレバ、全ク未ダ行ヲ論ゼズ。亦二十五法ニ歷《へ》テ事ニ約シテ解《げ》ヲ生ズ。方《まさ》ニ能ク正修ノ方便ト爲スニ堪ヘタリ。是ノ故ニ、前ノ六ハ皆解ニ屬ス」等云々。

又云く、「故ニ止觀ニ正シク觀法ヲ明スニ至ツテ、並ニ三千ヲ以テ指南ト爲ス」。

を観ずるなり。一入に十法界を具すれば」とつづく。すなわち一入は、十二入の中の一入。十二入は六根(眼・耳・鼻・舌・身・意)とその対象となる六境(色・声・香・味・触・法)をいう。十二入に万二千の法門ありと説く。

三　智顗の観音玄義。

四　湛然が止観を注釈した止観輔行伝弘決の略称。

五　止観を十章にわけたうちの第七章。この章で、一念三千・十境十乗をとく。また正修ともいう。第六章で、二十五法をといて正修に入る方便とする。「前の六」とは第六章までをいう。

乃チ是レ終窮究竟ノ極説《ごくせつ》ナリ。故ニ序ノ中ニ「[一]已心中ノ所行ノ法門ヲ説キタマフ」ト云フ。良《まこと》ニ以有《ゆゑ》ル也。請フ尋ネ讀マン者、心ニ異縁無カレ」等云云。

夫れ、智者の弘法《ぐほふ》三十年。二十九年の間は、[二]玄・文等の諸義を説て、[三]五時八教・百界千如を明し、[四]前五百餘年の間の諸非を責め、並に、天竺の論師の未だ述べざるを顯す。[五]章安大師の云く、「天竺ノ大論、尚ホ其ノ類ニ非ズ。震旦ノ人師、何ゾ勞《わづらは》シク語ルニ及バン。此レ誇耀ニ非ズ、法相ノ然ル耳《のみ》」等云云。墓無《はかな》い哉《かな》、天台の末學等、華嚴・眞言の元祖の盜人に一念三千の重寶を盜み取られて、還つて彼等が門家と成りぬ。章安大師、兼て此事を知り、歎いて言く、「[六]斯ノ言、若シ墜《おち》ナバ將來悲シム可シト」云云。

(2　百界千如と一念三千の別)

問ふて曰く、百界千如と一念三千と差別、如何ん。

答て曰く、百界千如は有情界に限り、一念三千は[七]情・非情に亙る。

不審して云く、非情に[八]十如是亙らば、草木に心有りて有情の如く成佛を爲す可きや、如何ん。

答て曰く、此事《こと》、難信難解也。天台の難信難解に二有り。一には教門の難信難解、二には觀門の難信難解なり。其の教門の難信難解とは、一佛の所説に於て、爾前

一　止観の序に灌頂が記した文。
二　玄義・文句。
三　→補一六。
四　智顗より前のシナ仏教の非を責め。五百余年とは、永平十年(六七)を仏教初伝としての計年。
五　灌頂(五六七―六三八)。智顗に仕えて三大部その他を筆録した人。
六　玄義巻三の文。玄義私記縁起。
七　有情ばかりでなく、草木国土の非情。
八　→補一五。

の諸經には二乘・闡提は未來永く成佛せず。教主釋尊は始成正覺なり。法華經に來至して、迹・本二門に彼の二説を壞《やぶ》る。一佛二言、水火也。誰人か之を信ぜん。此れは教門の難信難解也。

觀門の難信難解とは、百界千如・一念三千にして、非情の上の色心[九]の二法の十如是、是れ也。

爾《しか》りと雖も、木畫《もくゑ》の二像に於ては、外典・内典共に之を許して本尊と爲《な》せども、其の義に於ては、天台一家より出たり。草木の上に色心の因果を置かずんば、木畫の像を本尊と恃《たの》み奉ること無益也。

疑ふて云く、草木國土の上の十如是、因果の二法は、何れの文に出たる乎。

答て曰く、止觀第五に云く、「國土世間モ亦十種ノ法ヲ具ス。[一〇]所以《いはゆる》、惡國土の相・性・體・力」等云云。釋籤第六に云く、「相ハ唯、色ニ在リ。性ハ唯、心ニ在リ。體・力・作・縁ハ義、色・心ヲ兼ヌ。因果ハ唯、心、報ハ唯、色ニ在リ」等云云。[一一]金錍論《こんぺいろん》に云く、「乃チ、是レ一草一木・一礫一塵、各《おのおの》一佛性アリ、各一因果アリ。縁了[一二]ヲ具足ス」等云云。

（3　理具の一念三千）

問ふて曰く、出處既に之を聞く。觀心の心、如何ん。

九　物と心。

一〇　正蔵本に所謂とする。

一一　湛然の著、金剛錍論。草木国土の非情の成仏を説く。

一二　三因仏性の中の縁因と了因の仏性。正因の仏性を開発する縁因の仏性と、その理を照了する了因仏性を具足する。

答て曰く、觀心とは、我が己心を觀じて十法界を見る。是れを觀心と云ふ也。譬へば、他人の六根を見ると雖も、未だ自面の六根を見ざれば、自具の六根を知らず。明鏡に向ふの時、始めて自具の六根を見るが如し。

設《たと》ひ諸經の中に、所々に六道並に四聖を載すと雖も、法華經並に天台大師述ぶる所の摩訶止觀等の明鏡を見ざれば、自具の十界・百界・千如・一念三千を知らざる也。

問ふて曰く、法華經は何れの文ぞ。天台の釋は如何ん。

答て曰く、法華經第一方便品に云く、「衆生ヲシテ、佛知見[一]ヲ開カシメント欲ス」等云云。是れ、九界所具の佛界也。

壽量品に云く、「是ノ如ク、我レ成佛シテヨリ已來《このかた》、甚ダ大ニ久遠ナリ。壽命無量阿僧祇劫、常住ニシテ滅セズ。諸ノ善男子、我レ本《も》ト菩薩ノ道ヲ行ジテ、成ゼシ所ノ壽命、今猶、未ダ盡キズ。復タ、上《かみ》ノ數ニ倍セリ」等云云。此の經文は、佛界所具の九界也。

經[二]に云く、「提婆達多、乃至、天王如來[三]」等云云。地獄界所具の佛界也。

經に云く、「一ヲ藍婆《らんば》ト名ク、乃至、汝等、但ダ能ク法華ノ名ヲ持ツ者ヲ護ランニ、福量ルベカラズ」等云云。此れ、餓鬼界所具の十界也。

一 衆生が具有している仏知見。

二 経とは法華経。以下同じ。

三 提婆達多が仏になった時の名号。

經に云く、「龍女、乃至、等正覺ヲ成ズ」等云云。此れ、畜生界所具の十界也。

經に云く、「婆稚《ばち》阿修羅王、[四]乃至、一偈一句ヲ聞イテ、阿耨多羅三藐三菩提ヲ得」等云云。修羅界所具の十界也。

經に云く、「若シ人、佛ノ爲メノ故ニ、[五]乃至、皆已《すで》ニ佛道ヲ成ス」等云云。此れ、人界所具の十界也。

經に云く、「大梵天王、乃至、我等モ亦是ノ如ク、必ズ當ニ作佛《さぶつ》ヲ得ベシ」等云云。此れ、天界所具の十界也。

經に云く、「舍利弗、乃至、華光如來」等云云。此れ、聲聞界所具の十界也。

經に云く、「其ノ緣覺ヲ求ムル者ノ、比丘・比丘尼、乃至、合掌シ、[六]敬心ヲ以テ、具足ノ道ヲ聞カント欲ス」等云云。此れ卽ち、緣覺界所具の十界也。

經に云く、「地涌千界、乃至、眞淨大法」等云云。此れ卽ち、菩薩[七]界所具の十界也。

經に云く、「或ハ己身ヲ說キ、或ハ他身ヲ說ク」等云云。卽ち、佛界所具の十界也。

問ふて曰く、自他面の[八]六根共に之を見る。彼此の十界に於ては、未だ之を見ず。如何か之を信ぜん。

四　「乃至」の上は序品、下は法師品。
五　「諸の形像を建立し、刻彫してもろもろの相をなせる」を中略。
六　真筆「已敬心」、経に「以敬心」。
七　真筆に「界」なし。
八　眼・耳・鼻・舌・身・意。

答て曰く、法華經法師品に云く、「難信難解」。寶塔品に云く、「[一]六難九易」等云云。天台大師云く、「[二]二門、悉ク昔ト反スレバ、信ジ難ク解シ難シ」。[三]章安大師云く、「佛、此レヲ將《もっ》テ大事ト爲ス、何ゾ解シ易キコトヲ得可ケンヤ」等云々。[四]傳敎大師云く、「此ノ法華經ハ最モ爲《こ》レ難信難解ナリ。隨自意ノ故ニ」等云々。夫れ、在世の正機は過去の宿習厚きの上、敎主釋尊・多寶佛・十方分身の諸佛・地涌千界・文殊・彌勒等、之を扶《たす》けて諫曉せしむるに、猶、信ぜざる者、之有り。[五]五千は席を去り、[六]人・天は移さる。[七]況や、正・像をや。何に況や、末法の初めを哉。汝之を信ぜば正法に非じ。

問ふて曰く、經文、並に天台・章安等の解釋、疑網無し。但し、火を以て水と云ひ、墨を以て白しと云ふ。設《たと》ひ、佛說爲《た》りと雖も、信を取り難し。今、數《しばしば》、他面を見るに、但だ、人界に限つて餘界を見ず。自面も亦復、是の如し。如何んか信心を立てん乎。

答ふ、數《しばしば》、他面を見るに、或時は喜び、或時は瞋《いか》り、或時は平かに、或時は貪《むさぼ》り現じ、或時は癡《おろか》現じ、或時は諂曲《てんごく》なり。瞋るは地獄、貪るは餓鬼、癡かは畜生、諂曲は修羅、喜ぶは天、平かなるは人也。他面の[八]色法に於ては六道共に之有り。四聖は冥伏して現れざるも、委細に之を尋ねば之有る可し。

一 →二二八頁注五。
二 二門とは法と人。文句巻八。「法華は法を論ずれば一切の差別融通して一法に帰す。人を論ずれば則ち、師弟の本迹は倶に皆久遠なり」につづく文。
三 観心論疏下。智顗の観心論の注。
四 秀句下。諸経校量勝五。
五 方便品。五千の四衆は仏の説法に不信を表して席を去った。
六 宝塔品。虚空会の説法の時。
七 仏在世でも難信難解の人がいた。
八 顔かたち。

問ふて曰く、六道に於ては分明ならずと雖も、粗《ほ》ぼ之を聞くに、之を備ふるに似たり。四聖は全く見えず、如何ん。

答て曰く、前には人界の六道、之を疑ふ。然りと雖も、強ひて之を言へば、相似の言を出だせり。四聖も又爾《しか》るべき歟《か》。試みに、道理を添加して萬が一之を宣べん。

所以《いはゆる》、世間の無常は眼前に有り、豈に、人界に二乘界無らん乎。無顧《むこ》の惡人、猶ほ妻子を慈愛す。菩薩界の一分也。但だ、佛界計りは現じ難し。九界を具するを以て強ひて之を信じ、疑惑せしむること勿れ。法華經の文に人界を説いて云く、「衆生ヲシテ佛知見ヲ開カシメント欲ス」。涅槃經[九]に云く、「大乘ヲ學スル者ハ、肉眼有リト雖モ名ケテ佛眼ト爲ス」等云云。末代の凡夫、出生して法華經を信ずるは、人界に佛界を具足するが故也。

問ふて曰く、十界互具の佛語、分明なり。然りと雖も、我等が劣心に、佛法界を具すること信を取り難き者也。今の時、之を信ぜずんば、必ず一闡提と成らん。願くは、大慈悲を起して之を信ぜしめ、阿鼻の苦を救護したまへ。

答て曰く、汝、既に唯一大事因縁の經文を見聞して之を信ぜずんば、釋尊より已下の四依《え》[一〇]の菩薩、並に末代理卽[一一]の我等、如何にか汝の不信を救護せん乎。

九　南本巻六、四依品。正本に「名為」、正蔵本「乃名」。

一〇　仏滅後に世のため人のために依りどころとなる四種の人。涅槃経四依品。

一一　道理として仏界を具えるとはいえ、凡夫のわれらが。

然りと雖も、試みに之を言はん。佛に値ひたてまつりて覺らざる者の、阿難等の邊にして得道する者、之有り。其の機に二有り。一には、佛を見たてまつりて、法華にて得道す。二には、佛を見たてまつらずして、法華にて得道する也。其の上、佛教已前に、漢土の道士・月支の外道は、儒教・[一]四韋陀等を以て、縁と爲して正見に入る者、之有り。又、利根の菩薩・凡夫等、華嚴・方等・般若等の諸大乘經を聞きて以て縁とし、[二]大通・久遠の下種を顯示する者多々也。例せば、[三]獨覺の飛花落葉の如し。教外《げ》の得道是れ也。

過去の下種結縁無き者と、權・小に執着する者とは、設ひ、法華經に値ひ奉るとも小權の見を出でず。自見を以て正義と爲すが故に、還つて、法華經を以て、或は小乘經に同じ、或は華嚴・大日經等に同じ、或は之を下す。此等の諸師は、儒家・外道の賢聖より劣れる者也。此等は且く之を置く。

十界互具、之を立つるは石中の火、木中の花、信じ難けれども、縁に値ひて出生すれば之を信ず。人界所具の佛界は、水中の火、火中の水、最も甚だ信じ難し。然りと雖も、龍火は水より出で、龍水は火より生ず。心を得ざれども、現證有れば之を用ゆ。既に人界の八界之を信ず。佛界、何ぞ之を用ひざらん。堯・舜等の如き聖人は、萬民に於て偏頗無し。人界にして佛界の一分也。不輕菩薩は、所見

一 →二〇六頁注四。
二 →二八〇頁注六。
三 仏の教によらないで飛花落葉を見て覚りをえる人。

の人に於て佛身を見る。悉達太子は、人界より佛身を成ず。此等の現證を以て、之を信ず可き也。

〔事具の一念三千〕

（1　佛界と凡夫・九界の互具の難）

問ふて曰く、敎主釋尊は、此より堅固に之を祕せ[四]三惑已斷の佛也。又、十方世界の國主・一切の菩薩・二乘・人・天等の主君也。行く時は梵天、左に在り、帝釋は右に侍り、[五]四衆八部後《しりへ》に從《したが》ひ、金剛、前に導き、八萬法藏を演說して一切衆生を得脫せしむ。是の如き佛陀、何を以てか我等凡夫の己心に住せしめん乎。又、迹門・爾前の意《こころ》を以て之を論ずれば、敎主釋尊は始成正覺の佛也。過去の因行を尋ね求むれば、或は能施太子、[六]或は儒童菩薩、或は尸毗王、或は薩埵王子、或は[七]三祇百劫、或は動喩塵劫、或は無量阿僧祇劫、或は初發心時、或は三千塵點等の間、七萬五千・六千・七千等の佛を供養し、劫を積み、行《ぎよう》滿じて、今の敎主釋尊と成りたまふ。是の如き因位の諸行は、皆我等が己心所具の菩薩界の功德なる歟《か》。[八]果位を以て之を論ずれば、敎主釋尊は始成正覺の佛、四十餘年の間、[九]四敎の色身を示現し、爾前・迹門・涅槃經等を演說して一切衆生を利益したまふ。所謂、華

四　見思・塵沙・無明。↓補九。
五　仏法を守る人・天衆が後に従い、金剛力士が前ぶれをして。
六　以下、四例は釈迦仏が昔、ボサツ行をしていた時代の本生譚。↓補一七。
七　以下、「三祇」から、「初発心」までは、爾前の四教の、三千塵点は法華経迹門の仏の歴劫修行をのべ、つぎにその間に供養した仏をあげる。↓補一八。
八　仏果の内容。
九　蔵・通・別・円教。

藏の時の十方臺上の盧舍那《るしやな》、阿含經の三十四心斷結成道の佛[一]、方等・般若の千佛[二]等。大日[三]・金剛頂等の千二百餘尊、並に迹門寶塔品の四土の色身[四]。涅槃經の或は丈六と見、或は小身・大身と現じ、或は盧舍那と見、或は身、虚空に同じと見る四種の身、乃至、八十御入滅、舍利を留めて正・像・末を利益したまふ。

[五]本門を以て之を疑はゞ、敎主釋尊は五百塵點已前の佛也。因位も又、是の如し。其より已來《このかた》、十方世界に分身し、一代聖敎を演説して、塵數[六]の衆生を敎化したまふ。

本門の所化[七]を以て、迹門の所化に比校すれば、一渧と大海と、一塵と大山と也。本門の一菩薩を、迹門の十方世界の文殊・觀音等に對向すれば、猿猴を以て帝釋に比するに尚及ばず。其の外、十方世界の斷惑證果の二乘、並に梵天・帝釋・日月・四天・四輪王[八]、乃至、無間大城の大火炎等、此等は皆、我が一念の十界なる歟、已心の三千なる歟。佛説爲《た》りと雖も、之を信ず可からず。

此《これ》を以て、之を思ふに、爾前の諸經は實事也、實語也。華嚴經[九]に云く、「究竟シテ虚妄ヲ離レ、染《ぜん》無キコト虚空ノ如シ」。仁王經[一〇]に云く、「源ヲ窮メ、性ヲ盡シテ妙智存セリ」。金剛般若經に云く、「清淨ノ善ノミ有リ」。馬鳴《めめう》菩薩の起[一一]信論に云く、[一二]「如來藏ノ中ニハ清淨ノ功德ノミ有リ」。天親菩薩の唯[一三]識論に云く、「謂ク、

一　三十四心を経て煩悩を断じて成道した仏。
二　↓千仏経等の仏。
三　↓二五五頁注一〇。
四　宝塔品で、凡聖同居土を変じて、方便土とし、つぎに実報土とし、さらに寂光土とした、いわゆる三変土田の仏をいう。
五　法華経の本門寿量品の立場から。
六　数の多い形容。
七　教化される者。
八　四天王と四種の転輪聖王。四種の転輪王とは、鉄輪・銅輪・銀輪・金輪の四州を領する転輪王。
九　六十華厳巻九。「究竟して虚妄を離れ、清浄真法身」云々の偈あり。
一〇　菩薩教化品の偈。
一一　取意の文か。

餘ノ有漏《うろ》ト劣無漏ノ種トハ、金剛喩定現在前スル時、極圓明純淨ノ本識ヲ引クヲモテ彼ノ依ニ非ザルガ故ニ皆永ク棄捨ス」等云云。爾前の經々と法華經と之を校量するに、彼の經々は無數也。時説既に長し。一佛二言なれば彼に付くべし。馬鳴菩薩は付法藏第十一の佛記に之有り。天親は千部の論師、四依[一四]の大士也。天台大師は、邊鄙の小僧にして一論をも宣べず、誰か之を信ぜん。其の上、多を捨て小に付くとも、法華經の文、分明ならば少しく[一五]恃《じ》怙《こ》有らん。法華經の文の何れの所にか十界互具・百界千如・一念三千の分明なる證文、之有りや。隨つて經文を開拓するに、「諸法[一六]ノ中ノ惡ヲ斷ズ」等云云。天親菩薩の法華論、堅惠菩薩の寶性論[一七]に、十界互具、之無く、漢土南北の諸大人師・日本七寺の末師の中にも此の義無し。但だ、天台一人の僻見也。傳敎一人の謬傳也。故に清涼[一八]國師の云く、「天台ノ謬ナリ」。惠苑[一九]法師の云く、「然ルニ、天台ハ小乘ヲ呼ンデ三藏敎ト爲スハ、其ノ名謬濫スルヲ以テ」等云云。了洪[二〇]の云く、「天台獨リ未ダ華嚴ノ意ヲ盡サズ」等云云。得一[二一]の云く、「咄哉《つたないかな》、智公、汝ハ是レ誰レガ弟子ゾ。三寸に足ラザル舌根ヲ以テ、覆面舌ノ所説ノ敎時ヲ謗ス」等云云。弘法[二二]大師の云く、「震旦ノ人師等、諍ツテ醍醐ヲ盜ミテ各自宗ニ名ク」等云云。

一二　如来蔵とは、真如・仏性の異名。
一三　巻十。
一四　大乗の依師。本抄の後文に「大乗の四依は多分は正法の後の五百年に出現す」と。
一五　たのみ。依りどころ。
一六　方便品。仏が「悪を断ず」というのは迷いの法界を具えているとはいえないではないか、という引証。
一七　究竟一乗宝性論四巻。一乗仏性を説く。
一八　澄観。華厳宗の人。
一九　慧苑。年寿不詳。唐代、法蔵について華厳を学ぶ。続華厳刊定記巻一。
二〇　伝不詳。朝抄に華厳宗立祖義の文とする。
二一　守護章巻上。
二二　弁顕密二教論。

夫れ、一念三千の法門は一代の權實に名目《みやうもく》を削り、四依の諸論師、其の義を載せず。漢土・日域の人師も之を用ひず。如何んか之を信ぜん。

（2　難に答へて佛種を説く）

答て曰く、此の難、最も甚し、最も甚し。但し、諸經と法華との相違は、經文より事起りて分明なり。未顯と已顯と、證明[一]と舌相と、二乘の成不[二]と、始成と久成と等、之を顯はす。

諸論師の事は、天台大師云く[三]、「天親・龍樹、內鑒冷然タリ。外ニハ時ノ宜シキニ適ヒ、各《おのおの》權《かり》ニ據ル所アリ。而ルニ、人師偏ヘニ解シ、學者苟クモ執シ、遂ニ矢[四]石ヲ興シ、各一邊ヲ保ツコト、大ニ聖道ニ乖《そむ》ケル也」等云云。[五]章安大師の云く、「天竺ノ大論、尙ホ其ノ類ニ非ズ、眞旦ノ人師、何ゾ勞《わづらは》シク語ルニ及バン。此レ誇耀ニ非ズ、法相ノ然ラシム耳」等云云。天親・龍樹・馬鳴・堅惠等は內鑒冷然たり。然りと雖も、時未だ至らざるが故に、之を宣べざる歟。人師に於ては、天台已前は、或は珠を含み、或は一向に之を知らず。已後の人師は、或は初めに之を破して、後には歸伏する人有り、或は一向に用ひざる者も之有り。

但し、「諸法ノ中ノ惡ヲ斷ズト」の經文を會[六]す可き也。彼は、法華經に爾前の經文を載する也。往いて之を見よ。經文、分明に十界互具之を說く。所謂、「衆生

一　法華の多宝仏の証明と阿弥陀経の六方恒沙仏の舌相と。
二　成仏・不成仏。
三　止観巻五上、内鑒冷然は、知って外に表わさぬさま。
四　戦で飛箭と弾石をおこすこと。転じて諍論をいう。
五　この文、智顗の玄義巻二下にあり。
六　わかるように説かねばならぬ。

ヲシテ佛知見ヲ開カシメント欲ス」等云云。天台、此の經文を承けて云く、[七]「若シ衆生ニ佛知見無クハ、何ゾ開ヲ論ズル所アラン。當ニ知ルベシ、佛ノ知見ノ衆生ニ蘊在スルコトヲト」云云[八]。章安大師云く、「衆生ニ若シ佛ノ知見無クハ、何ゾ開悟スル所アラン。若シ貧女ニ藏無クハ、何ゾ示ス所アラン也《や》」等云云。

但し、會し難き所は、上の敎主釋尊等の大難也。此事を佛、遮會《しやゑ》して云く、[九]「已・今・當說、最爲難信難解」。[一〇]次下ノ「六難九易」是れ也。[一一]天台大師の云く、「二門、悉ク昔ト反スレバ、信ジ難ク解シ難シ。鋒ニ當ルノ難事ナリ」。[一二]章安大師の云く、「佛、此《これ》ヲ將《も》ツテ大事ト爲ス。何ゾ解シ易キコトヲ得可ケン耶」。[一三]傳敎大師の云く、「此ノ法華經ハ最モ爲《こ》レ難信難解ナリ、隨自意ノ故ニ」等云云。

夫れ、佛より滅後の一千八百餘年に至るまで、三國に經歷して、但だ、三人のみ有りて、始めて此の正法を覺知せり。所謂、月支の釋尊・眞旦の智者大師・日域の傳敎、此の三人は内典の聖人也。

問ふて曰く、龍樹・天親等は如何ん。

答て曰く、此等の聖人は、知て而も之を言はざる仁《ひと》也。或は迹門の一分之を宣べて、本門と觀心とを云はず。或は機有りて、時無き歟。或は機・時、共に之無き歟。天台・傳敎已後は、之を知る者多々也。二聖の智を用ふるが故也。所謂、三

七　玄義巻二上。

八　観心論疏巻四。

九　法華経法師品に「已に説き今説き当に説かん。其中に於て此法華経最もこれ難信難解なり」と。

一〇　宝塔品の。

一一　文句巻八上、二門。↓補一九。

一二　観心論疏巻四、前引の文に直接につづく句。

一三　法華秀句巻下、諸経校量勝五。随他意に勝るが故にと。

論の嘉祥・南三北七の百餘人、華嚴宗の法藏・清涼等、法相宗の玄奘三藏・慈恩大師等、眞言宗の善無畏三藏・金剛智三藏・不空三藏等、律宗の道宣[一]等、初めに[二]は反逆を存し、後には一向に歸伏せし也。但し、初の大難を遮せば、無量義經[三]に云く、「譬ヘバ、國王ト夫人ト新タニ王子ヲ生ゼン。若ハ一日、若ハ二日、若ハ七日ニ至リ、若ハ一月、若ハ二月、若ハ七月ニ至リ、若ハ一歳、若ハ二歳、若ハ七歳ニ至リ、復、國事ヲ領理スルコト能ハズト雖モ、已ニ臣民ノ宗敬スル所ト爲リ、諸ノ大王ノ子ヲ以テ伴侶ト爲サン。王及ビ夫人、愛心偏ニ重クシテ、常ニ與《くみ》シ共ニ語ラン。所以ハ何ン、稚小ナルヲ以テノ故ニトイハンガ如シ。善男子、是ノ持經者モ亦復、是ノ如シ。諸佛ノ國王ト、是ノ經ノ夫人ト和合シテ、共ニ是ノ菩薩ノ子ヲ生ズ。若シ菩薩、是ノ經ヲ聞クコトヲ得テ、若ハ一句、若ハ一偈、若シハ一轉、若ハ二轉、若ハ十、若ハ百、若ハ千、若ハ萬、若ハ億萬恒河沙無量無數轉ゼバ、復、眞理ノ極《ごく》ヲ體スルコト能ハズト雖モ、乃至、已ニ一切ノ四衆八部ニ宗仰セラレ、諸ノ大菩薩ヲ以テ眷屬ト爲シ、乃至、常ニ諸佛ニ護念セラレ、慈愛偏ニ覆ハレン。新學ナルヲ以テノ故ナリ」等云云。

普賢經に云く、「此ノ大乘經典ハ諸佛ノ寶藏、十方三世ノ諸佛ノ眼目ナリ。[四]乃至、三世ノ諸ノ如來ヲ出生スル種ナリ。乃至、汝、大乘ヲ行ジテ佛種ヲ斷ゼザレ」等

一 （五九八—六六七）。唐代、南山律の祖。

二 初めは一念三千の法門に反逆の意をもち。

三 十功徳品。

四 真筆に「乃至」とあるが、経の引文にはこの間に省略はない。次行の「乃至」は二行余り中略。

云云。又云く、「此ノ方等經ハ、是レ諸佛ノ眼ナリ。諸佛ハ是ニ因リテ五眼[五]ヲ具スルコトヲ得タマヘリ。佛ノ三種ノ身[六]ハ、方等ヨリ生ズ。是レ大法印ナリ、涅槃[七]海ニ印ス。此《かく》ノ如キ海中ヨリ、能ク三種ノ佛ノ清淨ノ身ヲ生ズ。此ノ三種ノ身ハ人天ノ福田《ふくでん》[八]ナリ」等云云。

夫れ以《おもん》みるに、釋迦如來一代の顯密、大小の二教、華嚴・眞言等の諸宗の依經、往いて之を勘ふるに、或は十方臺葉[九]の毘盧遮那佛、大集雲集の諸佛如來、般若染淨の千佛示現、大日・金剛頂等の千二百尊も、但だ、其の近因近果を演説して、其の遠の因果[一〇]を顯さず。速疾頓成、之を說けども、三・五の遠化[一一]を亡失し、化道の始終、跡を削りて見えず。

華嚴經・大日經等は、一往、之を見るに、別・圓[一二]、四藏等に似たれども、再往、之を勘ふれば、藏・通二教に同じて、未だ別・圓にも及ばず。本有《ほんう》の三因[一三]、之無し、何を以てか佛の種子《しゅじ》を定めん。

而るに、新譯[一四]の譯者等、漢土に來入するの日、天台の一念三千の法門を見聞して、或は自《みずから》の所持の經々に添加し、或は天竺より受持するの由、之を稱す。天台の學者等、或は自宗に同ずるを悅び、或は遠きを貴び、近きを蔑《ないがしろ》にし、或は舊を捨てて新を取り、魔心・愚心出來す。然りと雖も、詮ずる所は一念三千の

五　肉眼・天眼・慧眼・法眼・仏眼。
六　法・報・応の三身は大乗から生じる。
七　生死流転の波を治める法印とする。
八　福利を生育することを田に譬う。
九　華厳経の教主。
一〇　久遠の因果。
一一　法華経の三千塵点と五百塵点の久遠の教化を忘れているから、化道の始終が一貫していない。
一二　華厳経は別・円二教、大日経は四蔵をとく。↓補二〇。
一三　本来具有する正因・縁因・了因の三因仏性が欠けている。
一四　善無畏・金剛智・不空等の密教経典の訳者をさす。

佛種に非ざれば、有情の成佛も、木畫二像の本尊も有名無實也。

問ふて曰く、上の大難、未だ其の[一]會通《ゑつう》を聞かず、如何ん。

答て曰く、[二]無量義經に云く、「未ダ六波羅蜜ヲ修行スルコトヲ得ズト雖モ、六波羅蜜、自然ニ在前ス」等云云。法華經に云く、「[三]具足ノ道ヲ聞カント欲ス」等云云。涅槃經に云く、「[四]薩《さっ》ト者、具足ニ名ク」等云云。龍樹菩薩の云く、「薩ト者、六也」等云云。無依無得大乘四論玄義記に云く、「沙《さ》ト者、六也。胡法ニハ、六ヲ以テ、具足ノ義ト爲ス也。吉藏の疏に云く、「沙ト者、翻ジテ具足ト爲ス」。天台大師の云く、「薩ト者、梵語ナリ。此ニハ妙ト翻ズ」等云云。


（3　題目受持・自然譲與）

[五]私に會通を加へば、本文を黷《けが》すが如し。爾りと雖も、文の心は、[六]釋尊の因行・果德の二法は、妙法蓮華經の五字に具足す。我等、此の五字を受持すれば、自然に彼の因果の功德を讓り與へたまふ。
[七]四大聲聞の領解《りやうげ》に云く、「無上ノ寶珠、求メザルニ自ラ得タリト」云云。我等が己心の聲聞界也。
「[八]我ガ如ク、等シクシテ異ルコト無ケン。我ガ昔ノ所願ノ如キハ、今ハ已ニ滿足シヌ。一切衆生ヲ化シテ皆佛道ニ入ラシムト」。[九]妙覺の釋尊は、我等が血肉也。

一　解釈してすじを通す。
二　十功徳品。
三　方便品。
四　以下、「薩と沙」の論書↓二四二頁。
五　右に引いた経論について、われら凡夫に仏界を具足することをいう。
六　釈迦仏の過去因位で修せられた善行と果位の万徳。
七　信解品に、須菩提・迦旃延・迦葉・目連の四人の声聞が仏の意中を領解して。
八　方便品で仏は。
九　無上道を覚られた仏は、われら凡夫の血肉である。

因果の功徳は、骨髄に非ず乎。

寶塔品に云く、「其レ、能ク此ノ經法ヲ護ルコト有ラン者ハ、則チ為《こ》レ、我レ及ビ多寶ヲ供養スルナリ。乃至、亦復、諸ノ來リタマヘル化佛ノ諸ノ世界ヲ莊嚴シ、光飾シタマフ者ヲ供養スルナリ」等云云。釋迦・多寶・十方の諸佛は、我が佛界也。其の跡を紹繼し、其の功徳を受得す。[一〇]「須臾モ之ヲ聞カバ、即チ阿耨多羅三藐三菩提ヲ究竟スルコトヲ得ン」とは是也。

壽量品に云く、「然ルニ、我レ實ニ成佛シテヨリ已來、無量無邊、百千萬億那由他劫ナリ」等云云。我等が己心の釋尊は、五百塵點、[一一]乃至、所顯の三身にして、無始の古佛也。

[一二]經に云く、「我レ本ト、菩薩ノ道ヲ行ジテ成ゼシ所ノ壽命、今、猶ホ未ダ盡キズ、復、上ノ數ニ倍セリ」等云云。我等が己心の菩薩等也。地涌千界の菩薩は、己心の釋尊の眷屬也。例せば、太公・周公旦等は周武の臣下にして成王幼稚の眷屬、武内の大臣は神功皇后の棟梁にして仁德王子の臣下なるが如し。[一三]上行・無邊行・淨行・安立行等は、我等が己心の菩薩也。

[一四]妙樂大師云く、「當ニ知ルベシ、身土ハ一念ノ三千ナリ。故ニ、成道ノ時、此ノ本理ニ稱《かな》フテ一身一念、法界ニ遍《あまね》シ」等云云。

一〇　法師品。

一一　五百塵点という数の限界を超えた、久遠に顕れた法・報・応の三身を具足した無始常住の古仏である。

一二　同上の寿量品。
　次行「菩提」の提の脇に他筆で「薩歟」

一三　本仏が久遠の過去に教化した本弟子中、上首の四菩薩。

一四　弘決巻五ノ三。

〔本尊を示す〕

（1　本時の娑婆世界は常住の淨土）

夫れ、[一]始め寂滅道場・華藏《けざう》世界より沙羅林に終るまで、五十餘年の間、[二]華藏・密《みつ》嚴《ごん》、三變・四見等の[三]三土・四土は、皆、[四]成劫《じやうこふ》の上の無常の土に變化する所の[五]方便・實報・寂光、[六]安養・淨瑠璃・密嚴等也。[七]能變の教主、涅槃に入れば、所變の諸佛、隨つて滅盡す。土も又以て是の如し。

今、[八]本時の娑婆世界は、三災を離れ[九]四劫を出でたる常住の淨土なり。佛、既に過去にも滅せず、未來にも生ぜず。所化、以て同體なり。此れ卽ち、[一〇]己心の三千具足、三種の世間なり。

迹門十四品には、未だ之を說かず、法華經の内に於ても、時・機、未熟なるが故歟。

此の本門の肝心、南無妙法蓮華經の五字に於ては、佛、猶ほ文殊・藥王等にも之を付屬したまはず、何に況や、其の已下を乎《や》。但だ、[一一]地涌千界を召して、八品を說いて之を付屬したまふ。

（2　本尊の體相と出現の時）

其の[一二]本尊の爲體《ていたらく》、[一三]本師の娑婆の上に寶塔空に居《ど》し、塔中の妙法蓮華經の左右に、

一　始めの華厳経から、終りの涅槃経まで。

二　華厳経にいう蓮華蔵世界、密厳経にいう三密荘厳の浄土、法華経宝塔品にいう虚空会の三変の浄土、涅槃経の結経とする像法決疑経にいう沙羅の四見。

三　三転仏土と四転仏土。→補二一。

四　成・住・壊・空の四劫の時期からなる生成、消滅する無常の国土。

五　四土の中、第二から第四の国土。

六　安養は弥陀の浄土、浄瑠璃は薬師の浄土、密厳は大日の浄土。

七　変化をおこさせる仏が涅槃に入れば、変化させられた弥陀・薬師・大日等の諸仏はな

釋迦牟尼佛・多寶佛。釋尊の脇士《けうじ》は、上行等の四菩薩。文殊・彌勒等は、四菩薩の眷屬として末座に居し。迹化・他方の大小の諸菩薩は、萬民の大地に處して雲閣月卿を見るが如し。十方の諸佛は大地の上に處したまふ。[一四]迹佛・迹土を表するが故也。

是の如き本尊は、在世五十餘年に之無し、[一五]八年の間にも、但だ、八品に限れり。正・像二千年の間は、小乘の釋尊は迦葉・阿難を脇士と爲し、權大乘、並に涅槃・法華經迹門等の釋尊は、文殊・普賢等を以て脇士と爲す。此等の佛をば、正・像に造り畫けども、未だ壽量の佛有《まし》まさず。末法に來入して、始めて、此の佛像出現せしむ可き歟。

〔教法の四種三段と末法正機〕

（1　法華經における四種三段の教相）

問ふ、正・像二千餘の間は、[一六]四依《しえ》の菩薩、並に人師等、餘佛、小乘・權大乘・爾前・迹門の釋尊等の寺塔を建立すれども、本門壽量品の本尊、並に四大菩薩をば、三國の王臣倶に、未だ之をば崇重せざる由、之を申す。此の事、粗ぼ之を聞くと雖も、前代未聞の故に、耳目を驚動し心意を迷惑す。請ふ、重ねて之を說け、委細に之を聞かん。

くなってしまう。

八　久遠本仏の時。

九　↓前頁注四。常住の浄土は常寂光土。

一〇　凡夫の已心に証悟された三千具足であり、三種の世間である。

一一　本化地涌の菩薩を召し出して、法華経本門の寿量品から嘱累品までの八品をといて本門の肝心の五字を付嘱された。

一二　あがむべき本尊のすがたは。

一三　本仏のいます娑婆国土の上に多宝塔が空中にあって。

一四　垂迹仏・垂迹国土を表すため。

一五　八カ年説法の法華経の間でも、寿量品中心の八品。

一六　弘経の菩薩。

答て曰く、法華經一部八巻二十八品、進んでは前四味、退いては涅槃經等の[一]一代の諸經、惣じて之を括《くく》るに、但だ一經也。始め寂滅道場より、終り般若經に至るまでは序分也。無量義經・法華經・普賢經の十卷は正宗也。涅槃經等は流通分《るつうぶん》也。[二]正宗十卷の中に於て、亦た序・正・流通有り。無量義經、並に序品は、序分也。方便品より、[三]分別功德品の十九行の偈に至るまでの十五品半は、正宗分なり。分別功德品の[四]現在の四信より、普賢經に至るまでの十一品半と一卷は、流通分也。

又、法華經等の十卷に於ても二經有り、各、序・正・流通を具する也。[五]無量義經と序品は、序分なり。方便品より人記品に至るまでの八品は、正宗分なり。法師品より安樂行品に至るまでの五品は、流通分なり。

[六]其の教主を論ずれば、始成正覺の佛。[七]本無今有の百界千如を說いて、已・今・當に超過せる隨自意、難信難解の正法也。過去の結緣を尋ぬれば、[八]大通十六の時、佛果の種を下し、進んでは、華嚴經等の[九]前四味を以て助緣と爲して、大通の種子を覺知せしむ。此は佛の本意に非ず。但だ[一〇]毒發《どくはつ》等の一分也。二乘・凡夫等は、前四味の緣より漸漸に法華に來至して、種子を顯はし、開顯を遂ぐるの機、是れ也。又、在世に於て、始めて[一一]八品を聞く人・天等、或は一句一偈等を聞いて下種と爲し、或は熟し、或は脱し、或は普賢・涅槃等に至り、或は

一　仏説の一代聖教と法華経との分別。四種三段の第一の教判、「一代三段」。
二　法華三部一経中の分別。四種三段の第二の教判、「一経三段」。
三　最初の五字四句一行、十九行偈。
四　十九行の偈につづく文。
五　以下開経と迹門・本門と結経の分別。四種三段の第三の教判、「二経六段」。初に二経六段の前半の「迹門三段」を説く。
六　迹門の教主。
七　始成の仏であるから久遠の仏に対して本無という。
八　仏が大通仏の第十六王子の時に。
九　法華以前の四時四味。

正・像・末等に小・權等を以て緣と爲して法華に入る。例せば、在世の前四味の者の如し。

又、本門[一二]十四品の一經に序・正・流通有り。涌出品の半品を序分と爲し、壽量品と前後の二半、此を正宗と爲し、其の餘は流通分也。

其の教主を論ずれば、始成正覺の釋尊に非ず。所說の法門、亦、天地の如し。十[一三]界久遠の上に、國土世間既に顯る。一念三千、殆[一四]ど竹膜を隔てたり。又、迹門並に前四味・無量義經・涅槃經等の三說[一五]は、悉く隨他意の易信易解、本門は三說の外の難信難解、隨自意也。

又、本門[一六]に於ても序・正・流通有り。過去の大通佛の法華經より、乃至、現在の華嚴經、乃至、迹門十四品、涅槃經等の一代五十餘年の諸經、十方三世の諸佛の微塵の經々は、皆、壽量の序分也。一品二半よりの外は、小乘教、邪教、未得道教、覆《ふ》相教《さうけう》と名く。其の機を論ずれば、德薄・垢重・幼稚・貧窮・孤露にして禽獸に同ずる也。

爾前・迹門の圓教すら、尚ほ佛因に非ず。況や、大日經等の諸の小乘經をや。何に況や、華嚴・眞言等の七宗等の論師・人師の宗をや。與へて之を論ずれば、前[一七]三教を出でず。奪つて之を云へば、藏・通に同じ。設ひ、法は甚深と稱すれども、

一〇　法華の仏種を毒に譬える。
一一　迹門正宗八品。
一二　以下、二経六段の後半、「本門三段」。
一三　十界は皆久遠であるばかりか、国土世間の常住が顕現された。
一四　まことの一念三千が顕現されかけている。
一五　已今当の三説。
一六　以下、四種三段の第四の「本法三段」。ここにいう本門は、文底・観心の本門。
一七　蔵通別の三教。

未だ種・熟・脱を論ぜず、還って灰断《けだん》[一]に同じ。化[二]の始終、無しとは是れ也。譬へば、王女たりと雖も、畜種を懐妊すれば、其の子、尚ほ旃陀羅に劣れるが如し。此等は且らく之を閣《お》く。

（2　法華經は末法凡夫を正機とする）

迹門十四品の正宗の八品、一往、之を見るに二乘を以て正と爲し、菩薩・凡夫を以て傍と爲す。再往、之を勘ふれば、凡夫、正・像・末を以て正と爲す。正・像・末の三時の中にも、末法の始めを以て、正が中の正と爲す。

問うて曰く、其の證如何ん。

答て曰く、法師品に云く、「而モ此ノ經ハ、如來ノ現在ニスラ、猶、怨嫉多シ、況ヤ、滅度ノ後ヲヤ」。寶塔品に云く、「法ヲシテ久住セシメン。乃至、來レル所ノ化佛、當ニ此ノ意ヲ知ルベシ」等。勸持・安樂等、之を見る可し。迹門、是の如し。

本門を以て之を論ずれば、一向に、末法の初めを以て正機と爲す。所謂、一往、之を見る時は、久種[三]を以て下種と爲し、大通・前四味・迹門を熟と爲し、本門に至りて等・妙[四]に登らしむ。再往、之を見れば、迹門には似ず。本門は、序・正・流通、倶に末法の始めを以て詮と爲す。在世の本門と、末法の初めとは、一同に

一　身を灰にして断無に帰す。小乗教。
二　化導の始終。
三　久遠の仏種。
四　等覚・妙覚。

[五]純圓也。但し、彼は脱、此は種也。彼は一品二半、此は但だ題目の五字也。

問ふて曰く、其の證文如何ん。

答て曰く、涌出品に云く、「爾ノ時ニ、他方ノ國土ノ諸ノ來レル菩薩摩訶薩ノ八恆河沙ノ數ニ過ギタル、大衆ノ中ニ於テ、起立合掌シ、禮ヲ作シテ、佛ニ白《まを》シテ言サク。世尊、若シ我等ニ、佛、滅後ニ於テ、此ノ娑婆世界ニ在リテ、勤加《ごんか》精進シテ、是ノ經典ヲ護持・讀誦シ、書寫・供養センコトヲ聽《ゆる》シタマハバ、當ニ此ノ土ニ於テ、廣ク之ヲ説キタテマツルベシト。爾ノ時ニ佛、諸ノ菩薩摩訶薩衆ニ告ゲタマハク。止ミネ善男子、汝等ガ、此ノ經ヲ護持センコトヲ須《もち》ヒズ」等云云。法師より已下の五品の經文、前後水火也。寶塔品の末に云く、「大音聲ヲ以テ普ク四衆ニ告ゲタマハク、誰カ能ク此ノ娑婆國土ニ於テ、廣ク妙法華經ヲ説カン」等云々。

設ひ、教主一佛爲《た》りと雖も、之を將勸したまはば、藥王等の大菩薩、梵帝・日月・四天等は、之を重んずべき處に、多寶佛・十方の諸佛、客佛と爲つて、之を諫曉したまふ。諸の菩薩等は、此の慇懃《おんごん》の付屬を聞いて、「我不愛身命」の誓言を立つ。此等は、偏に佛意に叶はんが爲也。而るに須臾《しゆゆ》の間に、佛語相違して、[六]過八恆沙の、此土の弘經を制止したまふ。進退惟《こ》れ谷《きはま》る。凡智に及ばず。天台智

五　純粋の円教。

六　迹門でこの経を弘めることを誓った八恒沙に過ぎた菩薩衆の。

者大師、前三後三[一]の六釋を作りて、之を會したまへり。所詮、迹化・他方の大菩薩等に、我が內證の壽量品を以て授與す可からず。末法の初めは、謗法の國、惡機なるが故に之を止め、地涌千界の大菩薩を召して、壽量品の肝心たる妙法蓮華經の五字を以て、閻浮の衆生に授與せしめたまふ也。又、迹化の大衆は、釋尊初發心の弟子等に非ざるが故也。

天台大師云く、「[二]是レ我ガ弟子ナリ、應ニ我ガ法ヲ弘ムベシ」。[三]妙樂云く、「子、父ノ法ヲ弘ム、世界ノ益有リ」。[四]輔正記《ふしやうき》に云く、「法ハ是レ久成《くじやう》ノ法ナルヲ以テノ故ニ、久成ノ人ニ付ス」等云云。

又、彌勒菩薩、[五]疑請《ぎしやう》して云く、經に云く、「我等ハ、復タ佛ノ隨宜ノ所說、佛ノ出シタマフ所ノ言ハ、未ダ曾テ虛妄《こまう》ナラズ、佛ノ知《しろ》シメセル所ハ、皆悉ク通達シタマヘリト信ズト雖モ、然モ、諸ノ新發意ノ菩薩、佛ノ滅後ニ於テ、若シ是ノ語ヲ聞カバ、或ハ信受セズシテ、法ヲ破《やぶ》ル罪業ノ因緣ヲ起サン。唯願ハクハ世尊、願ハクハ爲ニ解說シテ我等ガ疑ヲ除キタマヘ。及ビ未來世ノ諸ノ善男子、此事ヲ聞キ已ラバ、亦、疑ヒヲ生ゼジ」等云云。文の意は、[六]壽量の法門は、滅後の爲に之を請ずる也。

壽量品に云く、「或ハ本心ヲ失ヘル、或ハ本心ヲ失ハザル者アリ。乃至、心ヲ失ハ

一　迹化をとどめる三義と本化を召す三義。↓補二二。
二　前に引く「後三の釈」の第一の文。
三　前文の注。↓補二三。
四　文句輔正記巻六。唐道暹の著。
五　騰疑致請の略。疑いをあげて、説かんことを請う。経の内容。↓補二四。
六　寿量品の開近顕遠の法門は。

ザル者ハ、此ノ良藥ノ色香倶《とも》ニ好キヲ見テ、即チ、之ヲ服スルニ、病盡ク除《のぞ》コリ愈《い》エヌ」等云云。[七]久遠下種・大通結縁、乃至、前四味・迹門等の一切の菩薩・二乘・人・天等が、本門に於て得道するは是也。

經に云く、「[八]餘ノ心ヲ失ヘル者ハ、其ノ父ノ來レルヲ見テ、亦歡喜シ、問訊シテ病ヲ治センコトヲ求索《もとむ》ト雖モ、然モ、其ノ藥ヲ與フルニ、而モ肯テ服セズ。所以ハ如何ン。毒氣深ク入ツテ本心ヲ失ヘルガ故ニ、此ノ好キ色・香アル藥ニ於テ、而モ美《よ》カラズト謂ヘリ。乃至、我レ今、當ニ方便ヲ設ケテ、此ノ藥ヲ服セシムベシ。乃至、是ノ好キ良藥ヲ今留メテ、此ニ在《お》ク。汝、取ツテ服ス可シ、差《い》エジト憂フルコト勿レト、是ノ教ヲ作シ已《をは》リテ、復、他國ニ至リテ、使ヲ遣《つかは》シテ還ツテ告グ」等云云。

分別功德品に云く、「惡世末法ノ時」等云云。

〔妙法弘通の人師と本門の大法〕

（1　本化地涌の菩薩）

[九]問ふて曰く、此の經文の「使ヲ遣シテ還ツテ告グ」とは如何ん。

答て曰く、[一〇]四依也。四依に四類有り、小乘の四依は、多分は正法の前の五百年に出現す。大乘の四依は、多分は正法の後の五百年に出現す。三に迹門の四依は、

七　経にいうところは、久遠に仏種をおろし、大通仏のときに結縁して、このたび前四教、迹門で熟益した一切の菩薩・人天等が、本門の寿量品で得道したことをいう。

八　寿量品。父を仏に、失心の子を末法の衆生に、今留在此の良薬を本門の大法に譬える。

九　教と時と人の関係について、本門の四依を経文に結んで選出し、末法にその人が出現すべき根拠とする。→四依→補二五。

一〇　三一一頁注一六。

多分は像法一千年、少分は末法の初め也。

[一]地涌千界は、末法の始めに必ず出現す可し。今の「使ヲ遣シテ還ツテ告グ」は地涌也。「是ノ好キ良藥」は、壽量品の肝要たる[二]名《みやう》・體・宗・用《ゆう》・教の南無妙法蓮華經、是也。此の良藥をば、佛、猶ほ迹化に授與したまはず、何に況や、[三]他方を乎。神力品に云く、「爾ノ時ニ、千世界微塵等ノ菩薩摩訶薩ノ地ヨリ涌出セル者、皆、佛前ニ於テ、一心ニ合掌シ、尊顔ヲ瞻仰シテ、佛ニ白シテ言サク、世尊、我等、佛ノ滅後ニ、世尊ノ分身、所在ノ國土、滅度ノ處ニ於テ、當ニ廣ク此ヲ說クベシ」等云云。

[四]天台云く、「但ダ、下方ノ發誓ノミヲ見ル」等云云。[五]道暹云く、「付屬トハ、此ノ經ハ唯ダ下方ノ踊出ノ菩薩ニ付ス、何ガ故ニカ爾《しか》ル。法ハ是レ、久成ノ法ナルニ由ルガ故ニ、久成ノ人ニ付ス」等云云。

夫れ、文殊師利菩薩は、東方金色世界の不動佛の弟子。觀音は、西方無量壽佛の弟子。藥王菩薩は、日月淨明德佛の弟子。普賢菩薩は寶威佛の弟子なり。一往、釋尊の行化を扶けんが爲めに、娑婆世界に來入す。又、爾前・迹門の菩薩也。本法所持の人に非ざれば、末法の弘法に足らざる者歟《か》。

[六]經に曰く、「爾ノ時ニ、世尊、乃至、一切ノ衆ノ前ニ大神力ヲ現ジタマフ。[七]廣長

一　これより本門の四依。
二　五重玄義を具えた。↓補二六。
三　他方来の菩薩。
四　文句巻十下。この引文についで「文殊等の発誓を見ざるはいかに」と。
五　輔正記巻十。真筆本に「道宣」とするは音通によるか。
六　神力品にとく十神力。↓補二七。
七　仏語が真実であることの証明。

舌ヲ出シテ、上《かみ》、梵世ニ至ラシメ、乃至、十方世界ノ衆ノ寶樹ノ下ノ、師子座上ノ諸佛モ、亦復、是ノ如ク、廣長舌ヲ出シタマフ」等云云。夫れ、顯密の二道、一切の大・小乘經の中に、釋迦・諸佛、並び坐し、舌相、梵天に至る文、之無し。阿彌陀經の廣長舌相、三千を覆ふは有名無實なり。般若經の舌相三千、光を放ちて般若を說きしも、全く證明に非ず。此れ皆、[八]兼帶の故、久遠を覆相《ふさう》するが故也。是の如く、[九]十神力を現じて地涌の菩薩に妙法の五字を囑累《ぞくるゐ》して云く、[一〇]經に云く、「爾ノ時ニ、佛、上行等ノ菩薩大衆ニ告ゲタマハク、諸佛ノ神力ハ、是ノ如ク無量無邊、不可思議ナリ。若シ、我レ是ノ神力ヲ以テ、無量無邊百千萬億阿僧祇劫ニ於テ、囑累ノ爲メノ故ニ、此ノ經ノ功德ヲ說クトモ、猶、盡クスコト能ハジ。[一一]要ヲ以テ之ヲ言ハバ、如來ノ一切ノ所有ノ法、如來ノ一切ノ自在ノ神力、如來ノ一切ノ祕要ノ藏、如來ノ一切ノ甚深ノ事、皆、此ノ經ニ於テ宣示顯說ス」等云云。[一二]天台云く、「爾時佛告上行ヨリ、下ハ第三ニ結要《けつちやう》付屬ナリ」云云。[一三]傳教云く、「又、神力品ニ云ク、要ヲ以テ之ヲ言ハバ、如來ノ一切ノ所有ノ法、乃至、宣示顯說ス已上經文。明カニ知ンヌ。果分ノ一切ノ所有ノ法、果分ノ一切ノ自在ノ神力、果分ノ一切ノ祕要ノ藏、果分ノ一切ノ甚深ノ事、皆、法華ニ於テ宣示顯說スル也」等云云。

八 別教を兼ね、通別二教を帯して円教を説かれたからであり、久遠の本地を覆いかくすからである。
九 ↓補二七。
一〇 神力品の別付嘱段。
一一 以下、如来一切の四句を結要の四句という。法華経を四句の要法に結んで付嘱する。
一二 文句巻十下。神力品の釈。
一三 法華秀句巻下。同上。

此の十神力は、妙法蓮華經の五字を以て、上行・安立行・淨行・無邊行等の四大菩薩に授與したまふなり。前の五神力は在世の爲、後の五神力は滅後の爲なり。爾りと雖も、再往、之を論ずれば、一向に滅後の爲也。故に、次下の文に云く、「佛ノ滅度ノ後ニ、能ク是ノ經ヲ持タンヲ以テノ故ニ、諸佛、皆歡喜シテ、無量ノ神力ヲ現ジタマフ」等云云。次下の囑累品に云く、「爾ノ時ニ、釋迦牟尼佛、法座ヨリ起ツテ大神力ヲ現ジタマフ。右ノ手ヲ以テ無量ノ菩薩摩訶薩ノ頂《いただき》ヲ摩《な》デ、乃至、今以テ汝等ニ付屬ス」等云々。

地涌の菩薩を以て頭《はじめ》と爲して、迹化・他方、乃至、梵釋・四天等に、此の經を囑累したまふなり。「十方ヨリ來レル諸ノ分身ノ佛、各、本土ニ還リ、乃至、多寶佛ノ塔ハ還ツテ故《もと》ノ如クシタマフ可シ」等云云。

藥王品已下、乃至、涅槃經等は、地涌の菩薩去り了つて、迹化の衆、他方の菩薩の爲に、重ねて之を付屬したまふ。[一]捃拾遺《くんじふい》囑《ぞく》、是れ也。

（2　未曾有の時と事行の題目）

疑つて曰く、正・像二千年の間に、地涌千界、閻浮提に出現して、此の經を流通する乎。

答て曰く、爾らず。

一　捃拾は、ひろいとること。囑累品で正式な遺囑は終ったが、なおこれにもれたものを救うための遺囑をいう。

驚いて曰く、法華經、並に本門は、佛の滅後を以て本と爲して、先ず地涌千界に之を授與すと、何ぞ正・像に出現して此の經を弘通せざる乎。

答て曰く、宣べず。

重ねて問て曰く、如何ん。

答ふ、之を宣べず。

又、重ねて問ふ、如何ん。

答て曰く、之を宣ぶれば、一切世間の諸人は、[二]威音佛の末法の如く、又、我が弟子の中にも、粗ぼ之を說かば、皆、誹謗を爲すべし。默止せん。

求めて曰く、說かざれば、汝、慳貪《けんどん》に墮せん。

答て曰く、進退、惟《これ》谷る。試に、粗ぼ之を說かん。法師品に云く、「況ヤ、滅度ノ後ヲヤ」。壽量品に云く、「今留メテ此ニ在《お》ク」。分別功德品に云く、「惡世末法ノ時」。藥王品に云く、「後ノ五百歲、閻浮提ニ於テ廣ク流布セン」。[三]涅槃經に云く、「譬ヘバ七子アリ。父母平等ナラザルニ非ザレドモ、然モ、病者ニ於テハ、心、則チ、偏ニ重キガ如シ」等云云。已前の明鏡を以て、佛意を[六]推知するに、佛の出世は、靈山八年の諸人の爲めに非ず、正・像・末の人の爲め也。又、正・像二千年の人の爲めに非ず、末法の始め、予が如き者の爲め也。「然モ病者ニ於テ」

二　不軽品に説く威音王仏の、像法の時のように上慢の比丘が充満して誹謗するであろう。

三　北本巻二十、梵行品。抄出。

六　真筆に「惟知」。

と云ふは、滅後の法華經誹謗の者を指す也。「[一]今留メテ此ニ在ク」とは、「此ノ好キ色・香アル藥[二]ニ於テ、而モ美《よ》カラズト謂フ」者を指す也。

地涌千界、正・像に出でざることは、正法一千年の間は、小乘・權大乘也。機・時共に之無し。四依の大士、小・權を以て縁と爲して、在世の下種《げしゅ》、之を脫せしむ。謗多くして熟益を破る可きが故に、之を說かず。例せば、在世の前四味の機根の如き也。像法の中・末に觀音・藥王、[三]南岳・天台等と示現し、出現して、迹門を以て面《おもて》と爲し、本門を以て裏と爲し、百界千如・一念三千、其の義を盡せども、但だ、理具を論じて、事行の南無妙法蓮華經の五字、並に本門の本尊、未だ廣く之を行ぜず。所詮、圓の機有りて、圓の時無きが故也。

（3　本化の菩薩世に出て妙法を授く）

今、末法の初め、[四]小を以て大を打ち、權を以て實を破し、東西共に之を失ふ。天地顚倒せり。迹化の四依は、隱れて現前せず、諸天は其の國を棄てて、之を守護せず。此の時、地涌の菩薩、始めて世に出現し、但だ、妙法蓮華經の五字を以て、幼稚に服せしむ。「[五]謗ニ因テ惡ニ墮スルモ、必ズ由テ得益ス」とは、是れ也。我が弟子、之を惟《おも》へ。地涌千界は、教主釋尊の初發心の弟子也。寂滅道場にも來らず、雙林最後にも訪はず、不孝の失、之有り。迹門十四品にも來らず、本門の[六]六

一　寿量品。
二　真筆に「薬」を「味」。三一七頁注八の引文により訂。
三　観音・薬王菩薩が南岳・天台と示現し出現して。
四　小乗をもって大乗を打ち、権大乗をもって実大乗を破り東西ともにその方角を失う。
五　文句記巻十中、常不軽品の釈。この引文につづいて「人、地に倒れ、還って地に従って起つが如し」と。
六　薬王品から勧発品までの。

品には座を立ち、但だ、八品の間に來還せり。是の如き高貴の大菩薩、[七]三佛に約《やく》足《そく》して之を受持す、末法の初めに出でざる可き歟。當に知るべし、此の[八]四菩薩、折伏を現ずる時は、賢王と成つて愚王を誡責し、攝受を行ずる時は、僧と成つて正法を弘持《ぐち》す。

問ふて曰く、佛の[九]記文《きもん》は云何ん。

答て曰く、「[一〇]後ノ五百歳、閻浮提ニ於テ廣宣流布セン」。[一一]天台大師、記して云く、「後ノ五百歳、遠ク妙道ニ沾《うるほ》ハン」。[一二]妙樂大師、記して云く、「末法ノ初メ冥利無キニアラズ」。[一三]傳教大師云く、「正・像、稍《やや》過ギ已ツテ、末法太《はなは》ダ近キニ有リ」等云云。「末法太ダ近キニ有リ」の釋は、我が時は、正しき時に非ずと云ふ意也。傳敎大師、日本にして末法の始めを記して云く、「[一四]代《よ》ヲ語レバ、像ノ終リ末ノ初メ、地ヲ尋ヌレバ唐ノ東、羯ノ西、人ヲ原《たづ》ヌレバ、則チ、五濁ノ生、闘諍ノ時ナリ。經ニ云ク、猶、怨嫉多シ、況ヤ、滅度ノ後ヲヤト、此ノ言、良《まこと》ニ以《ゆゑ》有ル也ト」。此の釋に「闘諍ノ時ト」云云。今の[一五]自界叛逆・西海侵逼の二難を指す也。

（4　本門の本尊）

此の時、地涌千界、出現して本門の釋尊の脇士と爲り、一閻浮提第一の本尊を此の國に立つ可し。

七　釈迦多宝十方分身仏に約束して。
八　上行菩薩らの。→三二〇頁。
九　仏の未来記。
一〇　薬王品に第五の五百歳すなわち末法の時。
一一　文句巻一上。序品の釈。
一二　文句記巻一上。同上。
一三　守護国界章巻上の下。「法華一乗の機、今正しく是れ其の時なり」とつづく文。
一四　法華秀句巻下諸経校量勝五。代は像法の終り、末法の初めに近い。
一五　安国論に予言。文永九年二月北条時輔・教時が執権時宗への叛逆あり。文永五年正月、六年三月の蒙古の侵逼があった。

月支・震旦には、未だ此の本尊有《ましま》さず。日本國には、上宮[一]、四天王寺を建立するに、未だ時來らざれば、阿彌陀他方を以て本尊と爲す。聖武天皇は、東大寺を建立するに、華嚴經の教主也、未だ法華經の實義を顯さず。傳教大師は、粗ぼ法華經の實義を顯示す。然りと雖も、時、未だ來らざるの故に、東方の鵝王を建立して、本門の四菩薩を顯さず。所詮、地涌千界の爲に、此を讓り與ふるが故也。此の菩薩、佛勅を蒙りて、近く大地の下に在り。正・像[二]に未だ出現せず。末法にも又、出來《しゅつらい》せずば、大妄語の大士也。三佛の未來記も亦た泡沫に同じ。此を以て之を惟ふに、正・像[三]に無き大地震・大彗星等、出來す。此等は、金翅鳥・修羅・龍神等の動變に非ず。偏に四大菩薩、出現せしむ可き先兆なる歟。天[四]台云く、「雨ノ猛《たけ》キヲ見テ、龍ノ大ナルヲ知リ、花ノ盛ナルヲ見テ、池ノ深キヲ知ル」等云云。妙樂[五]云く、「知人ハ、起ヲ知リ、蛇ハ、自カラ蛇ヲ識ル」等云云。天晴れぬれば、地明らかなり。法華を識る者は世法[六]を得可き歟。

（5　大慈悲の題目）

一念三千を識《し》らざる者に、佛[七]、大慈悲を起して、五字の内に此の珠を裹《つゝ》み、末代幼稚の頸《くび》に懸けさしめたまふ。四大菩薩[八]、此の人を守護したまはんこと、太公[九]・周公[一〇]の成王を攝扶し、四皓《しかう》が惠帝に侍奉《じぶ》せしに異らざる者也。

一　聖徳太子が四天王寺を建立。
二　正法と像法の時に。
三　安国論を参照。
四　文句巻九上。涌出品の釈。
五　文句記巻九中、同上。「智人は智を知り」とあるのを前来の文意から故意に起と改めての引文と解釈されている。
六　世間の法を知ることができよう。
七　寿量品の本仏。
八　上行等の本化の四菩薩。
九　↓補二八。
一〇　真筆に「文王」とする。

文永十年太歳癸酉卯月二十五日

日蓮註之

觀心本尊抄副狀　（二九　原文は漢文体　真筆完存）

帷《かたびら》一つ、墨三長、筆五巻給候ひ了んぬ。

觀心の法門、少々之を注し、太田殿[一]、敎信御房[二]等に奉る。此の事、日蓮、當身の大事也。之を祕して、無二の志を見ば、之を開拓せらる可き歟。此の書は難多くして答、少し。未聞の事なれば、人の耳目、之を驚動す可き歟。設ひ、他見に及ぶとも、三人四人座を並べて、之を讀む勿れ。佛滅後二千二百二十餘年、未だ此の書の心有らず。國難を顧みず、五々百歳を期して之を演說す。乞ひ願くは、一見を歷[三]《けみし》、來る輩、師弟共に靈山淨土に詣でて、三佛の顏貌を拜見したてまつらん。恐々謹言。

文永十年太歳癸酉卯月二十六日　　日　蓮　花押

富　木　殿

一　太田乗明。篤信の帰依者。下総中山の邸を本妙寺とし、のち中山法華経寺に併合。法華経寺二世日高は乗明の子。

二　曾谷教信。篤信の帰依者。下総曾谷の住人。入道して法蓮日礼という。子の道崇は出家して邸を曾谷法蓮寺とした。

三　つきつぎに見る。真筆に「暦」、暦は歴に通ず。

補注

立正安国論

一 利剣即是(一七四頁)　「利剣は即ち是れ弥陀の号なり。一声称念すれば罪皆除こる」とある善導の般舟讃の文。

二 衆病悉除(一七四頁)　「我が名号、一たび其耳に経んに、衆病悉く除いて身心安楽に、家属資具、悉く皆具足し、乃至、無上菩提を証得せん」とある玄奘訳薬師如来本願経の十二大願中、第七大願の文。

三 病即消滅、不老不死(一七四頁)　「此の経は則ち閻浮提の人の病の良薬たり、若し人、病有らんに、是の経を聞くことを得ば、病即ち消滅して不老不死ならん」とある法華経薬王品の文。

四 七難即滅、七福即生(一七四頁)　国土に七難おこるとき、国王はこの難のために般若波羅蜜を講読すれば「七難即滅、七福即生、万姓安楽、帝王歓喜」とある羅什訳仁王経の文。

五 七鬼神が門に入るのを除く法(一七四頁)　唐の不空訳という却温黄神咒経に、疫病流行のときは七鬼神の名をよんで、悩苦を離れよと説く。

六 五大力の形を図して、万戸に懸け(一七四頁)　「我れ五大力菩薩をして往いて其国を護らしめん。一に金剛吼菩薩(中略)、二に竜王吼菩薩(中略)、三に無畏十力吼菩薩(中略)、四に雷電吼菩薩(中略)、五に無量力吼菩薩(中略)、往いて彼の国を護り、五大士五千大神王、汝が国中に於て大いに利益を作さん。当に像形を立てて之を供養すべし」と。中世にはこの五大力像を除災の守札として門戸に貼った。

七 鶖子(一八〇頁)　智恵第一の仏弟子舎利弗をいう。**鶖**頭は霊**鶖**山で仏が経を説いたところ。経は多く舎利弗に話しかける形で説かれている。この一句は経典主義者のことをいう。次句の鶴勒は付法蔵第二十三祖。付法蔵は、仏が教えの外に拈花微笑、以心伝心で迦葉に伝えて以来の相伝で観念主義の禅の流れをいう。鶏足は頭陀(貪著を払う行法)第一の弟子迦葉が入寂した山の名。

八　**一代五時**(一八七頁)　仏一代の経説の時と、その経の内容を判定する天台大師の一代五時説。第一を華厳の時、第二を阿含の時、第三を方等の時、第四を般若の時、最後の第五を法華・涅槃の時とする。この五時の中に一代仏教を収め、これを仏説法の年代的順序とする。その教えの内容を知るために、化儀の四教として頓・漸・不定・秘密の化導の方法があるとし、また化法の四教として蔵・通・別・円教を立てて、教法の内容の浅深を区別する。第一の華厳経は円教であるが、教化されるのは初心者ではなく、程度の高い教えである。そこで第二時の阿含経から、第三、第四時と時を追って相手を導きながら教化をふかくして、最後第五時に仏の本心である法華経を説いた。第五時は八教を超えた醍醐味の教法とする。↓補一六。

開目抄

九　**三惑未断**(二〇七頁)　天台宗では煩悩の実体を(一)見思、(二)塵沙、(三)無明とする。見思とは見惑と思惑。道理の迷いを見惑、感情の迷いを思惑という。塵沙は仏以下のものが、衆生を教化する場合に化導上の障りとなる惑。無明は元品の惑で、法性をくもらせる迷い。

一〇　**一念三千の法門**(一三・二〇九頁)　天台大師の創唱した観法説。人類生活の一刹那のなかに、縦と横の無限の生活を顕現できることを説く。摩訶止観巻五上に一念三千をといて、「夫れ、一心に十法界を具し、一法界に又、十法界を具して百法界あり。一界に三十種の世間を具すれば、百法界に即ち三千種の世間を具す。此の三千は一念の心に在り。若し心なくば巳(や)みなん。介爾(けに)も心あらば即ち三千を具す」と一心に三千種の世間を具することをのべている。十界とは上は仏・菩薩から下は餓鬼・地獄までの生類の世界。その各界のそれぞれの心に他の九界を具有する。これを「十界互具」という。止観に「三十種の世間」とは、十法界に五陰・衆生・国土の三世間を具することをいう。「三千種の世間」とは十界が互具して百界となり、それに三世間を乗じ、その上に十如(相・性・体・力・作・因・縁・果・報・本末究竟等)作用を数の計上で、一念の内にあるものを三千の数に開いて、心に具有する限りない可能性を提示している。

一一　**六難九易**(二三六頁)　本文には九易の中、三易をあげてつぎの六易を略する。1足の指で大千界を動かして他国になげる。2有頂天に立って無量の経を演説する。3手に虚空をとって遊行する。4大地を足にのせて梵天に昇る。5八万四千の法蔵を演説し、聴くものに六神通をえさせる。6千万無量の衆生に演説して羅漢果をえ、六神通を具せしめる。これに対して、六難は、仏の滅後、悪世の中に法華経を受持し、読み、説き、一人の為にも説き、自他ともに書き、義趣を問うことをいう。

一二　**薩とは六也**(二四三頁)　大智度論巻四十八に、「沙とは秦に六と言ふ」。法華経は梵語で、Saddharma-puṇḍarika sūtram という。妙法蓮華にあたる語は、sat, dharma, puṇḍarika の三語からなっている。saddharma は sat(正しい、真の、尊い)と、dharma(法)との合成語で、sat が次語の dh に同化されて sad と変化する。puṇḍarika は白い蓮花をいう。sūtram は経のことで、修多羅と音写される。西晋の法護はこれを「正法華経」と訳し、羅什は「妙法蓮華経」と訳した。

一三　**法華経の肝心真言**(二四三頁)　覚禅鈔に法華肝心真言をあげ、「延懐の云く、善無畏は金剛智に付し、金剛智は不空に付し、不空は一行に付す」と記す。伝受集巻三には「右真言、善無畏三蔵は金剛智に付し、金剛智は一行阿闍梨に付す」と、不空を加えていない。

この真言を誦せば法華経を読誦するに等しとする。別行巻一には、「誦一遍、充四十万部法花経」と付記し、玄秘鈔巻三にも、この法華肝心真言をあげ、二書ともに悉曇文字と漢字音とを併記する。

一四 **ハハクロ**（二五七頁） ホクロの字は、元来黶という一字。これを二字に分けて「黒」の方に「土」をつけたものか。ホクロの古形は、ハハクソにして、鎌倉時代はハハクロが新らしい形として行われていた模様。ハハクソ↓ハハクロ↓ハワクロ↓ハウクロ↓ホウクロ↓ホクロ（山田忠雄氏の示教による）。

一五 **摩訶止観の一念三千と法華玄義・法華文句**（二九二頁） 摩訶止観は法華経の行法を説いた書。巻五に智顗が創唱した一念三千の法門をとく。一念三千とは、一心に「十法界」すなわち六道と四聖といわれる地獄・餓鬼・畜生・修羅・人間・天上の迷界の衆生と、声聞・縁覚・菩薩・仏の聖者たちの法界が具わっている。そして十界中の一界ごとに、また十界を具有するから百法界となる。これを「十界互具」という。↓補一〇。

法華玄義は法華経の教義をとき、法華文句は法華経の経文の注釈書である。この三部は、天台智顗が説いて、門人の灌頂が筆記した書で、天台教学の重要書である。止観・玄義・文句は、天台三大部の略称としてつかわれる。

三大部の代表的な注釈書としては、湛然にはつぎの著作がある。

摩訶止観補行伝弘決
法華玄義釈籤
法華文句記

本書に、弘決・釈籤・記と引用しているのは、その略称である。

一六 **五時八教**（二九四頁） 天台教学の判教説。五時は、仏一代の教説を時間的に配列して一に華厳の時、二に阿含の時、三に方等の時、四に般若の時、五に法華・涅槃の時とする。八教は、教化の方法を化儀の判として頓・漸・秘密・不定の四教とし、教法の内容を化法の釈として蔵・通・別・円の四教とする。

（五時）　（化儀の四教）　（化法の四教）
1 華厳の時―頓・秘密・不定教―別・円教
2 阿含の時―漸・秘密・不定教―蔵（小乗）教
3 方等の時―漸・秘密・不定教―蔵・通・別・円教
4 般若の時―漸・秘密・不定教―通・別・円教
5 法華涅槃の時―化儀四教の枠外　―法華は純円教涅槃は四教再説

本尊抄

一七　能施太子・儒童菩薩・尸毗王・薩埵王子（三〇一頁）　能施太子は大施太子ともいう。釈迦仏が施しの行をしていた時代に、自分のもの、父王の持ものを施しつくして、さらに施しをするために竜宮にいって如意宝珠をもとめ、一たんは取り返されたが、これを得るために精魂をつくして果したという本生譚。

儒童菩薩は、定光仏の世に生れて精進の行をしていた時代に、あり金の全額を支出して五茎の花をもとめて仏に奉り、泥土に上衣を布いたが、まだ足りなかったので、頭髪をしいて仏足を汚さずに通したという本生譚。尸毗王→一三九頁。薩埵王子→三一・一三九頁。

一八　三祇百劫・動逾塵劫・無量阿僧祇・三千塵点（三〇一頁）　三祇百劫は、三阿僧祇・百大劫の略称で、小乗の仏が菩薩行を修した期間とする。阿僧祇は無数と訳す。この間に、初阿僧祇のときには七万五千、第二と第三の阿僧祇に七万六千、七万七千と千仏を増して供養した。

動逾塵劫、動逾は動かし越すという字義で、通教の仏の修行は三祇百劫よりも多く、塵点劫を超える期間をいう。

無量阿僧祇は、別教の仏の因位の修行とする。

初発心時は、華厳経梵行品にある「初発心時、便成正覚」の文で、華厳経のような円教の仏をいう。

三千塵点は、法華経の迹門の仏の因位をいう。

一九　**二門悉く昔と反すれば**（三〇五頁）　ここにいう「二門」とは、人と法をいう。すなわち文句巻八上のここに引く文のすぐ前に「法華は法を論ずれば、一切の差別、融通して一法に帰す。人を論ずれば、則ち、師弟の本迹、倶に皆、久遠なり」と。

二〇　**別・円、四蔵**（三〇七頁）　華厳経に説くところは、五時八教判の四教からいえば、一往は円教に別教を兼ねた教であり、大日経は四蔵に似ているが、再往これを勘えると四教の中の蔵教・通教に同じで、別・円教にも及ばないとされている。この文中の四蔵について玄義巻十下に声聞蔵・雑蔵・菩薩蔵・仏蔵を四蔵とし、これを四教の蔵・通・別・円にあてる。ところが建治元年七月の大学三郎殿御書に「大日経一部六巻、並に供養法の巻一巻三十一品、これを見聞するに、声聞乗・縁覚乗・大乗菩薩・仏乗の四乗これを説く。其の中、大乗菩薩乗とは三蔵教の三祇の菩薩乗なり。仏乗は実大乗なり。法華経に及ばざる上（中略）、大日経の極理は未だ天台の別教・通教の極理にも及ばず」とあって、大日経は声聞・縁覚・大乗菩薩・仏乗の四乗を説くとされている。玄義とちがっているが、この説によるべきであろう。

二一　**三土・四土**（三一〇頁）　四土は、1同居土、2方便土、3実報土、4寂光土をいう。三土はこの中の第一から第三までをいう。第一の同居土は、凡夫と聖者の同居する国土。第二は方便有余土といい、見思の煩悩を尽して三界の生死を離れた国土。しかしまだ塵沙、無明の煩悩をのこすから有余土という。第三は実報無障碍土で、菩薩の国土をいう。第四の寂光土は、常寂光の仏の国土をいう。

二二　**天台大師、前三後三の六釈**（三一六頁）　法華文句巻九上、涌出品の釈に説く。如来が迹化他方来の菩薩を止める理由におよそ三義ありとして、一に、各々に自己の任がある。もしこの娑婆世界に止住すれば他国土がおるすになる。二に、この土に結縁が浅い。したがって大きな実績はあげられない。三に、もしこの土の弘経を許せば、本化地涌の大士を呼び出すことができない。これが来ないならば迹門を打破ることができないし、本地を実証することができないから、これをとどめる。つぎに、下方の本化の菩薩を召す三義とは、一に、わが弟子がわが法を弘めることは、因縁が深く広くこの土に遍ねくゆきわたる利益がある。二に、分身がこの土に遍在する利益がある。三に、他方の国土にも遍在する利益がある。また、本化の出現によって開近顕遠を証することができる。

三三　**妙楽云く「子、父の法を弘む。世界の益有り」**(三二六頁)　法華文句記巻九の中に「下を召すの三義、即ち四益を具す。初に、子、父の法を弘む、世界の益有り」と。四益とは四悉益の略称で、四悉檀ともいう。仏の説法を四類に分けた名称。第一の世界悉檀は、仏が衆生のねがうところにしたがって世界の法をとき、聞くものに歓喜利益をえさせることをいう。

三四　**弥勒菩薩の疑請**(三二六頁)　「経に云く」は涌出品の文。同品に、弥勒の疑いとしたことは、譬えば、色美しく、黒髪の二十五歳の人が、白髪の百歳の人をさして、これは私の弟子であるといい、その老人も年少者を私の父であり、私を育ててくれた人だというのと同じで、信じ難いことである。私どもは仏語に虚妄はないと信じてきましたが、このことは一同の疑問であり、また、新発意のものは、これによって仏語を信受しないばかりか、破法の罪を作ることになりかねない。そこで、この疑を解いていただきたい。そのお言葉を聞くことができれば、さらに疑いはおこすことはないと述べた経文である。

三五　**四依**(三二七頁)　ここでは所依となる人に四種の別あることをいう。法四依に対して人四依のこと。涅槃経巻六に、「能く正法を護り、正法を建立し、正法を憶念し、多く利益し、世間を憐愍し、世間の依となりて人天を安楽す」と説き、四種に階位の別を立てて一に煩悩性を具す人、二に須陀洹・斯陀含の人、三に阿那含の人、四に阿羅漢の人とする。しかし、四依を修行の階位については異説がある。一説によると、一に小乗の四依は正法の前五百年に出現した迦葉・阿難等。二に大乗の四依は正法の後の五百年に出現した竜樹・世親等。三に迹門の四依は像法の時に出現した南岳慧思・天台智顗等。四の本門の四依は末法に出現する地涌の菩薩、すなわち現実には仏の使として遣された自覚に立った日蓮をいう。

云 **名体宗用教の南無妙法蓮華経**(三八頁)　智顗が法華経の題目を称するのに法華玄義で用いた五章のことで五重玄義という。一釈名、二弁体、三明宗、四論用、五判教をいう。一の釈名は経の題目の解釈。二の弁体は経の体を弁じ出す。三の明宗は経の宗趣を明す。四の論用は経の功徳を論じる。五の判教は経の教相を判じることをいう。法華経の五重玄義を具足した南無妙法蓮華経を寿量品の肝要という。

妙法と蓮花を名とし、諸法実相を体とし、一乗の因果を宗とし、迹門は疑いを断じ信を生ずるを用とし、三種の教相を立てて教を判じて、法華経を諸教に超えた純円の教とする。

三七 **十神力を現じて**(三九頁)　如来神力品に、仏はこの経の甚深にして勝妙であることを示された。智顗はこれを十神力にかぞえている。本書の引文には第一の広長舌相だけをあげて経に説くあとの九神力を略する。第二は放光十方、三は一時謦咳之声、四は倶共弾指、五は六種震動、六は普見大会、七は空中唱声、八は咸皆帰命、九は遙散諸物、十は通一仏土をいう。

六 **太公・周公の成王を摂扶し、四皓が恵帝に侍奉せし**(三四頁)　太公は太公望呂尚。周代、斉の祖。周公は周公旦。周武王の弟。成王は周武王の子。太公・周公は武王を助けて殷を亡ぼし天下を平定するのに功献したが、武王の死後、幼なかった成王を扶け、礼楽を興し制度を立てしめて周の世の基礎を固くした。四皓とは鬚眉皓白の商山に隠棲していた四老をいう。この四人は漢の高祖の時、専横の帝に仕えず、衆望のあった恵帝を扶けて漢の第二世の位につかしめ、若い帝に仕えて扶佐した。

日蓮一代略年譜（年号の脇に付した和数字は改元の月日（陰暦）を示す。）

西暦	年号	事項・主な著述・（世情）
一二二二	貞応一（四・一三）	二月一六日安房（千葉県）東条郷小湊に誕生すと伝う。（一二二一年五月承久三年に承久の役あり、幕府軍京都に入り皇軍敗れ三上皇を配流して六波羅に探題を置く。）
一二三三	天福一（四・一五）	五月一二日清澄山に入る。（一二三二年八月幕府貞永式目五十一条を定む。）
一二三七	嘉禎三	清澄山で道善房を師として得度し是聖房と名乗る。虚空蔵菩薩に叡智を祈る。
一二三八〜四一	暦仁一〜仁治二（一一・二三）	鎌倉を訪れて主として念仏を学ぶ。嘉禎四年一一月一四日円多羅義集上を清澄山で写し了る。（一八九九年二月二二日後鳥羽法皇隠岐に崩ず。）
一二四二	仁治一（七・一六）	清澄山で戒体即身成仏義を著し、真言宗の戒体を法華の戒体より上位とする。比叡山に遊学。（九月一二日順徳上皇佐渡に崩ず。）
一二五三	建長五	春比叡を下山するまで十年余りの間叡山を中心に京都・奈良・高野・大阪天王寺・三井を訪れて諸宗勉学。

一二五六　康元一（一〇・五）　四月二八日故山清澄寺で法華経を宗とする立教宣言、地頭東条景信の不信をうけて下山、鎌倉に移る。一一月日昭入門。富木常忍入信。翌年一一歳の少年日朗入門。
（八月二八日道元寂、一一月北条時頼、新建立の建長寺に道隆を請ず。）
四条頼基・池上兄弟・工藤吉隆・進士太郎等が相前後して入信。
（一一月二三日北条時頼道隆について最明寺に入道。）

一二五七　正嘉一（三・一四）　波木井実長入信。
（八月二三日鎌倉大地震。）

一二五八　二　一代聖教大意を著す。二月一四日父死す。

一二五九　正元一（三・二六）　守護国家論を著し撰択集を破し正法法華経によるべきを論ず。日興入門。
（四月飢饉疫病流行。）

一二六〇　文応一（四・一三）　立正安国論・災難興起由来・災難対治抄・十法界明因果抄・唱法華題目抄等を著す。七月一六日立正安国論を前執権北条時頼に献白〈第一の諫言〉。八月二七日松葉ガ谷法難。比企大学三郎・大田乗明・曾谷教信・南条兵衛七郎等入信。

一二六一　弘長一（二・二〇）　五月一二日伊豆配流。六月一七日伊東の地頭八郎左衛門より釈迦像を贈られ爾後この像を持仏とする。

一二六二　二　四恩抄・教機時国抄・顕謗法抄を著す。日頂入門。
（一一月二八日親鸞寂す。）

一二六三　三　二月二二日流罪を赦され、再度鎌倉に帰る。日持入門。
（一一月二二日北条時頼死す。）

一二六四　文永一(三・二八)　法華真言勝劣事・当世念仏者無間地獄事を著す。一〇月帰省して母の治病を祈る。一一月一一日小松原法難、鏡忍房・工藤吉隆この難に殉ず。
(七月五日大彗星現る。)
一二六六　三　三月清澄寺にて法華題目抄を著す。
一二六七　四　八月一五日母死す。
(八月良観極楽寺に入る。)
一二六八　五　執権北条時宗、宿屋光則・建長寺・極楽寺・寿福寺等に書を送り蒙古来牒は立正安国論の予言に符合することを諫告。安国論御勘由来を著す。
(閏一月蒙古の使黒的大宰府に来り通好を求む。時宗これを却く。)
一二六九　六　五月問注得意抄を富木常忍に送る。一二月八日立正安国論を写す。
(三月七日蒙古使黒的等高麗の使いと対馬に来り返牒を求め島民を掠略して去る。九月一七日蒙古の使者再び対馬に来る。)
一二七〇　七　善無畏三蔵抄・真言天台勝劣事を著す。
(一二月二日蒙古趙良弼を日本への国使として高麗に派遣。)
一二七一　八　九月一二日平左衛門に捕えらる〈第二の諫言〉。竜ノ口法難。依智に護送。一〇月一〇日依智を出発、日興・日向等随従して佐渡の配流地に向う。一〇月二一日越後寺泊に着き、同二八日佐渡に着く。一一月一日佐渡塚原の配所に入る。一〇月一五日弟子日朗たち投獄さる。阿仏房・千日尼等入信。十章抄・転重軽受法門・佐渡御勘気抄・寺泊御書などを著作。

（九月一九日蒙古使者趙良弼国書をもって筑前今津に来り、時宗これを奏し法皇国書を議せしむ。）

一二七二　文永九　開目抄・法華浄土問答抄・八宗違目抄・佐渡御書・真言諸宗違目・真言見聞等を著す。四月七日一の谷へ移る。学乗房・中興入道等改宗入門。五月、日妙尼が幼女を伴って鎌倉から来訪す。
（二月時宗、六波羅北条時輔等を殺す。四月蒙古の使者趙良弼再び来る。）

一二七三　一〇　観心本尊抄・諸法実相抄・如説修行抄・顕仏未来記・当体義抄・呵責謗法滅罪抄・木絵二像開眼事等を著す。

一二七四　一一　法華行者値難事・法華取要抄・異体同心事・顕立正意抄・聖人知三世事・立正観抄等を著す。
二月一四日赦免状が出る。三月八日赦免状佐渡に届く。同一三日佐渡出発。二六日鎌倉着。四月八日頼綱に対面〈第三の諫言〉。五月一二日鎌倉を発って一七日身延山に入る。
（一〇月蒙古来襲、対馬・壱岐を侵して筑前博多に上陸。二〇日大風にて蒙古船漂没―文永の役。）

一二七五　建治一（四・二五）　撰時抄・観心本尊得意抄・種々御振舞御書等を著す。
（四月蒙古国号を元と改む。九月七日時宗は元使五人を竜ノ口に斬る。）

一二七六　二　報恩抄―旧師道善房の霊に捧ぐ―・清澄寺大衆中・蒙古使御書等を著す。

一二七七　三　四信五品抄・頼基陳状・法華初心成仏抄等を著す。

一二七八　弘安一（二・二九）　三沢抄・教行証御書・本尊問答抄等を著す。冬から下痢、六月に入って度をまし四条頼基の調薬を服する。

一二七九　二　本門戒体抄・聖人御難事等を著す。
(九月熱原甚四郎等捕えられ、翌年殉教。)

一二八一　四　三大秘法禀承事を著す。身延の旧坊を改築。一一月二四日に十間四面の大坊建つ。このころ常時来訪者多く二四日の大師講に大勢で法華経を分担して一日に書き終えている。
(蒙古来襲は五月より閏七月の大風雨まで—弘安の役。)

一二八二　五　病気治療のため常陸に湯治の目的で九月八日身延を出発、一八日武蔵池上家に着く。静養中病篤く一〇月一三日池上にて寂、満六〇歳。

解説

日蓮の思想

末法と日蓮

末法ということばは、仏在世の時から遠ざかった悪世の時を意味する仏教時代観で、仏滅後二〇〇〇年を過ぎた年代を総称する。教法は、時と人とにふさわしいことが条件であって、これを時・機相応の教法という。末法はいつから始るかという問題については異説のあるところであるが、中世わが国の社会通念としては、十一世紀のなかばをもってその時とした。当時の文書に仏滅年代を書き入れたものがあってそのことが証明されているが、それによると一〇五一年、平安末期の永承六年が仏滅二〇〇〇年にあたっている。そして末法には時・機相応の仏教でなければ、衆生は救われないとするのもまた通念であった。

日本の新仏教は、この末法の時代観を重視して成立したところにその意義をもつものである。法然(一一三三—一二一二)は一一七五年に善導の書によって浄土宗を開き、親鸞(一一七三—一二六二)は一二〇一年にその法然に依って浄土真宗を宣布し、道元(一二〇〇—五三)は入宋して一二二七年帰朝ののち、シナの曹洞禅を伝えて日本曹洞宗の祖となった。日蓮(一二二二—八二)

は法然の死後十年、ほかの三師と相前後して生存し、一二五三年に法華宗を開いて鎌倉仏教の幕を閉じたひとであった。日蓮の生誕は末法に入って一七一年にあたる。

房州の海辺に生まれた日蓮にも末法の気風はつよくふきつけていた。彼は少年時代から青年期にかけて鎌倉・比叡・京都・奈良・高野その他の仏教学府の地を訪ねてひたすら勉学にはげみ、満三十一歳で故山清澄にかえって、建長五年四月にはじめて法華経の題目への帰依を宣言した。それは全仏教は法華経と釈迦仏に帰一すべき時であるという信念の表明であり、長年にわたる勉学の成果の結束であるとともに、上皇島流しの反逆、世相の不安と災難は教法の誤りに由来するという世間法につらなる現実的確信であった。日蓮はこの主張に生命を投入して悔いることなく、正法国家の建設を幕府に建白して正法にそむく邪法との対決をもとめた。これが立正安国論である。この提案が受難続発の原因となった。邪法のそしりをうけた当時の仏教界のひとたちは、表面では黙殺してとりあわなかったが、ひそかに裏面に手をまわして日蓮の追放を計った。逆に日蓮はその受難によって自己の思索を深めることとなり、これを法華経身読の法悦として受けいれている。推地四郎殿御書に「末法には法華経の行者必ず出来すべし、但(ただし)大難来りなば強盛の信心、弥々悦(よろこび)をなすべし。火に薪をくわへんに、さかんなる事なかるべしや(中略)大難なくば法華経の行者にはあらじ」といい、開目抄に「日蓮が流罪、今生の小苦なれば、なげかしからず。後生には大楽をうくべければ、大に悦し」(本文二九〇ページ)という心境がそれである。佐渡の北海の冬の寒さは厳しく、風雪をしのぐ戸もない三昧堂で、日蓮にはとくに身にしみたらしい寒苦にさらされ、飢餓にせめられた配所の生活は世間的に見れば「よろこび」とは、およそかけはなれた悲哀の境遇であったはずであるが、出世間的な発想による日蓮の思想的分別は世間の思慮を超えて法華経のゆえに肉体の苦難にまさる「よろこび」をもちえたのである。とはいえ、日蓮は現世を否定し現実から逃避したのではなかった。現世を認め現実を思わないでは正法国家、立正安国の思想はありえない。受難の法悦は、また日蓮の罪悪観につらなりをもつところであるが、ともあれ現世の受難を法華経のゆえによろこび、このよろこびを現世の時限を超えてのよろこびとするところに日蓮の出世間的思想があるのである。貧富の内容も世間的ではない。「日蓮は、世間には日本第一の貧者なれども、仏法を以て論ずれば一閻浮提(世界)第一の富者也。是れ時の然らしむる故也と思へば喜び身にあまり、感涙押へ難く、教主釈尊の御恩報じ難し」(四菩薩造立抄)。仏法の富を喜び、感涙をながしたひとであった。「当世、日本国に第一に富《とめる》者《もの》は、日蓮なるべし。命は法華経にたてまつる」(本文二六五ページ)というのもこれに同じである。日蓮の文章は著述にかぎらず、短かい消息にも法華の思想信仰を語らぬものはない。遺文に共通する本質的思惟ともいうべきものは、それが社会国家の現実にせよ、個人の環境にせよ、出世間的視野から世間の現実を直視していることである。その出世間法は世間法を別にしてあるものではなく、日蓮は世間法の中に出世間法を見たのである。善意の人の思慮と行動をよろこび、真実の法にそむくものを怒り、人情の悲しみに涙をながし、栗毛の馬にこまやかな愛情をそそいだのも、いわば「如実の法」として見たのであるといえるのかも知れないが、そこにはもっと親しみのある日蓮の人間性がにじみでている思いがする。

日蓮の文章には、開目抄（本文二〇三ページ以下）のように法華経の行者として、増上慢のひとびとを敵として挺身する決意のほどをつよく、きびしく打出して堂々とよどみなくたたみかけ、いかにも強い面が表に出た迫力ある文もあり、持妙尼御前御返事（本文一三九ページ）や病をおして書いたという上野殿母尼御前御書（本文一六三ページ）のように、夫を亡くし子に先き立たれた婦人に、夫妻別離のつらい思慕の情を語り、また母のなげきに同情して「母なれば御をとずれや候らむ。いかにきかせ給はぬやらん。ふりし雪も又ふれり。ちりし花も又さきて候き。無常ばかりまたもかへりきこへ候はざりけるか。あらうらめし〱」と書きしるし、末文に日蓮は病気でほかへの返事も書けずにいるが、このことのあまりのなげかしさに消息の筆をとったと述べて、「よもひさしくもこのよに候はじ（中略）母よりさきにげざんし候わば、母のなげき申つたへ候はん」と書きおくったような情のこもったものもある。しかもこの状は子を亡くして一年四か月をすぎた時の追懐の情である。波木井殿御報（本文一六九ページ）には身延から池上までのってきた栗毛の馬に愛情をよせてこの消息の大半は馬のことにつきている。消息文には門下のひとたちから送られた野菜・海藻などの食料や穀物・餅・酒・銭などの礼状が多いが、海藻を見ては郷里の海辺をなつかしみ、酒はあたためて薬草といっしょにのんで病の治療にあてたりしている。病に二つあり身病なり心病なりといって身体の病には薬を服し、心の病を法華経によって治せと教えている。富木尼が病気をしたときには日蓮に投薬をしていた四条頼基の調薬をすすめ、高橋入道には「薬は病のため」とも「法華の薬」とも教えているところがある(本文四四・七一ページ)。送りとどけられた品々は法華経・釈迦仏に供えて功徳をたたえ、教えを説くというのが常であった。日蓮は行いすまして世情を離れるというタイプの聖者ではなく、世間の実情に関心をもち経説の指示にしたがって行動し実践することが仏の教える時の使命であるとした。恩を棄てて無為に入ることを誓って出家したのではあったが、父母を思う情を捨てたのではない。病床の母を見舞って平癒を祈ったこともあり、身延に入ってからも故郷を望み見る山頂に登って菩提をとぶらい、「日蓮貧道の身と生れて、父母の孝養心に足らず(中略)今度、頸を法華経に奉りて其の功徳を父母に回向す」ともいっている。師の道善房の死をきいて悲しみ、長篇の報恩抄を書いて墓前にたむけて追慕し、牢にとらわれの身となった弟子たちを案じて送った消息(本文二一ページ)にも日蓮の温情がにじみでている。弟子・門下のひとたちが日蓮を思慕したのもこの温情があったからである。邪悪を怒った日蓮には「面に微笑を含み、口に軟語を吐いて、麁言を永離す」という高僧像はそのままに当らないようであるが、その怒りは仏道を成ぜしめるためのやみがたい慈悲の怒りであり、釈迦仏・法華経の生きたすがたとして発した怒りであったのである。

末法の時に、末法を正時とする正法法華経の題目を宣布した日蓮は、みずからを法華経に投入し、この経を脊骨とし指針として行動し、経に入って経から出たひとである。常不軽菩薩を行動の範とし、上行菩薩の出現を意図したのもこの意識からであった。この意識はつねにくりかえし、くりかえすことによって思索を深め、妙法の仏教文化を創造する泉となっている。日蓮の何ものをもおそれない不敵ともみられる強盛な面はここに由来する。内村鑑三氏は「代表的日本人」の中に日蓮をとりあげて、「『仏敵』には極めて仮借なかつた彼は、貧しきもの悩めるものに接する時、人として最も柔和なる人であつた。彼の弟子への手紙には、記念すべき『立正安国論』の熱火と大なる対照をなして、極めて穏かな気分が通つてゐる」と述べて強い一面に日蓮にはおだやかなやさしい面のあることをとりあげている。

遺文に散見される「切る」とか「刎ねる」というような容赦も仮借もないはげしい仏教者らしからぬ表現は、戦記物語からくる影響であろう、日蓮は幼少のころに戦記ものを熟読していたのではなかろうかという仏教文学者の説をきいたことがある。当否のほどは知らないがひとつの興味ある説である。いまひとつキリスト教者の評をあげておこう。「余の尊敬する人物」の中に「日蓮」をあげている矢内原忠雄氏のものである。「鎌倉時代の日蓮は、真理の為に真理を愛し、真理によつて国を愛し、真理の敵に向つて強く「否《ノー》」と言ふことの出来た人であります。さういふ人が昔の日本人の中に居たといふことは、私共の慰めであります」。

ここにあげた二人のキリスト教者とは反対に、現在の学者の日蓮評には、彼に思想なしとする説、国家主義、独善主義者とする説などがある。しかしその説は、一端だけをとりあげて全体を知ろうとしない傍観的妄評であるというそしりをまぬがれないであろう。

法華経と釈迦仏

仏教でいう末法は悪世に通じるというのが普通の解釈であるが、日蓮は末法の悪世をよき時代にすることをねがった。けがれた現実をすてて来世の浄土に希望をつなごうとしたのではない。立正安国は現実に仏国土を建設する方策であり、御用的な鎮護国家とはまったくちがい、民衆を救い国を安泰にするためのものである。そして、それには為政者にこれを教えることが急務と考えた日蓮が北条時頼に上書したのが立正安国論である。安国論は対話形式で文章としてもリズムをもった名文である。この文が日蓮を国家主義者と誤解させるのは問いのことばからそれを都合よく引き出すからであって、日蓮の主張である答えをよく読めば誤解は解消するはずである。安国論にはこのままでは国は危険であるから早く信仰の心を改めよ「汝、早く信仰の寸心を改めて、速かに実乗の一善に帰せよ。然れば則ち三界は皆仏国也」(本文二〇一ページ)と説くのである。その実乗の一善については安国論ではほとんど語らない。語らないのはここでそれをいう必要はなかったからで、ここでは実乗の一善への道を開くことに主眼があったのである。むしろその問いをうけてそれをいう機会を日蓮は待ち望んでいたであろう。

法華経は日蓮だけの法華経ではない。「実乗の一善」とは何をいうのかをまず聖徳太子の文にきくことにしよう。

妙法蓮華経とは、けだし是れ総じて万善を取つて合して一因とするの豊田《ぶでん》、七百の近寿《ごんじゅ》、転じて長遠と成るの神薬なり。若し釈迦如来、此の土に応現したまふ大意を論ずれば、将に宜しく此の経教を宣べ、同帰の妙因を修して、莫二《まくに》(唯だ一つ)の大果を得しめんと欲してなり。ただ衆生、宿殖《しゅくじき》(過去)の善、微《かすか》にして、神(こころ)闇《くら》く、根鈍《こんにぶ》く、五濁は大機を鄣《さ》へ、六弊《へい》は其の慧眼を掩《おほ》へるを以て、卒《にはか》に一乗因果の大理を聞くべからず(法華義疏第一)。

すなわち実乗の一善とは法華経である。太子はこれを万善を取って一因とする豊田であるとし、法華経を豊田にたとえて、豊穣の田には万善を取り入れているから、法華経は万善をみのらせる源泉であるといっている。これを万善同帰、莫二の大果ともいう。そして、釈迦如来は法華経の教えを宣べて、賢人も愚人も貧しきも富めるも差別なき「同帰の一乗」、「実乗の一善」の法を説かれたのであり、仏の本懐はこの経に尽きているのであるが、衆生は悪縁に引かれ、煩悩にとらわれ、業障にさえられてこの一乗を正視する智眼がかけているから、急にこれを聞いても信じようとはしない、といっている。聖徳太子の昔も、日蓮の時も大衆のこの心には変りはなかったようである。

法華経は何を言おうとしているのか、簡単に言えば、ほかの経では仏道を成じ難いとされた断善根のものの成仏、インド思想から発生した女人不成仏の思想をとりはらった女人成仏、機根相応の経教としての三乗の教法を方便の説として撤回した一切衆生の一乗成仏、これが要点の一つである。また、経説にはいま一つの要点がある。太子が「七百の近寿、転じて長遠と成るの神薬なり」というのがそれである。すなわち、七百年の昔に生れた釈迦仏は、八十年の生命をもって一生を閉じた一生命体としての生理的存在ではあったが、釈迦仏の本体的生命は過去に長遠の生命をもつものであり、過去ばかりではなく永久不滅の生命は未来永劫に生きてあることを顕示している。仏を他国の浄土にもとめることを説いたのも、そのほかのすべての教法も衆生の「神闇く、根鈍き」を誘引するために真実を教えるための仮説であった。仮説は段階であって目的ではない。ここに余仏、余経をなげすてよ。信ずべく崇むべきは法華経・釈迦仏なりという日蓮の論理がある。日蓮のいう「釈迦仏」はこの久遠の釈迦仏である。この釈迦仏に対する日蓮の渇仰は切実であった。

この釈迦仏はどこに現在するのであろうか。経説には「衆生を度《すく》わんがための故に　方便して涅槃を現わすも　しかも実には滅度せずして　常にここに住して法を説くなり」（岩波文庫「法華経」下三〇ページ）とある。そして常住の仏を見ることの前提として「功徳を修し　柔和にして質直《すなお》なるもの」（同上、三二ページ）であることが条件とされる。見仏聞法は我見と偏執を捨てた信仰なくしてはありえない。日蓮はまた信に徹したひとであったばかりでなく、法華経の信を身をもって実践したひとであった。幼いころ虚空蔵菩薩に日本第一の智者となしたまえと祈ったのは仏教の真意を知るための祈りであって智者学匠を志したのではない。法華経には「信をもつて入ることを得」とも説いている。「日蓮は日本第一のふたう(不当)の法師、ただし法華経を信じ候事は、一閻浮提(世界)第一の聖人也」(妙心尼御前御返事)とも、「信なくして此経を行ぜんは、手なくして宝山に入り、足なくして千里の道を企つが如し」(法蓮抄)とも説いているが、その信は熱狂的信であってはならない。日蓮はこれをいましめて、「抑も、今の時、法華経を信ずる人あり。或は火のごとく信ずる人もあり。或は水のごとく信ずる人もあり。聴聞する時はもえたつばかりをもへども、とをざかりぬればすつる心あり。水のごとくと申すは、いつもたい(退)せず信ずる也。此はいかなる時もつねは、たいせずとわせ給へば、水のごとく信ぜさせ給へるか。たうとし〳〵」(上野殿御返事)と書いて、信心は水のようにたえず冷静にもつべきものと教えている。

さて法華経に信をもつものは仏を見るとされるが、仏と衆生すなわちわれわれとの関係はどうなのであろうかということが大きな関心事となってくる。仏は万物創造の唯一絶対神として人間と離れてあるものではない。このことは開目抄・本尊抄にいう一念三千、十界互具の基本線に関連する重大事である。法華経には「今、この三界は、皆これ吾が子なり」(「法華経」上一九八ページ)とも、「われも亦、為《これ》、世の父として　諸の苦患《くるしみ》を救う」(下三四ページ)ともいっており、また狂心した子を救うために、父の死をつげて子の本心をよびさます話が説かれているように、仏とわれわれは親子の関係で結ばれている。子は親のゆずりを受けてわれわれの生命を釈迦仏と同じ長遠の寿命につなぎとどめることができるのである。日蓮が釈迦仏を主・師・親の徳を具えた仏として渇仰するのはこの理由からである。

釈迦仏と法華経とは、どういう関係にあるのであろうか。経法は仏によって説かれたのであるから、仏は生み出したもの、法は生み出されたものと考えられる。ところがそれは浅い考えで、実はそうではなくて法華経によって仏が生み出されたと見るのが日蓮の説である。仏を知るのは経によって知るのである。経説がなければ、仏は存在するとしても知ることができないから経が仏を生むという説である。これを本尊問答抄に「其故は、法華経は釈尊の父母、諸仏の眼目也。釈迦・大日、総じて十方諸仏は法華経より出生し給へり。故に今、能生を以て本尊とする也」とし、また弘安三年の上野殿母尼御前御返事に「魚は水をたのみ、鳥は木をすみかとす。仏は此経にすみ給。月は水にやどる、仏は此経にすみ給。鳥は木にすむ。此経なき国は仏まします事なしと御心得あるべく候」と懇切に両者の関り合いをのべたところがある。しかしこの区別は一往の説で、つまりは釈迦仏・法華経は切り離して考えるべきでないという両者一体説が日蓮の実感であった。日蓮にとっては釈迦仏と法華経は別体としてあるのでなかった。「法華経は釈迦如来の御志を書き顕して、此音声を文字と成し給。仏の御心はこの文字とはかはれども心は一也。然ば法華経の文字を拝見せさせ給ふは、生身の釈迦如来にあひ進らせたりとおぼしめすべし」(文永九年、四条金吾殿御返事〈本書所収の文とは別〉)。法華経のなかに日蓮は生身の釈迦仏を実感として発見しているのである。このほか遺文に「法華経・釈迦仏」、「釈迦仏・法華経」と書きつづけているところが多い。門下からの送りものへの礼状に「法華経の御宝前」ということばが十書ばかりに見えている。ほかに「法華経の御供養」、「法華経に申しあげる」、「法華経にまいらせる」ということばが散見する。経の中に仏を見るのでなければありえない表現である。また「法華経の御いのちをつがせたまう」、「法華経にみやづかわせ給う奉公」、「法華経への御奉公」ともいっているのは同様に日蓮における文字即仏の思想であり、法華経本尊につらなる思想である。思想の内容からみると、前記のように法華経本尊、釈迦仏本尊は別にあるものではなかった。

また、題目本尊も釈迦仏・法華経を離れてあるものではない。マンダラは文字で題目を中央に、仏・菩薩名を左右に書きわけた形のものであるが、新尼御殿御返事では「五字の大曼荼羅」(本文五〇ページ)ともいい、これを「御本尊」(本文四九ページ)といっている。ところが妙心尼御前御返事に、幼い人のためにお守りを授けまいらせると書かれている実体は「まんだら」(本文七二ページ)である。マンダラを一方では御本尊に、他方ではお守りとしていて扱いがちがっている。このようにマンダラも本尊とされた例はあるが、本尊は即ちマンダラと決めてしまうことはゆるされない。一例によって、他例を知らないと誤解を生じることがある。

本尊の問題ばかりでなく、日蓮の思想はその表現がかならずしも画一的でなく多面性をもつので、このことを注意してかからなければならない。こういうところに教義学的な論議のおこる素地がある。一辺に固執したり、主観的な解釈は危険である。

法華経の行者と妙法蓮華経の題目

身体を養う食糧もひとの消化に堪えるように調理されるのでなければ栄養とはならないと同じように、勝れた教法も時と人に適するのでなければ真価を発しない。日蓮は法華経の歴史的系譜を竜樹―天親―天台―伝教につないでいる。そして天台・伝教はもっとも親しいとするが、しかし、これら法華経を心としよりどころとした天台・伝教も、その教説のままでは末法の衆生のすくいとはならないとして、釈迦仏に直参する内面の相承を立て、天台・伝教とは別の経教を創造したのである。それは、しなければならない時にあったからである。「此法華経にをひて、又機により、時により、国により、ひろむる人により、やう〳〵にかわりて候」(随自意御書)とのべ、本尊抄には、「伝教大師は、粗ぼ法華経の実義を顕示す。然りと雖も、時、未だ来らざるが故に東方の鵝王を建立して、本門の四菩薩を顕さず。所詮、地涌千界の為に、此を譲り与ふるが故也。此の菩薩、仏勅を蒙りて、近く大地の下に在り、正・像に未だ出現せず」(本文三二四ページ)といて、伝教大師はあらまし法華経の実義を示されたが、その時でなかったのでこれを末法に宣布する使命を受けた地涌の菩薩にゆだねられたのであるといっている。また竜樹・天親は心に存して口にのべずとして、「竜樹・天親は共に千部の論師なり。ただ権大乗を申《の》べて法華経をば心に存して口に吐きたまはず。天台・伝教はこれを宣べて、本門の本尊と四菩薩と南無妙法蓮華経の五字はこれを残したまふ。所詮、一には仏授与したまはざるが故に。二には時・機未熟の故なり。今、既に時来れり。四菩薩、出現したまはんか。日蓮、此事、先づこれを知りぬ」(法華行者値難事)という。ここにいうように、日蓮には「南無妙法蓮華経」の五字七字の題目がのこされていたのである。この題目を宣布する人とはどういうひとなのであろうか。まずこれを経説に聞くことにしよう。

末法に出現する地涌の菩薩と常不軽菩薩は法華経の教説であるが、末法にこの経を宣布する人はかならず迫害をうけるであろうと説かれている。害を加えるものは開目抄に説く三類の強敵(本文二六七―七七ページ)である。その忍難のひととして経説にあげられているのが害を加える敵に合掌礼拝しつづけた一比丘であった。法華経に「この比丘は専ら経典を読誦するにはあらずして、但《ただ》、礼拝を行ずるのみなり。乃至、遠くに四衆を見ても、亦《また》、故《ことさ》らに往きて礼拝して讃歎してこの言を作せり『われ敢えて汝等を軽《かろ》しめず。汝等は皆当に仏と作《な》るべきが故なり』」(下一三四ページ)と説く常不軽菩薩がそれである。また法華経にはこの経を仏の滅後悪世に弘める使命をうけた、一群の地面から涌き出た過去世に結縁した仏弟子たちがいる。文殊師利ら当座の法華の聴衆がこの経を弘めることを申し出たとき仏がこれを制止して、この娑婆世界には六万恒沙の菩薩衆があって滅後にこの経を広く説くであろうと告げると、娑婆世界の国土は震裂して、地中から大ぜいの菩薩衆が出現した。その中に上行等の四人の上首がいる。経文に「この菩薩衆の中に四の導師あり。一をば上行と名づけ、二をば無辺行と名づけ、三をば浄行と名づけ、四をば安立行と名づく。この四菩薩は、その衆の中にあって、最も為《こ》れ上首の唱導の師なり」(中二九二ページ)とあるのがそれである。日蓮は末法の法華経宣布者として経説の常不軽菩薩に行動の規範をもとめ、仏使として地涌の菩薩の自覚をもった。法華経の行者はここに誕生する。

受難は法華経の証明である。受難なくして法華経の行者はない。このことばは伊豆流罪の時から書きはじめ佐渡に流されて完成した開目抄をその頂点とし、回を重ねてつかわれている。「日本国に此をしれる者、但《ただ》日蓮一人なり。これを一言も申出すならば、父母・兄弟・師匠に、国王の難、必ず来るべし。いわずは慈悲なきににたりと思惟するに、法華経・涅槃経等に此二辺を合せ見るに、いわずは今生は事なくとも、後生は必ず無間地獄に堕つべし。いうならば、三障・四魔必ず競ひ起るべしとしりぬ。二辺の中にはいうべし」(本文二二八ページ)とのべて、日蓮は受難を偶発したものとするのでなく、当然のこととして予期した覚悟のものとした。仏使・法華経行者をかざした日蓮の使命感はただ思いあがった情熱から出ているのではない。人間としての分際をわきまえた上で法華経に投入した回帰後の反省があった。そしてその反省をのりこえての決意であった。

日蓮は法華経の行者出現の時に生れたものとして、熱心にその人を待望した。経説にしたがえば、かならず出るべきひとであるからである。もしその人がなければ経文は空説となり、釈迦仏は虚言のそしりをうけることになる。そして、この待望は自身の行者としての使命感に結晶してゆく。文章にはあやがあるから文面だけでは真意は受け取れないところがあって、文字にのみこだわることはつつしまねばならぬが、開目抄に経説を引いてくりかえし法華経の行者のことを自身の受難にあてはめて論じたところがある。そこでは「日蓮は法華経の行者に非ざるか」(本文二五六ページ)と提起し、それを結んで「抑、たれやの人か衆俗に悪口罵詈せらるゝ、誰の僧か刀杖を加へらるゝ。誰の僧をか法華経のゆへに公家武家に奏する。誰の僧か『数々見擯出』と度々ながさるゝ。日蓮より外に、日本国に取出さんとするに人なし。日蓮は法華経の行者にあらず、天これをすて給ゆへに。誰をか当世の法華経の行者として、仏語を実語とせん」(本文二七七ページ)といい、また「法華経の第五の巻、勧持品の二十行の偈は、日蓮だにも此の国に生れずは、ほとをど、世尊は大妄語の人、八十万億那由他の菩薩は提婆が虚誑罪にも堕ちぬべし」(本文二三一ページ)とも述べて、内心に法華経の行者としての決意を固めていることがうかがわれる。ここで法華経の行者の決意を表明した名句として知られる三大誓願の文を記しておく。

善に付《つけ》、悪につけ法華経をすつる、地獄の業なるべし。本願を立《たてん》、日本国の位をゆづらむ、法華経をすてゝ観経等について後生をごせよ。父母の頸を刎《はねん》。念仏申さずわ、なんどの種々の大難出来すとも、智者に我義やぶられずは用じとなり。其外の大難風の前の塵なるべし。我《われ》日本の柱とならむ、我日本の眼目とならむ、我日本の大船とならむ等と、ちかいし願やぶるべからず。（本文二八〇ページ）

開目抄には、文面に自らを法華経の行者なりと言いきっていないが、身延に入って書いた撰時抄には自分が法華経の行者であることに疑いはないと断言したところがある。日蓮の行者意識の推移の一端がうかがえる。「いまだきかず、いまだ見ず、南無妙法蓮華経と唱へよと他人をすゝめ、我と唱へたる智人なし、（中略）日蓮は日本第一の法華経の行者なる事あえて疑ひなし」と題目を宣布する法華経の行者をもって自任しているのがそれである。

このような経説の条理によって選び出された法華経の行者の宣布した五字・七字の題目とは何であろうか。これまでにことさらに遺文を引いたところによって、およその理解は得られたとおもうが、最後にそのことにふれておこう。

今日蓮は去る建長五年癸丑四月二十八日より、今弘安三年太歳庚辰十二月にいたるまで二十八年が間、又他事なし。只妙法蓮華経の七字・五字を日本国の一切衆生の口に入れんとはげむ計り也。（諫暁八幡抄）

小乗経・大乗経、並に法華経は文字はありとも、衆生の病の薬とはなるべからず。所謂病は

重し薬はあさし。其時、上行菩薩出現して妙法蓮華経の五字を一閻浮提の一切衆生にさづくべし。（高橋入道殿御返事）

引文にあるように、日蓮は題目の宣布を使命としたのであるが、題目は「妙法蓮華経の五字・七字」とも、前に引いた「南無妙法蓮華経の五字・七字」ともあり、本尊抄では「事行の南無妙法蓮華経の五字」（本文三二二ページ）とものべている。この妙法蓮華経はただ経名としての五字・七字ではない。「南無妙法蓮華経と申は、一代の肝心たるのみならず、法華経の心也、体也、所詮也」（曾谷入道殿御返事）とし、また別のところに、法華経の全功徳・一部のこころ・眼目ともよばれている。また題目を思いのままに宝を作り出す如意宝珠にたとえたところがある。五字七字の題目を理論的に解明しようとすれば一念三千、それも天台の理の一念三千に対する、事の一念三千につらなる。本尊抄の末文には、題目は仏の因行と果徳を具えたもので、一念三千をしらないものにこの珠を五字の題目につつんで、仏がわれら末代の凡夫に授け与えられた慈悲のおくりものであると説かれている。開目抄・本尊抄には一念三千について説くところがある。なお、この小文は日蓮の思想を言いつくしているのではないから、遺文をよく読んでいただきたい。

日蓮の遺文

遺文の編集

各宗の祖師の中でも群を抜いてたくさんの文書をのこし、その真筆を数多く今に伝えているのは日蓮であろう。遺文ということばは、書き遺された文という普通名詞で特定の人の文をさすものではないが、とくに日蓮の文を「遺文」といい、また「祖書」・「御書」・「御妙判」という名称で呼ぶのが門下のあいだで習わしとなっている。遺文の内容を大別すると著述と書簡とがあり、ほかに自筆の写本・要文抄録・図表がある。

遺文編集は古く「録内(ろくない)御書」の集成にはじまる。伝によれば録内一四八書は、日蓮の一周忌に作られたものといわれ、本弟子六人が協議して選び出したという。録内に対して「録外(ろくげ)御書」二五九書はこれまた伝によれば、第三回忌にあたって録内にもれたものを集録したとされている。しかし実際に録内・録外の集大成はかなり後のことで、滅後百二・三十年ごろと見られている。偽作書の問題はかなり早くから起っており本弟子六老僧が連判している御書目録日記之事に、無道心の者が謀書を作って御書と称して迷わすものがあるとしていることからもこのことを推察できる。録内・録外の制定は、録内御書に比重をおいて録外を枠外において区別しているが、しかしながら録外御書にも真筆のあるものがあって、室町時代からこれに対する疑義が提出され、真偽の別を規定するものではないが、この呼称は近世まで広く使われた用語である。

録内・外の編集についで、近世においては各地でこれに漏れた遺文の追補がなされた。他受用御書、御書続集、本満寺録外、三宝寺録外などがそれである。またこのほか写本による遺文の集成、分類、編年の新目録作成などが門下の人たちによって行なわれた。

中世末期から近世の刊行遺文

慶長版遺文――日蓮遺文の刊行は中世末期、桃山時代に始る。最初に遺文の刊行を計画したのは京都本山本満寺の日重であった。日重は文禄四年(一五九五)春に「校訂録外御書の後に題す」という一文を書いているが、それによると、無智の人によって伝写され、書写の文字に誤りがひどく読む人に却って誹謗の意を起させるとし、「予、之を憂うること久し、弟子日乾・日遠、心を戮せ力をもっぱらにして金匱石室の書を探写し、之を校訂すること数年にして功を終ると雖も、彫刻は猶未だ成らず、謹んで蔵して後来の信者を竢つ」と記している。文禄四年は同じ京都の日蓮宗本国寺では古活字版の仏書を刊行した年で、十一月二十四日付で天台四教儀集解巻下を、一か月後の十二月二十四日には法華玄義序を刊行している。京都の日蓮宗寺院に仏書出版の機運がおこりはじめていたころである。つづく慶長年間には日蓮宗の本山要法寺・本能寺でもさかんに開版事業がなされているのであるから「彫刻は猶未だ成らず」という文字は修辞の句でも夢物語を述べたのでもなく、録外までを含めた遺文を刊行する意図を卒直に記した文である。日重が発願したこのときの遺文の刊行は、いまその伝本の所在は知られないが、江戸時代延宝七年（一六七九）の日相と文化五年（一八〇八）の深見要言の記が慶長年間に五大部その他の書を刊行したことを述べているばかりでなく、その後にも同版本の見存を記したものがある。日相の記は身延山二十九世日莚（一六〇九〜八一）の物語として「乾遠両師御相談アテ御書五大部之分、以ニ御直書ニ一字一点モタカヘス校合遊サレ、則印板ニ被ニ仰付一、百部程開板シ給テ」とあり、やがて板行を停止したが板木は今に身延の位牌堂の後戸にあると板木の所在をあげている。これによると安国論・開目抄・本尊抄・撰時抄・報恩抄の五大部を百部ほど刊行したというのである。「百部刷本」と呼ばれるのはこれによるのであろう。ところが、江戸末期の深見要言の跋によると、五大部だけの開版ではなく、

「五大部・守護国家論・日妙聖人・四条金吾殿・地引書」

の書名をあげて日乾・日遠が開板したとし、その年次を慶長十一年から同十九年の間とする。ここにあげられた書目は録内御書ばかりで、これによるかぎり録外御書の書目は見出せない。また

同跋はこの板木を文化年間に要言が身延山本堂須弥壇の下から発見して十日ばかりかかって摺写したおり、板木に「彫刻実相房・日誉・日源・日顗」とあり、また日乾・日遠所持の慶長版本が大野山本遠寺にあってこれと対校したことを記している。さらに要言の記から六十年後に、小川泰堂は版本の本尊抄を持参して中山の宝蔵を訪ねて真筆本との対校を行っている。この遺文初刊の慶長版の伝本は今これを知ることができないが、文化五年に慶長本を「写し取つた」という要言版五大部をとおしてその旧影を偲ぶことのできるのがせめてものよすがとなっている。日重(一五四九―一六二三)は遺文校訂事業の先覚者として記憶さるべき人で、栄達をしりぞけて専心教学の業に従い、遺文の要録ほか二十数点の著書をのこし、身延山法主の座についた弟子の秀れた学僧日乾・日遠を督して録内・録外御書の校訂をなし、また日乾は身延山所蔵の開目抄・報恩抄その他の真筆本との対校を身延の法主時代から、次代日遠の法主時代にわたって行った。身延所蔵の真筆二十五書が明治八年一月十日朝の西谷本種坊からの出火で全山焼失の時に炎上した今では、これら対校本に頼るほかはない。日重の念願した対校遺文は二〇三書を編集して本満寺御書と称される。本満寺御書の中、真筆焼失の開目抄は昭和三十九年に、報恩抄は四十年に、録外の書は上下二冊として四十一年、四十二年に虫損の数冊を除いて本満寺がこれを影写印行した。

元和版録内遺文――慶長版が最後に刊行された十九年より十年後の元和八年に録内御書の全部を四十冊にまとめ、別に目録一冊を加えて京都本国寺で刊行した記述がある。本書の伝本はきわめて稀で、稲田氏が本版の活字本尊抄を所蔵していたというが今その所在は不明。本国寺では前記の文禄四年刊の二書の後に、慶長十七年十二月十九日付の刊記ある大冊本の「仏祖歴代通載」二十二巻十冊を前回と同じく活字版で刊行しており、元和八年から四年後の寛永三年には八月中旬に東春の「法華義讃」六冊、同年九月には「法華玄義私記」十冊と「摩訶止観私記」十冊を刊行したことが伝本の刊記によって知られ、これらはみな木活字印刷本である。江戸初期の本国寺版に整版本の伝本が見出せないことから元和八年版が木活字本であることに不思議はない。

寛永十九年四良左衛門版録内遺文――元和版遺文から二十年のあいだをおいて、録内御書四十冊一四五書を内容とし、別に目録一冊を添えて京都の書肆中野四良左衛門致直が開版した。本書は版面から見て明らかに活字本である。これと元和活字版との同異については、前版未見の筆者には不明である。寛永の末には録内御書が相次いで開版され、翌二十年には版を改めて二軒の書肆から刊行されている。

寛永二十年の庄左衛門版録内遺文と勘左衛門版録内遺文――内容は前版に同じく録内四十冊と目録一冊からなり、ともに京都の書肆で三条の庄左衛門が正月の開版、二条の勘左衛門版がこれにつづいて開版したもので、この二版の伝本には現存するものが多い。

寛文二年版録外遺文と慶安二年版録外選録――録外御書全揃の初刊本。録外二五九書を二十五冊とし別に目録一冊がある。版元は京都二条の治右衛門で寛文二年二月の刊行である。録外御書全部の開版はこれが初めてであるが、この版は江戸時代を通じて改版されることなく、版元を異にして重摺された。選出開版はこれより十二年前の慶安二年五月で、他受用御書七冊一〇八書が京都で刊行された。のちこの版は寛文九年正月に法華宗門書堂と大書した下に武村市兵衛昌常・村上勘兵衛元信・山本平左衛門常知・八尾甚四郎友春、四人連名の木記を巻末に埋木して重刊されている。

寛文九年版録内・録外遺文――録内本が江戸初期にはじめて本国寺から開版され、ついで書店による開版となり、これがいくたびか版を重ねてのち、録外遺文も書店の開版するところとなったが、録内・外六十五冊と目録二冊を揃えて刊行したのは、寛文九年正月の法華宗門書堂の前記四人が連名した奥付本が初出である。このときは録内を改版し、録外は寛文二年版をそのままに摺写して奥付の木記を改新している。

宝暦版録内修補遺文――前の開版から約九十年後の宝暦六年に録内の修補改刻版がある。本版には「宝暦第六丙子歳補之功畢」と刊記し、代々勘兵衛を名のった平楽寺書店から刊行したもので、これを宝暦修補本と称する。しかし録外は前記の版を改めることなく終っている。この録内版は広く普及し伝本が多い。

要言版校訂遺文――奥州勿来関隠士と自称した深見要言が開版した五大部をはじめとする校訂遺文の刊行は、宝暦版から六十五年をすぎた文化五年に始まっている。要言版は水戸の日諦がはじめ祖滅五百遠忌記念の事業として、真筆対校の誤りのない遺文刊行を計画して果さなかった遺志をうけついでした事業で、祖滅五百遠忌は天明元年(一七八一)が正当になるから、二十七年おくれての開板である。その期間は要言が、真筆対校の内容をどうするかに費した時でもあった。在俗の要言は私財を投じみずから校訂に従事した遺文開版史上光彩を放つ人であるが、当時の情勢に添わなかったのか広く知られてはいない。

要言が開板にいたるまでの経過を見ると、その動機となったのは高祖年譜の著者日諦が宗祖の五百遠忌記念事業として、真筆対校遺文を刊行の目的で、諸本山の真筆遺文の対校を要言に依頼したことにはじまっている。日諦は安永九年(一七八〇)の二月二十三日から二十七日まで、中山の経蔵で中山七十九世の日是・小菅の日住・峯の日義と四人で同寺蔵の遺文を残らず校合し終っているから、中山以外の真筆対校を要言に託したのであろう。日諦はこの対校を要言に委ねて間もなく死去し、要言は遺志をついで刊行の真筆対校遺文の底本作りにつとめ、京都ではからずも前記安永九年に日是・日諦等が中山で校合した本を入手し、寛政十二年(一八〇〇)四月には中山蔵の本尊抄・安国論・法華取要抄など三十六点と京都本法寺蔵の上野殿御返事ほか三書の再校合本が中山八十四世・本法寺三十八世日道から「御書開板の本願主深見要言」に授与されているが、さらに中山蔵の全遺文六十数書を残らず刊行すべく、つぎの八十五世日虔に請うてのこりの遺文の再校合を了った。このとき飯高に学ぶ若い学侶の飯米料五百両にあわせて百両の「開板料」を奉納しているのは、中山蔵真筆遺文にたいする版権料に当るものであろう。

しかし要言版の底本となったのはこの再校本ではなかった。要言はそののち慶長版が真筆対校本として信用すべき遺文であることを知って、はじめに尾州黒田の学僧法蓮寺日相が点画字の形までそっくり写しとった慶長版五大部の写本を法蓮寺を訪ねて筆写したが、これにあきたらず慶長版の摺本をもとめて身延山に登り、身延五十一世日全の命をうけて本堂から板木を発見して新摺本を作った。そのころの板木の状態は版面に破損があり、守護国家論の字面がとくにひどかったという。これを要言は跋に「二百年にも相成候事故、守護国家論は所々に文字残り、虫喰損じ、五大部は文字所々欠け損じ、分り兼候所も有レ之」と記している。要言の新摺した慶長版はこのような状態であったが、のちに彼はそれを大野本遠寺蔵の日遠が開版後に校訂を加えた初摺本と校合した。これを底本として開版したのが要言版である。文化五年四月付の本尊抄の跋に「日遠尊前御所持の本有レ之、所々御直し有レ之、右の御本を以、延山にて摺立候本へ文字書入、これを以御書令二開板一者也」と、このことを記している。

要言の遺文刊行には、五大部のほかに三沢殿御返事・梵音声御書の校訂重刻本を文化七年に刊行した伝本がある。高祖御書略一冊は文化五年の刊で、五大部をはじめに刊行し、校訂遺文を続刊するつもりであったと思われるが、七年以降の消息は彼の伝とともに未詳である。

近世の遺文刊行は慶長版に始って要言が意図した慶長版改訂の開版に終っている。共通するところは真筆本との対校にあった。中間に刊行された録内・録外にはこの意図は見られない。当時の情勢では真筆遺文は法宝として守られ、門外のものが対校することは日数を要することでもあり容易に許可されなかった。この難関を突破してそれを刊行したのが要言であったが、彼の時代には門下のあいだに遺文研究と真筆対校の気運がもりあがっていたのである。相模の日通・小川泰堂・尾州の日明・富士の日瞻らはその人たちであるが、とくに次代に受けつがれて遺文出版の基本となったのは、日明・小川泰堂と継承された遺業であった。これらの人たちは録内・外の別を改め、または編年体に編集することに着手し、真筆対校を志したのであった。明治の刊行遺文はこれらの影響をうけて改編したものが多く、録内・外のままを踏襲した二書の開版があるが、それらは普及するにいたっていない。

近世刊行の遺文に、このほか要文の集録と録外追補の単行本がある。

1 御書要文集(六冊) 日雅編。品類御書ともいう。正保四年刊。

2 崐玉集(十冊) 日重編。要文集録。寛文十年刊。

3 崐玉撮要集(一冊) 日重編。前書の要集。正徳六年刊。

4 祖書肝要集(三冊) 日英編。要文集録。天保三年刊。

5 御書続集(三冊) 日英編。録外二十五書の追補。天保十三年刊。

近代から現代の刊行遺文

時勢の変移につれて文運の進展はいちじるしく、出版も容易になって活字印刷が普及し、遺文の刊行も様式を改めるようになったばかりでなく、抄録遺文や要文の小冊は各所で出版されるようになった。この種刊行物の数はまことに多いが、ここには全集遺文と普及度の高いと見られる選集または抄録遺文の刊行書をあげておく。

全集遺文では、近代に普及した遺文の底本となった日明編・泰堂訂正の「高祖遺文録」三十巻三十冊の木版本が明治初期に刊行された。明治後期刊行の加藤文雅編の霊艮閣版と呼ばれる縮冊版「日蓮聖人御遺文」一冊は、高祖遺文録を底本とした補訂版で、その内題に「高祖遺文録」と明記して三十巻の調巻を踏襲し、校訂を加えてこれに続集を増補した書である。本書は明治後期に初版を出してのち数年おきに重版し、その都度訂正を加え、大正九年には第二続集を編入してもっとも広く近代に普及した。「昭和定本・日蓮聖人遺文」四冊は、綿密な用意のもとに新時代の研究をとりいれて補訂し、新たに真筆対校をした革期的な集大成版である。高祖遺文録は、また一方では「類纂高祖遺文録」として再編刊行され、この書も二十版をこえて普及した。近代における遺文の編集と刊行の基礎は、近世末期に業をとげた尾張の日明と泰堂小川孝栄に負うところがきわめて大きい。

遺文全篇の刊行

1 高祖遺文録(三〇冊) 日明編、小川孝栄訂正、三八七書。編年。明治一三年木板刊。

2 高祖遺書(八冊) 斎藤日一編。録内・外を踏襲。明治一五年刊。

3 高祖遺文録(三〇冊) 一三年版の改版。明治一八年活字版刊行。

4 日蓮聖人御遺文(一冊) 加藤文雅編集、本間海解・稲田海素対校、三八六書。編年。(前書の重複一書を除く)。続集七六書・古写本三書を追補。明治三七年初版刊。大正九年重版のとき第二続集二九書を追補刊。霊艮閣版。

5 類纂高祖遺文録(一冊) 田中巳之助監修、長滝泰昇・山川伝之助校訂。三八七書を分類。補遺六。大正三年刊。

6 日蓮聖人全集(六冊又は三冊) 浅井要麟編、本間海解、稲田海素校訂。録内・録外。大正三―五年刊。

7 日蓮聖人御遺文(一冊) 釈貫隆発願、稲田海素校訂、編集・高佐貫長・西川景文・片山随英、三八〇書を分類。昭和七年刊。

8 昭和新修 日蓮聖人遺文全集(三冊) 浅井要麟編。霊艮閣版を底本として続集に重複する書を除いたほかは、その全篇を収録し、別に真筆のある白米御書を末尾に添加。底本の漢文体は書きくだし。本文上下二冊と別巻一冊。昭和九年刊。

9 日蓮正宗新編 日蓮聖人御書全集(一冊)　堀日亨編。四一七書。遺文のほか門流文書七。分類。昭和二七年刊。
10 昭和定本 日蓮聖人遺文(四冊)　立正大学日蓮教学研究所編。正篇四三八書。続篇五五書。編年。ほかに図録三〇。断簡二五〇。昭和二七—三四年刊。
11 日蓮聖人御遺文(一冊)　4霊艮閣版の復刻。昭和四二年刊。

遺文選集・抄文の刊行

1 (選) 祖書要津(三冊)　日臨編、日薩再修。一〇書を一〇項に分類。明治一四年刊。
2 (選) 日蓮宗聖典(一冊)　柴田一能・山田一英編。八七書。明治四五年刊。
3 (選) 日蓮聖人遺文要編(一冊)　牧口泰存編。三〇書。大正一年刊。
4 (選) 日蓮聖人要集(一冊)　加藤文雅編。五〇書。大正三年刊。
5 (選) 日蓮聖人十八名篇(一冊)　田中巴之助監修。一八書。大正五年刊。
6 (選) 日蓮聖人遺文集(一冊)　小林一郎編。八二書。大正七年刊。
7 (選) 解註 日蓮聖人御消息文全集(一冊)　塩田義遜編。一八三書。大正一三年刊。
8 (選) 日蓮上人文集(一冊)　鈴木暢幸編。五七書。昭和二年刊。
9 (選) 昭和新纂 国訳大蔵経・日蓮宗聖典(一冊)　其刊行会編。七五書。昭和三年刊。
10 (選) 日蓮聖人御書新集(一冊)　日応校閲、佐藤慈豊編。二一三書を三項に分類。昭和四年刊。


11（選）大正新修 大蔵経第八四巻・諸宗部十五、所載　其刊行会編。一一書。昭和六年刊。

12（抄）日蓮上人文抄（一冊）　姉崎正治編。七二書抄。この中短文消息は全文。昭和五年刊。

13（選・抄）新修略註 日蓮聖人遺文集（一冊）　清水竜山ほか四名編。一二六書。昭和七年刊。

14（選）日蓮上人集（大日本文庫）（一冊）　和田利彦編。四〇書。昭和一二年刊。

15（選）日蓮聖人御書十部抄（一冊）　鈴木日泰編。一〇書。昭和一四年刊。

16（抄）義類結集 日蓮聖人遺文抄（一冊）　山川智応編。一五一項目。五八書。昭和三五年刊。

17（選）日蓮聖人遺文要集（一冊）　立正大学日蓮教学研究所編。一二書。昭和三五年刊。

18（選）親鸞集　日本古典文学大系 日蓮集（一冊）　兜木正亨・新間進一編。一四書。昭和三八年刊。

19（選）日蓮聖人御遺文要集（一冊）　平楽寺編。二書。昭和四〇年刊。

20（選）日蓮聖人要集（一冊）　大正三年刊本の復刻。昭和四三年刊。

真筆遺文影印本の刊行

撮影と印刷技術が進んで真筆遺文の写真撮影による影印本が大正時代の初期から刊行された。そののちもいくつかの部分的な遺文または写本の刊行がなされているが、この種の刊行事業をはやくから計画してこれを集大成したのが昭和二十七年から三十二年にかけての安国会版真蹟集である。これには中山聖教殿蔵の全遺文・写本・要文その他の真筆本を収め、大石寺蔵のものを除いて他の諸寺に散在するこれまでに知られていた真筆の大略を収録する。のこるところは富士大石寺の所蔵であったが、これまで固く閉して他見を許さなかった大石寺側でも昭和四十二年の文化財指定を機会に、その全部の影印本を四帖にして出版した。日蓮の真筆は未知の断簡や小篇が新しく発見されることが珍らしくない現状であるが、それらを別にすれば今では影印本をとおしてひろく日蓮の筆蹟を見ることができるようになった。なおつぎの1・2・3の内容には各本間に重複がある。

1 日蓮聖人御真蹟（二〇帖）　神保弁静編。四六書。大正二―三年刊。

2 日蓮大聖人御真蹟（四八巻・二二帖）　片岡随喜発願、山中喜八編。一八六書。断簡一四九、未刊遺文断簡四七、写本五書、要文集一八、要文断簡一七〇。昭和二七―三二年刊。

3 現存 日蓮聖人御真跡（一〇帖）　山川智応編。予定全三七書。写本一、図録一。昭和二四―四四年二月完成見込。四三年八月現代六帖七書刊。

4 大石寺蔵 日蓮大聖人御真筆聚（四帖）　二六書。断簡八、図録四、要文六。昭和四二年刊。

外国語訳遺文の刊行

（諺文訳）日蓮大師遺文選集　李法華訳。六六書。昭和三八年刊。

（英訳）江原亮瑞訳。Letter's of Nichiren, translated into English copy, 1935.

村野宣忠訳。Nyorai Metsugo Go Gohyakusaishi Kanjin Honzonsho, 1954.

(仏訳)G. Renondeau : Le "Traité sur l'état" de Nichiren, suivi de huit lettre de 1268, Tóung Pao, Vol. XL, Leiden, 1951 に、「立正安国論」と安国論建白に関係をもつ八通の書――1安国論御勘由来、2宿屋入道許御状、3宿屋入道を通じて北条時宗に与える書、4宿屋左衛門光則に与える書、5平左衛門尉頼綱に与える書、6北条弥源太に与える書、7建長寺道隆に与える書、8極楽寺良観に与える書のルノンドーによる仏訳がある。

G. Renondeau : La Doctrine de Nichiren, Publication du Musée-Guimet, Bibliothèque d' Études, Tome 58, Paris 1953 に、つぎの六書のルノンドーによる仏訳がある。1開目抄、2観心本尊抄、3諸法実相抄、4草木成仏口決、5主君耳入此法門免与同罪事、6法華取要抄。

現行遺文と真偽の問題

遺文に収録する書目のことは古くから伝わる遺文目録を引合いに出して言わねばならぬことであるが、いまはそれを省略して代表的な刊行遺文の書目数を見るとつぎのように収録遺文の書数は不同である。

1録内・録外遺文　四〇七。2高祖遺文録　三七八。3霊艮閣本遺文　四六二(続集共)。4昭和定本遺文　四九三(続篇共)。

霊艮閣本も昭和定本もその親本は泰堂の高祖遺文録であるが、それに付加した書目があってこのような順次加算の実数になっている。問題は遺文の内容批判である。付加の中、真筆遺文の発見によるものは疑いを容れないが、その他の書のなかに真偽の問題はないのであろうか。

遺文のなかには、古くから後人の謀書ではなかろうかという疑いのあるものがいくつかある。録内・録外の別はこれを弁別する一基準として設けられたのであるが、録外のなかに真筆の現存することもあって、いまではこれは真偽を分つ規範というよりは、遺文編集史上の歴史的用語として転用されているにすぎない。

小川泰堂は先学の業をうけついで大成した高祖遺文録では、四〇七書の録内・外遺文の中に、重複三六書を判別してこれを削除した。のみならず遺文の内容批判をして、さらに偽作二六を摘出し、つぎのように述べている。「偽文、又は祖書にあらざる攙入のもの二十六章を刪除し、分離を合し、混淆を開するもの十四章に及ぶ。」（高祖遺文引）

また、ほかに別書の遺文をつぎ合せて一書にしたのが一四書あるとしている。遺文録では削除したほかに正確な遺文を加えた書目数が前記の数であるが、録内・外本に重複、偽作の書六二ありとするのであるから、この率からすれば録内・外本の約七パーセントが除かれている。

その後の霊艮閣本では、泰堂が排除した偽疑の書を続集として巻末に載せており、昭和定本遺文も続篇としてこれを踏襲し、さらに追補する。昭和定本の収録書目の内容は四項に分けてある。

一、正篇　四三八　（真筆完存・部分存、計一九五）

二、続篇　五五　（真筆現存書皆無）
三、図録　三〇　（真筆現存一七）
四、断簡　二五〇

これを見てわかるように遺文の書目数は正篇がもっとも多数である。この中、真筆完存または部分現存が一九五であるから、正篇中の真筆現存率は約四五パーセントである。この書は一行三四字、一四行組みで、一、九三三ページまでが正篇で、続篇は一、九三四から二、二一九ページまでの二七五ページ分である。そして、正・続両篇に分けた理由を、正篇は「著述・消息にして真蹟現存するもの、真蹟現存せざるも宗義上・信仰上・伝統的に重要視さるゝもの」、続篇は「著述・消息にして真偽の問題の存するもの、其他」と挙げて、真偽問題のある書を続篇としたことを記している。しかし正篇の中にも真偽の課題をのこす書がないのではない。それを偽書とするには宗義上・信仰上の問題があって決定されていないというのが正篇に置かれている理由である。

また、図録は別にして遺文としては断簡を無視することができない。断簡二五〇点のなかには少数の図録と見られるものを含むが、大多数は遺文の断簡である。それも正篇遺文の本文に該当しないものばかりであるから、日蓮の書いた遺文の実数としてはこれを加えた数になるわけであるが、現存断簡がそれぞれ一書の一片なのか、または一書のものがいくつかの断片としてあるのか定め難く、断簡の数だけで遺文の数量を決定しかねるところがある。

日蓮文集《にちれんぶんしゅう》

1968年10月16日　第1刷発行 ©
2022年2月15日　第18刷発行

校注者　兜木正亨《かぶとぎしようこう》

発行者　坂本政謙

発行所　株式会社 岩波書店
〒101-8002 東京都千代田区一ツ橋2-5-5
案内 03-5210-4000　営業部 03-5210-4111
文庫編集部 03-5210-4051
https://www.iwanami.co.jp/

印刷・精興社　製本・中永製本

ISBN 4-00-333051-X　　Printed in Japan

読書子に寄す

――岩波文庫発刊に際して――

岩波茂雄

真理は万人によって求められることを自ら欲し、芸術は万人によって愛されることを自ら望む。かつては民を愚昧ならしめるために学芸が最も狭き堂宇に閉鎖されたことがあった。今や知識と美とを特権階級の独占より奪い返すことはつねに進取的なる民衆の切実なる要求である。岩波文庫はこの要求に応じそれに励まされて生まれた。それは生命ある不朽の書を少数者の書斎と研究室とより解放して街頭にくまなく立たしめ民衆に伍せしめるであろう。近時大量生産予約出版の流行を見る。その広告宣伝の狂態はしばらくおくも、後代にのこすと誇称する全集がその編集に万全の用意をなしたるか。千古の典籍の翻訳企図に敬虔の態度を欠かざりしか。さらに分売を許さず読者を繫縛して数十冊を強うるがごとき、はたしてその揚言する学芸解放のゆえんなりや。吾人は天下の名士の声に和してこれを推挙するに躊躇するものである。このときにあたって、岩波書店は自己の責務のいよいよ重大なるを思い、従来の方針の徹底を期するため、すでに十数年以前より志して来た計画を慎重審議この際断然実行することにした。吾人は範をかのレクラム文庫にとり、古今東西にわたって文芸・哲学・社会科学・自然科学等種類のいかんを問わず、いやしくも万人の必読すべき真に古典的価値ある書をきわめて簡易なる形式において逐次刊行し、あらゆる人間に須要なる生活向上の資料、生活批判の原理を提供せんと欲する。この文庫は予約出版の方法を排したるがゆえに、読者は自己の欲する時に自己の欲する書物を各個に自由に選択することができる。携帯に便にして価格の低きを最主とするがゆえに、外観を顧みざるも内容に至っては厳選最も力を尽くし、従来の岩波出版物の特色をますます発揮せしめようとする。この計画たるや世間の一時の投機的なるものと異なり、永遠の事業として吾人は微力を傾倒し、あらゆる犠牲を忍んで今後永久に継続発展せしめ、もって文庫の使命を遺憾なく果たさしめることを期する。芸術を愛し知識を求むる士の自ら進んでこの挙に参加し、希望と忠言とを寄せられることは吾人の熱望するところである。その性質上経済的には最も困難多きこの事業にあえて当たらんとする吾人の志を諒として、その達成のため世の読書子とのうるわしき共同を期待する。

昭和二年七月

《東洋思想》〔青〕

易経 全二冊 高田真治・後藤基巳訳

論語 金谷治訳注

孔子家語 藤原正校訳

孟子 全二冊 小林勝人訳注

老子 蜂屋邦夫訳注

荘子 全四冊 金谷治訳注

新訂 孫子 金谷治訳注

荀子 全二冊 金谷治訳注

韓非子 全四冊 金谷治訳注

史記列伝 全五冊 司馬遷／小川環樹・今鷹真・福島吉彦訳

春秋左氏伝 全三冊 小倉芳彦訳

塩鉄論 曾我部静雄訳註

千字文 小川環樹・木田章義注解

大学・中庸 金谷治訳注

孫文革命文集 深町英夫編訳

実践論・矛盾論 毛沢東／松村一人・竹内実訳

仁学 —清末の社会変革論 譚嗣同／西順蔵・坂元ひろ子訳注

章炳麟集 —清末の民族革命思想 西順蔵・近藤邦康編訳

梁啓超文集 岡本隆司・石川禎浩・高嶋航編訳

マヌの法典 田辺繁子訳

ガンディー 獄中からの手紙 森本達雄訳

随園食単 袁枚／青木正児訳註

ウパデーシャ・サーハスリー —真実の自己の探求 シャンカラ／前田専学訳

《仏教》〔青〕

ブッダのことば —スッタニパータ 中村元訳

ブッダの 真理のことば 感興のことば 中村元訳

般若心経・金剛般若経 中村元・紀野一義訳註

法華経 全三冊 坂本幸男・岩本裕訳注

日蓮文集 兜木正亨校注

浄土三部経 全二冊 中村元・早島鏡正・紀野一義訳註

大乗起信論 宇井伯寿・高崎直道訳注

天台小止観 —坐禅の作法 天台大師／関口真大訳注

臨済録 入矢義高訳注

碧巌録 全三冊 入矢義高・溝口雄三・末木文美士・伊藤文生訳注

無門関 西村恵信訳注

法華義疏 全二冊 聖徳太子／花山信勝校訳

往生要集 全二冊 源信／石田瑞麿訳注

教行信証 親鸞／金子大栄校訂

歎異抄 金子大栄校注

正法眼蔵 全四冊 道元／水野弥穂子校注

正法眼蔵随聞記 懐奘編／和辻哲郎校訂

道元禅師清規 大久保道舟訳注

一遍上人語録 —付 播州法語集 大橋俊雄校注

一遍聖絵 聖戒編／大橋俊雄校注

南無阿弥陀仏 —付 心偈 柳宗悦

蓮如文集 蓮如／笠原一男校注

蓮如上人御一代聞書 稲葉昌丸校訂

日本的霊性 鈴木大拙／篠田英雄校訂

新編 東洋的な見方 鈴木大拙／上田閑照編

禅堂生活 鈴木大拙／横川顕正訳

大乗仏教概論　鈴木大拙／佐々木閑訳
浄土系思想論　鈴木大拙
神秘主義 キリスト教と仏教　鈴木大拙／坂東性純・清水守拙訳
禅の思想　鈴木大拙
ブッダ最後の旅 —大パリニッバーナ経　中村元訳
仏弟子の告白 —テーラガーター—　中村元訳
尼僧の告白 —テーリーガーター—　中村元訳
ブッダ 神々との対話 —サンユッタ・ニカーヤⅠ　中村元訳
ブッダ 悪魔との対話 —サンユッタ・ニカーヤⅡ　中村元訳
驢鞍橋　鈴木正三／鈴木大拙校訂
禅林句集　足立大進校注
ブッダが説いたこと　ワールポラ・ラーフラ／今枝由郎訳
ブータンの瘋狂聖 ドゥクパ・クンレー伝　ゲンドゥン・リンチェン編／今枝由郎訳

《音楽・美術》〔青〕

ベートーヴェン 音楽ノート　小松雄一郎訳編
ベートーヴェンの生涯　ロマン・ロラン／片山敏彦訳
音楽と音楽家　シューマン／吉田秀和訳
モーツァルトの手紙 —その生涯のロマン 全二冊　柴田治三郎編訳
レオナルド・ダ・ヴィンチの手記 全二冊　杉浦明平訳
ゴッホの手紙 全三冊　硲伊之助訳
ロダンの言葉抄　高村光太郎訳／高田博厚・菊池一雄編
ビゴー日本素描集　清水勲編
ワーグマン日本素描集　清水勲編
葛飾北斎伝　飯島虚心／鈴木重三校注
ヨーロッパのキリスト教美術 —十二世紀から十八世紀まで 全二冊　エミール・マール／柳宗玄・荒木成子訳
近代日本漫画百選　清水勲編
ドーミエ諷刺画の世界　喜安朗編
デューラー 自伝と書簡　前川誠郎訳
蛇儀礼　ヴァールブルク／三島憲一訳
迷宮としての世界 —マニエリスム美術 全二冊　グスタフ・ルネ・ホッケ／種村季弘・矢川澄子訳
日本洋画の曙光　平福百穂
江戸東京実見画録　長谷川渓石画／進士慶幹・花咲一男注解
映画とは何か 全二冊　アンドレ・バザン／野崎歓・大原宣久・谷本道昭訳
漫画 坊っちゃん　近藤浩一路
漫画 吾輩は猫である　近藤浩一路
ロバート・キャパ写真集　ICPロバート・キャパ・アーカイブ編
北斎 富嶽三十六景　日野原健司編
日本漫画史 —鳥獣戯画から岡本一平まで　細木原青起
世紀末ウィーン文化評論集　ヘルマン・バール／西村雅樹編訳

《歴史・地理》〔青〕

新訂 魏志倭人伝・後漢書倭伝・宋書倭国伝・隋書倭国伝 —中国正史日本伝1　石原道博編訳
ヘロドトス 歴史 全三冊　松平千秋訳
ガリア戦記　カエサル　近山金次訳
タキトゥス ゲルマーニア　泉井久之助訳註
ランケ 世界史概観 —近世史の諸時代　鈴木成高・相原信作訳
ランケ自伝　林健太郎訳
歴史とは何ぞや　ベルンハイム　坂口昂・小野鉄二訳
歴史における個人の役割　プレハーノフ　木原正雄訳
古代への情熱 —シュリーマン自伝　シュリーマン　村田数之亮訳
大君の都 —幕末日本滞在記 全三冊　オールコック　山口光朔訳
アーネスト・サトウ 一外交官の見た明治維新 全二冊　坂田精一訳
ベルツの日記 全二冊　トク・ベルツ編　菅沼竜太郎訳
武家の女性　山川菊栄
インディアスの破壊についての簡潔な報告　ラス・カサス　染田秀藤訳
ラス・カサス インディアス史 全七冊　長南実訳　石原保徳編
コロンブス 全航海の報告　林屋永吉訳

洞窟絵画から連載漫画へ —人間コミュニケーションの万華鏡　ホグベン　寿岳文章・林達夫・平田寛・南博訳
戊辰物語　東京日日新聞社会部編
大森貝塚 —付 関連史料　E・S・モース　近藤義郎・佐原真編訳
中世的世界の形成　石母田正
日本の古代国家　石母田正
日本における近代国家の成立　E・H・ノーマン　大窪愿二訳
旧事諮問録 —江戸幕府役人の証言 全二冊　旧事諮問会編　進士慶幹校注
朝鮮・琉球航海記 —一八一六年アマースト使節団とともに　ベイジル・ホール　春名徹訳
ローマ皇帝伝 全二冊　スエトニウス　国原吉之助訳
アリランの歌 —ある朝鮮人革命家の生涯　ニム・ウェールズ　キム・サン　松平いを子訳
インカの反乱 —被征服者の声　ティトゥ・クシ・ユパンギ述　染田秀藤訳
ヒュースケン日本日記 —1855〜61　青木枝朗訳
さまよえる湖 全二冊　ヘディン　福田宏年訳
老松堂日本行録 —朝鮮使節の見た中世日本　宋希璟　村井章介校注
十八世紀パリ生活誌 —タブロー・ド・パリ 全二冊　メルシエ　原宏編訳
北槎聞略 —大黒屋光太夫ロシア漂流記　桂川甫周　亀井高孝校訂
ヨーロッパ文化と日本文化　ルイス・フロイス　岡田章雄訳注

西遊草　清河八郎　小山松勝一郎校注
オデュッセウスの世界　フィンリー　下田立行訳
十八世紀ヨーロッパ監獄事情　ジョン・ハワード　川北稔・森本真美訳
東京に暮す —一九二八〜一九三六　キャサリン・サンソム　大久保美春訳
ミカド —日本の内なる力　W・E・グリフィス　亀井俊介訳
増補 幕末百話　篠田鉱造
明治百話 全二冊　篠田鉱造
幕末明治 女百話 全二冊　篠田鉱造
トゥバ紀行　メンヒェン＝ヘルフェン　田中克彦訳
徳川時代の宗教　R・N・ベラー　池田昭訳
ある出稼石工の回想　マルタン・ナド　喜安朗訳
植物巡礼 —プラント・ハンターの回想　F・キングドン-ウォード　塚谷裕一訳
モンゴルの歴史と文化　ハイシッヒ　田中克彦訳
アレクサンドロス大王東征記 付インド誌 全二冊　アッリアノス　大牟田章訳
インカ皇統記 全四冊　インカ・ガルシラーソ・デ・ラ・ベーガ　牛島信明訳
ローマ建国史 全三冊(既刊上巻)　リーウィウス　鈴木一州訳
元治夢物語 —幕末同時代史　馬場文英　徳田武校注

フランス・プロテスタントの反乱
—カミザール戦争の記録
カヴァリエ
二宮フサ訳

ニコライの日記
—ロシア人宣教師が生きた明治日本
全三冊
中村健之介編訳

マゼラン 最初の世界一周航海
長南実訳

パリ・コミューン
全二冊
H・ルフェーヴル
河野健二
柴田朝子
西川長夫訳

徳川制度
全三冊・補遺
加藤貴校注

第二のデモクラテス
戦争の正当原因についての対話
セプールベダ
染田秀藤訳

チベット仏教王伝
ソンツェン・ガンポ物語
ソナム・ギェルツェン
今枝由郎監訳

ユグルタ戦争 カティリーナの陰謀
サルスティウス
栗田伸子訳